# AS NOVE MULHERES DE RAVENSBRÜCK

# AS NOVE MULHERES DE RAVENSBRÜCK

A VERDADEIRA HISTÓRIA DAS PRISIONEIRAS QUE ESCAPARAM DO MAIS TERRÍVEL CAMPO DE CONCENTRAÇÃO FEMININO DA ALEMANHA NAZISTA

## GWEN STRAUSS

TRADUÇÃO
Regina Lyra

EDITORA
NOVA
FRONTEIRA

Título original: *The Nine: The True Story of a Band of Women Who Survived The Worst of Nazi Germany*

Copyright © 2022 by Gwen Strauss
Publicado mediante acordo com St. Martin's Publishing Group. Todos os direitos reservados.

Direitos de edição da obra em língua portuguesa no Brasil adquiridos pela Editora Nova Fronteira Participações S.A. Todos os direitos reservados. Nenhuma parte desta obra pode ser apropriada e estocada em sistema de banco de dados ou processo similar, em qualquer forma ou meio, seja eletrônico, de fotocópia, gravação etc., sem a permissão do detentor do copirraite.

Editora Nova Fronteira Participações S.A.
Rua Candelária, 60 — 7º andar — Centro — 20091-020
Rio de Janeiro — RJ — Brasil
Tel.: (21) 3882-8200

Imagem de capa: Arte feita a partir de Istock | Unsplash; Brian Jones.

Dados Internacionais de Catalogação na Publicação (CIP)

S912n

Strauss, Gwen
   As nove mulheres de Ravensbrück : A verdadeira história das prisioneiras que escaparam do mais terrível campo de concentração feminino da Alemanha nazista / Gwen Strauss; tradução Regina Lyra – Rio de Janeiro: Nova Fronteira, 2022
   336 p.; 15,5 x 23 cm

   Título original: The Nine: the true story of a band of women who survived the worst of nazi Germany

   ISBN: 978.65.5640.522-3

   1 Segunda Guerra Mundial. 2. História. I Lyra ,Regina. II. Título
                                            CDD: 940
                                            CDU: 94"1914/1918"

André Queiroz – CRB-4/2242

Para Eliza, Noah e Sophie

*Ce que nous avons partagé*
*Dans la peur, le froid, la faim, l'espoir.*
*L'épreuve, tant physique que psychique*
*Ne se répète pas, même pour nous.*
*Elle se limite au monde de jamais plus.*
*Ce que nous avons enduré ensemble*
*Est à nous, à cette vie, de ces instants,*
*Comme un transmutation de l'une, à l'autre,*
*dans une autre vie.*

O que partilhamos
No medo, no frio, na fome, na esperança.
O suplício, tanto físico como psicológico
Não se repete, nem mesmo para nós.
Está limitado ao mundo do nunca mais.
O que suportamos juntas
É nosso, dessa vida, desses instantes,
Como uma transmutação de uma à outra,
Numa outra vida.

— Nicole Clarence, uma das Nove

# Sumário

As Nove .................................................................. 8
Mapa da Rota de Fuga ........................................ 10
**CAPÍTULO I**: Hélène ............................................. 11
**CAPÍTULO II**: Zaza ............................................... 35
**CAPÍTULO III**: Nicole .......................................... 73
**CAPÍTULO IV**: Lon e Guigui ............................. 106
**CAPÍTULO V**: Zinka ........................................... 131
**CAPÍTULO VI**: Josée .......................................... 156
**CAPÍTULO VII**: Jacky ........................................ 170
**CAPÍTULO VIII**: Mena ....................................... 188
**CAPÍTULO IX**: O dia mais longo ..................... 216
**CAPÍTULO X**: De volta à vida .......................... 230
**CAPÍTULO XI**: Achando o caminho de volta ..... 250
**CAPÍTULO XII**: É só um até breve ................... 270
Uma nota para os leitores ................................. 305
Agradecimentos .................................................. 311
Lista de Ilustrações ............................................ 315
Notas .................................................................. 317
Bibliografia ......................................................... 329

# AS NOVE

**HÉLÈNE PODLIASKY**, minha tia-avó, conhecida como "Christine" pelas outras oito. Presa aos 24 anos quando atuava em favor da Resistência no nordeste da França. Engenheira brilhante, falava cinco línguas. Foi considerada a líder durante a fuga.

**SUZANNE MAUDET** (Zaza), amiga de Hélène do curso ginasial. Presa aos 22 anos quando atuava no Albergue da Juventude em Paris. Recém-casada com René Maudet, se autorrotulava a escriba do grupo. Escreveu um livro otimista sobre a fuga imediatamente após a guerra, publicado, finalmente, em 2004.

**NICOLE CLARENCE** ocupou um posto importante na Resistência. Tinha 22 anos quando foi presa em Paris no dia seguinte ao próprio aniversário. Foi uma dos "57.000", nome dado ao famoso último comboio de prisioneiros deportados de Paris em agosto de 1944, dias antes da liberação da cidade.

**MADELON VERSTIJNEN** (Lon), uma das duas holandesas do grupo. Presa aos 27 anos depois de chegar a Paris para se juntar ao irmão na rede holandesa da resistência. Ela e Hélène eram as que mais dominavam a língua alemã no grupo e foram suas pontas-de-lança. Teimosa e corajosa, escreveu seu relato da fuga em 1991.

**GUILLEMETTE DAENDELS** (Guigui), amiga de Lon na Holanda. Tinha 23 anos quando foi presa com Lon no dia seguinte à chegada de ambas a Paris. Uma mulher serena, era a diplomata do grupo. Tornou-se íntima amiga de Mena.

**RENÉE LEBON CHÂTENAY** (Zinka), a mais corajosa do grupo. Presa aos 29 anos após ter ido a uma prisão em busca do marido. Deu à luz numa prisão francesa. Membro da rede Comète, ajudou soldados aliados sobreviventes de aviões abatidos a fugirem para a Espanha.

**JOSÉPHINE BORDANAVA** (Josée), espanhola, era a mais jovem das nove. Tinha vinte anos quando foi presa em Marselha. Criada por pais adotivos no sul da França. Trabalhou com a rede Marcel, fornecendo suprimentos básicos a crianças judias escondidas e a famílias da Resistência. Era conhecida por sua bela voz de cantora.

**JACQUELINE AUBÉRY DU BOULLEY** (Jacky), viúva de guerra; teve difteria durante a fuga. Presa aos 29 anos em Paris. Trabalhou na rede Brutus. Era valente, dizia o que pensava e era adepta de xingamentos veementes. Com Nicole, estava entre os "57.000" no último comboio que saiu de Paris em agosto de 1944.

**YVONNE LE GUILLOU** (Mena) trabalhou com as redes de resistência holandesas em Paris. Tinha 22 anos quando foi presa. Gostava de flertar, era charmosa e extravagante, vivia se apaixonando. Operária em Paris, embora sua família fosse oriunda da Grã-Bretanha.

MAPA DA ROTA DE FUGA E MAPA DA EUROPA

# CAPÍTULO I
## Hélène

HÉLÈNE PODLIASKY

Uma mulher escapou da fila e correu para o campo de ondulantes colzas amarelas. Arrancou dos caules os botões com ambas as mãos e enfiou-os na boca. Embora estivessem exaustas e zonzas, todas notaram sua ação, que gerou um pânico elétrico nas fileiras de mulheres. Atônita, Hélène esperou o som dos tiros que sem dúvida viriam a seguir. Poderiam sair de metralhadoras e eliminar todo um setor — qualquer setor, talvez o delas. Os guardas eram capazes de atirar indiscriminadamente para lhes dar uma lição. Mas nada aconteceu. Tudo que ela ouvia era o contínuo martelar dos tamancos de madeiras de milhares de pés em marcha.

Quando a mulher voltou correndo para a fila, Hélène viu que seu rosto estava manchado de amarelo; ela sorria.

Então, outra mulher correu para o campo e colheu a maior quantidade de flores que conseguiu, usando os trapos do casaco surrado para guardá-las. Quando voltou para a fila, as outras se acotovelaram para alcançá-la, arrancando-lhe freneticamente as flores e comendo-as.

Por que estavam conseguindo fazer aquilo impunemente?

Na véspera mesmo, uma mulher um pouco adiante de Hélène levara um tiro na cabeça ao tentar pegar uma maçã semi-apodrecida.

Hélène olhou à volta. A coluna se estendia além da conta. Havia lacunas entre as fileiras e setores. Não se via guarda algum.

— Já — sussurrou com urgência para Jacky, cutucando-a com o cotovelo.

— Mas concordamos em esperar escurecer — sussurrou Jacky em resposta, numa voz rouca e aterrorizada.

Hélène bateu no ombro de Zinka:

— Veja, não há guardas!

— *Oui*, estou vendo — assentiu Zinka, agarrando a mão de Zaza e dizendo: — É a nossa melhor oportunidade.

Chegaram a uma curva na estrada. Um caminho de terra a atravessava e paralela a ele havia uma vala profunda. Hélène soube que aquela era a hora. Precisavam seguir em fila dupla, todas juntas, de modo a passarem despercebidas. Na fila à frente dela, Zinka, Zaza, Lon, Mena e Guigui saíram seguidas por Hélène, liderando Jacky, Nicole e Josée. Uma quinta mulher que fora parar na mesma fileira gemeu, queixando-se de extremo cansaço.

— Esqueça dela, então! — sibilou Hélène, empurrando adiante as amigas. — Rápido!

Eram nove no total. De mãos dadas, se afastaram da coluna e pularam dentro da vala, uma após a outra. Deitaram-se na terra, na parte mais profunda do buraco, onde a umidade era grande. Hélène sentiu o coração bater forte de encontro às costelas. De tão sedenta, tentou lamber a lama. Não teve coragem de erguer os olhos para saber se estavam prestes a ser flagradas, para ver se morreria de um tiro numa vala enquanto lambia a terra. Em vez disso, fitou Lon, que observava a estrada.

— O que tem lá? — sussurrou. — Estamos visíveis?

— Só vejo pés — Lon viu as infindáveis filas de mulheres passarem, a metade descalça, a outra metade calçando tamancos de madeira. Todos os pés descalços e enlameados sangravam.

Lon garantiu a Hélène que ninguém as veria. De todo jeito, as prisioneiras em marcha haviam passado por tantos cadáveres ao longo do caminho que esse amontoado de mulheres no fundo de uma vala provavelmente lhes pareceria mais uma pilha de corpos.

Abraçadas umas às outras e com o coração aos pinotes, elas aguardaram o ruído dos tamancos na terra se perder na distância. Quando já não podiam mais ver as colunas nem ouvir o ruído rítmico dos tamancos, Lon disse:

— Caminho desimpedido.

— Agora! Precisamos ir em frente. — Levantando-se, ela guiou as demais dentro da vala na direção oposta. Mas logo estavam todas sem fôlego e tomadas de uma euforia absoluta. Saíram da vala e se prostraram no campo. Ficaram ali, contemplando o céu, apertando as mãos umas das outras e rindo histericamente.

Tinham conseguido! Tinham escapado!

Agora, porém, se encontravam no meio da Saxônia, encarando aldeões alemães amedrontados e hostis, enraivecidos oficiais da *Schutzstaffel* [Tropa de Proteção] (SS) em fuga, o exército russo e bombardeiros aliados acima de suas cabeças. Os americanos estavam em algum lugar por perto, elas esperavam. Precisavam encontrá-los ou morreriam tentando.

※

Minha tia Hélène era uma jovem bonita. Tinha uma testa alta e um sorriso amplo. O cabelo era preto como asa de graúna e os olhos, escuros sob sobrancelhas espessas e sensuais. Parecia pequena e delicada, mas percebia-se nela uma força latente. Mesmo na velhice, quando a conheci, sua postura era majestosa. Sempre elegantemente vestida e com as unhas impecavelmente feitas, irradiava inteligência. Nas fotos tiradas aos vinte e poucos anos, passava a impressão de equilibrada e esperta. Era uma líder nata.

Em maio de 1943, entrara para a Resistência, trabalhando no *Bureau des opérations aériennes* [Departamento de operações aéreas] (BOA) para a região M. O BOA fora criado naquele mês de abril para atuar como ligação entre as *Forces françaises de l'intérieur* [Forças francesas do interior] (FFI, o nome usado por Charles de Gaulle para a Resistência) e a Inglaterra. O papel do BOA era assegurar o transporte de agentes e de mensagens e receber armas lançadas em paraquedas. A região M, a maior na FFI, cobria a Normandia, a Bretanha e Anjou. Pouco antes do desembarque na Normandia, a administração desse território era crucial e perigosa. A Gestapo vinha com sucesso capturando e matando um número alarmante de líderes e membros da rede. Nos meses frenéticos que cercaram o Dia D, a região de Hélène era um caldeirão de atividade tanto para a Resistência quanto para as tentativas cada vez mais infames e desesperadas da Gestapo de desbaratar as redes clandestinas.

Hélène tinha 23 anos quando aderiu. Durante as férias de seus estudos de física e matemática na Sorbonne, assumira um cargo importante como química numa empresa de lâmpadas. No entanto, quando suas atividades na Resistência se tornaram mais relevantes, largou o emprego para atuar em tempo integral na luta contra os fascistas. Mentia aos pais sobre o que fazia. Seu nome de guerra era "Christine", e nos registros nazistas foi registrada com esse nome[1]. Sempre seria conhecida pelo grupo de mulheres que escaparam juntas como Christine.

Seu comandante, que levava o codinome "Kim", era Paul Schmidt. No início da guerra, Schmidt era o líder de uma tropa de elite da infantaria montanhesa francesa. Em 1940, lutara na Noruega; seu batalhão foi evacuado para a Inglaterra, onde Schmidt foi tratado de graves ulcerações por conta do frio. Recuperado, juntou-se às FFI e voltou à clandestinidade na França. Em março de 1943, assumiu a chefia do BOA e estabeleceu uma série de "comitês de recepção" na região nordeste. Hélène foi um dos 14 agentes recrutados por ele. Sua tarefa era encontrar terrenos adequados a lançamentos de paraquedas. A cada lançamento, ela precisava formar uma equipe de membros da Resistência para estar a postos nos locais escolhidos. Com o tempo, seu trabalho passou a incluir a criação de ligações entre as diferentes redes da Resistência na região M. Para enviar informações a Londres sobre as condições locais, ela codificava e decodificava mensagens que eram transmitidas por rádio.

Hélène aguardava com ansiedade a lua cheia, quando os aviões podiam identificar à noite os locais para lançamentos. Com três dias de antecedência, ela ouvia atentamente o rádio. Os códigos secretos eram transmitidos na BBC, durante um programa especial de 15 minutos chamado "Les Français Parlent aux Français" (os franceses falam aos franceses). Com frequência se perguntava o que os ouvintes comuns pensavam de frases como "les souliers de cuir d'Irène sont trop grands" (os sapatos de couro de Irène são grandes demais).

Ela e sua equipe aguardavam nas sombras dos bosques que circundavam o pequeno campo do seu local favorito de recepção em Semblançay, na periferia de Tours. Ouviram o motor do avião que se aproximava. Acenderam e apagaram a lanterna segundo o código Morse, formando a letra combinada como sinal. Com grande alívio viram, logo após, o pequeno avião piscar suas luzes.

— Agora — sussurrou ela para a equipe, e um por um, como dominós, todos acenderam suas lanternas, delineando o perímetro da área de recepção. O aviãozinho descreveu uns poucos círculos. O coração de Hélène se acelerou ao pensar nos moradores ouvindo o motor ruidoso ou vendo a seda branca dos paraquedas cintilando ao luar enquanto caíam no chão. Assim que os contêineres aterrissaram, a equipe correu para o campo para buscá-los. Em seu interior havia armas pequenas, explosivos, um novo transmissor e novas listas de códigos. Para animar o grupo, os britânicos tinham incluído chocolates e cigarros.

Enquanto enchiam os bolsos com cigarros e as mochilas com as armas, a equipe ouviu o avião voltar a voar em círculos e fez uma pausa. Alguma outra coisa caíra do céu noturno. Hélène distinguiu o vulto escuro de um homem flutuando sob o paraquedas de seda branca. Rapidamente distribuiu o conteúdo dos pacotes remanescentes para os membros da equipe, com a ordem de se dispersarem em direções distintas. Era melhor que partissem antes que o paraquedista aterrissasse; quanto menos qualquer um soubesse, melhor. Apenas dois homens permaneceram para se livrarem dos contêineres vazios e enterrarem os paraquedas. Não foi essa a primeira vez que Hélène lamentou não poder guardar aquela seda tão bonita para fazer um vestido. Mas ordens eram ordens.

O homem misterioso se desvencilhou das amarras e acendeu um cigarro. Afastou-se do paraquedas e observou Hélène instruir os dois remanescentes. Ela também não se aproximou do estranho. Antes de se falarem, precisava organizar suas ideias. Além disso, essa parte da operação precisava se desenvolver com rapidez. A dispersão deveria ocorrer no prazo de 15 minutos, de modo que se alguém tivesse visto os paraquedas ou ouvido o avião, não sobrasse pessoa alguma no local.

Finalmente, Hélène se aproximou do recém-chegado, que era alto e magro. Quando tragou o cigarro, a brasa reluziu, e ela pôde ver seu rosto anguloso. Ele parecia divertido.

— Não me avisaram que haveria carga viva — disse Hélène, mal disfarçando sua raiva.

— Fantassin — respondeu o desconhecido, estendendo a mão para que ela a apertasse, o que Hélène fez com relutância. — Você deve ser Christine, não? Ouvi falar de você.

— Por que eu não ouvi falar de você? Não tenho nada preparado. — Quando sentia medo, Hélène em geral parecia zangada. *Fantassin* significava "soldado de infantaria" em francês, e o codinome andara sendo sussurrado. O sujeito era alguém importante, e ela agradeceu que estivesse escuro e não desse para ver que enrubescera.

— Não quisemos correr o risco de que descobrissem que estou de volta à França. Os *boches* violaram nossas redes. Precisamos ter muito cuidado.

Entregou a Hélène um cigarro e o acendeu, o que deu a ela algum tempo para raciocinar.

— Mas não sei para onde levá-lo — disse Hélène, abandonando sua postura inflexível.

— Confiamos em você. Vou ficar no seu apartamento até conseguir estabelecer algum contato.

Ele não perguntou. Deu uma ordem. E pareceu se divertir por isso tê-la deixado constrangida. Se minha mãe soubesse..., pensou Hélène. A mãe frequentara uma escola em que meninos e meninas eram estritamente separados e as freiras professoras diziam às meninas para desviarem o olhar ao passarem pelo prédio dos meninos de modo a evitar a tentação do pecado.

O apartamento ficava a uma boa distância de bicicleta, em uma cidadezinha afastada do local de aterrissagem. Fantassin carregava uma maleta de couro que havia sido amarrada a seu pulso durante o salto de modo a não se perder. Entregou-a a ela e disse que os dois iriam juntos na bicicleta, e que lhe caberia a garupa. Com a maleta numa das mãos, Hélène agarrou-se com a outra ao desconhecido, que se pôs a pedalar na noite escura. Tentou não apertá-lo muito, mas dava para sentir o calor das suas costas. Não se falavam, senão quando era preciso dizer a ele que direção tomar. Umas poucas vezes, Hélène mandou que parasse e escondesse a bicicleta atrás de um muro ou arbusto enquanto ela checava para ver se estavam sendo seguidos. Era uma rotina desenvolvida ao longo do tempo, mas nessa noite executada com cautela especial.

A longa viagem na madrugada úmida ajudou a acalmá-la. Os dois chegaram em casa pouco antes do amanhecer. Ela estava exausta. O apartamento era pequeno, uma sala, uma cozinha pequena e agregada à sala e um quarto minúsculo. Decidira ceder ao hóspede o quarto e dormir na sala. No entanto, dentro do pequeno apartamento, de repente se viu tímida. Disse a si mesma que aquele era seu emprego. Empertigou as costas e ficou ereta.

Fantassin pôs a maleta em cima da mesa da cozinha e abriu-a. Estava cheia de dinheiro, mais dinheiro do que Hélène jamais vira na vida. Enfiando a mão na maleta, ele tirou algumas notas que entregou a ela.

— Não — respondeu Hélène, sentindo o rosto corar. — Não faço isso por dinheiro. Faço pela França, pela minha honra. — Pode ter parecido indignada, mas estava apavorada. Não queria que ele pensasse que era uma mulher desse tipo.

— Não é para você, mas para a sua equipe. Para os homens que estavam lá à noite.

— Eles também fazem isso pela França — interveio ela, quase sem pensar, algo que raramente fazia.

— Para as famílias, então, para aqueles que já foram sacrificados — insistiu Fantassin.

Ela assentiu, porque ele tinha razão. Seu orgulho e constrangimento a tinham impedido de raciocinar. Muita gente estava em esconderijos e sem acesso aos cupons de racionamento; havia gente faminta. Esse dinheiro ajudaria. Ela precisava se recompor. Respirou fundo.

— Você deve estar cansada. — A voz dele ficou um pouco mais suave. — Quantos anos tem?

Ela respondeu que acabara de completar 24 algumas semanas antes.

Ele se sentou na cadeira ao lado do sofá e acendeu um cigarro. Seguiu-se um silêncio prolongado.

— Pode ficar com o quarto — disse ela, passado um instante.

— Não, por favor, estarei bem aqui — falou, indicando o sofá.

Quando insinuou que ele era seu superior hierárquico, Hélène ouviu:

— Sim, somos soldados, mas, por favor, me deixe ser também um cavalheiro.

O nome verdadeiro de Fantassin era Valentin Abeille, o chefe de toda a região $M^2$. Os alemães haviam estabelecido um prêmio alto pela sua cabeça. A essa altura da guerra, a Gestapo andava implacável. Conseguira plantar um punhado de agentes duplos nas células da Resistência. Esses grupos eram formados basicamente por jovens idealistas que recebiam pouco ou nenhum treinamento e não tinham como manter uma segurança confiável. Alguns dos homens mais jovens se gabavam publicamente do que faziam para pegar *les boches*, contavam a gente demais, deixavam-se seguir ou não seguiam as regras de segurança apropriadas. O tempo médio que uma pessoa permanecia na Resistência até ser pega variava de três a seis meses.

No final, Fantassin muito provavelmente foi traído pelo próprio secretário em troca do prêmio. Preso pela Gestapo e a caminho do seu infame local de tortura na rue de Saussaies, em Paris, pulou do carro em movimento. Foi alvejado várias vezes não muito distante do Arco do Triunfo e morreu logo depois no hospital. Dissera a Hélène durante os poucos dias que passaram juntos que não podia permitir que o pegassem vivo. Mostrou-lhe os tabletes de cianureto que levava com ele. Quanto menos ela soubesse, melhor, acrescentou.

Enquanto trabalhou na Resistência, Hélène gozou de mais liberdade do que uma jovem na França dessa época normalmente gozava. No início da guerra, os pais e irmãs haviam se mudado para Grenoble, onde o pai agora geria uma fábrica. A família achava que ela permanecera em Paris para concluir os estudos. Só descobriria a verdade acerca das suas atividades mais tarde, quando foi contatada por alguém da rede.

Hélène se recordava desses meses como um período estimulante. Era uma mulher jovem e independente a quem fora confiado um papel importante e que comandava homens mais velhos. Vidas dependiam dela. Tivera momentos tão cheios de adrenalina como nunca vivenciara antes. Um desses choques se deu quando chegou ao local de aterrissagem um dia no final da tarde e foi saudada por um grupo de policiais franceses. Convencida de que eles estavam ali para prendê-la, foi invadida por um pânico gélido que lhe desceu pela espinha. Já virara a bicicleta para ir embora, quando um deles lhe gritou a senha. Ela congelou, então, tentando raciocinar. Se eles sabiam a senha, com certeza sabiam de tudo. Sentiu uma onda de náusea misturada a um alívio resignado. O jogo chegara ao fim. Não faria sentido fugir. Mecanicamente, porém, respondeu com a contrassenha, e os homens se aproximaram para ouvir suas ordens.

Hélène precisou de um instante para se dar conta de que eles não estavam ali para prendê-la. Tratava-se da sua equipe de recepção. O que pensara ser o fim da linha para si mesma era mais uma guinada estranha. Um acampamento inteiro de policiais uniformizados havia se alistado na Resistência. Esse incidente a estimulou e lhe deu uma sensação de invencibilidade.

No dia 4 de fevereiro de 1944, sua tarefa era entregar uma mensagem ao general Marcel Allard, comandante de uma parte da região M. Ao chegar ao pequeno hotel na Bretanha onde se encontrariam, ela o viu sair correndo por uma porta justo quando um grupo de cinco soldados alemães entrava por outra. Ficou imprensada no meio. Foi presa simplesmente por se encontrar ali e eles estarem interpelando todas as pessoas no lobby do hotel. A mensagem que levava havia sido costurada no forro da bolsa, e miraculosamente a Gestapo não a encontrou. Hélène foi capaz de dizer que não conhecia esse tal de Allard procurado pelos soldados, que nada tinham contra ela, cujos documentos estavam em ordem. Por isso, seu recurso foi se passar por uma mocinha dócil, tolinha — papel que já representara antes.

Mantiveram-na na prisão em Vannes durante alguns dias, mas um dos guardas a tranquilizou dizendo tratar-se apenas de burocracia, que não se preocupasse, pois logo lhe permitiriam voltar para casa e para os pais. No entanto, em lugar de libertá-la, eles a transferiram para uma prisão em Rennes, onde a retiveram por duas semanas. Lá também não houve qualquer interrogatório formal. Nada lhe perguntaram além do motivo pelo qual se encontrava no hotel naquele momento específico.

Um dia, então, dois guardas entraram na cela em que estava presa com mais vinte mulheres e chamaram seu nome. Os homens a algemaram e conduziram até um carro preto. Eles deixavam transparecer uma raiva violenta e se recusaram a falar com ela ou responder suas perguntas. Levaram-na para a prisão em Angers, no vale do Loire, onde ela passou dois meses.

Passados 58 anos, durante a nossa entrevista em seu apartamento, onde Hélène me permitiu gravar sua história, ela disse:

— Nunca esqueci Angers como símbolo do sofrimento em si.

Foi lá que a interrogaram e torturaram, às vezes ao ponto de ser necessário levá-la de volta à cela numa padiola. O pior era *le supplice de la baignoire*, ou o suplício da banheira, em que a levavam a um banheiro comum com uma banheira cheia de água fria. Suas mãos algemadas para trás. Forçavam-na a ficar de joelhos no chão de azulejo junto à banheira. Dois homens, então, um de cada lado, empurravam a sua cabeça para dentro da água e ali a mantinham enquanto ela tentava respirar em vão. Ela sentia as mãos dos dois, um segurando-lhe o pescoço e o outro pressionando-lhe a cabeça para baixo. Tentava manter a calma, mas quando os pulmões imploravam ar, o pânico se apossava dela. A dor no peito e no pescoço era terrível e a cabeça latejava à medida que a necessidade de ar crescia. Ela lutava, mas em vão. A água lhe invadia a boca e a sufocava.

Quando a sentiam abandonar a luta, tornavam a tirar sua cabeça da água e recomeçavam o interrogatório. Ela vomitava sem parar. Era nesses momentos de dor extrema que Hélène sentia mais agudamente a presença do próprio corpo, sua existência corpórea, quase como se o corpo fosse seu inimigo, fazendo-a sofrer.

Haviam descoberto quem ela era, para que rede trabalhava e algumas das pessoas com quem trabalhava. Sabiam que Fantassin se hospedara em sua casa. Todo dia a interrogavam, exigindo os nomes de outros agentes, as senhas, os centros de mensagens, locais de recepção de cargas em paraquedas, datas, horários. Ela tentava não revelar informações úteis. Durante várias noites, molhada e gelada, com as mãos atadas atrás das costas e presa a um radiador, ela tentou elaborar histórias plausíveis, puras invenções que se adequassem ao que já era sabido, mas que não entregariam outras pessoas.

Foi pendurada pelos braços e levada ao mesmo banheiro de azulejos e quase afogada repetidas vezes. Suas unhas foram arrancadas com alicates. Outras coisas horríveis lhe foram feitas. Na nossa entrevista, Hélène parou aí e não insisti para obter mais detalhes. Houve uma pausa quando ela acendeu outro cigarro e reparei em suas unhas cuidadosamente manicuradas.

Quando voltou a falar, me contou sobre um jesuíta, "Père Alcantara", disse, recordando seu nome.

— Ele tinha autorização para visitar certas prisões. Um dia me entregou um pequeno pacote. Vi a etiqueta com o meu nome. Era a caligrafia da minha mãe. Foi então que chorei.

Quando viu o pacote, seus joelhos cederam e ela começou a soluçar. Foi a primeira vez que chorou desde a sua prisão. A fim de manter a coragem, a fim de não ceder sob tortura, ela evitara pensar naqueles que amava, na própria família. O pacote significava que agora eles sabiam o que ela fazia secretamente. Sentiu uma pontada de culpa por fazê-los sofrer e uma vontade imensa de ouvir a voz da mãe.

O guarda alemão encarregado da sua cela era um alsaciano mais ou menos da sua idade. Hélène falava fluentemente alemão, e os dois conversavam de vez em quando. Ele se sentia perturbado vendo o que a Gestapo estava fazendo com ela. Odiava aquelas pessoas, e seus olhos se enchiam de lágrimas ao vê-la devolvida à cela, ensanguentada e destroçada numa padiola. Sussurrava palavras encorajadoras através da janela da cela, palavras que ela mal ouvia naquele estado semiconsciente. Dizia-lhe para simplesmente falar o que queriam ouvir para que a deixassem em paz. Dizia, também, que gostaria que ela não fosse tão corajosa. Certa vez, levou-lhe um quilo de manteiga, que ela agradeceu, mas achou que fosse algo estranho para esconder na cela. Não tinha ideia do que fazer com a manteiga, onde guardá-la. Não tinha nada com o que comê-la. Mais tarde, ele levou-lhe açúcar, um presente muito mais prático.

Pegou uma carta breve que ela escrevera para a família e a enviou por correio ao padrinho. Hélène sabia que dessa forma a carta não seria rastreada. O jovem soldado alsaciano deve ter guardado o endereço, porque mais tarde, após a guerra, procurou-a, conseguindo o endereço com seu padrinho. Queria saber se sobrevivera e como estava. A essa altura, porém, coisas muito piores haviam acontecido com ela, que deixara de ser a jovem relativamente inocente que ele vigiara na cela em Angers. Hélène escreveu de volta dizendo que, sim, sobrevivera, mas só isso. Pediu-lhe que não voltasse a procurá-la.

Na prisão em Angers não lhe permitiam ter nada na cela e sozinha, sem livros, sem papel nem revistas, ela se sentiu prestes a sucumbir. Implorou ao guarda que lhe desse um lápis. Nas paredes brancas da cela, resolvia problemas matemáticos. Quando lhe perguntei que tipo de problemas, Hélène rabiscou uma equação num pedaço de papel.

$$\int_{-\infty}^{\infty} dx\, e^{-ax^2} = \sqrt{\frac{\pi}{a}}$$

Mostrei essa equação à minha tia Annie, que é matemática, e perguntei o que Hélène andara fazendo. Annie respondeu: "Computando a Integral Gaussiana", que involve *e* e PI. Annie me explicou que *e* e PI são chamados de "números transcendentais". Números transcendentais, como números imaginários, existem fora da matemática comum. Na história da matemática, o conceito de números imaginários foi causa de grande ansiedade e drama ao longo dos tempos enquanto vários matemáticos aos poucos descobriam sua necessidade. No início do século XIX, um jovem matemático francês impetuoso, chamado Évariste Galois, foi expulso da École Normale acusado de ativismo político. Embora reconhecidas como promissoras, suas ideias matemáticas eram por demais radicais para serem aceitas pelo *establishment*. Escreveu cartas febris na noite que antecedeu sua morte num duelo, acrescentando algumas notas nas margens de suas demonstrações que continham números transcendentais e imaginários. Galois admitiu a existência de alguns problemas impossíveis de serem resolvidos apenas com os números concretos da nossa existência cotidiana. Suas derradeiras palavras para o irmão foram: "Não chore, Alfred! Preciso de toda a minha força para morrer aos vinte anos."

Em sua cela, aos 24 anos, Hélène reunia forças para morrer. Batalhou para resolver vários problemas matemáticos clássicos, mostrando que não é possível dividir um ângulo em três partes ou tornar quadrado um círculo usando apenas uma régua e um compasso. Existem números que não podem ser construídos.

Mais tarde, ao chegar ao campo de concentração de Ravensbrück, Hélène reconheceria Zaza, sua colega do liceu que haviam frequentado juntas. Se abraçariam no chuveiro, temendo que os boatos fossem verdadeiros e que os buraquinhos no teto logo liberassem um gás assassino. Em vez disso, porém, foram açoitadas por água gelada. Receberam números: Hélène tornou-se a prisioneira número 43209 e Zaza, a de número 43203. Os prisioneiros enfrentavam incessantes chamadas, os *Appells*, quando eram contados várias vezes. As pessoas se transformaram em números e depois em nada.

Não só os números verdadeiros são infinitos, diz minha irmã, mas é preciso haver uma quantidade infinita de números transcendentais também. Mas conhecemos somente um punhado. Annie acha que isso talvez se deva à nossa obsessão humana por ferramentas: a régua e o compasso limitaram a nossa imaginação. O nosso raciocínio limita a nossa compreensão.

Enquanto escrevo esta história, me pergunto se a linguagem também limita o nosso raciocínio. As famílias que entrevistei, os descendentes das nove mulheres que escaparam naquele dia na Alemanha, diriam o mesmo: que suas mães ou avós ou tias se sentiam incapazes de descrever integralmente o que viveram. Existe um limite para o que é possível dizer; suas histórias, se contadas, acabam sendo reveladas apenas pela metade.

Na prisão em Angers em junho de 1944, ouvia-se o som de bombardeios ao longe. Os aliados estavam desembarcando nas praias da Normandia. O jovem guarda alsaciano disse a Hélène:

— Amanhã você estará livre e o prisioneiro serei eu.

Ela se permitiu nutrir esperanças. Mas, então, passou o dia sentada na cela, com os braços abraçando os tornozelos e o queixo pousado nos joelhos, contemplando as equações complexas, sua tentativa de alcançar a transcendência. No pátio da prisão, a intervalos regulares, rajadas de metralhadora perturbavam sua concentração, enquanto os guardas alemães sistematicamente executavam todos os prisioneiros do sexo masculino. Prepare-se para o pior, disse a si mesma.

Mais tarde naquela noite, talvez exauridos pela matança, os mesmos guardas alemães puseram as poucas mulheres remanescentes em trens destinados a Romainville, o campo de trânsito nos arredores de Paris.

Algumas mulheres haviam escrito em minúsculos pedaços de papel roubado, chamados *papillons* (borboletas), breves mensagens para suas famílias acompanhadas de endereços. Enquanto atravessavam Paris, elas jogavam esses papeizinhos pelas fendas nas laterais dos vagões. Esses últimos bilhetes eram às vezes recolhidos por gente corajosa e enviados às famílias das mulheres. Muitas vezes, aqueles acabaram sendo os últimos vestígios de filhas, irmãs e mães.

No campo em Romainville, Hélène se lembra de ter assistido à morte de uma mulher estirada na terra. Supostamente era sifilítica e havia infectado alguns soldados alemães, motivo pelo qual fora deixada para morrer sozinha na frente de todos.

Hélène não tem lembrança alguma do que fez durante esses dias sentada no chão e cercada de arame farpado — de nada se recorda salvo vagamente de uma espera infindável. Havia se fechado em si mesma. Não permitiria que sentimento algum fragilizasse seu propósito de sobreviver. Uma espécie de entorpecimento a tomou enquanto tentava se ajustar a essa nova realidade. Que era quente e poeirenta. As prisioneiras eram mantidas em grandes currais sem sombra nem abrigo. Ali ficavam num sofrimento mudo, olhando para o vazio. Ouviam o zumbido de moscas e gemidos abafados, mas nada que se assemelhasse à linguagem. Sentiam cheiro de carne putrefata, morte, excremento humano, sujeira, suor e medo.

Passados vários dias — Hélène não sabe dizer quantos —, embarcaram-na num comboio abarrotado destinado ao transporte de gado. Começava ali a sua viagem para a Alemanha, para Ravensbrück, noventa quilômetros ao norte de Berlim.

Sabíamos, na minha família, que a Tante Hélène havia recebido condecorações importantes. Era uma Officier de la Légion d'honneur [oficial da Legião de Honra], considerada uma das honrarias de maior prestígio na França, sobretudo dado que o grau de *officier* raramente era conferido a mulheres de sua geração. Ela recebeu a Croix de Guerre [Cruz de Guerra] por atos de bravura durante a guerra, além da Médaille de la Résistance francesa e a Médaille de la France libre por sua atuação na Resistência. A família se orgulhava dela, mas Hélène pouco falava sobre o próprio passado. Como aconteceu em várias famílias após a guerra, buscava-se deixar para trás aquele período obscuro. Achava-se melhor simplesmente esquecer o passado. Não falar dele. Não lidar com a escuridão. Havia, também, a culpa do sobrevivente, bem como os lapsos de memória causados pelo trauma, pela forma indizível como alguns haviam se comportado. Hélène queria poupar a família de ouvir os detalhes sombrios. Quem não vivenciou isso não é realmente capaz de imaginar. Levou tempo; foi preciso que a geração que não viveu a guerra começasse a fazer perguntas. Em 2002, durante um almoço com minha avó, Hélène me contou como escapara dos nazistas com outras oito mulheres. Atônita, perguntei-lhe se poderia gravar uma entrevista com ela para ter comigo a história completa.

Minha tia Eva e eu viajamos até o apartamento de Hélène num bairro muito simpático próximo a Neuilly, nos arredores de Paris. Os pequenos cômodos estavam cheios de fotos e livros. Hélène se apresentou impecavelmente penteada e vestindo uma saia e um casaquinho Chanel. Tomamos chá. No entanto, depois que lhe agradeci por nos permitir gravá-la, a primeira coisa que Hélène me disse foi: "Qual a finalidade disso?"

— É importante — respondi, subitamente envergonhada da minha juventude, do meu entusiasmo tipicamente americano e da minha vida relativamente confortável.

— Essa história pode apenas relatar que um punhado de seres humanos lutou para viver com dignidade, a despeito da degradação sofrida, a despeito das tentativas dos nazistas de destruí-los — disse ela. Foi como se tivesse treinado essa resposta, como se a tivesse preparado com antecedência.

Eu lhe perguntei por que se juntara à Resistência.

— Por causa do horror ao nazismo e a seus regimes totalitários — respondeu ela.

Perguntei se tivera medo, e ela me disse que não. Se sentira feliz, mesmo conhecendo os riscos, porque estava ajudando a lutar por seu país.

Hélène refletiu em voz alta se faria sentido desenterrar todas aquelas velhas lembranças. Da minha parte, me perguntei se não seria grosseiro sondá-la e forçá-la a recordar coisas que talvez preferisse esquecer. Ouvi que ela preferia não falar do passado, embora, como admitiu, pensasse na guerra o tempo todo, todos os dias. Era possível dizer que isso a assombrava e que sua vida posterior àquela época havia sido profundamente afetada pelo que lhe acontecera então.

Com o passar das horas, Hélène foi aceitando falar. Vagamente supus que teríamos muitas outras conversas e que, com o tempo, obteríamos os detalhes. Saí de sua casa achando que ela ficara feliz em falar e talvez sentisse apenas uma pontinha de arrependimento por ter se aberto para mim. No entanto, seja devido à sua reticência ou à minha hesitação, jamais voltamos a abordar o passado.

Mais tarde, quando comecei a escrever a sua história e a mergulhar no passado da nossa família, senti como se quebrasse um tabu. As vozes na minha cabeça me diziam que não era da minha conta, que eu deveria me envergonhar de explorar a história dela. Insistiam para que eu deixasse o passado descansar em paz. O passado, porém, é implacável. A história, como a memória individual, não é fixa, mas constantemente revivida.

Dois anos depois da minha entrevista com Hélène, me vi diante do livro de Suzanne Maudet *Neuf filles jeunes qui ne voulaient pas mourir* (Nove moças que não queriam morrer). Zaza era amiga de Hélène. Gravara suas memórias imediatamente, nos meses que seguiram à fuga, mas o manuscrito só fora publicado em 2004, dez anos depois da sua morte[3]. Os detalhes no livro de Zaza me levaram a descobrir um outro relato, escrito por Nicole Clarence para a revista *Elle* em 1964, no vigésimo aniversário da sua deportação. Por meio desse artigo, encontrei um punhado de entrevistas radiofônicas dadas por Nicole[4], e pouco antes do falecimento de Hélène, em 2012, dois cineastas holandeses, Ange Wieberdink e Jetske Spanjer, filmaram um documentário chamado *Ontsnapt* (Fugitivas), em que Hélène se reencontrava com Lon Verstijnen, outra participante do grupo[5]. O filme se baseava em grande parte no livro de Lon, *Mijn Oorlogskroniek* (Minha crônica da guerra). Alguns anos depois, o filho de

Guigui, Mark Spijker, me enviou a tradução do livro para o inglês, feita pela própria Lon, que ela partilhara com a mãe dele.

Coletivamente, Hélène, Zaza, Nicole e Lon contam uma história de amizade, incrível bravura e sobrevivência. Seus relatos diferem quanto a alguns detalhes, mas convergem nos pontos-chaves. Falta muita coisa; jamais saberei se por conta de omissões voluntárias ou lapsos de memória. No início, eu conhecia oito delas apenas por seus apelidos; além de Christine (minha tia-avó Hélène), havia Zaza, Lon, Guigui, Zinka, Josée, Mena, Nicole e Jacky. Todas foram prisioneiras políticas. Mais tarde eu viria a descobrir que o pai de Hélène era judeu e que Nicole vinha de uma família judia, embora nenhuma das duas fale sobre essa origem nem ter sido, provavelmente, identificada como tal. De toda forma, ambas mantiveram o fato escondido dos alemães. Por pior que fosse ser prisioneiro nos campos de concentração, pior ainda era ser um prisioneiro judeu.

MULHERES EM GRUPOS DE CINCO

Na juventude, o pai de Hélène, um homem russo, foi professor de matemática na Lituânia, antes de se mudar para Heidelberg a fim de continuar os estudos. Depois, foi para a França estudar na Sorbonne. A mãe de Hélène, Martine, era uma das duas mulheres matriculadas na Sorbonne na mesma época.

Uma camponesa da região de Lot, seu pai era um grande vinicultor. A família se orgulhava do fato de o padre usar o vinho da família nas missas de domingo. Martine fora criada numa devota família católica e educada por freiras. Jamais podia ficar nua, nem mesmo para tomar banho. Entretanto, devia ser incomumente brilhante, pois, depois de passar em seus exames no segundo grau, as freiras sugeriram que continuasse os estudos — algo totalmente inédito à época, quando se considerava que instrução em demasia prejudicava as chances de casamento de uma moça de bem. Surpreendentemente, os pais concordaram em deixá-la ir para Paris a fim de estudar Química. O pai de Hélène, um músico talentoso que abrira mão de uma carreira sinfônica, trabalhava com física atômica. Os dois se conheceram na universidade e seis meses depois do rápido casamento nasceu Hélène.

A brilhante Martine foi forçada a largar os estudos. Talvez essa inteligência frustrada tenha sido a causa de uma relação complicada entre mãe e filha. De todo modo, Hélène se identificava com o pai. Outras duas filhas nasceram, sete e oito anos mais tarde. Estabeleceu-se um ressentimento duradouro entre Hélène e as irmãs muito mais jovens. Ela era obrigada a ser babá de ambas, e o pai nitidamente lhe tinha predileção. Quando a família soube que Hélène fora deportada para a Alemanha, o pai se desesperou. Uma noite durante o jantar, uma das filhas mais novas lhe fez uma pergunta e diante da falta de resposta, Martine indagou: "Você não vai responder à sua filha?", ao que ele respondeu: "Tenho uma única filha e ela está na Alemanha."

Hélène era a intelectual das irmãs. Contava com uma impressionante lista de diplomas em engenharia e matemática. Com um dom para aprender idiomas, falava vários com fluência, inclusive polonês, alemão, inglês e russo. Essa facilidade para línguas, seu raciocínio límpido nos momentos de perigo e sua noção de diplomacia fizeram dela uma líder nata em Ravensbrück. Nicole mais tarde se lembraria que Hélène fora o "pilar" do grupo.

Durante cinco dias Hélène viajou no vagão de gado atopetado, com pouca ou nenhuma água ou comida, sem luz, sem ar e sem lugar para fazer suas necessidades fisiológicas. Junto com ela estavam duzentas prisioneiras políticas, na maioria francesas — *les résistantes*. Sobreviveram ao transporte desumano se organizando, revezando-se entre ficar de pé e deitadas. As doentes graves foram acomodadas mais próximo à pequena janela, onde havia ar fresco. Mantinham o ânimo cantando "La Marseillaise" e outras canções.

Hélène não tinha ideia do local de destino quando o trem fez sua última parada na estação de Furstenberg, a cidade mais próxima ao campo de concentração Ravensbrück. A cidade e o campo ficavam em lados opostos de um lago. A área, perto do Báltico, é sujeita a ventos gélidos e era conhecida pelos moradores como "Pequena Sibéria".

Chegaram à noite; a plataforma estava iluminada pela luz inclemente de holofotes e vigiada pela SS e por guardas do sexo feminino conhecidas como *Aufseherinnen*, e os pastores alemães em coleiras latiam e rosnavam furiosamente. As prisioneiras precisaram pular do vagão para a plataforma, e algumas das mais idosas caíram de mau jeito, torcendo um tornozelo ou deslocando um joelho. Os guardas as empurravam. Em meios ao caos, elas tropeçavam umas nas outras. As *Aufseherinnen* as açoitavam com chicotes e gritavam em alemão. Se alguém ainda tivesse bagagem, essa lhe era tomada e jogada na traseira de um caminhão.

As que haviam morrido durante a viagem tiveram de ser postas noutro caminhão, enquanto os guardas alemães gritavam "Schnell! Raus!"

Duas colunas foram formadas: uma para as que ainda tinham forças para marchar e outra para as que mal se mantinham de pé. As frágeis foram convidadas a seguir no caminhão com a bagagem. Algumas filhas encorajaram as mães cansadas e abatidas a embarcar. Não tinham como saber que estavam participando da primeira seleção para o crematório e que jamais voltariam a ver suas mães.

— Zi funft! — gritavam os guardas, chutando-as enquanto elas lutavam para entender o que lhes era ordenado.

— Querem que formemos grupos de cinco — sussurrou Hélène com urgência.

— Grupos de cinco — ela ouviu ser repetido em francês, ecoando na multidão.

O grupo marchou da estação de trem até o campo, a cerca de quatro quilômetros de distância. No dia 14 de junho de 1944, quando Hélène chegou, o campo estava coberto de lama e fedia a carne podre e excremento humano, com a fumaça densa e cinzenta do crematório pairando acima.

Hélène tinha "um rosto que jamais se esquece, e no meio de toda aquela multidão, eu a reconheci de imediato", escreveu Zaza, recordando a chegada ao campo e como havia identificado a colega de liceu naquela aglomeração[7]. De muitas formas a antítese de Hélène, Zaza era a poeta que percebia a cor do céu, enquanto as demais pensavam apenas na fome que sentiam. Enquanto Hélène podia ser fria e calculista, Zaza era calorosa e extrovertida. Com 22 anos ao ser presa, era uma otimista, com grande senso de humor e um enorme amor pela vida. Sempre paciente, fazia amizade com todo mundo, porém era mais próxima de Hélène e a única a quem Hélène permitia alguma intimidade. Desde o instante em que chegaram a Ravensbrück, as duas permaneceram juntas. Enquanto Hélène planejava incessantemente a fuga, Zaza era mais passiva. Confiando na natureza, aguardava os acontecimentos.

Ravensbrück, aberto de 1939 a 1945, foi o único campo de concentração alemão construído exclusivamente para mulheres. A maioria das prisioneiras, como as nove, passava por ele a caminho de uma das centenas de campos de trabalho forçado ou dos campos de extermínio. Muitas, contudo, eram mortas ali. A maioria dos registros em Ravensbrück foi queimada pelos nazistas nas últimas semanas da guerra. Graças, porém, aos historiadores e a ex-prisioneiras como Germaine Tillion, uma etnóloga experiente que foi capaz de redigir anotações detalhadas nos derradeiros meses, muitas provas relativas ao campo foram coletadas.

Aproximadamente 123 mil mulheres e crianças passaram pelo campo, além de vinte mil homens. Ravensbrück tinha quarenta campos-satélites, um campo masculino menor, o campo da fábrica Siemens e o que era chamado de Campo de Uckermark para Jovens, mas que na verdade não passava de um campo de extermínio. Calcula-se que o número de mortos em Ravensbrück varie de trinta a noventa mil. A *Fondation pour la mémoire de la déportation* calcula que cerca de quarenta mil morreram lá, mas é difícil saber ao certo. A maioria das mulheres que chegaram nos últimos meses caóticos da guerra jamais foi registrada. E não houve estimativa do número de mulheres que foram "enviadas" para morrerem sufocadas por gás em caminhões; um levantamento calculou que entre cinco e seis mil mulheres foram executadas em câmaras de gás temporárias[8].

Também não entraram nos cálculos as mortes ocorridas em todos os subcampos. Além disso, havia os bebês, mortos ao nascer ou que pereceram de fome em seguida ao nascimento, cujas mortes não foram computadas. As mulheres que morreram durante as marchas também não tiveram suas mortes registradas.

Os sobreviventes, afinal, se dão conta de que nomes são mais importantes que números[9]. Mas os números dão uma ideia da enormidade do sofrimento. Em junho de 1944, quando sete das nove mulheres do grupo de Hélène estavam em Ravensbrück, havia no campo, construído para abrigar três mil prisioneiras, 30.849[10]. As chamadas matutinas levavam três horas ou mais, durante as quais as prisioneiras eram obrigadas a permanecer de pé no mesmo lugar para serem contadas. A situação no campo atingira proporções infernais com a superpopulação e a falta de recursos básicos.

Quando entraram marchando em Ravensbrück, as mulheres foram primeiramente levadas ao *Effektenkammer*, ou depósito, onde receberam ordem para se despirem totalmente e guardarem as roupas em grandes sacos de papel pardo. Quando entregaram os sacos aos guardas, seus números foram anotados e os sacos, atirados numa pilha. Seus pertences menores, como joias e dinheiro, se é que os portavam, seguiram o mesmo ritual. Conforme a obsessão nazista de manter registros, esses itens eram cuidadosamente anotados. Depois de solicitar os registros nazistas de Hélène em 2018, recebi do Serviço Internacional de Rastreamento em Bad Arolsen vários documentos, inclusive algumas folhas desses registros de pertences. Li que Zaza entregara sua aliança e cinco francos e Hélène, uma pulseira, um relógio e setenta centavos de franco.

Suas cabeças foram raspadas e elas precisaram ficar em pé de pernas abertas enquanto alguém raspava seus pelos pubianos de uma forma brutal que deixava cortes e feridas abertas propensas a infecção.

Empurraram-nas, então, para os chuveiros. Já nesse lugar, que tinha buracos no teto, Zaza agarrou a mão de Hélène. Olhando para cima, indagou:

— O que você acha que vai sair dali, gás ou água?

Depois da violência dos chuveiros gelados, as mulheres passaram para o galpão seguinte, onde foi feita a distribuição de roupas. A essa altura, as autoridades do campo não dispunham mais dos uniformes listrados dos prisioneiros. Assim, as recém-chegadas receberam roupas de mulheres mortas. Toda semana chegavam caminhões de Auschwitz com roupas de judias exterminadas ali[11]. A distribuição carecia de critério — uma mulher podia receber um vestido de noite de uma dançarina de boate ou um pijama de estudante —, motivo pelo qual as prisioneiras recém-chegadas saíam dali com aparências grotescas. Nesse momento, porém, destinado a humilhá-las e diminuí-las, elas eram capazes de rir de si mesmas e umas das outras. Lise London, uma das *résistantes* do mesmo comboio, relembrou esse momento em suas memórias e, citando Rabelais, escreveu "Le rire est bien le propre de l'homme" (o riso é uma característica humana)[12]. Com riso e cantoria, elas se agarravam à própria humanidade e reagiam com luta.

O grupo francês foi mandado para um galpão de quarentena, que já abrigava cerca de quatrocentas prisioneiras. Os oficiais alemães, apavorados com a disseminação de doenças e germes, ciosamente mandavam as prisioneiras recém-chegadas para a quarentena durante as primeiras semanas. Esse galpão também alojava aquelas que os alemães chamavam de *asozial*, ou antissociais: prostitutas, homossexuais, as sinti e roma\* (chamadas de *Zigeuner* ou "ciganas"), bem como as criminosas comuns.

Metade do galpão enorme era uma área aberta, com mesas, e a outra metade continha catres de madeira de quatro andares. Hélène e Zaza conseguiram achar um lugar para ambas num catre superior. De lá, esperava Hélène, poderiam vigiar tudo.

Durante a quarentena, recordou-se Hélène, elas passavam seus dias desmanchando pilhas de uniformes alemães. Precisavam remover os botões, desfazer as costuras e separar o tecido. Todos os uniformes apresentavam manchas de sangue e a maioria, horríveis buracos de bala. Tratava-se dos uniformes de soldados alemães mortos no front oriental. As mulheres às vezes achavam num bolso uma carta ainda não enviada. Lendo as cartas dos soldados, Hélène detectou o moral abatido daquelas tropas.

Uma semana mais tarde, em 23 de junho, mais um comboio chegou e nele vieram duas amigas holandesas: Lon, de 28 anos, e Guigui, de 25. Juntas, ambas haviam largado os estudos em Leiden em 1944 para se juntarem à Resistência em Paris.

Atlética e graciosa, Guigui tinha cabelos castanhos e lisos cortados ao estilo pajem logo abaixo do queixo e usava franja. Serenos olhos cinzentos enfeitavam seu rosto oval. Sua expressão era tranquila como a de uma Madona. No galpão caótico, ela se mostrou indiferente e dona de uma calma reconfortante.

---

\* N.T.: Dois dos três principais grupos que compõem o povo genericamente chamado de "cigano".

Lon era o oposto. As palavras lhe voavam da boca, combinando as seis línguas que falava. Era corajosa e reagia com rapidez, atirando-se onde mais cautelosas hesitariam em pular. Vibrante e extrovertida, com um corpo robusto e compacto e uma gargalhada intensa, fazia amizade com pessoas de nacionalidades diversas. Lon podia ser mandona e dominadora, mas sua coragem salvaria as nove em mais de uma ocasião.

Um dia, ouvindo de pé a interminável chamada, Hélène sussurrou para Lon:

— Em que você está pensando?

— Estou pensando que há seis meses meu namorado quis dormir comigo e eu recusei. Estou arrependida[13] — respondeu Lon.

Lon se lembrou de ter sido visitada durante a quarentena por uma outra prisioneira holandesa:

— A única nota otimista vinha de Sabine, uma garota holandesa que morava perto da casa dos meus pais em Haia. Frequentemente e sem se abalar ela aparecia e batia na nossa janela para papear. Claro que com a mesma frequência era posta para correr, mas continuava inabalável, voltando vez após vez. Essas conversas apressadas, porém, eram preciosas para nós duas e com uma certa tristeza relembrávamos nossos vizinhos[14].

Sabine inteirou Lon sobre quem estava no campo. Havia um grupo de prisioneiras políticas francesas, já liberadas da quarentena, e Zaza soube da presença de sua amiga Zinka, de Fresnes.

No grupo de nove, Zaza e Zinka eram as únicas casadas. Zaza se casara apenas um mês antes de ser presa, e Zinka, apenas nove meses antes da prisão do marido. Ambos os maridos haviam sido deportados para destinos desconhecidos, o que gerava grande ansiedade nas jovens recém-casadas.

Aos 29 anos, Zinka era a mais velha das nove, mas sua natureza alegre a fazia parecer muito mais nova. Tinha uma bela cabeleira de cachos louros, enormes olhos azuis, uma falha charmosa entre os dentes da frente e um delicado nariz arrebitado, que lhe dava uma expressão levemente desafiadora. Era impermeável ao medo. Empinava o queixo e reagia rindo às ameaças das facções mais violentas do campo. Quando outras repetiam boatos alarmantes, dava de ombros e repreendia: "Parem, suas *bobards* pessimistas." Era mignon e tinha pés tão pequenos que os tamancos de madeira que lhe foram dados pareciam botas imensas, que lhe causavam bolhas e abriam feridas. Ainda assim, com sua força de vontade de ferro inspirava as outras. Era a pequena Zinka quem sempre tentava aguentar a carga mais pesada, a pior tarefa, de tal forma que as amigas inventavam estratégias sofisticadas para impedi-la.

Hélène soube pela amiga holandesa de Lon que sua amiga Geneviève de Gaulle se encontrava no campo. Geneviève era sobrinha de Charles de Gaulle. Em 1943, muita gente ouvira a voz desse pouco conhecido *general de brigade* no rádio incitando os franceses a resistirem, mas poucos sabiam ao certo quem era ele. Geneviève escrevera dois artigos sobre o tio, sob o pseudônimo de "Gallia", para o jornal clandestino da Resistência *Défense*. Seus textos haviam ajudado a tranquilizar os membros da Resistência a respeito desse líder aparentemente autoproclamado em Londres[15].

Hélène queria conversar com Geneviève a fim de descobrir se havia um grupo organizado da Resistência no campo. Mas, para isso, precisava ser liberada da quarentena. As mulheres tinham a sorte de contar com uma *blockova* amistosa. As *blockovas*, prisioneiras (em sua maioria polonesas) que chefiavam cada barracão, eram encarregadas de policiar as prisioneiras. Algumas usavam tal privilégio para ajudar e resistir. Outras o usavam para enriquecer. Algumas chegavam a ser piores que os alemães. Mas a delas, Hilda Synkova, uma comunista tcheca, ensinava às prisioneiras francesas as manhas para sobreviver ali. Num domingo, Hélène lhe perguntou se poderia dar uma escapadela para procurar a amiga Geneviève, e Hilda disse que sim.

O campo era imenso, com becos compridos margeados por barracões de madeira dispostos em um padrão brutalmente geométrico. Hélène se equivocou nos cálculos, virou no local errado e se perdeu naquele labirinto. Tudo parecia igual, cinzento e enlameado. Nas tardes de domingo, as prisioneiras, se pudessem, não deixavam os barracões. Era a única folga semanal de que dispunham. Apenas as judias, as Testemunhas de Jeová e as mulheres que estivessem cumprindo uma punição extra eram obrigadas a trabalhar. Em meio ao calor e ao fedor, o campo dava a impressão de vazio. Subitamente desorientada, Hélène entrou em pânico e virou uma esquina com demasiada rapidez. Ali, trombou de frente com dois guardas da SS. Eles sorriram ao vê-la. Um era grandalhão, levemente mais gordo do que a maioria das pessoas numa época de comida escassa. Seu companheiro era magricela e desligado, com olhos cruéis. O grandalhão falou, e o magricela riu.

Hélène vacilou. Nunca mais se veria tão despreparada, mas naquele momento foi incapaz de inventar um motivo para estar onde estava ou qualquer outra forma para se defender. Os homens a agarraram, cada qual por um braço.

— Vamos ajudá-la a encontrar o caminho, não vamos? — disse o gordo. O magricela apenas riu, enquanto ambos a arrastavam para uma pequena sala da guarda.

Empurraram-na contra uma parede. Hélène sentiu as ásperas tábuas de madeira de encontro às costas. Tentou escapar para aquele lugar na própria cabeça onde encontrava uma espécie de refúgio durante as sessões de tortura em Angers. Podia, porém, sentir o cheiro do suor azedo dos dois enquanto faziam piada sobre como "ajudá-la".

Queria fechar os olhos, mas aprendera que isso demonstrava fraqueza, e fraqueza estimulava os valentões. Obrigou-se a olhar nos olhos do grandalhão, que pegou um alicate e o balançou diante do rosto dela.

— Vamos embelezá-la — falou. Inclinou-se, então, para sussurrar em seu ouvido. — Você vai ficar mais bonita assim[16]. — Abra! — rosnou.

Com seus dedos de linguiça, forçou-a a abrir a boca.

Ela sentiu na língua o gosto oleoso de metal quando ele tateou em sua boca e escolheu um dos molares. Sentiu os lados da ferramenta se fecharem.

— Segure-a com força! — ordenou o grandalhão ao mais magro.

Hélène sentiu os braços suarentos do soldado magro quando ele a agarrou e empurrou para baixo enquanto o dente lhe era extraído, sentiu a dor, aguda como fagulhas, do rompimento das raízes, seguida pelo fluxo quente do sangue que lhe encheu a boca. Foi assaltada por um suor frio e uma onda de náusea, mas engoliu.

— *Ja*, muito bom! Bem melhor.

O guarda segurou o dente com suas raízes ensanguentadas diante do rosto de Hélène, que viu de imediato que ele não estava satisfeito. Gente como ele nunca ficava satisfeita. Felizmente, porém, foram interrompidos pelo som de sinos que anunciavam o turno seguinte da tabela horária regimental. Ela viu os soldados registrarem que tinham coisas a fazer, que a rotina precisava ser cumprida. Relutantemente, eles a empurraram para fora. Ela cambaleou, cuspindo sangue e miraculosamente encontrou o caminho para a segurança relativa das amigas no galpão da quarentena.

# CAPÍTULO II
## Zaza

SUZANNE MAUDET (ZAZA)

A SS ADMINISTRAVA O SISTEMA DO CAMPO de concentração com uma estratégia de cisão e domínio. As prisioneiras eram encarregadas da gerência interna do campo, o que dava a algumas um poder relativo e uma participação na manutenção do status quo. Quase sempre, as mulheres eram separadas por nacionalidade, na tentativa de enfraquecer sua capacidade de formar alianças com outros grupos. As recém-chegadas precisavam aprender as hierarquias e códigos tácitos do campo a fim de sobreviverem.

Nos primeiros anos de Ravensbrück, as prisioneiras com triângulos verdes e pretos — as criminosas e as chamadas *asozial*, respectivamente — eram encarregadas da disciplina.

No verão de 1941, porém, temendo uma epidemia de pólio, os SS temporariamente deixaram o campo nas mãos das prisioneiras. Sendo o grupo mais numeroso, as polonesas conseguiram aproveitar a oportunidade para assumir a maioria dos postos de autoridade na administração interna do campo. Dizia-se que eram antissemitas, antissoviéticas e que cooperavam com as autoridades alemãs. Mas também havia polonesas oriundas das classes mais altas — a "inteligência cracoviana" — que tinham sido ativas na resistência aos alemães. Muitas delas traziam consigo profundos sentimentos antissemitas, enraizados em suas origens históricas. Esse era um assunto delicado sobre o qual Lon debatia com sua amiga íntima, uma prisioneira polonesa chamada Alina. Como disse Lon, "na qualidade de observadora neutra, ela me falou sobre o ódio entre os poloneses judeus e os não judeus. Esse ódio está profundamente enraizado, mas jamais entendi direito o motivo"[1].

As hierarquias eram complexas sob o ponto de vista das nacionalidades. Algumas prisioneiras russas haviam sido entregues às autoridades alemãs por Stalin antes que Hitler rompesse a aliança entre os dois países. Essas mulheres tinham lutado pelo lado perdedor da Revolução Russa, e os comunistas as odiavam. Muitas russas da população civil haviam sido varridas durante a invasão de seu país por Hitler e existia também um grupo de membros do Exército Vermelho, em sua maioria médicas e paramédicas capturadas na Batalha de Stalingrado. Os nazistas as chamavam de *Flintenweiber*, ou artilheiras, e elas possuíam uma aura heroica devido ao seu conhecido histórico de protestos no campo. Sob a liderança clandestina de Yevgenia Lazarevna Klemm, um grande grupo de mulheres militares russas, ao descobrir que se esperava que trabalhassem numa fábrica de munições, se recusaram, coletivamente, a fazer balas que matariam seus irmãos e filhos, adotando o argumento de que prisioneiros de guerra, segundo as Convenções de Genebra, não podiam ser obrigados a manufaturar armamentos. Como punição, as autoridades do campo as obrigaram a ficar do lado de fora dos alojamentos durante dias sem comida ou água, mas as russas não cederam, o que a princípio enfureceu os alemães e depois os impressionou. No final, surpreendentemente, as autoridades recuaram e encarregaram as mulheres de atuar na cozinha.

Militar bolchevista e comunista ferrenha, Klemm foi capaz de organizar e motivar o grupo de aproximadamente quinhentas mulheres do Exército Vermelho, que confiavam nela e seguiam suas ordens com disciplina infalível.

Os alemães, porém, não conseguiam descobrir quem era a líder das russas. Numa ocasião memorável, uma tarde de domingo em Ravensbrück, quando anunciou-se que todas as prisioneiras seriam obrigadas a marchar em torno da *Appellplatz*, a área onde diariamente ficavam de pé durante a demorada chamada, as mulheres do Exército Vermelho, mesmo desnutridas e acometidas de tifo ou tuberculose, banharam-se com esmero, a despeito da pouca água de que dispunham, "passaram a ferro" seus uniformes, prensando-os sob os colchões na noite da véspera, e se vestiram da maneira mais impecável possível. Dagmar Hajkova, uma comunista tcheca, mais tarde descreveu a cena. Todas mancavam, cantando, exaustas, um arremedo de uma marcha militar, simplesmente ansiando pelo fim do exercício idiota, quando o troar se fez ouvir em todo o campo e todos os olhares se voltaram para as russas que marchavam perfeitamente alinhadas:

> "Quando chegaram ao centro da praça, todas elas começaram a cantar em tom alto e cristalino uma canção de batalha do Exército Vermelho. Seguiram-se outras canções do mesmo teor. O grupo marchou até o centro da praça, com seus rostos jovens, suas cabeças raspadas como símbolo de vergonha, mas com uma postura altiva: e todo mundo congelou. A sensação era de que aquilo era uma parada na Praça Vermelha."[2]

Esse heroísmo e essa disciplina eram muito admirados por todas as demais, com exceção das polonesas não judias. Entre as polonesas havia discussões sobre quem seria pior para a Polônia, Stalin ou Hitler.

As prisioneiras francesas admiravam as militares soviéticas, a despeito de temerem e desprezarem as russas "comuns" devido ao que as francesas chamavam de "natureza abrutalhada". Muitas prisioneiras francesas também eram comunistas e admiradoras da Revolução Russa.

As francesas, porém, tinham má reputação entre as prisioneiras de outras nacionalidades. Isso remontava a fevereiro de 1944, quando o primeiro grande grupo de prisioneiras políticas francesas chegara a Ravensbrück. Conhecidas como *les vingt-sept mille* (as 27 mil) porque os números de registro que lhes foram dados na chegada começavam com 27, as recém-chegadas estavam totalmente despreparadas para sobreviver num campo de concentração; tinham certeza de que houvera algum tipo de equívoco administrativo e que logo seriam transferidas para um lugar melhor. Ao chegar, as prisioneiras francesas foram colocadas nas "favelas" — os barracões de 27 a 32, ocupados pelas prisioneiras *asozial*. Nesses barracões, elas viviam horrivelmente amontoadas, já que, destinados a abrigar duzentas pessoas, agora acomodavam seiscentas, com outras mais chegando todos os dias. Essas primeiras francesas ficaram chocadas ao se verem misturadas a essa população. Traziam com elas o racismo e os costumes sociais de sua época e classe. Em lugar de encontrarem aliadas, as francesas se assustaram com as sinti e roma, sentiram repulsa pelas prostitutas e se chocaram com as lésbicas. Tais barracões eram monitorados por *blockovas* e *stubovas* (chefes de sala) polonesas, que nutriam uma animosidade arraigada contra os franceses por não terem ajudado os poloneses a enfrentar Hitler em 1939. As francesas também eram geralmente desprezadas por outras nacionalidades: pelas tchecas por conta do Acordo de Munique, que permitiu a Hitler anexar a região dos sudetas, pelas espanholas por conta da ambivalência da França com relação a Franco durante a Guerra Civil Espanhola, e pelas prisioneiras alemãs devido à colaboração do governo de Vichy com os nazistas.

Logo as *vingt-sept mille* começaram a morrer. Haviam chegado com aparência altiva e chique, usando maquiagem e bem-vestidas com echarpes Hermès e bolsas sofisticadas, mas em poucas semanas já estavam cobertas de bolhas e piolhos, morrendo de tuberculose e de tifo. Atônitas diante da situação difícil em que se encontravam, ao que parecem perderam a vontade de viver. As outras prisioneiras perceberam que as francesas cediam ao desânimo, mas comentavam que a culpa era delas mesmas: não sabiam se lavar direito; não eram resistentes; pensavam apenas em ter boa aparência sem se concentrarem em sobreviver; não brigavam por comida e por isso morriam de inanição.

Ao chegar, porém, as prisioneiras francesas *vingt-sept mille* não encontraram aliadas para ajudá-las dentro da hierarquia do campo. Demorariam a aprender o funcionamento do campo. Grupos posteriores se saíram melhor. E um grande comboio de prisioneiras vindas de Paris em abril trouxe notícias alvissareiras: a guerra ia mal para os alemães.

❦

Em junho de 1944, quando sete das nove mulheres já estavam em Ravensbrück, a Alemanha já sofrera perdas catastróficas no front russo. A guerra de

Hitler estava basicamente perdida. No entanto, iludido pelo orgulho, o alto comando alemão optou por um derradeiro esforço para fabricar mais aparatos de guerra, principalmente foguetes V-2, que foram os primeiros mísseis balísticos de longo alcance guiados. Na noite entre 17 e 18 de agosto de 1943, os aliados levaram a cabo um bombardeio bem-sucedido ao Peenemünde, onde os foguetes vinham sendo fabricados. Wernher von Braun, o cientista responsável, resgatou das chamas os projetos e dez dias depois os nazistas requisitaram os túneis do metrô na Alemanha central para recomeçar a fabricação secreta dos V-2. Esse campo de trabalhos forçados ficaria conhecido como Mittelbau-Dora. Eles acreditavam que essas armas reverteriam magicamente o resultado da guerra. Todos os homens fisicamente capazes da Alemanha lutavam então em vários fronts, motivo pelo qual os nazistas expandiram sua rede de campos de concentração com *Kommandos*, campos satélites de trabalhos forçados. Por volta da metade da guerra, já existiam 15 mil *Kommandos* com cem mil prisioneiros ligados aos campos de concentração sedes. Os alemães usariam essa vasta rede para a fabricação de armas.

Heinrich Himmler supervisionava esse sistema de campos de concentração, ou *Konzentrationslager*. Na juventude, Himmler fora um soldado improvável: frágil, com visão fraca, havia sido excluído da classe de oficiais nas forças armadas alemãs. Encontrou, porém, um lar nas unidades paramilitares de extrema-direita em Munique, que logo se transformaram no Partido Nacional Socialista. Himmler se tornaria o principal homem de confiança de Hitler. Em 1933, Himmler transformara as SS em um esquadrão de elite[3], que viria a administrar o sistema de campos de concentração[4].

Os campos de trabalho forçado geraram um lucro enorme para a máquina de guerra nazista. As indústrias alemãs pagavam pelo trabalho dos prisioneiros e esse dinheiro ia diretamente para os cofres do Partido Nazista. As SS alugavam prisioneiras por quatro *reichsmarks* por hora cada para noventa empresas alemãs, inclusive a Krupp, a BMW, a IG Farben e a Siemens. Como secretária do campo, Germaine Tillion era capaz de constatar que Himmler e outros nazistas amealharam um lucro considerável com o aluguel de prisioneiros a um custo muito acima dos ínfimos recursos despendidos para manter os prisioneiros minimamente vivos (bem como com as fortunas roubadas dos prisioneiros, inclusive o ouro extraído de seus dentes).[5] Em setembro de 1943, o chefão da Siemens Rudolf Bingel se mostrou tão satisfeito com os lucros advindos do trabalho feminino que doou cem mil *reichsmarks* ao "círculo de apoiadores" de Himmler[6]. Os bancos alemães juntamente com as indústrias alemãs se beneficiaram em grande escala e ficaram em sua maioria impunes na esteira da derrota alemã.

❦

Em julho de 1944, logo após a liberação de Zaza e de suas companheiras de quarentena, o guarda-chefe em Ravensbrück anunciou que haveria uma grande seleção para os *Kommandos*. Zaza ficou aterrorizada. Ela e Hélène encontravam consolo na amizade com Zinka, Lon e Guigui. Para onde as enviariam? As condições seriam piores? E, o mais importante, seriam separadas umas das outras? Tinham estabelecido uma tênue rotina em Ravensbrück. Embora ali a vida fosse infernal, ao menos aquele era um inferno conhecido.

Caso num dia de seleção uma prisioneira não fosse mais considerada útil, ela era escolhida para o extermínio. Outras seleções levavam à prostituição forçada nos bordéis de Himmler, para servir aos guardas da SS ou como parte de um sistema de bônus para prisioneiros do sexo masculino. Originalmente, Himmler instalara em seus bordéis prostitutas tiradas das ruas de Berlim e depois de outros países invadidos. No entanto, no verão de 1944, ele precisou recrutar novas mulheres. Mais de duzentas mulheres foram mandadas para os chamados *Sonderblocks*, ou "alojamentos especiais". Algumas se voluntariavam, por conta da promessa de que receberiam rações extras e seriam liberadas após prestarem seus "serviços". Muitas das que foram selecionadas para a escravidão sexual morreram de doença e dos abusos sofridos. Uma mulher que voltou a Ravensbrück de um desses bordéis em 1944, no fim de apenas seis semanas, relatou o horror: "Toda manhã as prostitutas tinham de se levantar e se deixarem limpar por guardas do sexo feminino. Depois do café, os homens da SS chegavam e começavam a estuprá-las e cometer abusos. Isso acontecia durante 16 horas por dia, com um intervalo de meia hora para o almoço e para o jantar."[8]

Zaza temia que sua nova amiga Josée fosse selecionada para os *Sonderblocks*. Filha de imigrantes espanhóis, Josée tinha apenas 18 anos quando entrou para a Resistência; um ano e meio depois, foi presa pela Gestapo. Mesmo naquela paisagem soturna de cabeças raspadas e corpos famélicos e assexuados, a beleza de Josée não podia ser apagada. Miraculosamente, ela mantivera a vasta cabeleira negra, que as outras rezavam para que não fosse raspada por uma das guardas alemãs louras. Sua aparência era a de uma estrela do cinema; com as maçãs do rosto bem delineadas, o belo rosto oval e lábios graciosos, era uma versão mais elegante de Anna Magnani. Tinha uma emotividade exacerbada, talvez por ser tão jovem. As outras tentavam protegê-la, mas Josée não era tão vulnerável quanto supunham; passara a adolescência num lar adotivo no sul da França.

Josée gozava de apreço especial devido à voz de cantora. À noite, aglomeradas em seus catres, enquanto partilhavam aos sussurros os mais recentes e estarrecedores boatos e se preparavam para a seleção, as mulheres imploravam a Josée para cantar. Quando conseguia superar o medo, Josée cantava Schubert de forma sublime, com enorme emoção.

E 18 de julho, na manhã da seleção, ordenaram-lhes que se despissem para a chamada. Zaza percebeu que algumas jovens mais novas tremiam de medo e humilhação, tentando esconder os seios e as partes privadas. Zaza sentiu-se flutuar, até que Hélène a cutucou. Tinha de estar presente. Era perigoso demais nesses momentos se esquecer de onde se estava. Zaza olhou brevemente para Hélène, desejando lhe dar privacidade. Hélène sorriu de leve e Zaza notou que o dente extraído a incomodava. Ela lhe confessara que quando tocava com a língua o lugar do dente, a raiva lhe infundia força, fazendo com que se lembrasse do que faria quando aquilo tudo acabasse. Hélène, então, erguia o queixo, desafiadora, sem se preocupar em disfarçar a fúria.

O grupo foi instruído a marchar diante de uma comissão de oficiais da SS e empresários civis, os proprietários das várias fábricas. Os homens apontavam as mulheres que escolhiam e zombavam dos corpos das rejeitadas: "Olhem aquilo ali, será mesmo uma mulher?" Faziam cara de nojo: "Ela foi esgotada!" Um outro riu e com as mãos indicou que ria de uma mulher mais velha de seios flácidos. Com um simples movimento de cabeça por parte do comandante da SS, a mulher ridicularizada foi retirada da fila e levada para ser executada.

Algumas mulheres mais jovens tremiam de medo, mas Zaza seguiu o exemplo de Hélène e Zinka. Recusou-se a dar àqueles homens tal satisfação. Em vez disso sentiu a raiva crescer enquanto as mulheres mais idosas, cujos corpos mostravam evidências de partos, eram retiradas da formação e enviadas diretamente ao crematório. As saudáveis e fortes foram, então, examinadas para detectar a presença de sarna, erupções e infecções e também submetidas a um exame vaginal para detecção de doenças venéreas, conduzido por um guarda da SS que em nenhum momento trocou as luvas que usava.

Uma mocinha, Rosie, sucumbiu à humilhação desse processo e começou a chorar. Estava a ponto de abandonar a formação, mas duas outras mulheres a seguraram e a imobilizaram. Rosie, como Josée, era muito jovem; jamais fora beijada ou vista nua, quanto menos tocada, por um homem. Hélène observou pelo canto do olho outras mulheres tentarem acalmá-la, sussurrando-lhe palavras de encorajamento. Seriam necessários vários meses de amor e atenção para que Rosie voltasse ao normal[9].

Zaza sentiu uma onda de alívio quando o grupo recebeu pijamas listrados de cinza e azul. Pensou "não nos dariam essas roupas se fossem nos matar". Em vez disso, seriam mandadas para um *Kommando*. Também lhes deram um triângulo vermelho, que evidenciava seus status de prisioneiras políticas, um número carimbado numa faixa de pano, e agulha e linha para costurar as credenciais nos casacos (a tatuagem de números nos braços era uma particularidade de Auschwitz e quase exclusivamente destinada a prisioneiros judeus). Mais tarde, Zaza com orgulho mostrou a Hélène que conseguira roubar a agulha e a linha, objetos muito úteis.

De 18 a 21 de julho, elas ficaram reclusas em um grande galpão à espera de transporte, e durante esse tempo as outras prisioneiras apareciam furtivamente para lhes levar presentes de despedida: um suéter, uma barra de sabão, um poema escrito num pedaço de papel, um par de meias. A solidariedade mantinha essas mulheres vivas, mas tornava a separação iminente especialmente dolorosa.

Durante o transporte de trem entre Ravensbrück e o novo campo de trabalhos forçados, os vagões foram desviados por algum tempo para um agulhão lateral nos arredores de Berlim, e uma das prisioneiras que falava alemão conseguiu ouvir alguns operários da ferrovia conversando. Houvera uma tentativa de assassinar Hitler feita por oficiais de alta patente dentro do escalão superior do Partido Nazista. A notícia se espalhou rapidamente de vagão em vagão. Embora odiando o fato de Hitler ter sobrevivido, Zaza e as outras consideraram promissor que mesmo no topo do seu círculo íntimo, as pessoas estivessem se virando contra ele.

O exército nazista já parecera imbatível. Zaza tinha 19 anos quando observara da varanda do seu apartamento soldados alemães desfilando em Paris. Vira multidões fugindo de Paris com malas, carrinhos de bebê e carrinhos de mão, máscaras contra gás penduradas por barbante em seus ombros, rumando para o sul, à frente do exército invasor. Talvez tenha se perguntado onde estaria a Resistência.

Zaza percebera o regime repressivo aos poucos se impondo: regras proibindo reuniões de mais de três pessoas, toques de recolher, racionamento, censura. Depois surgiram pôsteres em toda a cidade relatando a execução de reféns como retaliação a algum tipo de ato de resistência contra os alemães. A lista dos executados era divulgada para desencorajar a Resistência, mas simplesmente alimentou as chamas de amargura e revolta. Talvez os primeiros atos de oposição de Zaza tenham sido simples: o rabiscar apressado da palavra "ASSASSINOS" nesses pôsteres alemães ou o desenho da Croix de Lorraine, o símbolo da Resistência, em alguns muros. Talvez tivesse distribuído panfletos clandestinos e jornais ilegais nas entradas de metrô, mas após as prisões em massa de judeus, ela, como muitos outros, desejou fazer mais que isso. Em 1943, Zaza se tornara uma *ajiste* — alguém que trabalhava para o *Auberge de la Jeunesse* [Albergue da Juventude] (AJ).

Fundado entre as guerras, o AJ teve a inspiração dos albergues da juventude alemães. A ideia era que os jovens viajassem, pegassem carona e partilhassem experiências além das fronteiras, criando uma atmosfera de paz e compreensão. Isso fazia parte de um difundido fervor utópico na geração mais nova após a débâcle da Primeira Guerra Mundial. Zaza conheceu seu futuro marido, René, enquanto trabalhava para o AJ.

Com a ocupação alemã da França, organizações apolíticas obtiveram permissão para continuar operando e foi esse o caso do AJ inicialmente. Seu fundador, Marc Sagnier, porém, recusou-se a impedir que judeus se tornassem membros[10]. Quando o AJ se tornou ilegal em 1943, muitos de seus líderes passaram para a Resistência, e a organização foi caracterizada como clandestina. Embora continuasse ocupando a presidência, Sagnier fugiu com o secretário nacional para a zona livre da França, no sul. René Maudet e Rolland Beauramier foram nomeados para administrar o AJ na zona norte. René também reuniu informações militares sobre a localização de soldados e fortificações alemãs e a transmitiu aos aliados.

Os alemães haviam dado início a um sistema de trabalho voluntário na França — aos vinte anos, homens franceses deviam se voluntariar para trabalhar na Alemanha em troca da liberação de prisioneiros de guerra franceses. Os alemães não conseguiram um número suficiente de voluntários e em 1943, o sistema se tornou obrigatório, com jovens convocados para o Service du travail obligatoire (STO). No entanto, o AJ desenvolveu um plano para ajudar esses jovens a escaparem desse trabalho forçado fornecendo-lhes documentos falsos e orientando-os na direção de várias redes clandestinas.

A prima de Zaza se recordou de ir à sede do AJ em Paris para datilografar cartas a ex-membros da instituição que estavam prestes a ser convocados para o STO. As cartas propunham uma estadia em um dos albergues do AJ nos montes Jura antes que esses ex-membros partissem para trabalhar para a máquina de guerra alemã. Quando os jovens chegavam ao albergue, a função de René era delicadamente avaliar com quem falar com segurança acerca das opções que podia oferecer caso o interlocutor não quisesse ir para a Alemanha. Sempre surgia um momento, talvez à noite após um longo dia de caminhada, quando, sentados diante de uma fogueira e entoando canções e falando da França anterior à humilhante derrota, em que René julgava propício abordar o assunto.

Posso imaginar como a Zaza de 22 anos e o René de 23 se tornaram um casal. Juntos, eles ofereciam aos jovens destinados à deportação e ao trabalho forçado uma ou duas semanas nos Jura com muito ar puro e exercício. René era o líder dessas jornadas e Zaza, com seus olhos azuis, uma das ajudantes voluntárias. Ela não se queixava do frio nem da chuva. Era do tipo que sem pestanejar buscava lenha, descascava batatas e, após o jantar, estimulava o grupo a cantar. Enquanto cabia a René exercitar seu faro, era Zaza quem criava a atmosfera de confiança e abertura. Magro e esguio, René era um socialista fervoroso sem tempo para conversas fúteis. Não tinha talento para se abrir com as pessoas nem para conversas amenas. Com Zaza a ajudá-lo, porém, conseguia falar com os rapazes. Ela o fazia sentir-se forte, capaz. René deve ter sido grato por tê-la a seu lado e mostrado admiração pela ternura e generosidade dela. Os dois desenvolveram certa cumplicidade e compreensão mútua. Tinham algumas piadas só suas e se deram apelidos. Foi uma época intensa. De manhã cedo, Zaza levava para René uma xícara de chá quente exatamente como ele gostava. À noite, René podia olhar por cima da fogueira brilhante e ver Zaza lhe sorrir e sorver cada palavra sua. René, que nunca pensara muito em casamento, de repente percebeu em Zaza alguém com quem gostaria de partilhar a vida. Imagino que numa dessas excursões ele tenha lhe tomado a mão e trocado com ela o primeiro beijo.

Em fevereiro de 1944, os dois se casaram. Mudaram-se para um apartamento na rue d'Hauteville, 12, no décimo *arrondissement*, minúsculo e escuro, mas cheio de alegria. Foi a época mais feliz da vida de Zaza. Embora o mundo ao redor de ambos tivesse enlouquecido e existissem perigos por todo lado, os dois se sentiam afortunados por terem se encontrado. Zaza não conseguia acreditar que toda manhã acordaria ao lado de René. Os dois comemoravam as pequenas vitórias: fulano chegara em segurança à zona do sul e se juntara a um dos bandos de guerrilheiros, os Maquis; ela encontrara café quase de verdade no mercado clandestino; fora capaz de enviar uma carta com uma nova lista de recrutas. Zaza acreditava que o amor de ambos fosse um escudo mágico.

Um mês após o casamento, em 22 de março de 1944, durante uma reunião clandestina no apartamento do casal, Zaza foi presa, juntamente com René e os outros membros do AJ ali reunidos, numa varredura devastadora da operação inteira. Alguém os denunciara.

Juliette Bes foi presa no mesmo amplo cerco aos *ajists*. O interrogatório que descreve em suas memórias provavelmente é semelhante ao que Zaza enfrentou. Bes ficou nua numa sala com quatro homens, dois à sua frente e dois atrás dela. De vez em quando, sempre que se recusava a responder perguntas, os homens às suas costas a açoitavam com um chicote, ou um dos que estavam à sua frente estapeava seu rosto. Ela escreve que além da absoluta humilhação de ser uma jovem nua diante de homens desconhecidos, a pior parte era antecipar as agressões[11].

Depois do interrogatório, Zaza foi mandada para a prisão de Fresnes. Viu René mais uma vez durante esses três meses. Um dia, enquanto era conduzido e passou pelo pátio da prisão onde ela se encontrava em meio a um grupo de mulheres, ele a chamou. Pediu-lhe que fosse forte, que os dois voltariam a se encontrar. Então, ela soube que tinha sido deportado para a Alemanha.

René foi mandado para o campo de concentração de Neuengamme, nos arredores de Hamburgo. De lá, seguiu para um dos oitenta subcampos, onde o puseram num esquadrão de descarte de bombas. Os prisioneiros do campo de concentração eram usados para cavar e a transportar as milhares de bombas não detonadas para serem enterradas a vários metros de profundidade na terra e nos detritos. Muitas continham detonadores de ação retardada, especialmente perigosos quando desarmados. Os guardas e técnicos da SS se mantinham a uma distância segura enquanto os prisioneiros trabalhavam, desenterrando as bombas quase sempre usando as mãos nuas. Os prisioneiros se revezavam, dois de cada vez, porque dessa forma apenas dois indivíduos morreriam se uma bomba explodisse. A taxa de sobrevivência estimada nessas unidades era sombria: apenas um em cada dez chegaria ao final da guerra. Um desses sobreviventes se lembrou de levar seus companheiros de volta ao campo à noite dentro de baldes, tendo seus corpos sido desmembrados por bombas.

Zaza não ficaria sabendo do que aconteceu a René antes do fim do seu próprio suplício. Mas se apegou à esperança de que ele sobreviveria e que depois da guerra os dois retomariam sua vida em comum. Ela foi deportada para a Alemanha algumas semanas depois, em 14 de junho de 1944.

O trem vindo de Ravensbrück levou as prisioneiras escolhidas até um *Kommando* em Leipzig. Em janeiro de 2017, perguntei à minha filha Sophie, de vinte anos, se ela iria comigo à Alemanha para me ajudar a rastrear os passos de Hélène e Zaza.

Anteriormente a essa viagem, eu passara um total de oito dias na Alemanha. Jamais estivera em Berlim. Não falava alemão. No entanto, Sophie e eu éramos alemãs naturalizadas; tínhamos passaportes alemães. Um dos meus avós, o bisavô dela, era um judeu alemão que fugiu em 1934 e foi privado da sua cidadania por Hitler. Por causa dessa história, pudemos reivindicar a nossa identidade alemã e nos tornarmos cidadãs europeias.

Começamos nossa viagem em Leipzig. No pequeno museu do Memorial dos Trabalhos Forçados Nazistas, conhecemos a arquivista Anne Friebel. De fala mansa, receptiva e curiosa, ela se ofereceu para verificar os arquivos para mim. Anotei o nome completo de Hélène e sua data de nascimento e disse a Anna que ela talvez constasse pelo seu nome de guerra, "Christine". Também lhe forneci os nomes verdadeiros das outras duas mulheres que eu sabia fazerem parte do grupo: Zaza e Lon. No dia seguinte, Friebel me enviou dois documentos por e-mail.

Um deles era a lista das prisioneiras transportadas após a seleção em Ravensbrück no dia 21 de julho de 1944, o maior comboio com mão de obra escrava destinado a Leipzig — mais de duas mil mulheres da França, Polônia, União Soviética, Grécia, Holanda, Hungria e de outros países.

Na página três do documento escaneado, descobri Hélène, listada como "Jeannine Podliasky". Seu número no campo de Leipzig era 4063. Constava ali como engenheira solteira. O segundo documento era uma lista de todas as prisioneiras no campo HASAG em Leipzig em 22 de agosto de 1944. Nesse, ela aparecia sob o nome Christine Podliasky, com seu antigo número de Ravensbrück e o novo de Leipzig. Logo abaixo do nome de Hélène vinha Zaza (listada sob o nome equivocado de "Susanne Mandet") e alguns nomes acima vinha Lon (listada como "Magdalena"). A lista não estava em ordem alfabética; nomes de prisioneiros não tinham importância. Elas formavam filas de acordo com seus números em Ravensbrück, e esses números refletiam apenas quem tinham a seu lado no momento do registro. Não muito distante de Zaza e Hélène na lista, havia uma "Jose", e me perguntei se seria a Josée do grupo; mais acima, aparecia o nome de Guigui.

Ver o nome de Hélène numa listagem nazista produziu um efeito devastador em mim. Ali estava a burocracia formal de crimes impensáveis. Imaginei a chegada das mulheres ao campo HASAG de Leipzig em seguida à viagem de trem desde Ravensbrück: a confusão para formar filas, o medo e a incerteza enquanto aguardavam detalhes, o ruído de pés enfileirados marchando adiante.

※

A fábrica de munições HASAG no subúrbio de Schönefeld em Leipzig era uma série de prédios de tijolos vermelhos contornados por cercas eletrificadas, arame farpado e torres de vigia. O *Kommando*, um subcampo de Buchenwald, empregava 5.067 trabalhadoras escravas para produzir munição e o *Panzerfaust*, um lançador de granadas impulsionado por foguetes e apoiado ao ombro, similar à bazuca. A HASAG (Hugo-Schneider-Aktiengesellschaft) era a maior fabricante de armas da Alemanha, com fábricas também na Polônia, dependendo do trabalho dos subcampos ali. De 1936 até o final da guerra, Paul

Budin foi o gerente geral de todo o complexo HASAG. Ao contrário de nazistas como Himmler, que achavam que as funções femininas deviam continuar se limitando a *Kinder, Kirche, Kuche* (filhos, igreja, cozinha), Budin era moderno em sua abordagem da atividade feminina, sendo o primeiro industrial na Polônia ocupada a encarregar mulheres da operação de máquinas. Hitler lhe concedeu um especial reconhecimento por suas "fábricas modelos". Além do mais, a SS cobrava menos por mulheres, e elas tinham uma taxa de mortalidade mais baixa.

No início da guerra, os diretores da HASAG haviam pedido ao comandante de Buchenwald para melhorar as condições dos operários. O brutal ambiente de trabalho e os turnos de 12 horas estavam levando a HASAG a perder muitos trabalhadores rapidamente. A expectativa média de vida de um prisioneiro em uma das fábricas da HASAG era de três meses e meio[12]. A maioria das mulheres que chegou em julho de 1944 passaria nove meses na fábrica de armamentos.

Quando chegaram ao campo da HASAG, Zaza e as outras foram reunidas em uma grande área de chamada, enquanto as guardas, as *Aufseherinnen*, organizavam as prisioneiras segundo seus números em grupos de cinco. O comandante do campo, o SS-Obersturmfuhrer Wolfang Plaul, um homem alto e magro vestido num uniforme impecável, observava, batendo de encontro às botas pretas lustrosas seu chicote de equitação. Plaul viera de Buchenwald, onde era lembrado por seu papel de carrasco e que, no momento, gostava de forçar os judeus a entoarem canções antissemitas enquanto trabalhavam. Mais tarde, próximo ao fim da guerra, aparentemente sofreu uma mudança, tornando-se "mais generoso" com as prisioneiras. Quando o final da guerra se mostrou iminente, ele recebeu ordens do comandante de Buchenwald, Hermann Pister, para amenizar seu jeito bruto[13].

Ao lado de Plaul havia uma bela jovem de gélidos olhos azuis e uma coroa de tranças douradas. Era Joanna Szumanska, a *Lagerälteste* do campo, a prisioneira supervisora da conduta interna.

Plaul fez um breve discurso de "boas-vindas", traduzido para francês, polonês e russo por um punhado das prisioneiras poliglotas. Foi dito às mulheres que ali o mote era "Quem não trabalha não come". Seriam bem ou mal tratadas de acordo com seus comportamentos. A primeira regra era obediência absoluta.

— Vocês são assassinos! — gritou uma jovem, interrompendo o discurso de Plaul. Exausta e à beira da insanidade por ter visto a mãe ser levada para a execução em Ravensbrück, ela perdera a razão. Todos sentiram o choque quando sua fúria irrompeu. Uma guarda a esbofeteou, e a moça esbofeteou-a de volta.

As guardas correram e a cercaram. Ela foi surrada e chutada, inclusive pelo Comandante Plaul, que a açoitou com seu chicote. Seu corpo inerte foi carregado para o quartel do campo por dois homens da SS. Quando reapareceu, dez dias mais tarde, a jovem estava praticamente morta, um zumbi. Havia sido encarcerada numa caixa preta, pequena demais para permitir que se sentasse, quase sem ar, sem luz e sem comida. As mulheres cuidadosamente partilharam seus recursos para revivê-la.

A despeito desse terrível incidente, as prisioneiras sentiram alívio ao descobrir que as condições ali eram consideravelmente melhores do que as anteriores. A maior alegria foi a sala de banhos no barracão, que continha uma comprida banheira de aço inoxidável com vinte torneiras e água corrente. Em Ravensbrück contavam com uma mísera torneira de água poluída para dar conta de mil mulheres. Agora, ainda que não tivessem sabão, podiam se lavar de verdade pela primeira vez em meses.

✦

O dia começou às quatro da manhã com gritos de "Aufstehen, schnell!" e uma breve passagem pela sala de banho. Houve uma corrida frenética das mulheres para tentar usar as privadas — essa seria a única chance ao longo do dia todo de ir ao banheiro. Seguiu-se um tumulto para encontrar sapatos e roupas. Guigui não conseguiu encontrar seus tamancos e entrou em pânico. Como de hábito, a amiga Mena os procurou e os encontrou do outro lado do barracão.

Mena vinha de família bretã, mas aos 22 anos, se via como muito parisiense. Pertencia à classe operária e sonhava ser artista. Tinha uma natureza marota, brincalhona, adorava se apaixonar, contar uma boa história e ria com facilidade. Admitiu não ter se juntado à Resistência para salvar o mundo; fizera isso "por amor a um rapaz", explicou, dando de ombros.

Hélène calmamente envolveu a cabeça num turbante de trapos e checou Zaza, que continuava deitada na cama que partilhavam. Passara a noite toda febril, e Hélène estava preocupada. Delicadamente cutucou a amiga.

— Desculpe, estou lenta hoje — disse Zaza, tentando ficar sentada.

Zara queimava de febre.

— Você precisa ir ao *Revier* — disse Hélène.

*Revier* era a abreviatura de *Krankenrevier*, ou área médica, o termo militar alemão para enfermaria. As prisioneiras francesas, porém, se recusavam a usar a palavra toda, já que os *Reviers* não forneciam remédios. Na maioria dos campos, era para lá que os prisioneiros iam para morrer. Em Leipzig, contudo, um prisioneiro doente podia realmente repousar, o que, com frequência, era aquilo de que o doente mais precisava.

— Estou bem — insistiu Zaza. — Posso trabalhar.

Hélène lançou um longo olhar para a amiga. Ambas sabiam que perder uma delas que fosse faria o grupo inteiro passar por dificuldades genuínas. Já lutavam para dar conta da cota diária. Em 12 horas, a equipe de sete precisava erguer cinquenta toneladas de projéteis de ferro — sete toneladas por pessoa. Jacky era incapaz de satisfazer sua cota devido à saúde frágil. Aos 27 anos, já era viúva de guerra, empedernida pela vida. Estava com difteria. Hoje, por existir vacina e uma antitoxina, a difteria não constitui mais uma ameaça de fato, mas na década de 1940 costumava ser letal. O exército alemão invasor levara com ele a doença, e o "anjo estrangulador" se transformaria em pandemia na Europa toda. Era letal nos campos. Uma gosma espessa e cinzenta cresce na garganta, levando a pessoa a lutar para respirar.

Jacky tentava manter o ritmo das outras, mas às vezes precisava parar para tomar fôlego. Tudo que queria era voltar para sua adorada Paris, para seu café do bairro, fumar um cigarro e tomar uma taça de vinho.

— O suficiente para embebedar um marinheiro e sua vadia — acrescentava em sua voz grave e rouca.

As mulheres não sabiam que era a difteria que dificultava tanto a sua respiração, mas trabalhavam para cobrir sua cota. Ela passava tempo demais com demasiada frequência no *Revier*. Já tinham sido avisadas para não deixá-la voltar lá. Se o Comandante Plaul descobrisse seu "coração fraco", Jacky seria escolhida para o mais infame dos comboios, o destinado ao campo onde os prisioneiros eram exterminados em câmaras de gás logo ao chegar.

As mulheres precisavam do trabalho de todas do grupo, mas se Zaza estava tão mal, se não podia encarar sua cota, melhor que fosse repousar na *Revier*. As demais enfrentariam as consequências. Ainda assim, Hélène sabia, as consequências podiam ser letais.

— De verdade, estou mais forte hoje — insistiu Zaza.

Hélène assentiu. Sabia que Zaza estava mentindo. Sentiu uma pontada de culpa. No banheiro, as outras cederam espaço para Zaza molhar o rosto e se recompor.

Fez-se uma fila rápida para o "café", levado ao barracão por duas prisioneiras soviéticas. Um pútrido líquido negro que nada tinha a ver com café e cuja única qualidade era ser quente. As mulheres haviam guardado um pedaço de pão da noite anterior e com cuidado o dividiram em pequenas porções, de modo a cada uma receber a mesma quantidade.

Apressadas, correram para formar os grupos de cinco do lado de fora a fim de responder à chamada. Hélène ajudou Zaza a andar e a ficar de pé de modo que o comandante ou seus guardas não notassem sua fraqueza — os administradores do campo também tinham uma cota sinistra para cumprir, abatendo o rebanho. Duas *Aufseherinnen* observavam a *blockova* proceder à chamada. Seguiu-se uma contagem e recontagem. Uma das supervisoras segurava pela coleira um cão ameaçador, que tentava se soltar e rondava os pés das mulheres. A guarda ria quando o cão conseguia agarrar um pé ou um tornozelo e tirar algum sangue antes de ser puxado para trás. Hélène tinha o número 4063, Zaza, o 4062, Josée, o 4065 e Lon, o 4059, o que significava que ficavam bem próximas durante as muitas longas chamadas.

A *blockova* de cada seção apresentava seu relatório: os números presentes, os números recolhidos à enfermaria, o número de mortes. As supervisoras faziam a recontagem e, se o número estivesse correto, o registro era assinado e as mulheres iniciavam a marcha até a fábrica próxima.

A equipe de Hélène estava encarregada de forjar e temperar os projéteis para o *Panzerfaust* nas forjas elétricas. Após um período nos fornos, os projéteis precisavam ser postos em carretas e transportados para os banhos ácidos. Ao grupo de Hélène fora atribuída tal tarefa por ser a mais pesada e o grupo incluir as mulheres mais jovens e fortes. Cada uma tinha de encher os fornos e depois esvaziá-los, uma vez finalizado o processo de aquecimento. Sete toneladas de projéteis em 12 horas. A equipe trabalhava sem intervalo. Os projéteis tinham de ser cozinhados durante três horas a 600 ºC. Quando todas as forjas já estavam cheias e em funcionamento, as prisioneiras podiam descansar por alguns instantes.

O trabalho era perigoso. Se carregassem as carretas com rapidez demais, corriam o risco de virá-las. Pés eram esmagados nesse tipo de acidente. Em outros locais da fábrica, mulheres produziam explosivos altamente tóxicos que eram introduzidos nos projéteis da *Panzerfaust*. Ninguém usava vestimentas de proteção. Ao menos cinco mil prisioneiros morreram nas fábricas da HASAG.

Naquele dia, Zaza já quase terminara de carregar uma das carretas com os projéteis incandescentes saídos do forno, quando, sentindo-se tonta, apoiou a mão na beirada da carreta para se equilibrar. A carreta bamba adernou o suficiente para que alguns projéteis incandescentes rolassem para o lado, esmagando os dedos de Zaza. Guigui e as outras correram para tentar remover os projéteis que imobilizavam a mão da companheira. Todas sentiram o cheiro de carne ardendo no metal quente.

— Nossa, que estupidez a minha — repetia Zaza para as amigas, com lágrimas a lhe escorrerem dos olhos. — Sou tão idiota. Me perdoem.

Hélène sabia que deveria ter tentado com mais afinco impedir Zaza de ir trabalhar; ela estava muito doente para trabalhar direito, só se acidentara por isso. Hélène usou o trapo que estava usando na cabeça para envolver os dedos esmagados de Zaza. O capataz alemão encarregado da área que lhes cabia na fábrica, Fritz Stupitz, deu permissão a Zaza para ir à *Revier*. Hélène agradeceu a ele e em seguida disse a Zaza:

— Vou ver você quando acabarmos aqui.

Pelo restante do turno, Hélène fez cálculos frenéticos do número de carretas e da tonelagem. Empurrou as outras e se odiou por isso, mas elas já estavam abaixo da cota necessária e ela não sabia como a satisfariam a tempo. Alguns capatazes levavam a cota a sério e atribuíam punições compatíveis: às vezes reduzindo a quantidade de comida já absurdamente pequena, às vezes lhes raspando a cabeça, às vezes surrando-as. Havia ocasiões ainda em que o pior acontecia: o grupo todo era selecionado para o transporte.

Logo após chegarem a Leipzig, as mulheres descobriram o perigo constante das seleções do Comandante Plaul. Qualquer uma que não produzisse sua cota podia ser selecionada e enviada para um dos campos, onde, dizia-se, seria executada logo na chegada. As primeiras seleções tiveram como alvo crianças e grávidas. Plaul disse que lhes daria rações extras e trabalhos mais leves. Durante algumas semanas pareceu ser verdade. Ele queria registrar todas as crianças menores de 16 anos. Porém, então, lhes foram dadas roupas velhas, surradas, junto com o aviso de que seriam enviadas para outro campo. Os registros nazistas mostram que 75 pessoas — órfãos jovens, doentes e grávidas (com o número de meses de gestação de cada uma meticulosamente anotado) — foram levadas de Leipzig para Auschwitz e a maioria morreu nas câmaras de gás logo na chegada, em 29 de agosto de 1944[15]. Uma prisioneira francesa, Simone Jean, seria a única sobrevivente desse comboio.

Algumas adolescentes tinham sido suficientemente espertas para mentirem a idade, declarando-se mais velhas e por isso sobreviveram à primeira seleção. Algumas mulheres conseguiram esconder que estavam grávidas até um determinado ponto, mas assim que suas barrigas começavam a crescer eram mandadas embora. Comboios lotados de mulheres moribundas e fracas partiam com regularidade, e o processo de seleção parecia ligado à produtividade. Se uma mulher se mostrava demasiado pálida ou exaurida, o Comandante Plaul a selecionava. Os civis locais que trabalhavam na fábrica gerenciavam um mercado clandestino de batons e rouges caríssimos (cujo preço podia variar de três a quatro dias das quantidades recebidas de pão). Mas se uma prisioneira exagerava na maquiagem, Plaul a flagrava. Uma vez, selecionou uma delas, dizendo: "Você também, meretriz." E uma mulher flagrada se maquiando era imediatamente liquidada com um tiro.

No final do expediente, o capataz encarregado de cada seção precisava verificar se a cota havia sido cumprida. No dia do acidente de Zaza, Hélène sabia que a cota não tinha sido atingida. No entanto, algo estranho aconteceu. O capataz, Fritz, olhou para Hélène e disse simplesmente: "Vocês cumpriram a cota. Entrem em fila." E ela sentiu, viva em seu interior, uma esperança louca de estar diante de uma pessoa boa, alguém com humanidade. Alguém que talvez a ajudasse a fugir.

※

Naquela noite, Hélène negociou com a *blockova* do alojamento sua saída discreta para visitar Zaza. Felizmente, a *blockova* gostava de doces. Um punhado de mulheres do barracão doou o açúcar que haviam acumulado para suborná-la.

Na *Revier*, Hélène encontrou Zaza cercada de prisioneiras polonesas. Todas falavam francês e estavam conversando sobre Proust. Zaza observou a expressão surpresa de Hélène.

— Acho que me pareço com alguém que elas adoravam — explicou Zaza para justificar sua repentina popularidade.

— Sim, sim, a pobre Ianka — interveio uma das polonesas.

— Ela morreu em Majdanek — acrescentou outra, acariciando os cachos de Zaza. — São os mesmos olhos azuis, os mesmos cachos louros...

Zaza passou alguns dias na *Revier*, sendo mimada pelas prisioneiras polonesas, que detinham a maioria dos cargos de poder no campo. Embora também fossem brutalizadas pela SS, tinham acesso a uma comida melhor e a um punhado de pequenos luxos, como sabão e roupas mais quentes. Elas sabiam que Zaza não era Ianka, mas se sentiam felizes de cuidar de alguém tão parecida com a amiga. Deram a Zaza comida extra e até mesmo um par de pantufas de feltro que cabiam dentro dos tamancos de madeira. Essas pantufas fariam diferença mais tarde durante a fuga. Zaza, sempre esbanjando otimismo, confidenciou a Hélène mais tarde:

— Sabe, acabou dando certo: se eu não tivesse os dedos esmagados, você jamais teria falado com Stupitz e eu não teria minhas pantufas quentinhas agora.

---

Ao longo do derradeiro ano desesperado da guerra, todos os homens alemães aptos foram enviados para o front, e contrataram-se civis para supervisionar as fábricas. Esses alemães eram mais velhos, menos influenciados pela propaganda nazista e mais desgastados pelas perdas pessoais de filhos e parentes. A guerra não ia bem, e talvez esses alemães estivessem pensando em seus futuros após o conflito. De todo jeito, existem vários relatos de supervisores civis alemães em HASAG se mostrando "gentis" com os prisioneiros.

A sobrevivente Felicja Karay escreve sobre diversos incidentes desse tipo. Uma prisioneira judia relatou que um civil alemão escondeu para ela, no banheiro, um jornal que descrevia a criação de um estado judaico na Palestina. A despeito de sua lealdade ao Fuhrer, um velho capataz chamado Wilhelm levava diariamente para "suas meninas" uma tigela de comida que trazia de casa, até que um dia, na primavera de 1944, as mulheres chegaram à fábrica e o descobriram pendurado por uma corda. Ele havia lhes deixado mais uma tigela de comida, dessa vez com um bilhete dizendo que lhe era impossível suportar a vergonha da derrota, que os nazistas estavam errados e que esperava que elas se lembrassem do "velho Wilhelm que amava suas meninas como se fossem filhas"[17].

Um capataz polonês na fábrica se apaixonou por Mena e costumava esconder lembrancinhas junto à máquina dela. Certa vez, lhe deixou um lindo pente decorado com sucatas de metal e arames recolhidas do piso da fábrica. De outra feita, levou-lhe uma batata, que ela cozinhou pacientemente sobre os projéteis incandescentes saídos dos fornos[18].

A fábrica em Leipzig funcionava dia e noite. As mulheres trabalhavam em turnos de 12 horas seis dias por semana, fazendo meia jornada aos domingos. Numa semana cumpriam o turno do dia e na seguinte o turno da noite. A produção jamais cessava, salvo durante os bombardeios aliados, quando recebiam ordens para descer aos abrigos no porão. Animadas com a interrupção do trabalho extenuante, elas sorriam e gargalhavam enquanto deixavam a fábrica e corriam para o abrigo. Hélène adorava os bombardeios, ainda que fossem potencialmente mortais, pois eles significavam a promessa de libertação. Os aliados estavam ganhando — e logo os nazistas seriam derrotados.

No abrigo, todas se sentavam no chão, encostadas à parede de pedra e iluminadas por uma única lâmpada. A maioria aproveitava a oportunidade para dormir. Josée deitava a cabeça no colo de Zaza. Na quietude, era possível ouvir o troar de bombas explodindo e sentir o chão estremecer.

Hélène, sentada ao lado de Zaza, observava à luz mortiça do porão gelado os últimos a chegarem. Entre eles estava Fritz Stupitz, que ficou parado na entrada examinando a multidão de mulheres exaustas. Hélène percebeu que ele a procurava. Como disse Zaza "Hélène tinha um rosto impossível de se esquecer". Quando os olhos de ambos se encontraram, ela o saudou com um aceno de cabeça. Caminhando com cuidado por entre as mulheres sentadas, Stupitz foi se acomodar a seu lado.

Durante um bom tempo nenhum dos dois disse qualquer palavra. Em dado momento, por insistência das demais, Josée começou a cantar uma melodia de Schubert. O ar estava impregnado do cheiro da terra e dos corpos das mulheres, mas todos apreciaram a melodia suave que encheu o porão escuro. Hélène não olhou para Fritz, mas dava para senti-lo a seu lado, escutando.

Abruptamente, uma forte explosão interrompeu a voz cristalina de Josée. Várias prisioneiras gritaram. Seguiu-se um silêncio. Hélène não pestanejara. Soltou o ar e sussurrou para Fritz:

— Essa parece ter acertado o alvo.

— Acho que estão mirando o pátio ferroviário.

— Sim — concordou Hélène —, é o que eu faria.

— Quer dizer que pensou nisso?

Hélène franziu o cenho ao ouvir a pergunta, mas depois viu que ele sorria. Então sorriu de volta.

— Você pensa em como derrotar o grande exército alemão? — prosseguiu Fritz.

Ela teve certeza de identificar ali uma ponta de sarcasmo.

— Diariamente — sussurrou enfaticamente. — Você não faria o mesmo no meu lugar?

Ele deve ter ficado surpreso ante o fato de ela se arriscar a falar com tamanha franqueza, mas provavelmente também a admirou por isso. Enquanto conversavam, Fritz percebeu que Hélène era muito mais instruída que ele.

— Engenheira? — indagou, sem esconder a surpresa.

— Eu estudava em Paris antes da guerra.

— Você não é...? — Interrompeu-se bruscamente. Haviam dito aos alemães que todas as mulheres que executavam trabalhos forçados na fábrica eram criminosas e prostitutas, mas ouvindo Hélène falar de seus estudos, deu-se conta de que ela não havia sido presa por aqueles motivos.

O cabelo de Fritz era grisalho, e a testa, sulcada por rugas de preocupação. Um homem bonito, pensou Hélène, mais generoso do que estes tempos lhe permitiriam ser. O rosto sensível revelava seus pensamentos. Não era um dos capatazes que aparentemente adoravam o poder recém-adquirido. Havia capatazes que gritavam com as mulheres e as empurravam, que extraíam um prazer perverso em tornar ainda mais árduo o trabalho pesado delas. Eram capazes de virar a carreta carregada de projéteis para obrigá-las a carregar de novo as toneladas de aço quente. Hélène agradeceu o fato de que Fritz ser, com frequência, o supervisor do grupo nos turnos diurnos. Mais tarde, percebeu que Fritz *havia escolhido* o seu grupo. Ela sabia que outras mulheres, outras equipes, precisavam lidar com homens muito mais difíceis, sob aspectos assustadores.

Fritz era cortês e respeitoso, o que Hélène já notara. O trabalho que desenvolvera recrutando gente para ingressar nas equipes das redes da Resistência, apurara sua habilidade para diagnosticar a natureza de alguém. Seu ato de bondade quando Zaza se feriu, porém — algo que poderia tê-lo posto em perigo —, deixou-a curiosa e até esperançosa.

— O que você ia dizendo? — desafiou-o. Sabia o que ele estava insinuando.

— Nada — respondeu Fritz, balançando a cabeça e fitando as mãos. — É só que nos disseram coisas sobre vocês todas. Sobre o porquê de estarem aqui.

— Somos todas soldados, prisioneiras de guerra — respondeu Hélène com orgulho. — Estamos aqui por sermos patriotas que lutaram contra a ocupação fascista do nosso país.

Fritz sussurrou:

— Não gostei dessa guerra desde o início. Não gosto daquele homem. — Hélène sabia que ele falava de Hitler. — Essa guerra não é minha.

Os dois se olharam durante um longo momento de entendimento. Então, a sirene soou e todos receberam ordens para voltar a seus postos.

※

Hélène agora esperava ansiosamente os bombardeios, quando ela e Fritz se encontravam e retomavam a conversa. Hélène descobriu que Fritz havia sido o chefe de sindicato e uma espécie de líder trabalhista. Era casado e perdera o filho único no front oriental. Ela se perguntou se um dos uniformes com furos de balas e manchas de sangue que cuidadosamente descosturara em Ravensbrück não teria sido desse filho. A esposa não estava em Leipzig; com os constantes bombardeios, a cidade andava perigosa, e desde a morte do filho os nervos da mulher haviam ficado abalados. Fritz a mandara para a casa dos pais dele na sua cidadezinha natal. O sofrimento da esposa se mostrou demasiadamente pesado para ele, admitiu, acrescentando:

— Eu não sabia mais o que fazer por ela.

Hélène lembrou-se de ter ouvido a mãe consolar uma vizinha, viúva da Primeira Guerra, dizendo "O tempo vai ajudar".

— Acho que demora — disse a Fritz. Não era boa para confortar outras pessoas, mesmo quando queria fazê-lo.

— Posso lhe mostrar uma coisa? — indagou Fritz.

No escuro do abrigo, ele tirou do bolso uma foto do filho. Seu sofrimento era palpável; a tristeza fez com que uma mera foto parecesse tão pesada quanto um dos projéteis das *panzerfausts* que lhe passavam pelas mãos. Hélène se deu conta, de maneira visceral, que muitos alemães se sentiam tão enojados daquela guerra quanto os prisioneiros.

Ela contou a ele sobre a própria família e suas irmãs. Conversaram sobre músicas e comidas de que gostavam. Fritz adorava ler, e ambos falaram de seus escritores e poetas preferidos. Um deles era Rilke — "um poeta estranho", disse ele, que o ajudara muito após a morte do filho. Recitou, então, um fragmento de um poema para ela.

Fritz e Hélène falavam do que gostariam de fazer quando a guerra acabasse. Ele voltaria para a fazenda na cidadezinha onde crescera. E para a esposa, se não fosse tarde demais. Lhe agradaria ter mais filhos.

— Talvez seja pedir muito — acrescentou baixinho.

— Eu quero voltar a estudar. Quero continuar estudando matemática.

— E quanto a filhos? — indagou ele.

— Não sei — respondeu Hélène balançando a cabeça. — Para mim é difícil imaginar trazer uma criança a este mundo agora.

Porque era engenheira, Fritz encarregou-a de supervisionar os termostatos das forjas das seis fábricas. Sabia que isso a capacitaria a sabotar a fabricação de armas, o que ela fez. Ela manipulou os mostradores dos termostatos para mostrarem uma temperatura alta, mesmo ao desligar os fornos em meio ao processo, aumentando depois a temperatura novamente no final, de modo que os projéteis e os tubos saídos das forjas ficassem incandescentes e ninguém suspeitasse. Esses projéteis assim processados se partiam nos banhos ácidos ou por ocasião do primeiro uso, matando o soldado alemão que o detonava.

Relatos sobre os projéteis defeituosos que explodiam na hora errada e feriam soldados alemães chegaram aos ouvidos do alto comando. Um grupo de oficiais foi enviado à fábrica para inspecionar a maquinaria. A visita foi guiada por um nervoso engenheiro alemão, capataz-chefe da fábrica, um idiota que Hélène evitava sempre que possível. Ele levou o grupo à ponte onde Hélène vigiava os termostatos. De lá, eles podiam observar as mulheres trabalhando em várias áreas da fábrica. Muitas tinham as cabeças envoltas em trapos e as mangas arregaçadas. Estavam cobertas de suor e sujeira. Não olharam para os inspetores, embora estivessem plenamente cientes de que estavam sendo observadas. O barulho das máquinas era ensurdecedor.

— O problema não são as máquinas — gritou o capataz acima da barulheira. — É a má qualidade da matéria prima que nos deram.

— Essa explicação não é boa o bastante! — rebateu o oficial alemão. — Não quero ouvir suas desculpas.

Hélène torceu para que eles não dessem muita atenção ao que se desenrolava lá embaixo. Zaza e Jacky removiam uma carga de projéteis e os colocavam na carreta para transportá-los para os banhos ácidos. Os projéteis não estavam tão quentes quanto deveriam estar. Desde o acidente de Zaza, Hélène tentara garantir que sua carga não fosse demasiadamente quente, já que Zaza trabalhava apenas com uma das mãos. Infelizmente, porém, não tinha se preparado para aquela inspeção surpresa.

Logo outro forno estaria pronto para ser esvaziado. Hélène aumentou a temperatura para se assegurar de que os projéteis parecessem incandescentes quando a porta do forno fosse aberta. Não desejava chamar atenção para a própria equipe. Do outro lado, viu Fritz a observá-la com uma expressão assustada. Desejou que ele pudesse disfarçar melhor as próprias emoções.

— Qual é a sua função? — gritou para ela o alto comandante. Aproximou-se mais para se fazer ouvir acima do barulho, e ela se assustou com essa repentina proximidade.

— Eu superviziono os fornos — gritou de volta Hélène.

— Por que foi encarregada disso?

— Sou engenheira.

Ele desatou a rir.

— Ela disse que é engenheira — repetiu para os outros do grupo e todos riram obedientemente.

— Então explique, como engenheira, o que está fazendo. — Tornou a se inclinar, como se falasse com uma criança pequena.

— Não tenho ideia — respondeu ela, dando de ombros. — Só faço o que me mandam. Devo manter esta agulha apontando para este número.

Ele deu uma palmadinha em seu ombro.

— Boa menina. Trabalhe duro para a pátria mãe e será redimida.

Às vezes, pensou Hélène, é tão fácil tirar vantagem das baixas expectativas dos homens quanto às mulheres! Para eles não era concebível, nem sequer por um segundo, que a fábrica estivesse sendo sabotada. Essas mulheres famintas e burras não seriam capazes disso. Hélène sentiu uma felicidade momentânea; ainda era capaz de resistir. Esses atos de sabotagem fizeram com que todas se sentissem ainda úteis e vivas.

No dia seguinte, Fritz levou para o grupo de Hélène algumas batatas, que elas cozinharam nos projéteis incandescentes saídos dos fornos. Foi um banquete. Normalmente faziam uma única refeição por dia, que quase sempre consistia de uma sopa rala. Do seu jeito clandestino, ele assim cumprimentava Hélène por se safar com a sabotagem.

Hélène, no fim das contas, pediu a Fritz para ajudá-la a fugir. O que ficara tacitamente entendido veio à luz. Eles conversavam no porão escuro sobre como ela agiria. Ele a mantinha a par das notícias do front. Contou que vinha planejando abandonar seu posto na fábrica. Queria voltar a sua cidade e para sua esposa. Não desejava estar ali quando tudo desmoronasse. "Quem sabe como vão se comportar quando o Fuhrer deles cair?".

Fritz desenhou com um dedo um mapa no chão de terra do abrigo. Mostrou a Hélène a localização de Leipzig com relação à fronteira francesa de modo que ela soubesse que direção tomar quando fugisse. Depois, antes que alguém visse, os dois varreram o chão com as mãos.

Hélène me disse que nada havia entre os dois, nada "assim". Ela prosseguiu "Ninguém conseguia sentir nada assim naquela época. Não era possível. Apesar disso, fiquei grata a ele. Era um bom homem numa posição ruim"[19].

※

Em 4 de agosto de 1944, mil e duzentas judias polonesas chegaram a Leipzig. Essas prisioneiras foram escolhidas para executar trabalho forçado em lugar de serem imediatamente executadas, porque os nazistas precisavam desesperadamente de operários. As mulheres não formavam um grupo homogêneo: algumas vinham do gueto de Varsóvia, outras do campo Majdanek e um grupo grande, de pequenas *shtetls* na zona rural. Mais tarde, um pequeno grupo chegou de Auschwitz, e no mês de dezembro mais um grupo de judias húngaras. Às prisioneiras judias cabiam as piores rações, as piores condições de vida e os trabalhos mais pesados. Já constituíam o grupo mais traumatizado, tendo sofrido pogroms, testemunhado assassinatos em massa e passado muito perto do extermínio nas câmaras de gás. Todas provavelmente tinham visto a morte de entes queridos e podiam se considerar afortunadas por estarem vivas, ou não.

As prisioneiras francesas se condoeram das judias, sobretudo porque muitas chegaram a Leipzig com filhas de seis a 13 anos. As francesas convidavam as meninas para o seu barracão, onde as alimentavam com comida guardada em segredo, inclusive disputados chocolates. Brincavam com elas e as mimavam. As mães se emocionavam com essa bondade. Algumas francesas, como Josée, haviam sido presas por esconderem crianças judias. Outras tinham se envolvido com a Resistência para ajudar famílias judias a fugir. Algumas prisioneiras francesas eram judias, mas tinham conseguido esconder tal fato dos nazistas. As relações entre esses dois grupos eram boas, ainda que houvesse dificuldade de comunicação. Hélène, que falava inglês, alemão, russo e polonês, além de francês, quase sempre atuava como mensageira e coletora de informações.

O Comandante Plaul se esforçava para manter a segregação nacional, racial e cultural em Leipzig, mas às vezes as mulheres conseguiam neutralizar seus esforços. As prisioneiras organizavam pequenos atos de resistência. Em 11 de novembro de 1944, fizeram uma parada total no trabalho por alguns minutos — um instante de silêncio em memória dos mortos na Primeira Guerra. Além da sabotagem dos termostatos levada a cabo por Hélène, setores diversos da fábrica organizaram outras formas de sabotagem. As mulheres não deixavam os projéteis por tempo suficiente nos banhos ácidos; mandavam cartas por meio de civis locais; cantavam a "Marseillaise" e outros hinos militares. Existia um sistema de cotas em Leipzig. Se ultrapassassem suas cotas, as prisioneiras eram premiadas com cupons. Os cupons podiam ser trocados por itens na cantina, como uma lata de sardinhas, pão, cigarros, escovas de dentes ou pentes. Mas as prisioneiras francesas se recusavam a participar desse sistema de prêmios, dizendo que fariam apenas o mínimo exigido e até menos sempre que possível.

Muitas se lembraram com orgulho da comemoração festiva organizada para o dia de Santa Catarina, em 25 de novembro, quando moças solteiras tradicionalmente usavam chapéus enfeitados e dançavam nas ruas de suas cidadezinhas. Nos anos que antecederam a guerra, o dia de Santa Catarina passou a ser cada vez menos comemorado, salvo no mundo sofisticado de Paris, onde chapeleiros e costureiros de renome lançavam mão da tradição para exibir seus talentos. Algumas mulheres nos barracões haviam sido costureiras em *maisons* de alta costura em Paris antes da deflagração da guerra. Durante várias semanas, as francesas se ocuparam nas horas vagas criando chapéus. As mulheres casadas ajudaram as solteiras, e os chapéus que conseguiram fazer do nada eram incríveis. Lon escreveu: "É inacreditável como são inventivas as francesas para criar sem quaisquer recursos — um fiapo de palha de um colchão, alguns trapos e pedaços de papel, uma escova de dente ou um pedaço de arame ou madeira acidentalmente encontrado, ou seja, qualquer coisa que lhes caísse nas mãos — chapéus e boinas maravilhosas e penteados elaborados."[20] Havia chapéus de todos os tipos e de todas as cores, ornados com penas, flores de papel, fitas, pedaços de correntes, vidro quebrado, pássaros de papel. Foi um momento glorioso. Mena viria a se lembrar, encantada, das coisas magníficas que conseguiam criar com sucatas, e como esse ato de solidariedade, entre outros, a manteve viva[21].

A Mena coube um turbante romântico com uvas de papel na lateral. A Josée, um pente espanhol adornado com renda preta. Alguém usou um chapéu que sustentava uma gaiola com um pássaro branco em seu interior. Uma outra mulher levou na cabeça uma Torre Eiffel de papelão. A comemoração começou no barracão francês, mas se espalhou para outros. As mulheres com chapéus cantaram e dançaram a *farandole*, serpenteando em torno dos barracões. Visitaram as ucranianas, as russas, as polonesas, as judias e até mesmo as que estavam doentes na *Revier*. Todas queriam ver o que as francesas haviam feito. Até os guardas e as *blockovas* se mostraram impressionados com as criações. Eles batiam palmas acompanhando a música e permitiram que a festa durasse a noite inteira. No dia seguinte, as mulheres estavam exaustas, mas isso não as incomodou, pois haviam se lembrado de que ainda se encontravam vivas e capazes de algo mais do que apenas labutar.

As prisioneiras políticas usavam as festividades nacionais e étnicas para fortalecer e criar laços. Juntas, celebravam os aniversários dos filhos desaparecidos. Cada prisioneira francesa "adotou" uma criança judia órfã — uma criança de menos de 16 anos (algumas até mesmo de nove) que tentava se passar por mais velha. As mulheres guardavam comida para os filhos adotivos e faziam presentes para eles. Ajudavam as judias quando estas jejuavam no Yom Kippur.

Ao longo de todo o outono de 1944, a fábrica de Leipzig foi alvo dos aliados. Em setembro, o rádio que os alemães haviam instalado na fábrica para transmitir diariamente ao meio-dia através de alto falantes as gloriosas vitórias da Wehrmacht de repente se calaram. As mulheres sabiam que isso se devia ao fato de a Alemanha estar perdendo a guerra.

As duas últimas componentes do grupo das nove chegaram num comboio em setembro. Nicole, com suas sardas e deslumbrantes olhos verdes, completara 22 anos na véspera de ser presa pela Gestapo. Sua inteligência e determinação fizeram dela uma excelente agente na Resistência, elevando-a a um nível de liderança incomum para uma mulher da sua idade na época. Quando foi embarcada no derradeiro comboio de prisioneiros de Paris para a Alemanha, Nicole, junto com Jacky, pôde ouvir os bombardeios aliados nos arredores da cidade. Paris estava apenas a dias da liberação. Ela acreditava que estaria em casa no Natal e convenceu as demais no campo disso. Nesse ínterim, porém, a comida ficou mais escassa e a brutalidade e o ritmo do trabalho, piores.

No final de novembro, o campo visível além da cerca de arame farpado do outro lado da estrada estava coberto por uma camada de neve. Aos domingos, famílias alemãs de Leipzig passeavam por ali. Com crianças pequenas seguras pela mão ou empurrando carrinhos de bebê, olhavam para as criaturas estranhas do outro lado da cerca: mulheres desnutridas em trapos listrados de preto e branco em exibição dentro da jaula.

O vento gélido as açoitava e a crueldade das punições crescia. A chamada diária parecia infindável. As mulheres, porém, sentiam uma força interior, pois haviam decidido que estariam em casa no Natal. Contavam as semanas e os dias como se isso fosse um fato, não uma esperança.

Em meados de dezembro, os dias eram curtos e escuros. As chamadas ocorriam no escuro. O mês de dezembro de 1944 foi horrivelmente frio, um dos piores invernos europeus já registrados. O vento incessante penetrava por todas as costuras dos surrados farrapos dos uniformes, pelas frestas das janelas e das tábuas dos barracões. As prisioneiras tentavam ignorar os corpos congelados e pegar no sono, mas o vento cortante soprava em seus corações. Souberam que os soldados alemães haviam se reagrupado e assumido a ofensiva; estavam de volta à Alsácia e em Ardenas. Ficara claro que elas não passariam o Natal em casa.

Lise London, uma companheira de barracão, escreveu que a essa altura muitas desistiram e se afastaram das demais, o que era mortal. O primeiro sinal costumava ser uma mulher deixar de tomar banho ou lavar suas roupas. As prisioneiras haviam formado uma equipe de "assistentes sociais" que intervinham quando isso acontecia. Recordavam a essas mulheres a existência dos filhos ou outros parentes que as aguardavam em casa. Diziam entender que elas estivessem demasiado cansadas para lavar a própria roupa e cumpriam essa tarefa. Às vezes, uma emudecia e recusava qualquer ajuda. Se fosse esse o caso, as "assistentes sociais" a despiam à força, lhe davam banho e lavavam suas roupas. Lise escreve que esse ato de solidariedade e carinho quase sempre levava a mulher desesperada a se recompor[22].

Quando Lise e seu grupo de "assistentes sociais" tiveram a ideia de uma comemoração natalina, houve quase uma rebelião. Acabaram caladas pelas outras aos gritos.

— Não falem mais sobre Natal com a gente!

— Queremos que o dia passe em branco para não pensarmos nisso!

— Nunca sairemos daqui!

— Como vamos comemorar com nossos irmãos e maridos e pais morrendo em Ardenas?

Mas as jovens do barracão, inclusive as nove amigas, concordaram:

— Vamos comemorar o Natal porque será o nosso último Natal aqui, e na primavera estaremos livres.

Toda noite, após as 12 horas de trabalho e as longas e congelantes chamadas, ainda que seus corpos doessem e seus estômagos implorassem por comida, elas esperavam os guardas voltarem para seus alojamentos e então, na ponta dos pés, caminhavam pelo prédio para ensaiar. Um grupo preparava uma apresentação coral, outro, uma peça e outro, um recital de dança.

O assunto agora girava em torno da festa natalina e seus preparativos. O barracão se animou, a despeito do frio, da fome e da neve que então cobria todas durante a chamada. Trabalhavam na criação de presentes a partir de restos que conseguiam recolher. Todas queriam levar algo para suas famílias quando, finalmente, fossem libertadas daquele lugar. Lon montou um livreto, *Gemas de Sabedoria e Beleza*, para o irmão, Eric. Mena costurou um pequeno ursinho de pano para a filha de Zinka. Zinka e Zaza, usando pequenos retalhos de juta tirados de seus finos colchões, um pouco de linha e papel, teceram cigarreiras para os maridos. Nicole e Guigui compuseram poemas. Fizeram cintos e bolsinhas ou livretos de poemas de modo que no Dia de Natal tivessem presentes para trocar com as demais.

No frio brutal de janeiro de 1945, um grupo de mulheres vindas de Auschwitz adentrou, numa cambaleante marcha mortal, o campo. Na confusão e no caos dessa chegada, as prisioneiras francesas do barracão de Hélène conseguiram salvar algumas, arrancando suas estrelas amarelas e as escondendo no barracão francês. Cada qual cedeu uma porção de sua mísera ração para alimentar essas mulheres escondidas. As recém-chegadas confirmaram os boatos que as residentes já tinham ouvido sobre as câmaras de gás. As francesas foram informadas da frenética evacuação alemã de Auschwitz e da penosa marcha mortal que a ela se seguiu. Tal informação as ajudou a se prepararem para a própria marcha mortal alguns meses mais tarde.

FOTO CLANDESTINA DE PRISIONEIROS MARCHANDO PARA DACHAU

No início de abril, Hélène e Fritz, sentados no abrigo do porão durante outro bombardeio, fingiam não falar um com o outro, Fritz sussurrou:
— Tome isto.
De dentro do casaco tirou alguma coisa enrolada num pano. Sem olhar a trouxa, Hélène a guardou no bolso grande que criara na parte de dentro do uniforme. O que quer que fosse era pesado e parecia importante.

— Não consegui os documentos — esclareceu Fritz baixinho. Ele dissera que tentaria arrumar documentos falsos para ela. Hélène pedira documentos para Zaza também, mas ambos sabiam ser praticamente inviável consegui-los. — Foi impossível.

— Vamos ter que nos virar sem eles — respondeu ela.

Sentiu que ele se virava para encará-la e o ouviu dizer:

— Vou embora amanhã.

— Para encontrar sua esposa? — indagou Hélène, sentindo um bolo na garganta. Ele estava se despedindo.

Fritz assentiu e, desenhando um mapa no chão de terra, mostrou a localização de sua aldeia e voltou a dizer como ela se chamava. Então, apagando o desenho, sussurrou com urgência:

— Você precisa sair daqui. Logo. As coisas vão piorar.

No final, os dois acabaram se encarando. Ela quis dizer algo a ele, mas nunca fora boa em demonstrar sentimentos.

— Quando tudo isso acabar — disse ele devagar, as palavras meio sufocadas na garganta —, por favor, me avise se está em segurança.

— Pode deixar — prometeu Hélène.

Mais tarde, desembrulhando a trouxa, Hélène descobriu que o presente final de Fritz era um cortador de arame.

---

Próximo ao final da guerra, entre janeiro e maio de 1945, enquanto o exército alemão desmoronava, a SS utilizou seus cada vez mais parcos recursos para esvaziar os campos antes da chegada dos aliados. Documentos foram queimados para destruir os registros dos crimes cometidos. Hitler ordenara que nenhum prisioneiro podia ser capturado vivo pelos inimigos; precisavam ser "liquidados" ou evacuados. A SS executou tantos prisioneiros quantos foi possível, deixando pilhas de corpos como prova brutal. E forçaram os remanescentes a empreender marchas mortais, a princípio quase sempre para outros campos de extermínio localizados no interior da Alemanha, e depois, já no final, sem destino específico.

Himmler, reconhecendo que a derrota se aproximava, tentou negociar uma saída. Começava a inventariar os prisioneiros valiosos — gente importante, como Geneviève de Gaulle, que ainda permanecia em Ravensbrück. Durante um período em fevereiro de 1945, puseram-na em isolamento numa cela-bunker, sob o que poderíamos chamar de custódia protetiva. Himmler afirmou que seria possível usar a força de trabalho remanescente para reconstruir o grande exército nazista, mas provavelmente tinha esperança de que os prisioneiros fossem úteis como moeda de troca ou garantia. De toda forma, é difícil extrair sentido dessa transferência de prisioneiros de um campo para outro. Por que forçar milhares de prisioneiros a marcharem de Auschwitz para Ravensbrück apenas para exterminá-los logo na chegada?

As rotas das várias marchas mortais cruzavam a Alemanha na derradeira e histérica agonia da morte. Registros foram rigorosamente compilados após a guerra, com base em testemunhos oculares, na tentativa de documentar cada marcha com um mapa, uma lista das cidades pelas quais passavam e o número de quilômetros percorridos diariamente, além do número de mortos e de vivos a cada passo; esses registros mostram anotações à margem do tipo "Queimados vivos num celeiro em Gardelegen", "dez executados por metralhadora num campo" e "Suposta cova coletiva próxima". Calcula-se que 250 mil dos 714 mil sobreviventes nos campos no início de 1945 tenham morrido durante as evacuações forçadas, entre janeiro e maio, na neve, no frio, na chuva, sem comida, sem abrigo, sem sapatos ou roupas apropriados[23]. Depois de anos de encarceramento e privações, doentes, muitos morreram por pura exaustão[24]. Se caíssem ou já não fossem capazes de marchar, eram abatidos a tiros.

---

Em 10 e 11 de abril, a HASAG de Leipzig foi criticamente danificada num bombardeio aliado. Algumas prisioneiras morreram e seus corpos permaneceram sob os escombros. A situação era caótica no campo e praticamente não havia distribuição de comida. As mulheres viam o crescente alarme nos guardas da SS à medida que os aliados avançavam de todos os lados. Correu o boato de que explosivos tinham sido instalados no campo todo e no complexo industrial. O plano era destruir tudo juntamente com todas as provas e os corpos que continuavam ali.

Administrativamente, desde junho de 1944, o *Kommando* de Leipzig havia sido um subcampo de Buchenwald, aproximadamente a 120 quilômetros de distância. Em 11 de abril, os prisioneiros em Buchenwald se rebelaram contra os SS fortemente armados nas torres de vigia, e, às 15h30, libertaram a si mesmos. Logo após, dois soldados franceses que atuavam junto à 4.ª Divisão Armada norte-americana, o tenente Emmanuel Desard e o Sargento Paul Bodot, entraram no campo de Buchenwald e reportaram ao exército norte-americano sua exata localização.

Alguns dos recém-libertos prisioneiros se armaram e saíram em marcha pelos portões, esbarrando na saída nos soldados norte-americanos judeus Egon W. Fleck e Edward A. Tenenbaum num jipe militar. Os dois mais tarde escreveram: "Viramos uma esquina para pegar a estrada principal e vimos milhares de homens maltrapilhos, famintos, marchando em fila... Eles riram e acenaram."[25]

Notícias da liberação de Buchenwald chegaram a Plaul em Leipzig. Juntamente com outros comandantes da SS, ele se apressou a esconder quaisquer provas de crimes de guerra. Tentaram queimar documentos cruciais, embora uma prisioneira corajosa, Odette Pilpoul, tenha conseguido resgatar do fogo provas incriminadoras.

Na noite de 13 de abril, as cinco mil mulheres do campo receberam ordem para se reunirem do lado de fora. Fazia frio, com uma garoinha gélida. No ar, pairava ansiedade e incerteza. As mulheres se agarravam a pequenas trouxas de seus parcos pertences de estimação. Começou, então, uma frenética distribuição de comida: um punhado de fatias de pão, uma colher de sopa de margarina e quatro colheres de pasta de carne rançosa. Era mais do que a ração habitual raquítica, mas elas não sabiam que seria a última. As mulheres também receberam panfletos sobre a *Panzerfaust* para usarem como papel higiênico[26]. As nove tentaram permanecer juntas. "Não podemos nos separar", disse Lon às demais.

Às duas da madrugada do dia 14 de abril de 1945, as mulheres deixaram o campo em marcha, rumando para o leste, embora o destino final fosse vago. Como descreveu Zaza, as mulheres pareciam "formigas pegas de surpresa pela destruição do formigueiro"[27]. Cinco mil mulheres foram divididas em grupos de mil e depois em setores de cem, em grupos de cinco. Andavam e paravam enquanto as colunas eram formadas; às vezes precisavam andar para trás, às vezes precisavam quase correr e vez por outra eram, abruptamente, ordenadas a parar. Conforme seus olhos se habituavam à escuridão, viram estrelas brilhando no céu. Passaram por uma placa onde se lia "Dresden".

Naquela primeira noite sob as estrelas, Zaza teve uma sensação de alívio. Haviam conseguido se manter como um grupo. O fim da guerra decerto estava próximo. Logo os alemães seriam derrotados. Só precisavam aguentar mais um pouquinho.

A princípio, os músculos de todas estavam rígidos. Haviam aguardado imóveis no frio durante muito tempo. Algumas, como Josée, tinham trabalhado no turno da noite. Forçada a carregar barris de documentos até uma fogueira, ela não dormia há quase dois dias. Aos poucos, porém, a marcha foi ganhando ritmo. Havia uma brisa suave e o clima era ameno.

Tentar satisfazer as necessidades fisiológicas era quase impossível, porém, pois qualquer prisioneira que saísse da formação seria alvejada. Elas tinham que ser pacientes, aguardando um momento em que a fila parava e torcendo para o guarda estar distraído. Aquela era a única chance. Rapidamente desatavam o cinto que mantinha a calça de trabalho no lugar, agachavam-se no lugar em que estavam, enquanto as amigas vigiavam.

Ao alvorecer, o vento aumentou. Estava frio, e as mulheres marchavam com cobertores finos lhes servindo de capuz. Zaza não via a sombra dos uniformes dos guardas quando estes empurravam as mulheres nem ouvia seus gritos hostis ou o som da metralhadora à distância. Andava como um zumbi, guiando o grupo enquanto cantava a plenos pulmões as velhas canções dos dias passados acampando no albergue da juventude, onde fazia caminhadas com René, o marido, a seu lado, feliz de saber que as nove amigas haviam conseguido manter o grupo unido[28].

Marchando ao lado de Zaza ia a corajosa Zinka, as duas amigas holandesas, a mandona Lon e a serena Guigui, bem como a excêntrica Mena. Atrás de Zaza, Hélène caminhava em fila com a linda Josée, com Jacky, que lutava para respirar, e com Nicole, que mal podia andar, por conta da pneumonia. Mesmo assim, as amigas tinham insistido para que ela saísse da *Revier*. Se o campo todo estava prestes a ir pelos ares, qualquer uma que ficasse para trás morreria.

O setor de uma centena de mulheres era vigiado por dois guardas da SS e uma guarda que empunhava um chicote. O guarda, conhecido por todas como "o pequeno bastardo", esbofeteara Nicole várias vezes no início da marcha porque, em seu estado febril, ela tropeçara e saíra da formação. O outro guarda era considerado "bondoso", porque tentava lhes passar informações sobre os acontecimentos, na medida do que conhecia, e encorajava as mulheres a seguirem em frente. Naquele primeiro dia, a guarda enfiou o chicote no cinto e colheu um ramo cheio de brotos. As mulheres encararam esse ato como um sinal promissor. Era primavera e o sol as aquecia. Passavam, vez por outra, por uma árvore florescendo e sentiam o aroma da grama verdinha que subia dos recém-arados campos do interior plano.

Quando o sol ficou mais forte, também foi possível ver alemães na estrada, aboletados em caminhões lotados ou empurrando bicicletas cheias de coisas, carretas carregadas de barris ou carrinhos de mão onde se empilhavam seus pertences, enquanto alguns portavam trouxas. Mulheres puxavam crianças pela mão; os rostos dos velhos ostentavam uma expressão cansada e ansiosa. Tendo vivenciado a invasão alemã a Paris em 1940 e o espetáculo das estradas da França enquanto o povo fugia, as prisioneiras francesas reconheceram os sinais. Os alemães estavam em fuga; sua guerra havia sido perdida.

Os aldeões alemães assistiam à parada de mulheres desnutridas, desesperadas, usando os surrados farrapos listrados de azul e cinza da prisão e calçando tamancos de madeira, os pés sangrando, mancando, tombando de exaustão, amparando umas às outras, exibindo marcas de surra e privações. Ao passarem, Nicole viu uma senhora idosa cobrir o rosto e dizer: "Essa será nossa vergonha eterna."[29]

Andaram durante quase 12 horas para chegar aos arredores da cidadezinha de Wurzen. Ali pararam em um campo aberto já ocupado por um grande grupo de prisioneiros do sexo masculino que fazia sua própria marcha mortal; os homens dormiam com a cabeça pousada em pilhas de trapos. As mulheres desabaram juntas, formando um círculo. Foram acordadas duas horas depois por pesados bombardeios aliados. A terra tremeu. Poeira e cascalho voaram pelos ares. O grupo das nove, exausto pela caminhada do dia anterior e pela falta de comida, pôs as trouxas na cabeça e tentou descansar, enquanto outras entraram em pânico e correram em todas as direções. A noite escura e fria se encheu de gritos, berros e caos. Em certo momento, houve troca de tiros de metralhadora, e balas abriram um buraco na mochila de Josée, caindo apenas a alguns passos de distância dela. Josée ficou abalada: aquelas balas haviam passado muito perto. As outras precisaram acalmá-la.

De repente, elas ouviram o som familiar de ordens sendo rosnadas em alemão. Os guardas começaram a balançar seus chicotes. Ordenaram às mulheres que se levantassem e continuassem a marchar. A coluna de cinco mil fora multiplicada por dois agora, depois de incorporar os prisioneiros que ali estavam.

A princípio, as mulheres ficaram felizes de andarem de novo. Zaza recordou a Zinka uma pergunta que esta fizera algumas semanas antes em Leipzig.

— Você se lembra, Zinka, que se perguntou se teria medo caso fosse um soldado?

Zinka e Zaza estavam então tomando banho no barracão quando a sirene soou. As mulheres à volta correram para o abrigo, mas Zinka não teve pressa e Zaza permaneceu com ela, embora também tivesse vontade de correr. Zinka fez uma pausa ao ouvir e sentir o primeiro abalo causado por uma bomba caindo em algum lugar na estrada.

— Você acha que teria medo? — perguntara Zinka calmamente, sem medo algum. — Se fosse um soldado levando um tiro?

Zaza riu e disse:

— Tenho certeza de que você não!

Agora que haviam sido atingidas como soldados de verdade, ela perguntou se Zinka estava com medo. Zinka sorriu, mostrando a falha entre os dentes da frente e deu de ombros.

— Não sei se ainda sinto alguma coisa. — O som da sua voz foi incrivelmente triste, um estranho contraste com o sorriso estampado em seu rosto.

Precisaram passar pela cidade de Wurzen, grudadas aos muros dos prédios para evitar serem alvejadas de cima. Tinham visto dois alemães mortos na rua, o sangue vermelho manchando e empapando seus cabelos louros.

As mulheres andaram durante todo o dia e continuaram noite adentro. Às três da manhã, Hélène abordou o guarda bondoso em busca de mais informações, mas ele não sabia de nada. Também estava exausto. A única coisa a fazer era continuar andando, respondeu.

Zaza viria a chamar aquela noite de "a noite das estrelas"; foi a pior da marcha. A temperatura caíra muito. A coluna se arrastava em meio à neve, congelando em suas roupas finas e casacos leves, nos quais havia sido pintado um X branco para marcá-los como prisioneiros, caso tentassem escapar. Seus corpos doíam. Os pés sangravam. O caminho estava crivado de cadáveres de prisioneiros mortos de exaustão ou por balas na cabeça por saírem da fila. Passavam pelos ensanguentados, pelos que sofriam e agonizavam. Passavam por corpos que mais pareciam esqueletos. Passavam por corpos cujos olhos contemplavam o céu com uma expressão congelada terrível. Zaza viu a neve, como uma mortalha, cobrir o rosto de uma morta. Continuavam marchando, às vezes apoiados uns nos outros, porque a queda significava morte certa. Lon disse: "Estamos em julgamento", sem entender totalmente as próprias palavras, mas sentindo ser aquele o derradeiro teste de sua vontade de viver[30].

A certa altura, Hélène, com um gesto de cabeça indicou a Zaza que era hora de tentarem a fuga, mas Zaza se recusou. Estava cansada demais.

Sem nada para comer ou beber desde a saída de Leipzig, mais de 24 horas antes, elas começaram a ter alucinações.

— Por favor, me diga se tem um homem sentado ali naquele muro lendo um jornal — pediu Hélène. Não acrescentou que o homem era igualzinho ao seu avô falecido.

— É só na sua cabeça — respondeu Lon. — Pense bem: o jornal estaria empapado de chuva e neve.

Zaza teve certeza de que via as torres de uma catedral, mas Zinka esclareceu: "Não, são só árvores muito altas."

Pouco depois, Josée se afastou da fila, convencida de estar voltando para casa do emprego em Marselha. Viu as luzes do próprio apartamento. A porta estava logo ali, com certeza. Mena puxou-a, freneticamente, para a formação.

— Me deixem ir para casa! — implorava, aos prantos. — Por favor! Só quero voltar para casa!

Estava, porém, muito cansada para lutar. Com a ajuda de Jacky, Mena a manteve na fila até que se recuperasse, soluçando, para voltar à realidade pavorosa da situação.

Seguiram assim durante 28 horas até chegarem aos arredores de Oschatz, a sessenta quilômetros de Leipzig. No crepúsculo, viram um grupo de prisioneiros sendo conduzidos pela SS. Dava para ouvir gritos e tiros. Logo foram obrigadas a marchar sobre pilhas de prisioneiros recém-alvejados. Os cães e os guardas se asseguravam de que não elas não conseguissem evitar os cadáveres. Seus pés tropeçavam nos corpos moribundos ensanguentados.

Entraram, então, em um campo cercado por arame farpado. Ali, finalmente, lhes permitiram descansar. À distância, havia uma chaminé lançando fumaça, que alguns dos outros prisioneiros sussurraram tratar-se de um crematório. Zinka os repreendeu:

— Chega desses boatos. É só a chaminé de uma casa.

# CAPÍTULO III
## Nicole

**NICOLE CLARENCE**

Na manhã do dia 15 de abril de 1945, entre oito e dez mil prisioneiros — homens e mulheres — de vários campos de concentração se achavam deitados em áreas abertas nas fímbrias de Oschatz tentando descansar. Guardas armados da SS os cercavam. Os moradores haviam, então, assistido a alguns dias desse desfile macabro de prisioneiros e podiam ouvir os canhões do Exército Vermelho que avançava. Árvores tinham sido cortadas para bloquear os tanques russos e evitar que entrassem na cidade. O temor era enorme de que, com as hordas de prisioneiros famintos e os frenéticos soldados russos tão perto, os habitantes fossem atacados ou mortos e a aldeia, saqueada. Os guardas alemães sentiam a hostilidade dos moradores, o que aumentava a já crescente sensação de pânico. Em menor número, os guardas recorreram à brutalidade extrema para manter a situação sob controle.

Agora, porém, estava claro para todos que não haveria mais distribuição de comida nem água. Os guardas alemães não tinham condições de alimentar os prisioneiros. Compreendeu-se pela expressão de medo nos rostos dos guardas que nem sequer havia um plano. As mulheres estavam tão cansadas, com tanto frio, fome e sede que simplesmente desabavam no chão, enroscadas umas nas outras para se aquecerem. Cochilaram e tremeram ali durante algumas horas. Mas ninguém dormiu. Os músculos doíam. Os pés se achavam em carne viva e cobertos de sangue. Lon e Zaza se levantaram de madrugada para ir em busca de água, apoiando-se uma na outra para ficar de pé. Mas não encontraram água em lugar algum.

Hélène sussurrou para Zaza:

— Você está pronta agora? Vai fugir comigo?

Zaza quis perguntar às outras. Desejava que o grupo fugisse junto. Mas, como tanto Zaza quanto Lon recordaram mais tarde, esse era o momento crucial do suplício de todas, o "agora ou nunca".

Hélène continuou insistindo:

— Temos de fazer alguma coisa. Não podemos continuar assim.

As outras gemeram. Será que ela não podia deixá-las descansar em paz? Mas ela não desanimou. Queria saber quem estava disposta a arriscar tudo para salvar a própria vida.

Lon foi a primeira a aderir à proposta:

— Uma coisa é certa: — falou com o sotaque cantante holandês — eu gostaria de morrer com tiros de metralhadora se a gente se apressasse para fazer isso, mas realmente não tenho vontade de morrer devagar nos próximos 15 dias ou o tempo que levar para morrermos de fome. Não desejo outra noite como a de ontem. Concordo que precisamos nos salvar.

Hélène persistiu:

— Decidam agora. Estão conosco? Ou devemos ir sem vocês?

Aos poucos as mulheres se ergueram e se sentaram em círculo de modo a poderem ver umas as outras. Zaza olhou para a amiga. Hélène vinha, há meses, tentando convencê-la a fugir, mas Zaza sempre hesitava. Sempre encontrava algum motivo para recusar. O que seria das outras amigas? E os preparativos para o Natal? E quanto aos boatos de que o campo estava prestes a ser liberado? Mas ali estavam, finalmente, no fim da linha. Hélène tinha razão: a escolha era fugir e viver ou ficar e morrer.

Zaza disse: "Quero viver para ver novamente René", o marido com quem acabara de casar. Pensou em como ele lhe massageava os pés quando estes doíam depois das longas caminhadas. Essa lembrança encheu seus olhos de lágrimas. Guigui, a outra holandesa, falou em seguida. Não permitiria que Lon fosse sem ela. Afastou a franja dos olhos cinzentos e com voz serena disse:

— Quero viver. Quero me sentar com a minha mãe num café em Leiden e tomar um café de verdade. Além disso — sussurrou, forçando um sorriso tímido —, contei a vocês sobre aquele homem, Timen, que conheci na sede da Gestapo.

Os dois haviam tido apenas alguns momentos roubados na antecâmara das salas de tortura, mas bastara. Tinham descoberto que eram ambos holandeses e naqueles parcos instantes trocaram sussurros na língua natal enquanto ao longe ouviam alguém gritar de dor. Tentaram extrair forças um do outro. Antes de ser levada embora, Guigui dera a Timen seu maço de guimbas de cigarro cuidadosamente guardadas.

Zinka com seu sorriso falhado se manifestou em seguida. De forma alguma ficaria para trás. A única das nove que era mãe, fora presa durante a gravidez. Dera à luz na prisão de Fresnes uma menina que chamou de France. Tivera autorização para ficar com a criança durante 18 dias antes que a tirassem dela. Zinka jurara que um dia haveria de voltar para encontrar a filha, e estava disposta a tentar qualquer coisa para tanto.

— Preciso viver para que a minha filha tenha mãe — disse.

Houve um murmúrio de concordância; as outras sabiam que ela perdera a mãe para a gripe espanhola quando era ainda pequena. Haviam comemorado o aniversário de um ano de France no campo. Mena fizera um pequeno bichinho de pano para Zinka dar à filha quando se reencontrassem. E para o grupo de nove amigas, voltar a ver tanto a França país como a France bebê se tornou, simbolicamente, a mesma coisa. "Precisamos encontrar a nossa França."

Mena estendeu o braço e apertou a mão de Zinka.

— Você vai vê-la — sussurrou.

— E você? — indagou Zinka de Mena, abrindo um amplo sorriso. — Para o que você quer viver?

Mena riu a seu jeito extrovertido. Ela parecia sempre lidar com a vida como uma cotovia, como se as circunstâncias presentes não passassem de uma guinada e que, no final, tudo daria certo. Mena respondeu:

— Ora, é simples. Vou visitar minha avó em Saint-Jacut-de-la-Mer, no litoral da Bretanha, o lugar mais lindo do mundo. Vou me sentar com ela e apreciar o mar da janela da cozinha. E vocês todas vão me fazer uma visita de férias à beira-mar.

Por um instante, Zaza quase pôde sentir o cheiro do mar e ouvir as gaivotas piando no céu.

— Isso vai ser maravilhoso — concordou.

Voltaram-se, então, para Josée, que encostara a cabeça no ombro de Mena. Era a mais jovem, e as outras se consideravam suas protetoras. Achavam-na ingênua; ignoravam que fosse assombrada pela lembrança do pequeno grupo de crianças judias que ajudara a manter escondidas na França. Quando foi presa, Josée levava alguns embrulhos de comida, onde estavam anotados nomes e endereços... Ela estremeceu; não dava para lidar com isso agora, era demais. Fechou os olhos e balançou a cabeça. As outras pensaram que ela estivesse dizendo que não queria acompanhá-las.

— Você precisa vir conosco — insistiu Zinka. — Quem vai cantar para nós durante a viagem? Vamos, Josée, diga para nós por que você quer viver.

— Sim, vamos lá — fez coro Zaza. — Você não pode desistir. Não vamos deixar.

— Não estou desistindo — disse Josée.

— Então? — pressionou Zinka. — Nos diga para o que quer viver.

O último ano reduzira a vida de Josée a unicamente sobreviver um dia após o outro. O que significaria viver *para* alguma coisa? Ela brincara de viver antes; se sobrevivesse gostaria de viver de verdade. Não acabaria como a mãe, uma dona de casa pobre, atada a um marido violento. Queria ser alguma coisa na vida. Agora que sabia do que era capaz, tinha coragem.

— Quero ser piloto e sobrevoar todos os lugares — anunciou, erguendo o queixo.

As outras assentiram; aquilo era típico de Josée.

— Você não vai jogar bombas na gente, vai? — perguntou Zinka, meio de brincadeira.

— Não — respondeu ela. — Vou levar vocês comigo e a gente poderá ver tudo lá de cima.

— Ah, eu não preciso voar dentro das nuvens — retorquiu Jacky falando sério. — Antes de bater as botas, quero passear na minha rua em Paris, ir ao parque ali pertinho onde os vovôs dão de comer aos pombos. — Jackie estava gravemente enferma e lutava para respirar entre as palavras. — Se vocês me aceitarem, eu vou junto.

— Claro que aceitamos — disse Guigui.

— Não quero atrasar vocês.

— Ficaremos unidas — concordou Lon.

Chegara a vez de Nicole. Seu rosto estava rubro de febre. Ficara conhecida em Leipzig por declamar receitas como se fossem poemas; entretinha as demais com histórias de banquetes nos minutos que antecediam o sono, enquanto todas catavam os piolhos que lhes infestavam as roupas e o cabelo. Agora, deu de ombros:

— Não é óbvio? — indagou. Queria saborear uma refeição maravilhosa, longa, com muitos pratos e um bom Camembert depois, tudo acompanhado de um excelente Burgundy.

Hélène queria ver a família.

— E — acrescentou em voz alta — vou sobreviver só para ver a escória nazista derrotada.

Lon falou por último, como se resumisse a decisão geral.

— Se eu morrer agora ou amanhã, ninguém vai se importar, com exceção, lógico, da minha família, meu pai e minha mãe, alguns amigos, mas logo serei esquecida. Não deixei rastros nesta terra. O que teremos deixado se desistirmos agora?

As nove decidiram que viveriam e para isso precisavam fugir juntas. Estava claro que os alemães que as vigiavam estavam amedrontados. Uns poucos guardas haviam desmaiado de exaustão. As prisioneiras polonesas, que costumavam ter melhores informações, contaram a Hélène que o plano era fazê-las marchar até morrerem, pois já não havia mais comida, e em Leipzig não existiam câmaras de gás ou métodos eficientes para executá-las em massa. Outros boatos davam conta de que elas seriam levadas para um campo de extermínio ou libertadas no meio da zona rural para se virarem sozinhas. A ideia de dez mil pessoas famintas e enlouquecidas vagando pelos campos também não era boa.

Na verdade, o final para muitos se desenrolaria ao longo das poucas semanas seguintes em cenas pavorosas nas estradas da Alemanha. Muitas mulheres que permaneceram nas filas foram mortas por metralhadoras no dia 17 de abril. Muitíssimas outras morreram de inanição ou disenteria. Os chefões da SS fugiram, deixando-as com os guardas de patente inferior, que se comportaram de maneira infame. Caso cidadãos alemães deixassem baldes de água ao longo da estrada para os prisioneiros, eles os viravam com chutes. Quando ganhavam comida, os guardas comiam primeiro e depois jogavam os restos na lama, divertindo-se com o espetáculo de mulheres se atracando para pegá-los. Durante semanas, o grupo marchou sem comida. Algumas fugiram. O grupo maior foi fragmentado em grupos menores. Os moradores assistiam à deplorável marcha das prisioneiras. Crianças riam delas, enquanto os adultos davam de ombros e diziam "São só judias".

Os alemães continuavam a mudar de direção numa tentativa de evitar os russos dos quais tinham pavor. Os fazendeiros alemães também fugiam e alguns haviam escrito slogans hostis nos muros de suas cidades: "Os judeus foram o nosso infortúnio." Vez por outra, aviões norte-americanos passavam acima, e os guardas tentavam se esconder entre as mulheres, alguns chegando ao ponto de vestir roupas listradas das mortas deixadas para trás.

Em abril de 1945, milhares de prisioneiros egressos dos campos marchavam pelas estradas de toda a Alemanha. Isso levou a cenas surreais. Uma judia polonesa de Leipzig, Romualda Stramik, recordou mais tarde: "Nós nos movíamos como sonâmbulas... Ao amanhecer vi um jovem deitado numa vala e uma mulher ajoelhada a seu lado, observando-o impotente. De repente, ela soltou um grito: 'É você, meu filho?'. O homem ergueu a cabeça e falou: 'Mãe!' e tornou a cair. Ouvi dois tiros. Voltei para a fila e continuei a marcha com o restante das mulheres."[1]

---

Porque os guardas estavam exaustos e descuidados, algumas das nove conseguiram aproveitar esse momento para ir até os vários grupos aglomerados no chão para obter informações.

Lon foi de grupo em grupo de prisioneiros do sexo masculino atrás de notícias sobre o irmão, Eric, que fora preso com ela. Ficou feliz de comunicar a seu grupo na volta que um homem lhe disse que talvez o tivesse visto em Nuremberg. Isso acabou não se confirmando, mas naquele momento encheu Lon de esperança.

Hélène conseguiu fazer a troca do uniforme por um vestido com um grupo de prisioneiras polonesas, o que se revelaria vital nos dias que se seguiram. Zaza mais tarde descreveu o vestido em seu livro com o habitual humor astuto: "Um vestido simples e prático, precisamente do tipo que todas as mulheres gostariam de ter para usar nas compras matutinas."[2]

Na ausência das demais, Guigui teve problemas enquanto vigiava os seus modestos pertences. Flagrou uma mulher tentando roubar o cobertor de Zaza. Gritou e correu atrás da mulher, que a agrediu na coxa com um objeto rombudo. A mulher chamou as amigas, enquanto os gritos de Guigui trouxeram Zinka. Uma briga de verdade irrompeu então. Sabe-se lá como, Guigui e Zinka conseguiram espantar as outras, mas Guigui tinha um grande hematoma na coxa.

— Ainda bem que conseguimos salvar seu cobertor — disse ela com uma careta ao relatar a luta para Zaza —, mas não sei como vou andar hoje. Talvez isso altere as coisas e eu não repare tanto nas bolhas que tenho nos pés.

As mulheres polonesas contaram a Hélène e a Lon que estavam cercadas pelos russos de um lado e pelos norte-americanos do outro. As nove não queriam ser capturadas pelos russos, famosos por sua brutalidade; "eles estupram até esqueletos", dizia-se. Precisavam encontrar os norte-americanos.

Decidiram que o melhor momento para a fuga seria no meio da noite. Sabiam, devido aos turnos noturnos na fábrica, que todos se mostravam cansados por volta das duas horas da manhã, e os guardas alemães, que não estavam habituados a esse tipo de esforço físico, estariam no auge da desatenção àquela altura. Lon declarou:

— Levamos um tiro nas costas ou conseguimos. Seja como for, viveremos ou morreremos juntas.

Quando foi dada a ordem para recomeçar a marcha, elas se puseram de pé lentamente e voltaram às filas. Todos os músculos do corpo de Zaza doíam e os pés ardiam, mas ela disse a si mesma que não fazia mal. Esse suplício não duraria para sempre. O que quer que acontecesse, essa seria a última noite delas em cativeiro.

A fila diante de Zaza mudara. Havia agora cinco russas vestidas de maneira tão extravagante que mais pareciam velhas bruxas saídas de algum conto de fadas apavorante. Haviam criado bizarros chapéus pontudos e capas com cortinas pretas arrancadas da fábrica de Leipzig. Mancavam e mancavam como criaturas do inferno. Zaza pensou com ironia que a visão assustadora dessas mulheres constituía uma motivação extra para fugir.

As nove planejaram aguardar até o cair da noite, mas quando deixaram Oschatz, as fileiras estavam mal organizadas. A marcha era lenta e parava de tempos em tempos, como num engarrafamento grande. Partes do grupo começaram a ficar dispersas e outras partes, por sua vez, aglomeradas. Os guardas gritavam e distribuíam chicotadas, mas parecia que com menos energia. E foi quando as nove viram sua chance: um momento no caos do nascer do dia quando um punhado de mulheres conseguiu roubar flores amarelas para comer sem serem mortas por um tiro. Como disse Nicole mais tarde: "Na mesma hora tomamos a nossa decisão. Correríamos o risco. E para nossa sorte, éramos jovens. E éramos nove."[3]

PRISIONEIRAS EM RAVESNBRÜCK COM A LETRA X PINTADA
PARA INDICAR TEREM SIDO SELECIONADAS PARA O TRANSPORTE

Depois de conseguirem pular dentro da vala, depois de se atirar no campo de flores amarelas, rindo sem fôlego em sua recém-descoberta liberdade, Hélène foi a primeira a reconhecer que não podiam se demorar.

— Precisamos nos organizar. E não podemos ficar aqui.

Levaram um instante para se transformarem. Arrancaram os triângulos vermelhos e os números costurados em seus casacos que as identificavam como prisioneiras políticas. Guardaram-nos, porém, para o caso de ser preciso comprovar suas identidades mais tarde. Tentaram virar as roupas do avesso para esconder as listras. Abriram as trouxas e espalharam seus conteúdos, partilhando umas com as outras tudo que haviam conseguido levar.

— Precisamos ver o que temos — disse Hélène.

Juntando tudo, verificaram que havia uma caixa de fósforos, um pequeno frasco de acetona, com o qual esperavam apagar os X brancos nos casacos, que as marcavam como prisioneiras (o que constatariam ser impossível); o grande cortador de arame presenteado por Fritz a Hélène meses antes; agulha e linha que Zaza roubara quando tinha sido selecionada pela primeira vez em Ravensbrück; uma lixa de unhas; um pequeno espelho; o vestido recém-obtido por Hélène; um pequeno broche de cerâmica de um cavalo que milagrosamente escapara de todas as revistas e se tornara a mascote do grupo; 110 marcos alemães; um pente; uma escova; um baralho; uma cebola; o bichinho de pano que Mena fizera para o primeiro aniversário de France; uma lata de sardinhas, mais um presente dado a Zaza pelas prisioneiras polonesas em agradecimento por ela se parecer com a adorada Ianka.

Decidiram que a meta seria cruzar as mutáveis linhas de front da guerra que agora se desenrolava em volta delas e encontrar os soldados norte-americanos. A preocupação imediata, porém, era comida. Não comiam há dias. Precisavam conseguir algo que pudessem esconder e depois descansar. Não era seguro ficarem à vista em plena luz do dia. Por conta do mapa desenhado por Fritz no chão de terra do abrigo, Hélène tinha alguma noção de onde estavam, bem como de que deviam rumar na direção sudoeste. No momento, porém, ninguém pretendia se mexer. Estavam totalmente exauridas.

— Não posso — disse Nicole.

Nicole, que jamais perdera a esperança, chegara simplesmente ao fim de suas forças. Gravemente doente de pneumonia, estivera na *Revier* no dia anterior ao início da marcha, junto com a amiga querida, Renée Astier de Villatte, com quem dividia um catre estreito. Foi Renée que insistiu para que Nicole deixasse a *Revier*, porque estava convencida de que os boatos eram reais: os alemães haviam plantado explosivos em toda a fábrica e tudo iria pelos ares antes da chegada dos aliados. A própria Renée estava doente demais para partir. Anos mais tarde, Nicole se recordou do bilhete que lhe escrevera Renée, como de mãe para filha, insistindo e chegando mesmo a brigar para que saísse da cama e partir, a fim de se salvar. O coração de Nicole se partiu por deixar a amiga para trás e ela temeu que o pior acontecesse a Renée. Nicole escreveu anos depois: "Tendo passado tanto tempo temendo a nossa separação, por sorte estivemos juntas em todos os comboios e seleções, porque sem a companhia uma da outra ficaríamos perdidas."[4]

Os últimos dois dias de marcha quase incessante haviam drenado Nicole. Ela conseguira sair da fila com as outras no momento inicial da fuga, mas, tão logo escaparam, sentiu a vontade de viver simplesmente se esvair. Seu coração se apertava por Renée. Doente e delirante, ela não se importava mais com o que pudesse lhe acontecer.

— Mas precisamos partir — insistiu Hélène. Nicole ouviu as palavras como se fosse um zumbido vago, distante.

— Venha — disse Mena. — Vamos achar um lugar agradável para descansar. Algum lugar onde estejamos a salvo de tudo.

Mena estava apenas fantasiando. Não haveria lugar seguro, Nicole sabia disso.

Ela continuava a se recusar:

— Não, me deixem aqui. Por favor. Não consigo continuar.

As outras se levantaram lentamente. Zinka, já de pé, ajudava a erguer Jacky. Foi quando Jacky se virou e disse a Nicole:

— Se você ficar aí já sabe que é para esperar um Ivan enfiar em você a arma que tem dentro das calças ou um Fritz botar uma bala na sua cabeça.

— Me deixem em paz! — Nicole sentiu-se resvalar suavemente para o sono. Ao menos conseguira isto: morreria em meio àquelas flores amarelas, não miseravelmente na sujeira lamacenta de um campo de concentração.

Josée, que ficara junto a Nicole na vala, esbofeteou-a.

— Anda, Nic, levanta!

A dor no rosto despertou Nicole do estado sonolento. Mena, então, abaixou-se, agarrou-a com força e a pôs de pé, estapeando-a também.

— Vamos! Já basta disso!

Nicole, atônita por se ver em pé, olhou para as compatriotas.

— Viu? Eu posso ser tão teimosa quanto você — disse Josée. No campo, ela sempre se sujeitara a Nicole, respeitava a força de vontade e a esperança teimosa da amiga, bem como a forma como Nicole vivia repetindo para todas "Liberamos Paris! Logo derrotaremos esses *boches*!" Por isso, lhe parecera estranho esbofetear Nicole, a mulher que ela tanto admirava, e imediatamente assaltou-a um desejo de se desculpar.

Lon riu:

— Todas nós somos teimosas. Por isso ainda estamos vivas!

— Não deixamos ninguém para trás — insistiu Mena. — Viveremos e morreremos juntas. É assim que vai ser essa história.

— Vamos — disse Hélène. — Precisamos encontrar uma aldeia, um celeiro, algum lugar para descansar. Tem alguma coisa naquela direção — acrescentou, apontando para um arvoredo e algumas casas ao longe. — Talvez alguém possa nos dizer onde encontrar os norte-americanos.

— Está ouvindo? Hélène acha que vamos encontrar um celeiro para usar de esconderijo. — Josée tentava encorajar Nicole. — Podemos descansar lá.

Dirigiram-se lentamente para a aldeia. Cruzaram campos abertos, cobertos de flores amarelas e grama para pastagem. Não acharam lugar algum para se esconderem, e cerca de uma hora depois, perceberam que esbarrariam num pequeno grupo de soldados alemães. Nada havia a fazer a respeito.

— Ai, Jesus, Maria e José — murmurou baixinho Josée em espanhol, fazendo o sinal da cruz.

— Fique calma — instruiu Hélène e tom neutro, mas com a firmeza de um comando. — Desde que não sejam da SS, podemos fingir que está tudo normal.

— Quantos deles você está vendo? — indagou Zaza. Perdera os óculos ao chegar em Ravensbrück, quando um guarda da SS a estapeara e os derrubara do seu rosto, pisando-os em seguida e os triturando com o salto da bota na terra. A perda deixara Zaza arrasada. Uma semana depois, porém, houve uma seleção: todas as mulheres que usavam óculos foram enviadas diretamente para o crematório. Sem óculos, Zaza fora poupada.

— Só três — respondeu Zinka. — Eu sozinha daria conta deles.

— Com certeza — concordou Guigui. — Com um desses seus tamancos.

A imagem da pequena Zinka com seus enormes tamancos de madeira atacando os soldados alemães fez o grupo todo rir.

— Vocês estão rindo — prosseguiu Guigui —, mas eu a vi brigar com aquelas mulheres que tentaram roubar o cobertor de Zaza.

— Eu jamais me arriscaria a lutar com você, Zinka — emendou Mena.

A despeito do pânico e do medo, as nove decidiram se comportar como se tudo estivesse normal, rindo e conversando, fingindo, ao passar pelos soldados, que nada havia de errado. Hélène e Lon cumprimentaram os homens e as demais acenaram como se não tivessem coisa alguma a esconder.

Funcionou: os soldados responderam à altura e seguiram seu caminho.

Elas tinham descoberto que se agissem naturalmente, as pessoas poderiam aceitá-las normalmente. Essa se tornou a estratégia operacional central.

※

Nos arredores da aldeia, as mulheres encontraram uma fazenda e, no pátio defronte à casa, dois prisioneiros de guerra franceses. As nove amigas se animaram, mas logo se deram conta de que ambos tinham muito poucas informações úteis. Os homens se mostraram nervosos por falarem com elas, sempre olhando por cima do ombro. Mas não se afastaram, aparentemente satisfeitos de estarem falando francês afinal.

Enquanto conversavam, uma menina e o irmão mais novo saíram da casa. A garota batia no irmão com uma vara e lhe dava ordens: "Schnell! Rechts! Links!"

Era assim, precisamente, que as *Aufseherinnen* da SS agiam com elas no campo. As mulheres se horrorizaram ante tal visão. Zaza sussurrou para Zinka:

— Até as crianças se portam como esses animais?

No meio da cena perturbadora, um alemão parrudo irrompeu porta afora do celeiro junto à casa. Os prisioneiros sussurraram: "É o *Burgermeister*", rapidamente se afastando, com nítido terror de serem vistos pelo homem. Forte e careca, com um narigão avermelhado e queixo duplo, usava uma roupa de veludo e carregava no peito insígnias partidárias e medalhas. Usava botas enormes.

— Sou o prefeito! O que estão fazendo na minha vila? — gritou para as mulheres.

Hélène precisou de toda a sua coragem para falar com firmeza enquanto sorria e explicar que elas eram *Gastarbeiter*, operárias. A fábrica em que trabalhavam havia sido bombardeada e agora voltavam para casa.

— Onde fica a casa de vocês? — gritou o sujeito.

Quando Hélène respondeu que era na França, o homem teve um acesso de raiva e seu rosto avermelhado ficou roxo.

— O quê? Vocês não são alemãs? Então o que fazem nas minhas ruas? Estrangeiros são proibidos aqui! O lugar de vocês é num campo. Tem um campo em Naundorf. Serão enviadas imediatamente para lá.

As mulheres assistiram horrorizadas aos gritos do homem, de cuja boca a saliva voava para todo lado. As que não falavam alemão não entendiam direito o que ele dizia, mas serem tratadas aos gritos por um alemão furioso soava bastante familiar. Tinham vivenciado isso ao longo dos meses anteriores. Por força do hábito, congelaram, como se estivessem ouvindo a chamada no campo — os braços ao longo do corpo, a cabeça baixa, sem encarar as guardas. Tinham aprendido a se apagar diante de tamanha fúria.

Ele ordenou à menina que chamasse a mãe e que as duas contatassem a polícia de Oschatz, para que viessem logo buscar aquelas vagabundas.

— Essas... — Ele fez uma pausa antes de cuspir a segunda palavra. — *Francesas*.

Hélène sabia que o homem tinha vontade de dizer "putas", mas talvez a presença das crianças tenha moderado seu discurso.

Essa era a pior coisa que podia lhes acontecer, e ainda por cima tão imediatamente em seguida à fuga. Será que tudo terminaria assim, tão rápido?

Foi quando o prefeito, misteriosamente, aparentou achar que sua tarefa fora cumprida. Talvez o jeito tímido adotado pelas mulheres o tenha feito crer que elas ali permaneceriam, dóceis como carneirinhos à espera de serem abatidas, pois, girando nos calcanhares, ele se afastou.

A essa altura, Nicole voltou à vida. Tendo provado a liberdade, ela não morreria no cativeiro. Sibilou entredentes para as outras:

— Agora!

Sem mais palavras, todas deram meia-volta e partiram tão depressa quanto possível. Nas fímbrias da aldeia, chegaram a uma encruzilhada na estrada, onde uma placa indicava a direção de Naundorf e a outra, a de Strehla. Strehla, embora ao norte, no momento soou como um paraíso na terra em comparação a Naundorf com seu campo. Praticamente não houve discussão. Pegaram a estrada para Strehla.

❦

Nicole Clarence nasceu no dia 3 de agosto de 1922, em Paris[5]. Descobriu ser "israelita" na escola primária, por volta da época em que os pais abrigaram duas judias austríacas necessitadas de refúgio contra o crescente antissemitismo em seu país de origem. Para Nicole, aquelas garotas eram muito mais judias que ela, que só fora à sinagoga duas vezes na vida. Se é que sentira alguma discriminação social até aquela altura, não passara de uma discriminação de classes. Sua família era abastada, burguesa. Sua infância até os dez anos foi feliz e protegida. Oriundo de uma família alsaciana, o pai era um comerciante de lá, como havia sido o avô. Moravam numa casa elegante em Paris, com jardim, que a mãe, Lucie Thérèse, transformara num lar perfeito. Ela esperava que a filha, Nicole, seguisse a mesma trajetória. Nicole jamais teve permissão para usar maquilagem. Andava de luvas e fazia breves reverências durante os apertos de mão. Não foi estimulada a buscar instrução mais avançada.

A mãe era refinada e fútil. Adorava o próprio pai, que era mais educado que o marido. O avô materno de Nicole se casara com a filha de um negociante de arte austríaco e se tornara representante francês do sogro, tendo se especializado na importação de cartões de Natal ingleses, que estavam em moda na época.

Tudo, porém, veio abaixo em 1929, quando o pai de Nicole, como tantos outros, viu seu negócio ser reduzido a cinzas em seguida à desastrosa crise financeira que sacudiu o mundo. A agradável vida burguesa que a mãe com tamanho cuidado criara acabou. Nicole ainda era jovem, mas tinha idade suficiente para recordar como as relíquias de família foram vendidas numa pressa desesperada para de alguma forma preencher o vácuo financeiro. Mas nunca era o bastante. Conforme as dívidas cresciam, foi necessário demitir os criados. Cancelaram-se as aulas particulares. A vila na Normandia foi reivindicada pelo banco. Reduziram-se ao mínimo indispensável as compras semanais, e o aquecimento foi desligado para economizar dinheiro. A casa, que no passado era tão quentinha e acolhedora, ficou vazia, desarrumada e fria. Nesse momento de perda e calamidade, a mãe e o irmão, Miki, adoeceram gravemente. Miki precisava ser operado, mas não havia dinheiro. Mãe e filho foram tratados em casa, porque a família não tinha recursos para interná-los no hospital, e o tratamento ficou aquém do desejado.

Aos 11 anos, Nicole assistiu ao desenrolar desse drama, mas com a resiliência de uma criança. Não foi abalada pelas mudanças da maneira como aconteceu com os adultos na sua vida. Adaptou-se. Aprendeu a cozinhar, a fazer conservas, arrumar camas e lavar lençóis, bem como a trocar os curativos pútridos de Miki. Precisou frequentar o liceu público, o que, na verdade, significou uma incrível liberação para ela. Adorava a presença de outras crianças da sua idade que pertenciam a diferentes classes sociais. Andava vários quilômetros por dia a fim de economizar bilhetes de metrô, mas isso também lhe agradava, por ser uma vivência da liberdade. Esses acontecimentos, por mais traumáticos que tivessem sido para seus pais, foram cruciais para o desenvolvimento do caráter forte e independente de Nicole e a ajudariam a sobreviver mais tarde. Ela aprendeu a ser flexível, a ver o lado positivo das coisas, a se virar e a não ter medo de mudanças.

Por outro lado, Lucie Thérèse desmoronou. Já não se vestia na moda. Os belos vestidos verde-musgo e os casacos de pele foram vendidos ou apreendidos. A mãe de Nicole vivia obcecada por manter seus tesouros escondidos dos oficiais de justiça. Era um ciclo incessante de contas vencidas, tentativas frenéticas da mãe para camuflar e mentir, seguidas de lágrimas e dores de cabeça.

O casamento desandou. O pai de Nicole, Pierre, era humilhado e se fechava em silêncio. Lucie Thérèse teve de procurar emprego. Reinava um clima de culpa e recriminação em toda a comunicação trocada entre o casal. Às vezes, isso explodia em gritos e até mesmo violência. Nicole não via a hora de sair de casa.

Aos poucos, o pai reconstruiu seu negócio. A família jamais voltou à antiga afluência, mas ele conseguiu se livrar das dívidas esmagadoras. Nicole e Miki já eram adultos a essa altura e começavam atentar para o mundo em geral. Muita coisa estava acontecendo então: o socialismo, a Guerra Civil Espanhola, o Anschluss na Áustria, a tempestade do fascismo que se avizinhava na Alemanha.

No ensino secundário, Nicole se tornou uma beldade, com deslumbrantes olhos verdes penetrantes e cabelos negros ondulados. Mesmo com recursos modestos, se vestia com elegância. Fazia parte de um grupo de quatro amigas, que incluía sua prima Claude, a melhor amiga de Claude, Claudine, e uma prima-irmã de Claude, chamada Micheline. As quatro iam bastante ao cinema nos fins de semana. Mais tarde, Micheline e Nicole seriam deportadas, mas apenas Nicole retornaria.

Nicole estava prestes a completar 18 anos quando os alemães invadiram Paris em junho de 1940. Quase imediatamente, a família partiu para a zona livre no sul. Ela não entendeu direito por quê. Tinha uma consulta no dentista e precisava frequentar as aulas. Por que partir com tanta pressa?, perguntou-se. Corriam "boatos", como chamava o pai, de mortes por gás e perseguições. A família abrigara as duas garotas austríacas. Mas não se acreditava realmente que tais boatos fossem verdadeiros. Volta e meia a mãe calava o marido, dizendo "Chega, Pierre! Não vamos tocar nesse assunto desagradável!".

Nicole logo descobriu que a situação da família era grave. Em Nice em 1941, os judeus foram proibidos de trabalhar. O pai foi preso. Um dos vizinhos o denunciara. Nicole percebeu que estava cercada de gente em quem não podiam confiar. O pai foi mandado para um campo de trânsito, mas conseguiram tirá-lo de lá, e a família se mudou rapidamente para Marselha. Viviam sob o perigo constante dos *rafles*, as batidas. Nicole ferveu de indignação ao ver a palavra *juive* [judia] carimbada em sua carteira de identidade. Miki quase foi capturado numa batida aleatória. Caminhava numa rua quando viu ambas as extremidades serem bloqueadas pela polícia francesa que examinava identidades. Havia um caminhão parado ao qual estavam sendo recolhidos os jovens que traziam a palavra *juif* no documento. Ficou encurralado. Felizmente, uma senhora bondosa abriu a porta e o pôs para dentro rapidamente. Miki escapou pelos fundos do apartamento e escalou o muro do pátio. Ao chegar sem fôlego em casa, disse a Nicole para não contar o episódio aos pais para não deixá-los nervosos. Ela se sentiu impotente e odiou tal sensação. Precisava revidar de alguma forma.

❦

Nicole aderiu aos Éclaireurs de France, uma versão protestante dos escoteiros, como líder de grupo. Ouvira falar dos Éclaireurs pela amiga Claudine, que fizera parte do grupo antes da guerra. Esse grupo de escoteiros era bastante alinhado ao estágio inicial da Resistência. Mic Grapin, o chefe dos Éclaireurs, pediu a Nicole para obter informações durante suas excursões com seu grupo pelo litoral. Grapin andava recrutando membros por meio dos Éclaireurs para a rede Alliance, chefiada pela fantástica Marie-Madeleine Fourcade, uma das maiores líderes da Resistência. Numa entrevista de 1968, Fourcade parece educada, composta, a perfeita mulher burguesa, em seu belo chapéu-casquete, pérolas e maneiras elegantes. Posso imaginar como a Gestapo foi várias vezes iludida por sua aparência.

Desde o início da guerra, Fourcade, mãe de dois filhos, foi a chefe da maior rede clandestina na França, com três mil agentes. Trabalhava com a M16, a M19 e, mais tarde, com a Executiva de Operações Especiais (SOE), a agência britânica criada para executar atividades de espionagem, sabotagem e reconhecimento na Europa controlada pelo Eixo. Durante muito tempo, manteve em segredo para os britânicos o fato de ser mulher. Os alemães chamavam a rede Alliance de "Arca de Noé" devido aos apelidos de animais dados a seus agentes. Fourcade era conhecida como "ouriço". Recrutava, sobretudo, funcionários públicos e mulheres. Diria mais tarde que depositava maior confiança em agentes do sexo feminino, mais discretas, menos aptas a se gabarem de seus papéis na Resistência e menos tendentes a cometer erros terríveis com respeito à segurança. Achava, também, que as mulheres não cediam tão facilmente sob tortura.

A Alliance reuniu informações sobre os movimentos e a logística das tropas e marinha alemãs dentro da França e as transmitiu à Grã-Bretanha, utilizando uma rede de rádios e mensageiros clandestinos. Era um trabalho extremamente perigoso; muitos dos mais próximos associados a Fourcade, inclusive Léon Faye — conhecido como "Águia", que era seu segundo no comando, seu amante e pai do seu filho — foram capturados, torturados e mortos. Durante a guerra Fourcade engravidou e deu à luz mesmo na chefia de sua imensa rede, movendo-se constantemente para permanecer adiante dos alemães e escondendo sua gravidez dos britânicos.

A Alliance cumpriu um papel decisivo na Batalha do Atlântico, fornecendo informações precisas sobre os movimentos dos U-boats alemães. No início da guerra, a Inglaterra se arriscou a ser totalmente estrangulada pelo bloqueio e pelo controle alemão do Atlântico. O serviço de inteligência da Alliance desmontou o controle dos U-boats alemães. Os agentes de Fourcade proveram informações sobre operações ferroviárias e forneceram um mapa detalhado das defesas do Atlântico, que se mostrou essencial para o desembarque do Dia D. Talvez uma das mais importantes contribuições do serviço de inteligência tenha sido a descoberta — pela agente da Alliance Jeannie Rousseau — dos progressos nos programas de foguetes V-1 e V-2 e registros de operações de lançamento no noroeste da França. Com essas informações, os aliados foram capazes de destruir a base de testes de mísseis Peenemünde.

Marie-Madeleine Fourcade era uma mulher que dava ordens a homens, alguns deles militares, numa época em que as mulheres ainda não detinham o direito ao voto. Foi presa duas vezes, e duas vezes conseguiu fugir. Sua segunda fuga foi por pouco: na madrugada, ela se despiu. Com o vestido preso entre os dentes e o corpo coberto de suor, ela foi capaz, com enorme esforço e dor de passar seu pequeno esqueleto entre as grades da janela da cela[6].

Enquanto liderava seu grupo escoteiro em caminhadas na costa sul e por entre os Calanques, a leste de Marselha, Nicole anotava os locais onde os alemães haviam instalado bunkers ou postos de vigilância militares. Passava essas informações para Grapin, que as partilhava com a rede Alliance. Quando Grapin foi preso, Nicole perdeu seu único contato com a Resistência. Essa havia sido sua primeira experiência com o revide contra os alemães e ela queria mais.

A oportunidade seguinte de Nicole surgiu quando a família se mudou para uma cidadezinha na região de Savoie, mais propícia a servir de esconderijo e mais segura. Ali, ela se reencontrou com velhos amigos da família. Entre eles estavam a amiga Claudine e o marido recente, Gilles Arason. Nicole comparecera ao casamento de ambos em Lyon. Claudine sabia que Gilles tinha uma quedinha por Nicole e entendia por que: Nicole era charmosa e cheia de vida.

Gilles pediu a Nicole para esconder um rádio proibido no celeiro da família. O rádio lhes permitiria receber mensagens codificadas de Londres. Nicole foi encarregada de receber e decodificar as mensagens e entregá-las a uma pessoa indicada na mensagem em local e horário específicos. Tornou-se uma *agent de liaison* [agente de ligação] entre Annecy, Grenoble, e Savoie.

A dificuldade principal de ser uma *agent de liaison* — a pessoa que levava mensagens de diferentes redes ou de Londres para as redes na França — se devia aos toques de recolher, aos bloqueios de estradas e à constante verificação de documentos pela polícia alemã e francesa. A vantagem de Nicole ser uma mocinha residia no fato de aparentar inocência. De um homem seria exigido provar que não estava trabalhando na Alemanha como parte do STO. Por esse motivo, muitos *agents de liaison* eram mulheres: Nicole, Hélène, Zinka, Josée, Mena e Jacky foram, todas elas, em algum momento, *agents de liaison*. Isso, porém, não significava que não fossem paradas ou tivessem seus documentos verificados. Gozavam de uma liberdade de locomoção de que os homens não desfrutavam, mas também eram vulneráveis; só por serem moças andando sozinhas já eram alvos da polícia e da Gestapo.

Durante uma rotineira checagem de documentos em Grenoble, enquanto se achava numa missão, Nicole foi parada por um jovem alemão que trabalhava na Sicherheitsdienst (SD), o serviço de inteligência da SS e organização-irmã da Gestapo[7]. Conseguiu jogar a caixa de fósforos que continha a mensagem que entregaria no esgoto ao lado da estrada antes de ser levada ao escritório para interrogatório. Logo ficou claro que ele não desconfiava que ela pertencesse à Resistência, mas esperava que seus desejos fossem satisfeitos.

Não possuo os detalhes exatos de como Nicole conseguiu evitar o estupro. Num relato particular e não publicado partilhado comigo por sua filha, Nicole escreveu que passou uma noite angustiante com o jovem, durante a qual várias vezes ele tentou estuprá-la. Em sua entrevista oral, ela retrata o incidente novamente como múltiplas tentativas de estupro e "horrores ainda piores", mas explica que o seu foco exclusivo na missão lhe permitiu sobreviver ao angustiante episódio.

Na década de 1940, faziam-se muitas suposições acerca de mulheres, que, pelos padrões atuais, não aceitaríamos. Por exemplo, era consenso que uma moça sozinha à noite "estava atrás de problemas". Se recebia uma atenção indesejada, a culpa era sua. Esse era o risco assumido por Nicole e qualquer jovem *agent de liaison*. Uma jovem que fosse estuprada podia sentir vergonha e se calar. Não teria recurso legal, decerto não contra um oficial de polícia alemão. Seu poder dependia de como ela conseguia manipular a situação. As mulheres do grupo quase sempre admiravam umas as outras pela beleza, pela habilidade de usar o charme feminino com os homens e pela capacidade de afetar ingenuidade a fim de driblar a vigilância dos que detinham o poder. Nicole devia considerar o charme sua ferramenta mais potente. Era um jogo perigoso, pois logicamente no final as mulheres não gozavam de poder algum. Os homens, como o soldado que deteve Nicole, podiam conseguir o que quisessem com total impunidade.

Imagino que Nicole tenha apelado para a noção de moralidade do alemão. Cinicamente, ela o chamou de seu "anjo da guarda". E, fingindo extrema inocência, pode lhe ter feito perguntas sobre a mãe e a irmã, sobre sua vida na Alemanha. Talvez tenha entendido como ele estava sozinho. Implorou-lhe para deixá-la ir, dizendo que os pais deviam estar doentes de preocupação. Pode ter prometido voltar em outro dia, ser sua namorada. Finalmente ele a liberou já de manhãzinha. Mas ficou com todo o seu dinheiro — uma quantia considerável, já que pertencia à rede, e não a ela. O alemão a levou à estação ferroviária, para se assegurar de que pegaria o trem para Aix, mas ela permaneceu na cidade. Imediatamente tratou de encontrar a mensagem descartada. Precisou procurar discretamente, pois agora o sol já nascia e as pessoas estavam a caminho do trabalho. No final, com grande alívio, Nicole achou a caixa de fósforos e entregou com sucesso a mensagem no mesmo dia.

Esse encontro com a brutalidade da SS apenas reforçou sua vontade de lutar. Desejou se engajar mais ainda na luta.

※

Sua oportunidade apareceu em junho de 1943, quando ela conheceu Eugène Claudius-Petit em um campo de teatro administrado pelos Éclaireurs. Anarquista e forte apoiador sindical, Eugène vinha usando o campo de teatro como fachada para recrutar jovens de ambos os sexos para o grupo que ajudara a fundar, o Franc-Tireur. Eugène notou a jovem e ardente Nicole, e 15 dias depois ela já atuava sob o nome de guerra de "Anette" como *agent de liaison* em Lyon, o centro do movimento da Resistência.

Sem contar para os pais a verdadeira natureza do novo emprego, deixou ambos na remota região de Savoie, dizendo querer trabalhar e viver independentemente. A guerra e os efeitos da fuga da família da perseguição os transformaram de tal maneira que o que seria alguns anos antes inaceitável do ponto de vista social foi-lhe então permitido. Quando a visitou de surpresa em Lyon, a mãe descobriu que a filha não morava no endereço que dera a eles. Nicole se viu obrigada a lhe contar a verdade. Logo depois, a mãe se juntou à Resistência.

O Franc-Tireur foi um dos primeiros grupos a surgir após a derrota dos franceses em 1940. Além de um jornal clandestino com esse nome, eles publicavam panfletos e imprimiam documentos falsos. Nicole ficou encantada de trabalhar tão de perto com um grupo de almas gêmeas. Logo, porém, mergulharia mais fundo ainda na ação direta.

O primo da mãe de Nicole era Robert Lyon, o chefe da Acolyte, uma parte da mais ampla "rede Buckmaster" — um conjunto de agentes e organizações francesas recrutados por Maurice Buckmaster, que dirigia o braço francês da SOE britânica. Muitos dos agentes franceses viajavam secretamente para a Inglaterra para serem treinados e depois voltavam de paraquedas para a França, com frequência trabalhando diretamente com a inteligência britânica. Com o apoio da SOE, novas células da Resistência, os Maquis, e as primeiras redes espontâneas, como a Alliance de Fourcade, foram capazes de treinar seus membros e coordenar múltiplas atividades clandestinas que mantiveram a Alemanha em perpétua insegurança até a liberação da França.

Nicole, que falava inglês, implorou a Robert para mandá-la a Londres para ser treinada na sede da SOE. Ele recusou, explicando que os talentos dela seriam desperdiçados ali. Por ser mulher, seria posta atrás de uma mesa. Convenceu-a a juntar-se a seu grupo, onde ela poderia ajudar de imediato. Nicole já sabia como lidar com um rádio clandestino e transmitir e receber mensagens. Também lhe pediram para encontrar bons alvos para sabotagem e localizar esconderijos para agentes, material e rádios. Nicole participava na recepção de materiais lançados em paraquedas e contrabandeava armas, às vezes no fundo da bolsa ou da mala.

Suas atividades logo se tornaram um emprego de tempo integral. Era encarregada de manter contato com um grupo dos Maquis nos Alpes, próximo a Grenoble. Entre outras coisas, ela lhes levava cartões de racionamento forjados.

Para o primeiro lançamento de paraquedas, Nicole e a família de fazendeiros com que estava trabalhando iluminaram o perímetro de uma clareira escura com fogueiras. Após a operação, ela se sentiu exultante, "como um deus". Orgulhava-se de trabalhar com pessoas do campo, "chez les paysans", que a ajudavam, embora o perigo fosse extremo. Essa solidariedade das pessoas comuns deu a Nicole uma enorme esperança. Um operário de fábrica roubou dez bicicletas que entregou a ela, que chegou a passar semanas nas montanhas com os Maquis. Não podia, porém, permanecer no mesmo lugar muitas noites e estava sempre em movimento, o que tornava sua existência solitária.

Nicole atuou como *passeur* durante esse período, levando os aviadores britânicos até a parada seguinte ao longo do percurso para a fuga, e o apartamento em Lyon da amiga de infância Claudine e do marido dela, Gilles, era o abrigo secreto. Raramente conseguia compartilhar uma noite com os amigos quando levava um aviador para a casa deles.

Em 10 de maio de 1944, Robert foi preso uma segunda vez pela Gestapo. Enquanto era transferido para ser interrogado em Paris, foi capaz de pular de uma janela do trem nos arredores de Villeneuve-Saint-Georges e achar o caminho para a casa de amigos em Tournan-en-Brie. Mandou notícias para Nicole e ela o encontrou ali dias depois com uma nova série de documentos falsos, forjados por seus camaradas do Franc-Tireur.

Nicole fora vista com demasiada frequência na companhia de Robert e era agora ativamente perseguida pelos alemães, motivo pelo qual precisou se afastar. Realocada em Paris, foi substituída em Lyon por uma velha amiga da época dos Éclaireurs, Denise Vernay, ou "Miarka", irmã da famosa feminista Simone Veil[8]. O trem no qual Nicole se dirigia a Paris descarrilou devido a um ato de sabotagem. Viajava disfarçada num uniforme da Cruz Vermelha. Era uma excelente camuflagem, mas naquele dia ela precisou usar o pouco que aprendera de primeiros socorros no treinamento de escoteiros para ajudar os feridos após o descarrilamento. Felizmente, ninguém se feriu com gravidade.

Já em Paris, Nicole contatou rapidamente outros membros da Resistência. Trabalhava sob o nome de "Dominique", como número dois de Jacques Jourda, conhecido como "Jacquemin", responsável por toda a rede, enquanto ela supervisionava os *agents de liaison* para Paris e a região no seu entorno.

Os aliados haviam desembarcado na Normandia, e a sensação geral era de que a maré da guerra estava virando. Mais e mais pessoas se juntavam à Resistência, o que facilitava a tarefa de Nicole de encontrar *agents de liaison*, mas também gerava maior exposição e mais riscos. Os alemães viviam frenéticos para acabar com a Resistência. Sete das nove foram presas durante esse período intenso entre fevereiro e junho de 1944, quando os alemães faziam o possível para desbaratar e destruir as redes clandestinas. Havia batidas e detenções constantes. Havia traições. Havia gente que cedia sob tortura. Mas também havia espiões que se infiltravam em um pequeno grupo com segurança frouxa, o que levava à obliteração de redes inteiras. Tendo aprendido com a experiência, Nicole tomava todas as precauções, mas o estresse era imenso. A certa altura, após terem perdido todo um grupo, Jacquemin ordenou que ela tirasse uma folga.

Durante uma viagem para entregar algumas armas, Nicole descansou alguns dias com seus velhos amigos dos Maquis, acampados nas montanhas. Adorou conviver com seus companheiros. Gostava das fogueiras e das histórias engraçadas. Cantavam, falavam dos amigos mortos ou capturados e discutiam o futuro, quando tudo aquilo acabasse. Ela se sentiu livre e feliz com um nítido sentido de propósito. Num dia ensolarado nas montanhas, comemorou seu vigésimo segundo aniversário. Um dos homens comentou que logo ela precisaria encontrar um marido. Mas depois de tudo que vira e fizera, Nicole não conseguia se imaginar como mãe. Teria adorado ficar mais tempo naquele ambiente selvagem, mas precisava voltar a Paris naquela noite.

No dia seguinte, 4 de agosto de 1944, apenas três semanas antes da liberação da cidade, um agente da Gestapo a deteve enquanto ela pedalava na Place de Breteuil. Aparentemente sabia muito bem de quem se tratava, e de todo jeito havia nas bolsas da bicicleta material comprometedor suficiente para que ela soubesse que tão logo o veículo fosse vistoriado, seria o fim da linha. Nicole fora denunciada por um de seus *agents de liaison*, recentemente preso e torturado. Os alemães a aguardavam.

❦

Nicole foi levada ao infame escritório da Gestapo na rue de la Pompe para interrogatório.

No período imediatamente anterior e posterior ao desembarque dos aliados na Normandia, de 17 de abril a 17 de agosto de 1944, o prédio da rue de la Pompe se tornou um centro secreto de tortura e assassinato da Gestapo, que operava com poderes espúrios. Essas "prisões secretas" refletiam o desespero e a desintegração da sociedade, consequências que se repetiram sempre que tais momentos ocorreram na história. No prédio da rue de la Pompe, não havia julgamentos, apenas execuções sumárias; não havia processos legais de prisão, apenas ameaças e surras. Combatentes estrangeiros e franceses da Resistência, homens e mulheres, eram submetidos a surras brutais e outras formas de tortura, inclusive as simulações de afogamento. Muitos morriam. Em testemunhos posteriores nos tribunais, percebeu-se que as mulheres eram submetidas a "humilhações sexuais".

A operação da Gestapo na rue de la Pompe era dirigida por Friedrich Berger, um civil que contratou 44 criminosos e bandidos do submundo de Paris para a tarefa de extrair informações por quaisquer meios. Berger era um desses psicopatas que florescem na guerra e lucram em tempos de trevas. Ganhara uma fortuna no mercado clandestino. Em maio de 1942, mudou-se para Paris. Tinha um esquema eficiente para ganhar dinheiro com rapidez: simplesmente torturava vendedores para descobrir onde guardavam suas mercadorias para o mercado paralelo e ficava com elas. Em abril de 1944, foi contratado pela Gestapo para dizimar as redes da Resistência parisiense. No período de seis meses apenas, os agentes de Berger prenderam trezentas pessoas; 163, inclusive Nicole, foram deportadas, e cinquenta dessas jamais retornaram.

Em 16 de agosto de 1944, nos derradeiros dias da ocupação alemã, 42 rapazes que haviam sido mantidos na rue de la Pompe foram executados com tiros em frente às fontes do Bois de Boulogne. Três dias depois, Paris foi liberada pelos aliados.

A essa altura, Berger fugira para a Itália. Foi preso pelos ingleses em 1947, mas miraculosamente fugiu. Vinte e três pessoas do seu grupo foram condenadas à morte, tendo sido julgadas culpadas de traição, espionagem, assassinato, cumplicidade em assassinatos e colaboração com o inimigo. Em seu julgamento militar em dezembro de 1952, Berger foi condenado à morte *in absentia*. Documentos posteriores revelaram que ele foi contratado após a guerra pelo serviço secreto norte-americano para atuar na Guerra Fria; aparentemente os fins justificaram os meios. Friedrich Berguer morreu dormindo tranquilamente em Munique.

Durante três dias, Nicole foi interrogada e torturada pela Gestapo na rue de la Pompe. Seu futuro marido, um amigo da época dos Éclaireurs, com quem se encontrara um punhado de vezes em Lyon, lhe dissera que embora ninguém conseguisse suportar indefinidamente a tortura, se fosse capaz de resistir durante 48 horas, isso daria à sua rede tempo para se proteger. Nicole havia sido preparada para o que esperar: os vários instrumentos que poderiam ser usados para espancamentos (um taco de madeira, um chicote de couro), o uso de eletricidade, o uso de tubos de borracha e água. Antecipara a dor, ao menos intelectualmente. Mas o corpo sempre se choca com a invasão da dor, reduzido a uma existência de momento a momento. Ela inventou falsos pontos de reunião e nomes falsos; foi interrogada e torturada repetidas vezes. Como escreveu: "Foram três dias de sofrimento indizível, tensão e insanidade." Finalmente, acabou transferida para a relativa paz da prisão de Fresnes[9].

Na cela, permitiu-se chorar pela primeira vez. Estava desolada, embora aliviada de ficar sozinha para organizar os múltiplos pensamentos. Teria dito algo incriminador? Teria conseguido não entregar pessoa alguma? O que aconteceria aos outros? O que aconteceria a Jacquemin? Se ao menos não estivesse com aqueles papéis... Ao menos se tivesse permanecido mais tempo com os Maquis... Um fluxo crescente e enlouquecedor de perguntas e recriminações a atormentavam. Ouvindo seus soluços, prisioneiros de outras celas a incentivavam "Aguente firme". Ela ouviu vozes anônimas lhe garantindo que não estava sozinha. "Estamos com você", diziam. Depois da brutalidade da rue de la Pompe, o calor humano dessas vozes a acalentaram como um abraço.

Pouco depois, Nicole foi transferida para a ala feminina. Ao entrar num aposento grande e escuro, pôde identificar os vultos vagos de corpos e ouvir murmúrios e sussurros. Lentamente sua visão ficou mais nítida e deu para perceber que sentadas à sua volta em bancos havia dúzias de mulheres.

Alguém falou seu nome e correu ao seu encontro. Era sua velha amiga Renée. As duas se abraçaram efusivamente. Renée Astier de Villatte tinha quarenta anos, cabelos grisalhos, mas um espírito vigoroso, ativo. Sempre se sentira atraída pelo lado rebelde de Nicole. A partir do momento em que se encontraram na prisão, ambas passaram a fazer o possível para permanecerem juntas. Tentavam não conversar muito, receando a presença de espiãs na cela. Podiam ouvir as bombas caindo sobre Rambouillet, a 45 quilômetros de Paris apenas. Os aliados estavam cada vez mais próximos. A guerra logo acabaria. Havia uma sensação irreprimível de júbilo entre as prisioneiras. Com frequência todas começavam a cantar juntas "La Marseillaise".

Na manhã de 15 de agosto de 1944, porém, fugindo do avanço dos norte-americanos, os alemães organizaram o último transporte de prisioneiros de Paris para os campos a leste. A eletricidade da cidade havia sido cortada, e os maquinistas parisienses estavam em greve. A Gare de l'Est já não funcionava, de modo que os alemães providenciaram maquinistas alemães para partir com os trens da Gare de Pantin. A espiã norte-americana de 34 anos Virginia d'Albert-Lake se achava entre os prisioneiros evacuados às pressas da cidade pelos alemães.

Quando os 1.654 homens e as 543 mulheres abarrotaram os vagões de gado a Cruz Vermelha distribuiu kits de auxílio, garantindo-lhes: "A guerra vai acabar antes que vocês cheguem à Alemanha." Durante o percurso, 143 prisioneiros conseguiram escapar, já que o trem fazia paradas frequente porque os trilhos haviam sido bombardeados — a Resistência vinha agindo para bloquear as deportações. Mas os alemães se mostraram decididos, e os prisioneiros remanescentes eram levados para um outro trem que os aguardava no lado oposto à destruição. Moradores gritavam-lhes "Coragem! Viva a França!". Com certeza o trem seria parado antes de chegarem à Alemanha, pensavam eles. Passado um tempo, contudo, todos viram pelas fendas do vagão atopetado que as placas agora estavam em alemão. Os prisioneiros choraram[10]. Novecentas e três pessoas desse último comboio morreriam.

O comboio das mulheres chegou a Ravensbrück em 21 de agosto de 1944. A porta do vagão foi escancarada, e as mulheres, recebidas por gritos, berros, latidos de cães e ordens vociferadas por guardas alemãs. Nicole relatou mais tarde que uma das formas de resistir, de manter o orgulho nacional, era não perder a elegância e o estilo: "Não nos reduziriam a animais. Assim, quando o trem chegou, nos maquiamos, penteamos o cabelo e tentamos nos tornar o mais apresentáveis possível. As prisioneiras russas que viram esse nosso comportamento acharam que éramos prostitutas e cuspiram em nós."[11] Foram obrigadas a marchar da estação ferroviária até o campo e depois forçadas a ficar em pé durante horas sob o calor. Nicole se perdera de Renée no caos que antecedera a partida do trem e tentou desesperadamente encontrá-la. Onde estaria sua amiga? Teria sobrevivido à viagem?

Empurradas na direção da *Effektenkammer*, foram obrigadas a se despir e desfilar como animais diante do SS alemão com expressão de escárnio. Sem condições de saber se seria morta em breve, Nicole sentiu uma vergonha e um medo profundos. De repente, identificou Renée no grupo em frente; de alguma forma, chegara até ela sem chamar atenção para si. Nicole receberia o número 57443, Jacky, o número 57442 e Renée, o 57441. As três estavam lado a lado no momento do registro.

Foram postas em quarentena no barracão 22, que já se achava abarrotado de prisioneiras polonesas. Enquanto Paris era liberada, Varsóvia estava sendo queimada. A resistência polonesa se rebelara, mas a revolta havia sido esmagada. Entre agosto e outubro, 12 mil mulheres e crianças de Varsóvia foram enviadas ao campo.

Nicole e Renée se mantiveram unidas e partilhavam uma cama, uma prancha fina que era seu bote salva-vidas. Embora não estivesse recuperada da terrível tortura sofrida nas mãos da Gestapo (e, na verdade, jamais se recuperaria por completo) e por mais exaurida que estivesse, Renée não conseguia dormir, dominada pelo medo, picada por piolhos e pulgas. A despeito de tudo isso, falava com Nicole calmamente, suas palavras tranquilizando as duas. Abraçadas uma à outra, nos sessenta centímetros de tábua que haviam se tornado o universo de ambas, Renée contou a Nicole como eram deliciosos os melões que cresciam às margens do rio Lot, na região francesa em que nascera. Descreveu o casarão da família, a mãe e a irmã, as sobrinhas e sobrinhos. Pintou uma imagem dos dias de verão da infância despreocupada. Ouvindo Renée, Nicole se via transportada para outros tempos e lugares e descobriu o poder e o alívio contidos na linguagem, na habilidade de contar histórias.

As prisioneiras que já estavam ali há algum tempo pediram notícias às recém-chegadas. E eram boas notícias: os alemães estavam recuando. Agora, era uma questão de dias, meses no máximo, as novatas afirmaram. Logo a guerra acabaria. Embora sentisse uma fome quase intolerável, Nicole jamais perdeu a fé na derrota iminente dos alemães.

Mas Ravensbrück em agosto de 1944 era pior do que tudo que imaginara. Mais tarde, ela escreveu ter precisado de oito dias para se adaptar ao campo, para emergir do horror e do medo paralisantes que a sufocavam. Aprendeu a tomar a sopa horrível feita de cascas de batata e água. Aprendeu a se calar, a evitar os chicotes e tacos de madeira, a se esconder para não ser encarregada das piores tarefas. Aprendeu a lutar, a negociar, a se virar. Havia uma hostilidade ostensiva entre as prisioneiras polonesas e as francesas, bem como entre outras facções, e Nicole teve que entender rapidamente a hierarquia do campo.

Quando precisava usar o banheiro, aprendeu a fazê-lo às duas ou três da manhã, antes da chamada das quatro, porque nesse horário todas estariam tentando o mesmo e eram poucos os banheiros para três mil mulheres. Aprendeu a evitar receber a tarefa de esvaziar as parcas latrinas porque o cabelo e as roupas ficavam impregnados do fedor de excrementos humanos. Lutava para ter acesso a uma das raras torneiras que funcionavam para poder lavar sua única peça de roupa e depois circular com ela a fim de secá-la.

Fazia muito calor, mas beber a pouca água disponível implicava o risco de disenteria. Quando adoeciam, as prisioneiras eram mandadas para a *Revier*, mas Nicole descobriu que poucas retornavam da *Revier* em Ravensbrück. Ao contrário, se demorassem demais a morrer, talvez recebessem uma injeção de gasolina na veia.

Nicole descobriu que tudo era contra as regras. Lavar-se era contra as regras. Coçar-se era contra as regras, pois mostrava que se tinha piolho, piolhos levavam ao tifo, e os alemães, que tinham pavor ao tifo, eram capazes de executar uma prisioneira, caso suspeitassem de que ela contraíra tifo.

Após a quarentena, Nicole e as demais recém-chegadas enfrentaram a nefasta perspectiva das seleções diárias. O enorme fluxo de judias vindas de Varsóvia fora acomodado em tendas improvisadas armadas no terreno pantanoso próximo ao lago, e o problema de superpopulação precisava ser solucionado.

Desesperadas para evitar que as separassem, Nicole, Renée e Jacky ficaram aliviadas ao serem selecionadas para fazer parte de um grupo de 28. Só não sabiam para quê. De pé em filas, incessantemente contadas, sentiram esperança, já que todas no grupo pareciam saudáveis e fortes.

Foram obrigadas a marchar de volta à estação ferroviária e embarcar nos mesmos vagões de gado em que haviam chegado. Atravessaram Berlim em direção ao sul e perceberam através das fendas no vagão que a cidade estava em ruínas. Cantaram "La Marseillaise" com orgulho ao passarem pela cidade devastada pela guerra. Ao chegarem em Leipzig, ficaram aliviadas de ver que seriam acomodadas em um grande prédio de tijolos. Havia menos gente ali, apenas duas em cada cama. As nacionalidades eram múltiplas. As ordens vinham em polonês e alemão através de alto-falantes. As três receberam novos números. Nicole se tornou a número 4444.

Não demorou para que encontrassem velhas amigas da época da Resistência. Ficaram eufóricas ao descobrir sobreviventes entre as muitas que haviam desaparecido. Renée achou Zinka; as duas tinham atuado na rede Comète juntas em Paris, escondendo pilotos britânicos. Nicole ficou amiga de Zinka também. Sempre atenta a estilo, admirou a forma como Zinka fizera um turbante sofisticado para prender seus cachos louros, usando dois trapos vermelhos e dando alguns nós. Nicole conheceu Hélène e as duas holandesas, Lon e Guigui, tornando-se amiga das três.

❦

Fugindo pelo interior da Alemanha, Nicole e as oito amigas de Leipzig se apressaram a fim de se distanciarem do prefeito de cara vermelha. Mas a estrada para Strehla corria paralela aos trilhos da ferrovia, que eram alvo de bombardeiros. Outro avião aliado voou bem baixo sobre elas, que sentiram o familiar tremor do solo, seguido por um *staccato* de tiros de metralhadora à distância. As mulheres pularam dentro da vala da estrada, onde permaneceram com as costas de encontro a uma de suas paredes e os pés erguidos apoiados na outra. Nicole ergueu os olhos para o céu, notando as nuvens brancas e macias passando. Podia cheirar a terra fresca e sentir a grama nas mãos. Era primavera. Aquelas mãos rudes, castigadas pelo trabalho na fábrica, sentiam agora algo macio e natural. Era incrível como o mundo continuava bonito mesmo com os homens promovendo a guerra e a destruição. Essas frágeis lâminas de grama não faziam ideia de que havia uma guerra em andamento. Estava ciente das bombas caindo ao longe, um perigo vago, mas ali deitada, começou a se dar conta de que o grupo realmente estava livre. É verdade que se encontravam em território inimigo, o que tornava tal liberdade precária. Não faziam ideia do que as aguardava; talvez todos os prefeitos em todas as cidadezinhas fossem como o primeiro. No entanto, embora os aviões norte-americanos voando acima representassem um perigo, também infundiam esperança, pois isso significava que os soldados libertadores se achavam próximos.

Toda vez que as mulheres se detinham era mais difícil levantar e seguir em frente, mas precisavam achar um lugar para passar a noite e estavam famintas.

— Não vamos conseguir ir em frente se não comermos — disse Lon, repetindo o óbvio pela undécima vez. As outras gemeram em assentimento.

Hélène concordou. Por mais amedrontadas que estivessem devido ao último encontro, não podiam parar agora.

— Temos de tentar a sorte de novo na próxima cidade.

— Alguém há de nos ajudar — disse Zaza, esperançosa.

Entraram no povoado de Kleinragewitz receosas. Os berros do prefeito de maus bofes da última aldeia continuavam a ecoar nos ouvidos de todas.

Em frente a uma das primeiras casas nos arredores da cidade, encontraram um prisioneiro iugoslavo que andara trabalhando para a família que ali residia desde o início da guerra. Muitos prisioneiros de guerra eram mandados para trabalhar para famílias alemãs nas zonas rurais. Embora o trabalho fosse pesado, quase todos os prisioneiros nas áreas agrícolas se alimentavam bem e costumavam ser relativamente bem tratados. O homem viu como as mulheres estavam maltrapilhas e cansadas e lhes perguntou se precisavam de alguma coisa.

— Sim, de um pouco d'água. — Foi tudo em que Hélène conseguiu pensar em pedir naquele momento. O sujeito mandou um colega prisioneiro buscar água, mas então, vendo os rostos encovados e os corpos emaciados, perguntou com delicadeza:

— Talvez queiram um pouco de comida também, não?

Hélène calmamente explicou que todas estavam famintas; na verdade, não comiam há quatro dias.

Sensibilizado com a situação das mulheres, ele as levou até uma casa branca onde havia uma pequena varanda com bancos de madeira. O outro iugoslavo voltou com uma jarra d'água e uma grande tigela coberta com uma toalha. Os dois trocaram um punhado de palavras e depois o primeiro explicou em alemão:

— Não é muita coisa, mas espero que gostem. Meu amigo aqui achou que vocês pareciam famintas.

As mulheres o cobriram de agradecimentos jubilosos quando o prisioneiro removeu a toalha, revelando uma pilha de batatas cozidas. As nove ficaram tão atônitas com essa generosidade que alguma começaram a sentir os olhos marejarem.

Tocados por aqueles corpos desnutridos, meia dúzia de outros prisioneiros iugoslavos tinham corrido para buscar mais comida. Voltaram com uma jarra de leite fresco, uma broa de pão, dois vidros de geleia (de marmelo e amora) e um pouco de manteiga. Vendo esse banquete, as mulheres não conseguiram mais se conter. Agarraram punhados de batatas cozidas, passaram entre elas a jarra de leite, arrancaram pedaços do pão, mergulhando-os na geleia. Beijavam-se uma as outras com a boca cheia. Soluçavam e riam ao mesmo tempo. Comiam vorazmente. Não paravam de agradecer aos homens. Os prisioneiros de guerra a tudo assistiam com ternura, como pais e mães, como Zaza descreveria mais tarde, "felizes de ver um filho que esteve doente finalmente comer"[12].

Continuaram partilhando a geleia, a manteiga e o pão. Hélène tentou se desculpar pela falta de educação, dizendo:

— É que não tínhamos nada.

Os homens apenas riram.

Nicole se encostou no balaústre da varanda e virou o rosto para o sol. Enquanto mastigava um pedaço de pão com manteiga e geleia, as lágrimas lhe escorriam pelo rosto. Apenas algumas horas antes, havia se preparado para morrer. Agora ali estava, e jamais provara algo tão doce.

Um homem se aproximou com um par de botas masculinas grandes para os pés ensanguentados de Zinka. As mulheres agradeceram, mas quando ela as calçou, viu que iam além dos joelhos. A cena fez todos gargalharem.

No final, as mulheres se aquietaram e se recompuseram. A comida acabara. A sensação de fome voraz se fora. Agora, porém, sentiam uma exaustão profunda. Lon perguntou ao prisioneiro de guerra que conheceram primeiro se havia algum lugar onde pudessem descansar um pouco em segurança.

— Só uma noite — acrescentou Hélène.

Os iugoslavos sugeriram consultar o *Burgermeister*.

Jacky gemeu de desagrado, e todas se abespinharam ante a ideia de mais um encontro com a autoridade alemã.

— Tenho a impressão de que não gostamos de falar com *Burgermeisters* — disse Hélène, em seguida relatando o episódio ameaçador vivenciado na cidadezinha anterior. Mas os prisioneiros garantiram que essa aldeia tinha um prefeito bondoso. Ele não seria como o último.

— Vejam bem, ele é um homem bom. Vou levar você — ofereceu-se um dos iugoslavos.

Hélène traduziu para as outras e, apreensiva, partiu ao encontro do prefeito.

As outras oito se sentaram ao sol e tentaram se comunicar com os prisioneiros remanescentes. Lon e Guigui falavam alemão e por isso serviram de intérpretes. Trocaram nomes e disseram uns aos outros seus lugares de origem e há quanto tempo estavam longe de casa. Todos tinham esperança de que aquela guerra terrível não demorasse para acabar.

Felizmente, Hélène não se demorou. Voltou sorrindo com o sargento encarregado dos prisioneiros de guerra. Animada, informou às outras que ele havia requisitado para elas um espaço em um celeiro.

As mulheres subiram uma escada para o palheiro, onde foram recebidas pelo aroma de palha fresca, limpa, o que lhes despertou um riso de satisfação. Cada uma arrumou um lugar confortável para se acomodar e dormir, empilhando palha para formar colchões. Tiraram os sapatos torturantes e estenderam seus trapos para fazer a cama.

De repente, Zaza mandou todas se calarem:

— Psssiuu!

As mulheres congelaram. Zaza ouvira os passos pesados dos prisioneiros de guerra voltando ao celeiro. Houve uma troca de olhares preocupados que traduziam o pensamento partilhado: aqueles homens seriam um problema? Por acaso suporiam que por terem lhes dado comida, agora elas deviam retribuir?

Mas então ouviram as batidas na porta.

*Batidas!* Sorriram todas ao ouvirem esse som e respiraram aliviadas. Essa cortesia inesperada as emocionou. Zaza tinha uma lembrança distante de um comportamento tão educado. Fazia anos desde que ouvira alguém bater, desde que sentira ter um mínimo de privacidade.

— *Entrez* — respondeu um punhado delas.

A euforia cresceu quando viram que os homens queriam apenas lhes dar colchas, cobertores e uma garrafa de schnapps.

Mais uma rodada de "obrigadas" e "boa noites" e "durmam bem, descansem" antecedeu a saída dos homens. As mulheres distribuíram os cobertores e cada uma arrumou uma cama quente e confortável. Acomodadas num lugar seguro e seco, resolveram se banquetear com a lata de sardinhas e as sobras do pão que Mena guardara no casaco, remanescentes da última refeição.

— Eu estava planejando com antecedência — disse ela.

Nicole então revelou que também "roubara" um pedaço de pão "para mais tarde, por via das dúvidas". Esse era um hábito adquirido nos campos, a cuidadosa estocagem de míseras sobras de comida. Agora, porém, por que poupar quando as coisas pareciam caminhar tão bem?

Mena e Zinka se encarregaram da distribuição de comida. Cada uma recebeu uma sardinha numa ponta de pão. Foi celestial. Enquanto aproveitavam a refeição, falaram sobre o futuro, sobre como era incrível essa aldeia em comparação à última. Não conseguiam parar de louvar a hospitalidade dos iugoslavos, a natureza bondosa daqueles homens.

— Eu proponho que fiquemos aqui — disse Jacky, ainda um pouco sem fôlego.

— Concordo — emendou Zaza. — Estamos quentes e seguras e abrigadas.

— A guerra há de acabar em poucos dias ou semanas — prosseguiu Jacky.

— E os iugoslavos foram tão generosos — apoiou Mena. Seu charme não passara despercebido dos homens, que haviam sido especialmente generosos com ela, entregando-lhe geleia e manteiga e batatas sempre que a viam de mãos vazias. — Amanhã podemos lavar nossas roupas e cabelos e nos voluntariamos para trabalhar para os fazendeiros em troca de comida — sugeriu.

Nicole, porém, que possuía uma inteligência pragmática, jogou água fria nos planos das demais:

— Não se encham de esperança. Não podemos de repente virar ordenhadoras no meio das linhas do front. As coisas mudam depressa. Ainda existe uma guerra e sonhos não passam de sonhos.

— Não podemos sonhar um pouco? — implorou Mena.

— É melhor ficarmos de olhos abertos — disse Nicole. — Quem sabe o que nos espera?

— Devíamos dormir um pouco — interveio Hélène, e essa foi a última palavras sobre o assunto.

# CAPÍTULO IV
## Lon e Guigui

MADELON VERSTIJNEN (LON)     GUILLEMETTE DAENDELS (GUIGUI)

Ao raiar do sol na manhã seguinte, os iugoslavos acordaram as mulheres com batidas na porta do celeiro. As nove se sentaram no feno sobre o qual dormiram tão placidamente. Desabituadas a repousar de verdade, estavam meio zonzas. Os iugoslavos usaram a escada para lhes levar um bule de café com leite, uma tigela de batatas cozidas, um frasco de unguento para as pernas doloridas, manteiga, sal e um punhado de cigarros suficiente para cada qual ficar com um.

As nove abriram espaço no chão para aquele precioso café da manhã. Quando tempo fazia que não eram acordadas com tamanha gentileza? Quanto tempo fazia que não tinham permissão para dormir em lugar de serem acordadas com gritos brutais?

O sol penetrava pelas frestas do celeiro e fazia brilhar os fiapos dançantes de feno. Todos foram banhados por uma luz dourada e uma paz silenciosa, bem-vinda. Podiam ouvir pássaros cantando do lado de fora.

Os homens postaram-se em fila, penteados e barbeados. Usavam roupas esfarrapadas, mas limpas, e com todos os botões.

— Um destes três ovos foi bem cozido, mas não sabemos qual — explicou um jovem ao pôr com delicadeza os três ovos nas mãos estendidas de Mena.

— Obrigada — agradeceu Mena, recebendo os ovos com cuidado. Ela tinha palha no cabelo e ainda estava corada do sono. Ao sorrir para o rapaz, ele enrubesceu.

— Sentimos muito acordar vocês tão cedo, mas as notícias são ruins — disse o prisioneiro que elas haviam encontrado na estrada, que, aparentemente, mandava nos demais.

— Sim — respondeu Hélène, com expressão soturna, sem registrar surpresa. — Por favor, nos diga o que houve.

— Recebemos um aviso ontem à noite, mas não quisemos incomodar vocês — respondeu o rapaz, que respirou fundo. — Nós e todos os prisioneiros de guerra na região estamos sendo alvos de batida por parte das autoridades com ordens para que marchemos para leste até o campo em Naundorf. Hoje de manhã.

— Ai, Jesus e Maria! — exclamou Josée. — Não podemos ir para lá! — Nicole envolveu-a com o braço para acalmá-la.

— Seria melhor que vocês partissem rapidamente, antes da batida — disse a Mena o que a enrubescera, como se os dois estivessem a sós. — Ninguém sabe de vocês ainda.

— Foi por isso que viemos acordá-las — o responsável pelo grupo disse a Hélène. — Antes de irmos, achamos que vocês talvez precisassem dessas coisas.

Pareciam constrangidos com a própria generosidade. Tinham levado para as mulheres dois suéteres e duas calças, chapéus e luvas. Jacky que saíra de Leipzig usando um vestido tão surrado que ficara quase transparente, trocou-o com satisfação por uma calça, que era larga e rija e precisou de um cinto feito de corda. No mínimo uma vez ao dia, ela passaria a ouvir: "Jacky, sua braguilha está aberta!"

Os iugoslavos entregaram às mulheres um panelão de ferro para cozinhar no fogo. Era pesada e esquisita, mas Nicole disse:

— Fico com ela! — Seu sonho era preparar um cozido. Agradou-lhe esse utensílio prático de cozinha. Poderia usá-lo para ferver batatas ou fazer uma sopa de folhas de dentes-de-leão. Recordou-se dos dias felizes passados nas montanhas com os Maquis.

As mulheres comeram depressa e sem muita conversa. Ninguém verbalizou a própria decepção. A conversa esperançosa da noite anterior pairou no ar, enquanto elas guardavam seus pertences. Nicole e Josée inspecionaram o celeiro.

— Uma das regras básicas de acampamento — proclamou Nicole — é deixar o local livre de qualquer vestígio.

Sentiram o medo do desconhecido em seus corpos doloridos ao partir do povoado e pegar a estrada novamente. Suas histórias não terminariam docemente ali. Não se tornariam bucólicas ordenhadoras à espera do fim da guerra. Tomaram rumo levemente na direção oeste, evitando Naundorf com cuidado.

Num cruzamento, quase esbarraram num jovem oficial alemão de pé ao lado de uma motocicleta, que acenou para que se aproximassem.

— Por favor — começou com gentileza. — Preciso do conselho de um morador. O que vocês sabem das posições dos norte-americanos e dos russos? Ouviram algum boato?

Hélène cutucou Zaza, indicando querer que ela seguisse sua dica.

— Ouvimos boatos — disse, sorrindo coquetemente, quase como se flertasse. Com certeza queria que Zaza desse uma boa olhada no mapa que o homem segurava semiaberto.

— Que tipo de boatos?

Hélène esticou a conversa o máximo possível, mas nem ela nem Zaza, sem óculos, conseguiram dar uma boa olhada no mapa.

— Bem, foi bom papear com vocês, mas preciso voltar ao trabalho — disse o oficial, ligando a motocicleta, que expeliu uma fumaça escura.

Após, com ansiedade, o verem partir, as mulheres tiveram um acesso de riso nervoso, todas abraçadas. Encontraram um declive no campo, ensolarado e não visível da estrada. Puderam cochilar ali na grama macia "como lagartos ao sol", escreveu Zaza[1]. Nicole comentou que precisavam melhorar o tom da pele, que estava cor de nabo. Comeram algumas batatas cozidas dos iugoslavos, beberam schnapps e fumaram seus cigarros. Era um bom lugar para descansar e falar sobre o que acabara de acontecer. Comentaram sobre como era surreal um oficial alemão perguntar a prisioneiras fugitivas a localização do front. O sol as aqueceu e pequenos insetos zumbiam na grama de aroma doce. O ar estava fresco. Sem relógio, Zaza presumiu que tivessem descansado ao menos durante cinco horas, exaustas demais para seguir adiante e preocupadas com a possibilidade de o alemão relatar o encontro a alguém. Hélène o achou inofensivo. Ela falava alemão tão bem que aparentava convincentemente ser uma falante nativa. E ele não passava de um simples de soldado, tentando apenas fazer seu trabalho. Provavelmente não suspeitara de coisa alguma. Ela se lembrou da bondade de Fritz e suspeitou que houvesse muitos soldados que odiavam a SS e a Gestapo, que desejavam mais que tudo que aquela guerra desastrosa chegasse ao fim.

As nove debateram sobre a história que contariam nessas ocasiões. Tanto podiam dizer serem prisioneiras como *Gastarbeiter*, trabalhadoras estrangeiras temporárias. A história inventada por Hélène na primeira aldeia, de que todas eram *Gastarbeiter* cuja fábrica fechara as portas não fora tão bem-sucedida assim. Até então, a verdadeira versão de serem prisioneiras fugidas de um *Kommando* tivera uma recepção melhor. O grupo resolveu falar a verdade na vez seguinte. A certa altura, a conversa se voltou para a bondade dos prisioneiros de guerra iugoslavos e Mena foi alvo de brincadeiras por ter levado todos a se apaixonarem por ela.

Implicaram também com Josée, porque a caminhada a deixara com as bochechas rosadas. Ela estava radiante. No dia da fuga, Josée escondera os cabelos num turbante feito de trapos. Pela manhã, porém, os iugoslavos haviam notado suas lindas tranças negras compridas, e Jacky vira como os homens a contemplavam.

— Quase todas nós parecemos perus pelados, mas não Josée, com esses cachos lhe descendo pelas costas.

— Logo, logo, não vamos conseguir manter os homens ao largo — concordou Zaza.

— Ah, esses meninos não têm noção do que dizer a Josée — interveio Jacky.

— Melhor assim — disse Zaza, sentindo-se maternal.

— Por que melhor? — indagou Josée na defensiva. Odiava ser tratada como criança. Por dentro, sentia-se mais velha do que era.

Jacky perguntou, então:

— Você é virgem, Josée?

— Sou. Por quê? — respondeu Josée, provocando uma gargalhada geral.

Elas formavam um grupo unido de amigas. Falavam com franqueza sobre os próprios corpos e suas experiências sexuais. Partilhavam histórias íntimas. Zinka e Zaza eram casadas e Jacky, viúva, o que tornava aceitável que fossem sexualmente experientes. Era também evidente que algumas das outras haviam tido casos antes de serem presas. Viviam numa época de rebeldia moral. Tudo vinha mudando. Embora algumas talvez ansiassem por voltar aos velhos tempos, o trabalho desenvolvido por essas mulheres na Resistência lhe dera a excitação da autonomia, do protagonismo, levando-as a descobrir serem capazes de muito mais do que imaginavam. Diferiam das próprias mães e avós. Queriam mais que tudo se sentir vivas em seus corpos. Caso sobrevivessem, conseguiriam voltar a uma vida limitada pelo casamento e pela maternidade? Diante de um futuro incerto, um punhado delas talvez precisasse que Josée permanecesse inocente a fim de se concentrarem naquele velho mundo seguro. Mas Josée não queria saber disso.

Conforme os dias ficavam mais frios, ficou claro que era preciso buscar outra aldeia, por mais aterradora que fosse a possibilidade de esbarrar em moradores furiosos.

Quase na entrada da cidadezinha de Reppen, Lon e Hélène viram uma batata crua na estrada. Viram outra na grama. Uma busca revelou muitas outras.

Aparentemente haviam caído do caminhão de alguém. Mas estavam cruas, observou Josée. Como iriam cozinhá-las?

— Se conseguirmos fazer uma fogueira, podemos usar isto — sugeriu Nicole, indicando o pesado tripé de ferro e o panelão.

Lon, porém, olhou para a batata suja junto a seus pés sujos. Era nisso que havia se transformado? Disse às outras que considerava humilhante pegar comida do chão.

— Não quero fazer isso. — Foi tudo que conseguiu falar.

Lembrou-se de como algumas mulheres tinham se portado nos campos, engalfinhando-se na lama por um pedaço de comida.

No campo, manter a dignidade era primordial. Nenhuma delas havia recorrido a empurrões e embates por comida. Orgulhavam-se da forma como serviam umas às outras, dividiam a comida igualmente e mantinham a civilidade num lugar tão incivilizado. Isso as mantivera fortes enquanto outras cada vez mais se assemelhavam a animais, perdendo a noção do que eram e mergulhando no mais obscuro desespero. Assim, para Lon, era como se as batatas pesassem mais que ela.

Todas ficaram ali paradas, ponderando a pergunta existencial sobre pegar as batatas ou não, recordando os dias no campo como se ainda estivessem cercadas por arame farpado.

As palavras de Jacky interromperam esse transe.

— É comida, pelo amor de Deus! *Merde!* Vocês já se esqueceram de que quase morremos de inanição? Imaginem-se em Ravensbrück. Por acaso torceriam o nariz para uma batata?

Puseram-se em ação, cada uma procurando mais batatas no chão à volta. Estavam de cabeça baixa sem olhar para o povoado de Reppen, com o seu amontoado de casas amarelas e beges com telhados de tijolos vermelhos e a igreja com seu domo cinzento à distância.

— Soldados — sussurrou de súbito Nicole para Hélène. Durante os anos passados na Resistência, Nicole aprendera a estar sempre alerta ao perigo. Havia vislumbrado dois soldados com rifles, aparentemente vigiando a entrada da cidade. Os dois a encaravam.

— Soldados — repetiu para as outras, alteando levemente a voz. As nove se empertigaram e olharam para os homens, que retribuíram o olhar com curiosidade. Uma mulher alemã se debruçou na janela, as persianas se chocando e soando como tiros ao serem abertas, e gritou raivosamente para os soldados.

— Ei! Para que vocês servem? Por que não atiram nelas? Olhem aquelas vadias! Ladras! Atirem! Atirem já!

Os soldados lentamente ergueram as armas, apontando diretamente para as mulheres.

Nicole sentiu uma onda de medo correr em suas veias. Agarradas às batatas, todas giraram nos calcanhares e desceram, apressadas, uma rua lateral, detrás de um muro.

Os ferimentos adquiridos nos campos — pés esmagados, bolhas na pele, tornozelos fraturados, dor nos quadris e meses de fome, sem contar os últimos dias de caminhada incessante — tornavam todas elas fisicamente incapazes de correr, mas podiam se mover com rapidez quando necessário. A rua lateral as levou para fora da cidade. Encontraram uma vala ao lado da estrada e pararam para recuperar o fôlego. Todas estavam abaladas.

— Acho que, em grupo, chamamos muita atenção — falou, finalmente, Hélène.

— Devemos estar horríveis — concordou Zaza. — Eu teria medo de nós.

— Seria melhor mandar apenas duas escoteiras à cidade. Eu escolheria Hélène e Lon.

Todas concordaram. As duas eram as mais fluentes em alemão. Tentariam de novo, dessa vez disfarçadas. Hélène usava o vestido com a gola de pajem. Deram a Lon as melhores peças de roupa, uma saia e uma das blusas, cujas listras já haviam desbotado quase totalmente. Zaza logo confeccionou um cinto com um trapo.

— Não vou apertar demais na cintura. Não quero que vejam como você está magra — explicou.

Zaza era uma boa costureira. Em Ravensbrück tricotara meias para ela e para Hélène, usando pregos de metal encontrados na lama à guisa de agulhas de tricô e desmanchando a roupa de baixo de lã para servir como linha. Em Leipzig, quando Hélène insistira para tentarem escapar, Zaza, frustrada por tanta insistência, disse: "Por que você não vai sem mim?" e ouvira da amiga, no seu jeito indiferente habitual: "Porque não sei costurar. Preciso de você. Você tem a agulha e a linha."

Depois de se limparem, Lon e Hélène saíram em busca de abrigo e de um lugar para cozinhar as batatas recém-acumuladas.

Sem relógio, ficava difícil calcular quanto tempo se passara, mas para Nicole pareceram horas. As sete que aguardavam na vala foram ficando ansiosas e a conversa amena cessou. A lembrança dos soldados e da alemã enfurecida não lhes saía da cabeça. O que fariam se Lon e Hélène não retornassem?

Nicole começava a sentir o frio da noitinha do início de primavera. A garganta de Zaza se contraiu de medo. Josée disse em voz alta o que as outras não ousavam verbalizar:

— Acho que elas não vão voltar. E se tiverem sido levadas para Naundorf? Se tiverem levado um tiro?

— Vamos esperar um pouco mais — retorquiu Nicole, mas em seguida se perguntou quanto tempo mais esperariam.

Para enorme alívio de todas, Hélène e Lon voltaram exatamente naquele momento, ostentando expressões ambíguas. As mulheres as encheram de perguntas.

— O que foi?
— O que vocês acharam?
— Vamos precisar caminhar mais esta noite?
— O que faremos agora?

As duas não disseram nada. O grupo foi ficando exasperado com o silêncio.

— Abram essas matracas, droga! — rosnou Jacky.

No final, Hélène e Lon abriram sorrisos matreiros:

— Apressem-se! Tem uma hospedaria onde vamos poder jantar — disse Lon.

— E nos ofereceram um celeiro para dormir hoje — acrescentou Hélène.

— Isso não teve graça nenhuma — falou Zaza, embora risse de alívio.

Quando as mulheres passaram pela igreja, Hélène explicou que ela e Lon haviam mantido a história vaga: eram refugiadas em busca de comida e de um lugar para dormir. Quanto menos falassem, melhor.

Logo chegaram ao imponente *Gasthof*, com frontões na fachada. O interior era quente e acolhedor, banhado por uma claridade cor de mel. Sentiram o cheiro de comida e ouviram o som abafado de conversas. Tudo era muito normal, como se não houvesse uma guerra em curso. Na vida de antes, esse seria o tipo de lugar que considerariam "pitoresco", com sua decoração germânica, renda no piano e um aquecedor de cerâmica decorativo. Muitos anos mais tarde, Nicole descreveu a situação estranha, acrescentando: "Até hoje me pergunto se foi um sonho, se inventei esse lugar ou se ele existiu."[2]

As nove se sentaram a uma mesa coberta por uma toalha. Uma jovem garçonete com tranças louras enroladas de cada lado da cabeça, como se fossem protetores de ouvido, perguntou-lhes o que pretendiam comer. A pergunta soou absurda. Mas obviamente teriam de pagar a refeição. Examinando o cardápio manuscrito, a tesoureira, Josée, afirmou que o dinheiro seria usado para comer. Não faria sentido economizá-lo, já que a Alemanha vinha sendo derrotada e logo o dinheiro perderia o valor. Rapidamente discutiram entre si os preços e resolveram que macarrão caberia no orçamento.

Sentadas ali em silêncio, olharam à volta, cautelosas. Era como se tivessem entrado diretamente no covil dos leões. Viram uma mesa com oficiais alemães.

— Lembram dos soldados que encontramos na estrada logo depois de fugirmos? — indagou, baixinho Hélène. — Ajam como se vocês morassem aqui.

O dono da estalagem chegou com uma travessa de macarrão fumegante justo quando os três oficiais alemães se aproximaram. O de patente mais alta, usando um monóculo, parecia, como escreveu Lon mais tarde, "saído diretamente de um filme"³. Era quarentão, com um grande quepe militar e o peito coberto de medalhas. Usava botas de couro de cano alto e levava um chicote na mão direita. Dois oficiais mais jovens o ladeavam, mantendo-se precisamente um passo atrás do superior. Todos eram louros com penetrantes olhos azuis, rostos bem barbeados e um olhar que deixou as mulheres congeladas.

O Monóculo, como o apelidou Lon, bateu com o chicote na bota e parou junto à mesa das nove. Fez-se uma pausa aterradora.

Seu rosto, então, se abriu num sorriso encantado, quase idiota, e ele indagou:

— É verdade? Eu soube que vocês são francesas. De Paris?

— Então o senhor conhece Paris? — perguntou Jacky casualmente.

— Adoro Paris! — respondeu o Monóculo com sotaque carregado. Estivera na cidade uma vez, em 1942, durante uma folga breve, porque o Fuhrer declarara que todos os soldados alemães mereciam uma visita a Paris. Hitler passara apenas três noites excursionando pela cidade e depois afirmara: "Foi o momento mais grandioso e melhor da minha vida."

— Quem não adora Paris? — prosseguiu Jacky, praticamente ronronando.

Mena aderiu à conversa. Os dois começaram a flertar, falando sobre como elas também sentiam saudade da própria cidade. Não fez diferença o fato de que as mulheres falassem em francês e os alemães respondessem em alemão. Os três, sobretudo o Monóculo, viram-se totalmente seduzidos pelas belas parisienses. Lon explicaria mais tarde: "Ali estava o charme francês em seu auge, refinado, sedutor e ilusório, mas, nossa, que flerte sutil. Um sorriso doce aqui, um desvio ingênuo de cabeça ali, e enquanto isso olhares sob pálpebras modestamente semifechadas, porém com os olhos bem abertos."⁴ Milagrosamente, Jacky não perdeu o fôlego nem uma vez — e talvez aquela voz sussurrante tenha tornado o flerte ainda mais eficaz.

O Monóculo indagou:

— E Paris? Continua a mesma? O Champs-Élysées continua lá? E a Torre Eiffel? E o Moulin Rouge? Todas as moças francesas são tão bonitas quanto vocês?

— Ora, o senhor precisa ir a Paris — respondeu Jacky, dando de ombros, coquete. — Vá conferir com seus próprios olhos.

Ficou claro que as mulheres não precisavam temer aqueles oficiais alemães, mas tinham algo a mais com que se preocupar. Durante a estadia no campo, todas comiam o mais rapidamente possível, direto de uma tigela de lata com as mãos ou com uma colher rudimentar, enquanto um guarda vigiava de chicote em punho. Agora se achavam sentadas diante de pratos de verdade, com talheres de verdade, sendo servidas por uma sorridente moça alemã. O maior temor ao começarem a comer não residia nos oficiais alemães que as observavam, mas nos garfos.

Josée cochichou para Nicole:

— Vou me furar com esse troço.

Com enorme força de vontade, comeram devagar, educadamente, tentando recordar as boas maneiras de suas vidas de antes.

Josée, exibindo a própria inocência diante dos atentos alemães, com cuidado pegou o dinheiro e delicadamente o pôs sobre a mesa. O Monóculo ergueu ambas as mãos num gesto defensivo.

— Não! Nem pensar, está fora de cogitação, totalmente fora de cogitação! Seria uma grande honra para mim convidar as senhoritas depois de uma conversa tão agradável.

Houve um protesto tênue por parte das mulheres, e Josée imediatamente guardou o dinheiro precioso. As mulheres comeram o macarrão e fingiram apreciar a companhia do Monóculo e seus dois compatriotas alemães. Quando a refeição chegou ao fim e os alemães deram boa noite batendo os calcanhares em saudação e fazendo meias reverências com uma cortesia exagerada, as nove foram conduzidas, finalmente, até um celeiro próximo onde puderam descansar. A palha era fresca, e elas ficaram gratas por conseguirem se deitar. Mas ainda sentiam frio. Jacky sugeriu que tomassem uns goles de *schnapps* para se aquecerem. A garrafa passou de mão em mão. Em pouco tempo, todas pegaram no sono.

Entre as notas postas sobre a mesa por Josée havia uma de cinco marcos. Lon se recordava dessa nota específica e como lhe chegara às mãos. Um dia em Leipzig, ela a encontrou no chão entre os catres. Por não terem autorização para portar dinheiro e por ser, como ela mesma admitiu, uma "garota tola", tentou devolvê-la à *Lagerälteste*, a prisioneira que supervisionava as demais.

O brilhantismo do sistema de campos de concentração (e talvez de todos os sistemas prisionais) era que alguns prisioneiros ocupavam posições de relativo poder sobre os outros. Os que estavam no poder se interessavam em manter o status quo e em pouco tempo se empenhavam em fazer o sistema funcionar tão bem ou melhor que os nazistas.

A *Lagerälteste* em Leipzig era Joanna Szumanska. Ao chegarem, as mulheres a viram de pé ao lado do Comandante Plaul. Szumanska era uma pessoa complicada, ciente da sua beleza. Tinha 28 anos e dizia-se que antes da guerra fora uma das grandes atrizes de Varsóvia: uma mulher deslumbrante, fria, que Lon afirmou jamais ter visto sorrir. Claro que não lhe faltavam motivos para não sorrir. Havia sido encarcerada no início da guerra. Era filha de um professor de geografia da Universidade Lwów. Antes da guerra, socializava com judeus e, de acordo com seu testemunho pós-guerra, foi presa por fazer parte de uma rede clandestina que ajudava os judeus a fugirem do gueto. No entanto, outros declararam que, interrogada, denunciara a própria rede. Foi enviada para Majdanek, onde serviu como a *Lagerälteste* no campo feminino.

Alguns de seus colegas poloneses testemunharam no julgamento de crimes de guerra a que foi submetida que os prisioneiros a escolheram para o posto porque tinha a coragem de resistir às autoridades e por se mostrar íntegra e leal. Outros relataram que depois de ser escolhida em Majdanek, Szumanska pedira para ser dispensada da função e por esse motivo a SS quase a matou de pancada. Mas os sobreviventes judeus de Majdanek contam outra história, que envolve maus tratos e brutalidade. Chamavam-na de "tigre" porque ela cerrava os dentes enquanto distribuía surras. Corria o boato de que ela e o Comandante Plaul tinham um "relacionamento amoroso", ou seja, ele a explorava sexualmente, e Szumanska usava esse fato para facilitar a própria vida, bem como a de outros.

Com efeito, Szumanska protegia algumas prisioneiras judias. Por exemplo, Maryla Reich, que se passou por polonesa não judia em Majdanek, disse que Szumanska sabia que ela era judia e a poupou da grande seleção de judeus em 1943. Outras prisioneiras judias, porém, expressaram opinião diferente. Dora Sroka disse: "Se houvesse um crematório lá, Szumanska seria a operadora número um."[5]

Quando Lon foi até Szumanska para entregar a nota de cinco marcos, a polonesa empalideceu: "Ficou louca?", sibilou. "Se descobrirem que você achou dinheiro, todas as *Aufseherinnen* enfrentarão problemas."

Lon se deu conta de que ela tinha razão: deixar que dinheiro fosse parar nas mãos das prisioneiras era um delito grave. E como eram as únicas a ocupar o posto de *Aufseherinnen*, as polonesas eram conhecidas da Cruz Vermelha e às vezes recebiam encomendas de casa. Muito provavelmente o dinheiro chegara escondido na encomenda de uma *Aufseherin* e ela o deixara cair sem perceber. Em lugar de ficar com a nota, Szumanska insistiu para que Lon a guardasse. Fechando a mão sobre o pulso de Lon, falou: "Esconda isso bem escondido."

Mais tarde, depois da guerra, convocaram Lon para testemunhar a favor de Szumanska quando esta foi denunciada por crimes de guerra por ex-prisioneiros judeus. Lon era vista como uma testemunha absolutamente isenta, não judia, não polonesa, não amiga de Szumanska. E, com efeito, depôs a favor de Szumanska. Recordando o incidente com a nota de cinco marcos, disse que a polonesa fizera o melhor possível dadas as circunstâncias. Szumanska e as polonesas em geral, declarou Lon, mantinham as coisas nos eixos. Isso evitava a brutalidade alemã tanto quanto possível. Szumanska também foi acusada de dormir com o comandante. Lon observou que, primeiro, não se tratava de um crime de guerra e, segundo, era fácil imaginar como ela fora obrigada a agir dessa forma e que não lhe restasse outra opção. Joanna Szumanska acabou sendo solta e emigrou para os Estados Unidos com o marido, um pianista judeu[6].

꧁꧂

Primo Levi escreveu que precisamos nos lembrar de que a história é contada pelos sobreviventes, e quase sempre os sobreviventes foram os afortunados que gozavam de algum tipo de privilégio na hierarquia perversa do campo. Privilégios podiam ser modestos como possuir um bom par de sapatos, executar um trabalho menos letal ou ser vigiado por uma *blockova* razoável.

Ademais, o Nacional Socialismo foi moldado em cima de ideias de pureza racial, eugenia e darwinismo social, ideias que eram populares na cultura geral. Tais ideias tinham defensores em toda a Europa e na América. Filósofos racistas, como Joseph de Maistre, Louis de Bonald e Arthur de Gobineau, na França, Houston Stewart Chamberlain e Sir Francis Galton, na Inglaterra, e o movimento eugenista americano inspiraram diretamente os nazistas alemães.

O sistema de campos de concentração refletiu essas crenças populares levadas a seu extremo lógico. Reproduziu uma hierarquia interna macabra. No nível mais baixo ficavam os chamados prisioneiros *asozial*. Esse grupo incluía os sinti e os roma, as Testemunhas de Jeová, os homossexuais, as profissionais do sexo e os criminosos comuns. Esses sobreviventes foram, ao que parece, esquecidos pela história até muito recentemente. Apenas em fevereiro de 2020, esses prisioneiros dos "triângulos verdes" e "triângulos negros" foram reconhecidos como vítimas. Não faziam parte dos grupos de sobreviventes. Não tiveram organizações políticas que lutassem pelos seus direitos depois da guerra. Não eram vistos como heróis ou vítimas nobres. Entre os demais prisioneiros, reinava o desprezo por essas pessoa[7].

Com efeito, minha tia Hélène e alguns descendentes que entrevistei das outras mulheres confirmaram que o grupo das nove odiava e temia as "ciganas" e as russas civis, descritas como brutais e criminosas. Hélène parece ter aceitado a propaganda alemã que dizia que a maioria das mulheres nos campos que não eram prisioneiras políticas nem judias ali estava por serem prostitutas. Muitas que atuavam no comércio do sexo eram mães viúvas sem teto cujos maridos haviam morrido na guerra. Embora milhares das chamadas prisioneiras *asozial* tenham sido assassinadas, nem uma sequer foi chamada para testemunhar nos tribunais de crimes de guerra[8].

Em suas memórias, Juliette Bes, a jovem *ajiste* presa na mesma batida que prendeu Zaza, relata que após sua prisão conheceu e ficou amiga de uma prostituta chamada Murielle, com quem dividiu a cela em Fresnes. A polícia militar estava à caça de um jovem soldado alemão que desertara e o encontrou com Murielle, que fora presa, mas esperava ser liberada por estar "apenas fazendo o seu trabalho". Em vez disso, foi deportada. Depois da guerra, Murielle, como muitas profissionais do sexo, acabou julgada por colaboracionismo, por ter feito sexo com soldados alemães. Juliette pôde testemunhar a seu favor, defendendo que Murielle sofrera e se portara com bravura nos campos, solidária com as prisioneiras políticas e que não deveria ser punida[9]. Para que a perdoassem por ser prostituta, era preciso que um prisioneiro político testemunhasse a seu favor. Depois da guerra, as prostitutas com frequência eram julgadas por grupos de indivíduos que raspavam suas cabeças para que sua suposta ofensa ficasse visível a todos e as obrigavam a desfilar pelas ruas, vociferando insultos contra elas. Essas mulheres ficaram conhecidas como *les tondues*, "as tosadas".

Imediatamente após a guerra, poucos historiadores escreveram sobre o Porajmos, ou Holocausto cigano, — ao contrário do que aconteceu com o Shoah, o Holocausto judeu — dos sinti e dos roma. Das dezenas de milhares de vítimas desses grupos étnicos, duzentas moças enviadas para Ravensbrück foram compulsivamente esterilizadas em experiências médicas. Algumas tinham apenas oito anos. A maioria morria da cirurgia, realizada sem analgésicos. Fritz Suhren, o comandante de Ravensbrück, mais tarde se defendeu em seu julgamento, dizendo: "Não esterilizamos apenas mulheres, mas também homens e crianças, mas todos eram ciganos."[10] O Porajmos só foi reconhecido pelo governo alemão em 1982.

O silêncio a respeito da homossexualidade na vida dos campos torna difícil montar uma imagem clara. As lésbicas, ou prisioneiras *asozial*, eram rejeitadas por todo mundo, e, com frequência, aos guardas mais sádicos cabia vigiá-las. Sobreviventes políticas falam sobre "os costumes especiais" de certas mulheres "importunas" que se vestiam como homens e eram chamadas de *julots*. Seus alojamentos eram abarrotados e essas prisioneiras, submetidas a surras brutais. Há relatos de jovens lésbicas se atirando de encontro à cerca eletrificada de arame farpado, o método mais comum de suicídio. Seus corpos eram deixados pendurados no arame como alerta. Não há registros de seus nomes, nenhuma maneira de saber quem eram. Outros relatam que no bloco *asozial*, onde a aglomeração e a violência eram piores, algumas prisioneiras recorriam ao sexo como consolo. Existem descrições de relações sexuais ruidosas que estremeciam as camas e relatos de internas que trocavam sexo por comida. As homossexuais muitas vezes levavam a culpa por crimes como roubo de comida da cozinha, mesmo sem provas, e eram punidas coletivamente.

De modo geral, as prisioneiras políticas francesas consideravam o comportamento homossexual moralmente depravado. Diziam que embora a homossexualidade fosse lugar-comum no submundo criminoso alemão e entre alguns prisioneiros políticos de outros países, entre as prisioneiras políticas francesas, a prática era extremamente rara[11].

Existem histórias de parcerias genuínas. Milena Jezenská, que fora amante e tradutora de Franz Kafka, conheceu Margarete Buber-Neumann e se apaixonou. Milena não sobreviveria, mas Margarete escreveu: "Fiquei grata por ter sido enviada para Ravensbrück, porque foi lá que conheci Milena."[12]

Buber-Neumann fala de seu relacionamento com Milena num livro que escreveu depois da guerra. O livro que ela e Milena haviam prometido escrever juntas a respeito do campo é um testemunho da importância da solidariedade feminina. Tal camaradagem talvez explique por que, em média, as mulheres sobreviviam mais tempo que os homens nos campos de concentração. O papel vital das amizades e até do amor romântico entre duas mulheres foi um tema sobre o qual Lon também viria a escrever.

※

Lon, cujo nome completo é Madelon Verstijnen, passou a infância em Scheveningen, onde o pai era tabelião. Mudou-se para Leiden a fim de estudar assírio com o professor Franz Böhl, um renomado estudioso do Oriente Próximo. Lon foi sua única aluna durante os anos de guerra. Após ser presa, o pai e Böhl tentaram sem sucesso subornar oficiais nazistas para que liberassem Lon e o irmão mais velho, Eric[13].

Eric, seis anos mais velho que a irmã, estudava Direito em Leiden. A família Verstijnen tinha um passado proeminente, do qual faziam parte fazendeiros burgueses mais tarde ativos nas Índias Orientais Holandesas. A geração dos pais de Lon desfrutou de um período notável em que a vanguarda artística, literária e intelectual se reuniu na Holanda. A geração seguinte, que incluía Eric, Lon e seus primos, foi mais comprometida politicamente.

Lon adorava o belo irmão mais velho. Certa vez, num pub em Leiden, Eric e Lon conversavam quando um marinheiro tatuado bêbado entrou e ocupou a banqueta ao lado dos dois. O marinheiro disse alguma coisa que soou como "Posseidon" a Lon.

Eric se irritou e disse:

— Meu senhor, ela é minha irmã!

Lon respondeu baixou a Eric:
— Por que se aborrecer se ele nos chama de um deus marinho?

Por entre os dentes cerrados, Eric explicou à irmã que o homem não dissera "Posseidon" e, sim, "Porto Said", um lugar conhecido pelo fácil acesso a prostitutas.

Foi quando o bêbado perguntou a Eric:
— Onde você achou essa beldade?

Eric, furioso, respondeu:
— Senhor, ela é minha irmã. E agora trate de sair daqui imediatamente.
— Certo — resmungou o bêbado —, Porto Said. — Em seguida ao que, tomou outro gole da bebida.

Lon descreve como o irmão cuidadosamente despiu o paletó, pendurando-o nas costas da cadeira, tirou as abotoaduras e arregaçou as mangas. Então, pousou os óculos no balcão, o que o deixou praticamente cego. Havia tido umas aulas de boxe, mas ela sabia que Eric não conseguiria ver nem sequer o alvo de seus golpes e começou a se preocupar ante a situação que se deteriorava rapidamente. Sabia que em qualquer luta ela e o irmão seriam derrotados, por mais bêbado que estivesse o marinheiro. Ficou aliviada quando o marinheiro se levantou, pagou a conta e se dirigiu para a porta dizendo:
— Já estou indo, já estou indo!

Lon ficou emocionada por Eric se dispor a lutar pela sua honra, ainda que o resultado prometesse ser desastroso. Recordou-se de outra ocasião, em que o visitou em seu quarto de estudante em Leiden, quando ele tinha 25 anos e ela 19. Deitado na cama, com as mãos atrás da cabeça, sem qualquer motivo, Eric de repente lhe disse:
— No frigir dos ovos, eu amo uma mulher e essa mulher é você.

Lon sentia que só os dois se entendiam com perfeição. Talvez Eric tenha sido o único homem que ela amou na vida. Quando foi estudar em Leiden em 1940, Eric, um pouco emburrado, avisou-a de que em sua recém-descoberta liberdade, ela não devia ir para a cama com todo rapaz que conhecesse. Lon se chocou. Disse a ele que ainda era virgem. Afagando os cabelos da irmã, Eric disse:
— Continue assim. Continue assim[14].

Conforme se consolidavam a ocupação e a opressão, os nazistas passaram a exigir a renúncia de todos os professores judeus da universidade de Leiden.

O diretor da faculdade de direito fez um discurso de protesto e os alunos entraram em greve em dezembro de 1940. Lon e a amiga Guigui participaram desse movimento estudantil. Cinquenta e três de 68 professores renunciaram a seus cargos em protesto, e a universidade foi fechada. Eric era amigo de Peter Tazelaar, que liderava um grupo que atuava com o governo holandês no exílio em Londres para estabelecer uma rota de fuga para famílias judias e aviadores holandeses desgarrados. Inspirado pelo engajamento do amigo, Eric partiu da Holanda em 1943 para juntar-se ao amigo e colega de faculdade Victor Swane em Paris. Lon desejava ardentemente seguir o irmão. Em seu relato, ela menciona ter um namorado então, mas Eric nitidamente era o alvo da sua saudade.

Ela e a amiga Guigui se conheceram na confortável residência estudantil para jovens da classe alta. O jeito tranquilo de Guigui era o contraponto perfeito para a urgência feroz de Lon. As duas se uniram num propósito partilhado. Chocada e envergonhada pelos relatos de famílias judias submetidas a batidas, Lon não aguentava sentir-se tão impotente. Ambas concordaram que iriam a Paris, encontrariam Eric e se juntariam à Resistência. A última carta do irmão dizia que ele estava hospedado no Hotel de Montholon, ao lado da Gare du Nord.

GUIGUI AOS 13 ANOS, NUM TEMPO
EM QUE SUA FAMÍLIA SE DESINTEGRAVA.

Guillemette Claudine Daendels (Guigui) vinha de uma família aristocrata holandesa. Seu pai, Laurentius Henri Daendels, nascera em Arnhem depois que a família retornou das colônias das Índias Orientais Holandesas após amealhar sua fortuna. Aparentemente, ele teria vivido do remanescente da fortuna familiar. Quando se casou com a mãe de Guigui, Clara Van Rijck, no anúncio de casamento, em francês, ele constou como tenente da reserva nos Hussards. O casal se mudou para uma propriedade da família em Hezenberg, onde criavam cavalos, vacas, cães e galinhas. Tiveram três filhos em rápida sucessão; Guigui foi a última a nascer, em 1920. A família recebia pessoas em grande estilo para caçadas. O príncipe Hendrik e a rainha Wilhelmina se hospedaram com o casal, e os Daendels ficaram conhecidos por sua liberalidade, pelas contribuições para o município, doações para festivais e organização de eventos públicos.

Na vasta propriedade, havia uma casa especial para o cavalariço e outra para o motorista, além de um bangalô para o jardineiro-chefe. As crianças foram criadas por babás e tinham aulas com uma governanta. Porque Clara nascera na França e a irmã se casara com um francês, bem como porque era chique, com frequência falava-se francês em casa. Era uma vida luxuosa, impossível de sustentar. Entre 1930 e 1933, quando Guigui devia ter entre dez e 13 anos, o casal se separou, de forma bem semelhante ao que aconteceu com Nicole e a própria família. Laurentius estava falindo e o casamento desmoronava. A liquidação da fortuna da família se completou em janeiro de 1934. Durante o período de falência, Laurentius foi internado, doente, em um sanatório na Suíça. O casal se divorciou em setembro, e ele retornou à Holanda em novembro de 1934, morrendo apenas alguns dias depois, quando Guigui tinha 14 anos.

Durante esses anos cruciais da adolescência, Guigui enfrentou a dissolução do casamento dos genitores, a perda do seu paraíso da infância e a morte do pai. Aparentemente aprendeu com tais acontecimentos que nada importa realmente, salvo o amor e a amizade. Segundo a família, ela tinha pendor artístico e era sensível. Vivia de acordo com uma forte noção de valores. Serena e reservada, Guigui aspirava liderar, mas também não gostava de ser controlada[15].

Em 7 de março de 1944, Lon e Guigui viajaram de Leiden para Paris com documentos falsos e cheias de uma esperança idealista. A viagem correu bem, a despeito de alguns momentos de temor quando um inspetor alemão desconfiado levou um bocado de tempo examinando seus documentos. Talvez isso se devesse à possibilidade de flertar com Guigui. No Hotel de Montholon, encontraram Victor Swane, Eric e o restante do grupo. Esperariam alguns dias no hotel e então, de acordo com o plano original, viajariam, via Espanha, para a Inglaterra, a fim de se juntarem ao SOE. Nem Guigui nem Lon demonstraram grande preocupação com os detalhes, mostrando-se satisfeitas por afinal poderem fazer alguma coisa.

Em 8 de março, Guigui e Lon saíram para jantar com Eric. Conversaram sobre seus pais e partilharam piadas e casos que nada tinham a ver com a guerra. Discutiram o racionamento e onde era possível achar uma xícara de café decente. Lon contou aos dois sobre seus estudos com o professor Böhl. Essa seria a última refeição que fariam juntos.

No hotel, as moças receberam um quarto no andar acima do de Eric e se recolheram para dormir. Às seis horas da manhã, no dia 9 de março de 1944, Lon e Guigui foram acordadas por violentas batidas à porta: "Polícia! Abram imediatamente!"

Não restava alternativa senão abrir a porta. Um grupo de policiais alemães tirou Lon do caminho e adentrou o quarto. Um deles apontou uma arma para as duas mulheres, que, tremendo em suas camisolas, assistiam imóveis enquanto o quarto era revirado. Para espanto total de ambas, a polícia rapidamente encontrou um painel removível no closet. Ao abri-lo, dele caíram pilhas de uniformes alemães, rifles e outras armas. O baú de contrabando seria usado para sabotar operações alemãs e ajudar famílias judias desesperadas a escaparem. A polícia vasculhou todo o hotel, quarto por quarto. Todo mundo foi preso, inclusive Victor, Eric e uma dúzia de outros.

A rede a que pertenciam fora traída. Em fevereiro, a Gestapo fizera progressos significativos no desbaratamento de vários grupos holandeses de resistência. Prisões em massa haviam levado a linha de fuga Holanda-Paris, liderada por Jean Weidner, quase à extinção. O Hotel de Montholon era o ponto de encontro parisiense da organização. Uma carta alertando Victor para não mais usar o hotel nunca lhe chegou às mãos. Ele, Eric, Lon e Guigui tinham acabado de cair numa armadilha.

Naquela manhã, o jovem primo francês de Guigui, James, ia visitá-la no hotel. Chegou de bicicleta justo quando o grupo embarcava nos caminhões da polícia. Felizmente, e para imenso alívio de Guigui, os policiais não notaram sua chegada e ele conseguiu dar meia-volta e levar as más notícias às famílias.

GUIGUI (NA PONTA DIREITA) COM SEU TIME DE HÓQUEI.

Do lado de fora da sala de interrogatórios, sentado num banco ao lado de Guigui, achava-se um outro holandês, Timen Willem Spijker. Os dois vinham de classes sociais distintas e não se conheciam. Enquanto Guigui jogava hóquei no time da universidade em Leiden na época de estudante, Timen, um aluno de direito na Universidade de Nijmegen, tocava piano em salas de cinema mudo para se sustentar. Se ele conseguiu se formar não se sabe, mas aparentemente viajara para Paris em 1941, onde conhecia muita gente na resistência holandesa.

Naqueles tempos intensos, cada encontro devia ser carregado de significado. Guigui e Timen não sabiam o que os aguardava. Execução? Tortura? Será que voltariam a ver suas famílias? Não sabiam como enfrentar o próprio destino. Sentados naquele banco, descobriram poder conversar em holandês. Descobriram uma espécie de júbilo e consolo num momento de ansiedade e medo extremos. Timen se sentiu acalmado pelos olhos cinzentos de Guigui e emocionado com o presente de um punhado de guimbas de cigarro que ela carregava no bolso.

Levados para a prisão de Fresnes alguns dias depois, talvez tenham podido continuar se comunicando, embora alojados em alas separadas da prisão. Juliette Bes fala que a companheira de cela, a prostituta Murielle, a deixava subir em seus ombros para lhe permitir falar pelo basculante que provia ventilação. Sua mensagem seria repetida de cela em cela até chegar ao destinatário[16].

Timen diria a si mesmo: "Se eu sair daqui vivo, hei de encontrar a moça que conheci na prisão e me casar com ela."

Timen foi transferido para o campo de trânsito de Compiègne, que, como Romainville, era uma prévia para a deportação para a Alemanha. Em 18 de junho de 1944, o embarcaram para Dachau. Eric, o irmão de Lon, embarcou no mesmo trem. De 2.143 homens nesse transporte, havia apenas nove holandeses. Será que Eric e Timen se conheceram? Terão descoberto que a irmã de Eric e a mulher que Timen acabara de conhecer, aquela a quem mais tarde creditaria o fato de tê-lo ajudado a enfrentar os dias pavorosos dos campos, eram amigas íntimas?

Depois de Dachau, Eric foi mandado para Natzweiler-Struthof e, em seguida, para um campo de trabalho em Vaihingen. Haviam lhe dado a designação *NN*, de *Nacht und Nebel* (noite e névoa). Tratava-se de uma forma específica de punição, criada por Hitler em 1941. Vendo que os líderes da Resistência executados em público se tornavam mártires, inspirando outros, Hitler queria que os líderes de rebeliões simplesmente sumissem na obscuridade e que suas famílias vivenciassem dolorosos anos de incerteza. Os prisioneiros com o status de *NN* eram transferidos de campo para campo e suas mortes nunca foram registradas[17].

※

Uma das coisas difíceis de enfrentar para Lon nos campos era a aridez, a absoluta falta de qualquer tipo de beleza. Privada de todo tipo de cor durante o dia, Lon descobriu que seus sonhos passaram a ser especialmente vívidos e maravilhosos. "É notável que durante aqueles quase 14 meses de encarceramento eu jamais tenha tido um pesadelo. Os pesadelos aconteciam de dia. À noite, eu levava uma vida muito especial, só minha, em que todas as coisas que me faltavam eram integralmente compensadas. Sem dúvida, esses sonhos em cores foram um dos mais importantes fatores que me fizeram continuar viva."[18]

Lon via beleza nas companheiras. Relatou que pedia para olhar as mãos de Guigui, apenas para admirá-las, ou para fitar alguém nos olhos. Não se tocavam: "A ausência de contato físico também tinha a ver com o fato de que estávamos sempre aglomeradas e imprensadas e mal podíamos evitar a presença física umas das outras... Mas naquele momento de contemplação da beleza, por mais paradoxal que pareça, a privacidade era considerada quase sagrada e sempre respeitada."[19]

Lon recordou um incidente em que uma outra francesa entrou correndo no barracão e anunciou: "Vocês têm de vir imediatamente ao banheiro. Tem uma russa lá se lavando e não dá para acreditar como ela é bo-ni-ta!" Todas correram para admirar "uma Juno deslumbrante"[20]. Era musculosa e estava em boa forma e não esquelética e abatida. Possuía uma pele fantástica sem marcas de bolhas ou picadas inflamadas de piolhos. A água que caía sobre a moça cintilava. Era uma das militares russas e por conta disso gozava de privilégios especiais, inclusive o uso do banheiro, inacessível a todas as demais. As mulheres observaram, hipnotizadas, a moça tranquilamente lavar o corpo perfeito.

As militares russas eram frias, reservadas e taciturnas, uma elite. Lon e as outras admiravam a disciplina e dignidade delas, que formavam um grupo notável. Lon achava que talvez essas mulheres respeitassem as prisioneiras políticas francesas que haviam demonstrado solidariedade ao recusarem recompensas por ultrapassar as próprias cotas na fábrica. As russas, porém, eram poderosas, e Lon supunha que devessem sentir desprezo pelas francesas, comparativamente pequenas e fracas.

As comunistas francesas em sua união férrea também impressionavam Lon. A maioria era composta de ex-operárias de fábrica oriundas de famílias proletárias. Orgulhosas e engajadas, defendiam umas as outras. As comunistas organizaram *les gamelles de la solidarité*, as tigelas solidárias. Todas no alojamento contribuíam com uma colher da sopa ou com um pedaço de pão para encher algumas tigelas. Alguém podia adoecer e precisar de uma força extra ou ter levado uma surra de um guarda ou sofrido um ferimento na fábrica ou, ainda, haver recebido a notícia da morte de um ente querido. Juliette Bes escreveu a respeito: "Caridade é quando se dá o que se pode dar; solidariedade é dar quando nada se tem para dar."[21]

A amizade era vital para a sobrevivência. Depois de terem sido separadas em Fresnes, Lon e Guigui voltaram a se encontrar em Ravensbrück. Permaneceram próximas a vida toda. Se às vezes sentia frustração diante da teimosia de Lon, Guigui admirava a resiliência da amiga. Foi Lon que abriu caminho a cotoveladas para garantir que ela e Guigui estivessem na mesma lista de transferência para Leipzig. Lon era astuciosa e descobria jeitos para barganhar naquele inferno. Às vezes perdia a paciência com Guigui, que podia ser distraída e despreocupada. As duas se complementavam. Quando Lon se metia a mandar demais, Guigui, a diplomata, aparava as arestas e restabelecia a união do grupo.

As nove precisaram contar umas com as outras para sobreviver, e esse laço seria difícil de reproduzir mais tarde na vida normal. Como soldados que sentem um laço fraterno depois de enfrentarem uma batalha juntos, a intensidade da amizade das mulheres foi um parte essencial da experiência que viveram. Mena e Guigui se tornaram extremamente próximas e continuaram amigas pelo resto da vida. Zaza e Hélène eram inseparáveis. Nicole se apaixonou por Zinka à primeira vista e atribui à companheira de catre Renée Astier de Villatte o crédito de mantê-la viva. Lon desenvolveu uma profunda amizade com Alina, uma prisioneira polonesa que conheceu em Leipzig. Estavam em sintonia, como escreveu Lon, que conheceu Alina no *Revier*, para onde foi mandada — muito a contragosto — logo depois de chegar a Leipzig, porque as longas horas de pé nas chamadas haviam lhe causado um grande inchaço nas pernas e ela desmaiara de exaustão.

Alina era um pouco dura, sem dúvida por conta dos anos que já passara em diversos campos, pois fora feita prisioneira política em 1940 quando contava vinte anos e estudava na Universidade de Varsóvia. Lon e Alina travavam longas conversas, algumas filosóficas, mas em sua maior parte a respeito das respectivas infâncias. Com Alina, Lon soube como era a vida na Polônia antes e durante a ocupação alemã. Não restava homem algum na família de Alina, que era a única filha remanescente da mãe.

Lon se tornou popular entre as jovens polonesas, cuja juventude e instrução fora abruptamente abreviada. Fechadas em prisões durante anos, elas nutriam uma enorme avidez por novas ideias e histórias. Lon provia esse ar fresco e as ouvintes sorviam suas palavras. Ela, por sua vez, gostava mais que tudo de ser o centro das atenções. Fazia palestras sobre os assírios e sobre história da arte. Como o pai a levava frequentemente para apreciar e comprar antiguidades, Lon era capaz de falar durante horas sobre móveis, cristais, tapetes e pinturas de diversos períodos e escolas. Também ensinava inglês, embora admita que não dominava tão bem o idioma. Era, no entanto, algum tipo de entretenimento para as moças e mantinha suas mentes ocupadas. Lon contava os enredos dos romances que lera. No gélido Natal de 1944, quando estava em Leipzig, criou um livreto intitulado *Gemas de Sabedoria e Beleza*, que incluía caligrafia árabe, poesia de Rumi, Hafiz e Shakespeare, além de trechos de Somerset Maugham, tudo sabido de cor.

Quanto mais perigosa e precária se tornava a situação diária, mais Lon contava com uma plateia atenta buscando uma válvula de escape. Suas histórias favoritas vinham da sua própria vida, do período de três meses que passara em Argel aos 18 anos.

Próximo ao final de março de 1945, três semanas antes do esvaziamento do campo e do início da Marcha da Morte, Lon levantou um saco pesado demais e sentiu alguma coisa estalar nas costas. Caiu e não conseguiu se levantar, muito menos andar ou trabalhar. Foi levada de maca ao *Revier* e, felizmente, Alina, uma enfermeira experiente, estava lá para assumir o caso. Empurrando os médicos russos, que se mostraram inúteis, segundo Lon, Alina se pôs em ação. Lon estava gelada e em choque. Alina a cobriu com um cobertor que encontrou e até mesmo acrescentou um saco de água quente. Exigiu que dessem a Lon colheradas de sopa quente de nabo de hora em hora. Reuniu um grupo de polonesas fãs das histórias de Lon, que cuidou da enferma dia e noite. Nada, porém, parecia funcionar. Lon dava a impressão de estar paralisada e seria, sem dúvida, selecionada para o extermínio. Podia falar e pensar, mas nada além disso, salvo amaldiçoar a própria sorte por morrer na Alemanha.

No pior momento, recordou, Alina se inclinou sobre ela durante uma massagem e pediu, esperançosa:

— Você me conta aquela história de novo?

Lon se deu conta de que não conseguia nem sequer assentir com a cabeça. Viu o rosto aflito de Alina e se resignou a morrer. Foi quando pensou na palavra "manco". De repente, sentiu tamanha rejeição a tal ideia que o ânimo de lutar renasceu em seu íntimo. Na quinta manhã, sentiu uma comichão nos dedos e quando Alina veio checá-la, ela disse:

— Já posso mexer meus dedos!

Alina entrou em ação. Chamou Guigui e Mena para arrastarem Lon da cama.

— Tente andar! Tente se mexer! Continue! Não entre em pânico! Você consegue! — gritava Alina. Lon se apoiava nas duas mulheres, rígida, e com grande esforço Guigui e Mena lograram locomovê-la. Tal rotina foi repetida a cada sessenta minutos.

No sexto dia, Lon conseguiu dar pequenos passos, mas no meio da sétima noite, Alina, em pânico, acordou Lon:

— Vamos! Agora! Você precisa sair daqui agora!

Sem explicação, Lon foi tirada da cama por duas pessoas — não conseguiu identificar quem eram. Em silêncio, foi arrastada às pressas para longe do *Revier* e pelos becos escuros dos barracões e posta no próprio catre.

Como sobreviveu à chamada na manhã seguinte é um mistério. Sem dúvida apoiada em Guigui, Mena e Zinka. Depois se tornou mais resistente. Passados dez dias estava melhor. Sabia dever o fato aos cuidados incessantes de Alina e de suas amigas polonesas. Alina contou-lhe mais tarde que havia sido informada de que haveria uma inspeção alemã no *Revier* aquela noite para ver quem seria selecionada para o extermínio antes da evacuação geral. Alina salvara a vida de Lon.

# CAPÍTULO V
## Zinka

RENÉE LEBON (ZINKA)

NA MANHÃ SEGUINTE, 17 DE ABRIL, elas acordaram cheias de preguiça. O sol entrava pelas frestas das laterais do celeiro. As mulheres se sentiam langorosas em sua cama de palha. Zinka automaticamente estendeu a mão para pegar a cigarreira que levara tantas horas fabricando com tiras rasgadas da sua esteira de palha em Leipzig. Guardada na cigarreira estava a única foto de France, a sua bebê gorducha e saudável. Uma guarda contrabandeara a foto para ela, foto que Zinka, miraculosamente, conseguira manter todo aquele tempo. A cigarreira ficava guardada com cuidado em sua pequena mochila, que lhe servia de travesseiro. Toda manhã, quando estendia o braço para pegar a gasta e macia cigarreira, era como se estabelecesse uma tênue conexão com o marido, Louis Francis. Logo a entregaria a ele, dizia a si mesma. O marido saberia, assim, que a esposa pensara nele ao longo de tantos meses[1]. A ideia inicial fora dar de presente de Natal no ano anterior, quando todas nutriam a esperança de estar em casa até dezembro.

⁂

Nenhuma das mulheres queria se levantar e começar a caminhada. Conversaram ainda zonzas, ouvindo os sons bucólicos de vacas no campo vizinho. Acabavam de passar a segunda noite de sono em liberdade. Mas essa liberdade ainda era tênue. Precisavam encontrar o front elusivo e os soldados americanos.

— Eu queria ouvir canhões ou algo do gênero — disse Zinka. — Ao menos saberíamos em que direção caminhar. — Todas tinham certeza de que Zinka, desafiadoramente, rumaria para os canhões e as bombas, caso achasse que esse era o caminho para casa e para França. — Seria de esperar que o front fosse mais barulhento, não?

— Talvez não estejamos suficientemente perto ainda — sugeriu Hélène, desanimada. Elas não tinham noção de quantos quilômetros e dias de caminhada as separavam dos norte-americanos que avançavam. Hélène temia que fossem recapturadas pelos alemães ou que os russos chegassem até elas primeiro. Perguntava-se se não seria melhor que se dividissem em grupos menores. Sabia, porém, que nenhuma das outras aceitaria essa ideia.

— Esta guerra não é como as outras — interveio Jacky em sua voz grave. — Nada da estúpida linha Maginot, nada de trincheiras. *C'est le bordel.*

Jacky pensava em seu falecido marido, Jean Aubéry du Boulley, que morrera de tuberculose, contraída durante seu breve período como soldado. Lembrava-se das suas descrições do caos por ocasião da invasão alemã. Ele escrevera que os generais franceses eram velhos, inseguros e equivocados, parecendo incapazes de agir. Esse novo tipo de guerra nada tinha a ver com a última. Ninguém sabia o que fazer. Essa *drôle de guerre*, essa guerra engraçada, havia sido um fiasco humilhante do início ao fim.

Jacky se afligia pensando constituir um atraso para o grupo. Talvez as outras se saíssem melhor se ela se arriscasse e ficasse para trás em algum celeiro de aldeia.

A voz de Mena interrompeu suas divagações.

— *Mesdames, mesdemoiselles*, nesta linda manhã, vou lhes servir o café da manhã na cama — anunciou, com um floreio dramático.

— Sério? — perguntou Nicole. — Com o quê?

— Sei qual dos três ovos que os iugoslavos nos deram é o duro.

— Como? — indagou Nicole.

— Pelo peso. Os moles sempre são mais leves — respondeu Mena, com uma segurança que até mesmo Hélène, que sabia que a lógica de Mena não era confiável, teve um instante de dúvida.

Mena planejou dividir o ovo duro para pôr nas fatias de pão remanescentes. Com cuidado comparou o peso de cada ovo, segurando-os nas mãos. Girou-os para confirmar. As mulheres a observavam, divertidas. Ela fazia caretas engraçadas, como em concentração.

— Este aqui — anunciou, exibindo o ovo. — Definitivamente é mais leve que os outros dois.

Imbuída de confiança, Mena quebrou o ovo escolhido. Ele rachou e começou a escorrer por entre seus dedos. Ouviu-se um gritinho de surpresa e choque. Felizmente Zinka, que conhecia muito bem Mena, se antecipara, botando sua tigela de lata debaixo do ovo, aparando a gema que escorreu por entre os dedos da amiga.

— Muito bem! — exclamou Lon para Zinka.

Todas explodiram em gargalhadas irrefreáveis. Não conseguiam parar de rir. Foi um alívio histérico de tensão. Quanto tempo fazia desde que tinham rido de verdade? Zinka imitou o grito de choque de Mena, o que deslanchou mais uma rodada de gargalhadas, à qual Mena também aderiu.

— Não faz mal — disse Mena. — Eu tenho um plano!

Misturou o ovo cru com um pedacinho de pão e um tantinho de schnapps, a sobra dos presentes ganhos dos iugoslavos, e espalhou a mistura no pão. O resultado ficou delicioso. Nicole propôs chamar a iguaria de *tartines d'oeufs durs à la Mena*.

※

Hélène riu junto com as outras, mas estava preocupada com o dia que as aguardava. Queria uma refeição mais substancial para o grupo e alguma indicação, se possível, sobre a localização do front. Até então, haviam tido sorte.

Foi em busca do dono da estalagem, na esperança de que ele as convidasse para o café da manhã. Encontrou-o mexendo com panelas na cozinha e deu um susto no homem. Nervoso e magricela, o sujeito nitidamente esperava que as mulheres já tivessem partido. Hélène via agora seu arrependimento por tê-las deixado dormir no celeiro. Embora quisesse ajudar, ele estava apavorado e torcendo para ela sumisse.

— Esperávamos tomar café antes de ir embora — disse Hélène em seu alemão mais cortês e bajulador.

— Está bem — respondeu o homem com nervosismo. — Com a condição de comerem na cozinha, não no restaurante. E já. E depois partirem rapidamente.

— Vou falar com as outras.

— Você precisa entender — interrompeu-a — que se forem descobertas... Alguns homens fugiram faz alguns dias daquelas marchas de prisioneiros, não muito distante daqui. Alguns moradores os caçaram e os executaram no campo. Chamaram a busca de "caçada judia".

Hélène assentiu. Recusou-se a demonstrar medo.

— Não somos prisioneiras fugitivas.

Ele rosnou, indicando que já bastava de farsa.

— Mataram todos. Assim! — prosseguiu, estalando os dedos. — Muitos por aqui não são tão solidários quanto eu. Dizem que os russos entraram em Berlim e estão acabando com a cidade. As pessoas têm medo.

O dono da estalagem tinha outra história para contar. Um oficial alemão na aldeia acabara de se suicidar naquela manhã mesmo. Não era um bom sinal. Todos começavam a entrar em pânico.

A história do suicídio foi repetida para as outras, quando todas se reuniram na cozinha. Em silêncio e rapidamente, cada uma comeu uma batata cozida e tomou um copo de leite. Recolheram seus pertences e saíram para a estrada na direção do que esperavam ser o front.

Ao partirem de Reppen, uma idosa se debruçou numa pequena janela e chamou Lon:

— Para onde está indo, filhota?

— Para onde o sol nos levar, senhora.

Hélène sugerira que até conseguirem informações mais detalhadas seguissem o sol para oeste até esbarrarem nos americanos.

— Sim, mas qual é o seu destino?

— Minha casa. Na Holanda — respondeu Lon.

A idosa não pareceu surpresa e acrescentou que também ela era refugiada da Prússia e gostaria de um dia voltar para casa. Olhando para a mochila pendurada no ombro de Lon, indagou:

— Foi só isso que você conseguiu salvar, filhota?

— Não, senhora — respondeu Lon. — Também salvei a minha vida.

⁂

O ataque de riso matutino manteve o ânimo das mulheres, a despeito dos alertas sombrios do homem da estalagem. Lon escreveu em seu diário nesse dia: "Já não sinto a minha liberdade como um vaso de cristal na mão, mas como uma realidade."[3] Continuavam, porém, fracas e desgastadas. Os pés sangravam. Hélène começava a sentir uma dor terrível nos quadris. Zinka não sabia, mas sofria de tuberculose, Jacky, de difteria, e os pés de Josée estavam cobertos de bolhas inflamadas. Nicole se recuperava de uma pneumonia. Mena vinha fingindo desde o início da fuga que aquilo não passava de uma excursão de camping, mas a realidade da situação aparentemente começava a lhe abalar os nervos. Agia de forma estranha, tangenciando os limites entre a loucura e a excentricidade. Era perturbador. As outras trocaram olhares aflitos quando Mena começou a rir e pular com alegria delirante ao ver um abelhão[4]. Dava a impressão de ter perdido o controle, gritando e apontando: "Olhem, olhem, um abelhão. Vejam!"

Todas se lembravam de mulheres que haviam enlouquecido nos campos, e era assustador. Parecia cruel que agora, tão próxima da liberdade, Mena fosse sucumbir. Algumas sentiram raiva dela, achando que devia recuperar o controle. Mas Guigui sorriu, compreensiva. Enlaçou o braço de Mena no seu, o que a acalmou. Beijou a amiga na testa, e as duas começaram a andar juntas num ritmo mais constante.

A paisagem entre Leipzig e o lugar onde se encontravam havia sido plana e monótona, mas agora viam árvores e montanhas. Pequenas aldeias se aninhavam nas dobras dos vales.

Raitzen, a aldeia seguinte no caminho, estava a poucos quilômetros de distância. Lá, as nove foram imediatamente abordadas por um policial que lhes disse ser proibido andar na zona entre as duas linhas do front. Essa notícia animou-as. Era a primeira informação real, por mais inadvertida que fosse, que ouviam sobre a localização do front.

O policial estendeu a mão com autoridade e exigiu os documentos de todas. Hélène deu um passo à frente. Já esperava um novo confronto com as autoridades alemãs. Era inevitável. De alguma forma, precisava se safar desse também.

As outras mantiveram a cabeça baixa, evitando o contato visual. Mena começou a rir, mas Guigui a interrompeu, apertando sua mão. Hélène tomou uma rápida decisão de usar a história de operárias temporárias e explicou ao homem que a fábrica em que trabalhavam havia sido bombardeada.

— Veja nossas roupas. Perdemos tudo. Não deu tempo nem para pegarmos nossas coisas — explicou. Pareciam desesperadas porque estavam mesmo. Precisavam fugir. Não estavam simplesmente tentando voltar para casa.

— Somos apenas um grupo de mulheres inofensivas — disse ela. — Não entendemos de guerra. Não é assunto nosso. Só estamos perdidas. Só mulheres.
— Esperava que isso despertasse a compaixão do homem. — Talvez você possa nos fazer um mapa do caminho que nos levará até a França sem incomodar os soldados, não?

Ele a estudou, depois examinou o grupo e finalmente tornou a fitá-la. Respirou fundo e Hélène percebeu que o amolecera. O policial pediu que ela o seguisse até o escritório, onde paternalmente desenhou um mapa que mostrava onde poderiam estar as linhas do front naquele momento, ao menos conforme as últimas notícias que recebera. Mostrou a ela a melhor maneira de evitar aquela zona. Hélène elogiou o desenho, agradeceu sua enorme gentileza e encheu-o de perguntas "inocentes".

— É que não entendemos como funciona a guerra — não parava de repetir. — Você sabe, não passamos de mulheres.

Por dentro, estava eufórica. Ele desenhara o mapa em papel timbrado da delegacia de polícia de Raitzen. O papel, sabia Hélène, se mostraria muito mais útil do que o mapa em si. Ele não tinha uma ideia precisa de onde se achavam os soldados norte-americanos, mas para ela isso não importava. Conhecendo a insistência dos alemães no quesito documentos, imediatamente se deu conta da importância desse papel de aparência oficial e de como seu significado poderia ser subvertido. Elas seriam capazes de apresentá-lo como prova da obtenção de permissão para viajar: tinham agora um salvo-conduto — e da polícia de Raitzen ainda por cima.

Enquanto Hélène seduzia o policial, o restante do grupo aguardava do lado de fora, tentando armazenar o calor do sol que vez por outra surgia por entre a mortalha cinzenta de nuvens. Um grupo de soldados alemães notou as mulheres sentadas ociosas e rindo juntas. Cientes de que eram francesas, quiseram flertar e papear. Pretendiam que entendessem que eles não as viam como inimigas. Aos poucos, os soldados descobriram que as mulheres tinham fugido da SS, que não eram *Gastarbeiter*. Propuseram, então, uma barganha: dois pães, um pouco de margarina, queijo, um pequeno chocolate e cigarros por vinte marcos e um dos triângulos vermelhos delas. Poderia vir a ser útil provar que haviam ajudado prisioneiras políticas francesas a fugirem. Quando os soldados se afastaram, as mulheres acenderam um cigarro e o passaram de mão em mão. Dando uma tragada, Jacky foi assaltada por um espasmo de tosse.

— Não acho uma boa ideia — atalhou Zinka. — Talvez com o estado do seu coração, você não devesse fumar.

— *Merde*! — revidou Jacky. — Estou bem. Meus pulmões estão destreinados. O que não é bom para o meu coração é essa maldita excursão de camping.

Mena pegou o cigarro e soltou uma série de anéis perfeitos. Seu delírio de mais cedo passara e agora ela parecia resignada.

— Bom ou não, cá estamos nessa maldita excursão de camping.

❦

No início da minha busca pelas mulheres na "excursão de camping" com minha tia Hélène, eu conhecia apenas seus apelidos ou *noms de guerre*. A arquivista no museu do Memorial dos Trabalhos Forçados Nazistas me dera a lista de prisioneiras na HASAG de Leipzig e isso me levara a descobrir as identidades reais de um punhado de outras mulheres no grupo das nove. Mas eu chegara ao fim da linha. A página em fotocópia escaneada era difícil de ler, com manchas, marcas de lápis e anotações nas margens que não consegui decifrar. Para descobrir mais sobre as nove mulheres, era preciso uma visita aos Arquivos Nacionais em Paris.

Eu teria de reservar os documentos que quisesse consultar passando em revista o gigantesco rol online. Não sabia por onde começar. Escolhi uma caixa de documentos pertencentes a alguém cujo nome era Odette Pilpoul, simplesmente porque ali constava que ela também fora uma prisioneira na HASAG de Leipzig.

Os arquivos que eu pedira me aguardavam quando cheguei aos Arquivos Nacionais. Encontravam-se num dossiê antiquado de lona, amarrado com tiras de pano. Abrindo-o, senti o cheiro familiar e confortante de papel velho. Me transportei para o sótão da fazenda do meu pai, lugar onde passei tardes quentes de verão remexendo em caixas de cartas e revistas antigas datadas da guerra. Na infância, meu pai teve uma paixonite pela Rainha Elizabeth e colecionara revistas que falavam da sua coroação. Também guardara as poucas cartas e documentos remanescentes do pai, que escapara da perseguição aos judeus na Alemanha para tornar-se mais tarde um soldado no Departamento Norte-americano de Serviços Estratégicos durante a guerra. Os papéis dessa época tinham um cheiro específico, e ali estava ele de novo.

Pilpoul era uma prisioneira política francesa como as nove mulheres sobre as quais eu estava escrevendo. Haviam ocupado, descobri, o mesmo alojamento prisional em Leipzig. Em sua juventude em Paris, Odette ajudara a imprimir e distribuir o jornal clandestino *Libération*, o mesmo em que Geneviève de Gaulle trabalhou. Em 1941, Odette se tornou assistente do prefeito do terceiro *arrondissement*. Nesse cargo, conseguiu fornecer centenas de documentos falsos para judeus e não judeus, inclusive identidades, certidões de nascimento e cupons de racionamento; ela escreve que sempre "esquecia" de usar o carimbo que identificava uma pessoa como judia. Alertava para batidas iminentes. Sabotava as investigações da Gestapo e escondia judeus em seu apartamento. Ajudava pilotos britânicos e norte-americanos abatidos pela Luftwaffe, munindo-os de documentos falsos. Acomodou bebês judeus com famílias cristãs. Em 1944, porém, foi pega escondendo uma família judia em seu apartamento. Enviaram-na para Fresnes, depois para Romainville, para Ravensbrück e, finalmente, para a HASAG em Leipzig[5].

A caixa continha suas anotações em Leipzig, suas listas metódicas e os documentos nazistas que conseguira roubar nos derradeiros dias do campo. De repente, eu me vi diante do original da página fotocopiada pela arquivista em Leipzig. Agora dava para ler todas as marcas desbotadas. Ao lado do *nom de guerre* da minha tia, Christine, Odette escrevera "Hélène". As duas deviam ter sido amigas, já que ela conhecia o nome real da minha tia. De alguma forma, Odette poupara da destruição esse documento vital.

Antes de roubar a lista nazista, Odette criara um caderno improvisado com pedaços de papéis descartados recolhidos no chão da fábrica da HASAG que ela costurou com linha igualmente descartada. Nele, registrou quem estava no campo, as transferências, quem havia morrido. Anotou os endereços completos de todas, para que as famílias pudessem ser contatadas depois, para que tomassem conhecimento do que acontecera com a parente querida. Fez uma lista das amigas mortas e outra em que registra a chegada de um grupo em setembro, que incluía Jacky, Nicole e a amiga íntima de Nicole, Renée, o que explica por que eu não conseguira encontrá-las na lista que me enviara a arquivista em Leipzig. Todos esses registros clandestinos revelam uma determinação de proteger a verdade.

Eu lera que após os terríveis atentados terroristas na boate Bataclan em Paris em novembro de 2015, as pessoas haviam criado, como acontece com frequência, um memorial espontâneo próximo ao local da tragédia, um muro de fotos e bilhetes e desenhos e cartões. Quando chegou a hora da limpeza e da volta à vida normal, arquivistas com cuidado e carinho reuniram cada pedaço de papel, cada cartão e bilhete, de modo a preservá-los.

Olhando à volta no salão de leitura dos Arquivos Nacionais, senti a presença de outros antes de mim, gente como Odette, que arriscaram a vida para registrar e salvar o que puderam. Odette compreendia a importância de prestar testemunho. Era como se naquele dia me desse permissão para escrever este livro.

⁂

Mesmo com o original nazista nas mãos, eu não fazia ideia de como encontrar o nome real de Zinka. Zinka podia ser um apelido para o nome em Myzinka, de origem iídiche, que significa "dedo mindinho" ou "pequeno". Talvez fosse um apelido cunhado pelas demais prisioneiras. Qual seria seu nome verdadeiro? E teria ela afinal encontrado a filha? Me perguntei se haveria em algum lugar o registro do nascimento de France.

Pesquisei relatos de crianças nascidas nas prisões francesas e qualquer coisa que pudesse me ajudar a descobrir o que acontecera com essas crianças.

Também busquei histórias de fugas durante as marchas da morte. Houve algumas, enquanto a máquina nazista ruía.

Esbarrei no nome Renée Guette na mesma lista nazista das internas em Leipzig em que constava Hélène. Seu número era 4036. Fora presa quanto tinha apenas 16 anos. Em 1945 estava com 18 anos, mais ou menos a mesma idade de Josée. Segundo seu relato, escapara da Marcha da Morte na manhã em que chegaram a Wurzen, no momento em que eram bombardeadas por aviões aliados — no momento em que a mochila de Josée fora perfurada por balas. Renée explicava que enquanto outros corriam em círculos ensandecidos, no caos, ela e um grupo de quatro pessoas correram para uma área de mata. Os guardas da SS atiraram. Renée ficou para trás. Uma amiga a puxou para dentro de uma vala. Então, um grupo de civis passou e elas puderam usar essa distração como cobertura para correrem para o mato, onde se esconderam durante a primeira noite de liberdade. Renée foi encontrada pelo exército russo e entregue ao campo norte-americano de refugiados em Grimma em 7 de maio.

Renée estivera em Romainville, Neue Bremm, Ravensbrück e depois na HASAG em Leipzig — a mesma peregrinação feita por Hélène. Após a guerra, uma família enviou a Renée a foto de um garotinho. Procuravam o menino e sua mãe, Pauley, filha deles e amiga de Renée. Por acaso ela saberia dizer o que acontecera a Pauley? Renée escreveu nas costas da foto: "O filho mais velho de Pauley, certamente está morto. Vi Pauley pela última vez na estrada pouco antes da liberação. Foi presa grávida. Seus gêmeos foram afogados num balde diante de seus olhos. Depois disso, ela enlouqueceu. Deve ter morrido na estrada."

Achei pouco provável que o bebê de Zinka tivesse sobrevivido, mas, então, minha busca me levou a uma foto num jornal de cinco crianças nascidas enquanto as mães estavam presas na França. A foto fora tirada após a guerra, e a legenda explica que oito crianças nasceram nesse período. As mães permaneceram isoladas de outras prisioneiras. Mais tarde deportadas para Ravensbrück, algumas foram parar em Leipzig. Seus filhos lhe foram tirados. Sete sobreviveram; Micheline e sua bebê Bébiette, judias, foram para a câmara de gás em 1943.

LISE LONDON

Lise London fazia parte do mesmo grupo de mães. Depois da guerra, escreveu um livro de memórias, La Mégère de la rue Daguerre (*A megera da rua Daguerre*). Lise organizou um protesto contra o trabalho forçado de rapazes franceses na Alemanha, o STO. Postou-se na movimentada rua Daguerre e fez um discurso apaixonado para a plateia, seguido de uma chuva de confetes, panfletos políticos e um coro fervoroso de "La Marseillaise".

O protesto durou pouco, já que a polícia partiu para cima da multidão; Lise escapou por pouco, mas cometeu um erro fatal, algo contra o que o marido tentara alertá-la naquela manhã. Ele sabia que a esposa correria perigo e ao se beijarem na escada, lhe indagara: "Tem certeza de que está com os bilhetes do metrô?"

Ela não levara a sério a preocupação do marido, ou talvez tenha se mostrado indiferente para tranquilizá-lo. Mas no momento crucial em que tentava escapar, não dispunha de um bilhete de metrô. Precisou fugir a pé e buscar abrigo no apartamento de um amigo. Alguém no prédio, porém, a viu, e poucos dias depois ela foi denunciada e presa. Um artigo no jornal sobre o protesto a chamou de *mégère*. Houve grande pressão por parte das autoridades alemãs para lhe darem a pena de morte, mas sua gravidez a salvou. As autoridades francesas, embora colaborassem plenamente com os alemães, ainda hesitavam em deportar ou executar mulheres grávidas, já que a criança em seu ventre era inocente.

Pensando em Zinka, li a descrição de Lise de como era dar à luz na prisão. Na primeira vez que entrou em trabalho de parto, ela foi transferida para um hospital sob guarda armada e algemada à cama. Então, à medida que as dores aumentavam, um agente da polícia secreta francesa começou a interrogá-la. Tinham certeza de que ela possuía mais informações, de que conhecia os nomes e os chefes das redes. O homem passou a esbofeteá-la e espancá-la, mesmo durante as contrações. Finalmente, o médico assistente deu um basta. Exigiu que o policial saísse do quarto. Foi quando as dores cessaram e a devolveram à prisão. Quando, finalmente, a hora do parto chegou, as amigas a ajudaram a dar à luz em segredo. Mordendo uma toalha ela evitou fazer barulho.

Entre 4 de abril e 16 de maio de 1944, Lise e todas as outras prisioneiras políticas foram deportadas. As autoridades prisionais prometeram às mães que fariam o possível para entregar os bebês às suas famílias. Na última noite, depois de abrirem mão dos filhos e antes de serem postas nas mãos dos alemães, as mulheres receberam de volta suas roupas civis, suas alianças de casamento, seus relógios. Era estranho vestir de novo as velhas roupas, que estavam largas, já que todas haviam perdido peso. Ninguém dormiu; seus corações doíam com a perda dos filhos. Um padre as visitou de manhã cedinho, e elas lhe encheram os bolsos com bilhetes e endereços para que ele pedisse a suas famílias para buscarem seus bebês. Cada grupo que partia ouvia cantos surgirem de diferentes prédios até todos se unirem para cantar os versos "Chant des Adieux" com a música de "Auld Lang Syne":

*Faut-il nous quitter sans espoir,*
*Sans espoir de retour,*
*Faut-il nous quitter sans espoir*
*De nous revoir un jour*
*Ce n'est qu'un au-revoir, mes fréres*
*Ce n'est qu'un au-revoir*
*Oui, nous reverrons, mes frères,*
*Ce n'est qu'um au-revoir*

Precisamos partir sem esperança
Sem esperança de retorno
Precisamos partir sem esperança
De nos revermos um dia
É apenas um até logo, irmãos

É apenas um até logo
Sim, nos reveremos, irmãos,
É apenas um até logo.

As mulheres foram levadas a um pátio, cercadas de soldados nazistas. O chefe da prisão leu em voz alta a lista dos nomes. Lise London escreveu que quando o último nome foi chamado, e sem qualquer sinal visível de comunicação, as mulheres voltaram a cantar, dessa vez "La Marseillaise".

> "Os soldados da SS enfurecidos nos bateram com seus rifles e nos empurraram para os caminhões onde continuamos a cantar." Os SS de armas em punho, se postaram nas traseiras dos caminhões e baixaram a lona sobre as mulheres a fim de escondê-las. Era possível perceber, pelo movimento das rodas sobre a rua pavimentada que estavam passando pelas ruas da cidade. "Continuamos a cantar 'La Marseillaise' para alertar os transeuntes e fazê-los entender o que havia naqueles caminhões militares."[7]

※

No campo de detenção e deportação de Romainville, elas viram esculpidos nos catres de madeira do novo alojamento os nomes de algumas de suas camaradas, juntamente com *Vive la France* e *À bas Hitler!*.

Alguém encontrou o nome de Danielle Casanova. Reunidas à volta, sentiram as ranhuras com os próprios dedos. Danielle, heroína de todas, passara por ali. Havia estudado odontologia, mas depois da queda da França organizara a juventude e depois grupos femininos. Escreveu para o jornal clandestino *Pensée Libre* (Pensamento livre) e fundou *La Voix des Femmes* (A voz das mulheres). Cheia de vida e amante de gargalhadas, Danielle inspirou muitas mulheres a se juntarem à luta. Ela acreditava fielmente na igualdade absoluta entre homens e mulheres. Logo no início, seu marido foi feito prisioneiro na Alemanha. Ela se mudara continuamente para se esconder. No final foi pega, presa e enviada para Auschwitz, onde trabalhou na enfermaria. Porque os alemães se preocupavam tanto com infecções e epidemias, essas pessoas com quem precisavam trabalhar em contato próximo, como o staff médico do *Revier*, por exemplo, tinham acesso a água e roupas limpas.

Danielle levava notícias às outras sempre que podia. Quando conseguia, arrumava-lhes trabalhos para protegê-las — para uma amiga, ela criou um cargo para espantar ratos na enfermaria. Quando visitava as demais à noite em seus barracões, eram visíveis as lágrimas em seu rosto. Diariamente testemunhava coisas pavorosas. Para as mulheres, porém, levava esperança. Sabia-se com certeza que ela sobreviveria para contar suas histórias — tamanha era a certeza, que muitas lhe deram a única coisa que lhes restara, as alianças de casamento.

Danielle morreu de tifo um ano antes do envio das mulheres para Romainville, e a notícia da sua morte alcançou as mulheres presas na França. Lise London escreveu: "Ao pensarem em sua lembrança, lágrimas brotaram nos olhos de todas que a amavam. Já sabíamos que ela não mais existia, mas mesmo assim a sentíamos próxima."[8]

De Romainville, elas foram mandadas para Neue Bremm em 30 de maio, o que marcou a verdadeira descida ao inferno. Quando o vagão foi aberto, uma visão aterradora assaltou-as de imediato. Lise escreveu:

> "Sempre vou me lembrar daquela primeira e insuportável imagem de homens esqueléticos que, sob as ordens de um grupo de fogosos e insolentes oficiais da SS, de chicote na mão, eram forçados a rastejar correndo em torno de uma bacia, sem cessar, para entretenimento daqueles brutos sádicos. Os oficiais chamavam isso de 'esporte'. Dois prisioneiros arrastando um morto passaram por nós, congelados de terror. Um deles nos sussurrou: 'Vejam o que eles fazem com os homens aqui'."[9]

Renée Guette também descreve o primeiro "esporte" a que foi obrigada a assistir ao chegar a Neue Bremm: "Vimos um homem esquelético rastejar na direção de um torrão de açúcar. Tinha de pegá-lo como se fosse um cão, com a boca, mas no último instante o torrão lhe foi tirado. Então o guarda da SS o obrigou a correr, sempre de quatro, enquanto o açoitava."[10]

ZINKA E LOUIS FRANCIS, VERÃO DE 1942

 Descobri a primeira pista para o nome verdadeiro de Zinka no livro de Lise London. Na verdade, as duas eram amigas íntimas. Lise incluiu um esboço a lápis que fez de uma mulher que ela chamava de "Zimka", acrescentando entre parênteses o nome Renée Châtenay. Não tive certeza de que se tratasse da mesma Zinka, mas quando consegui um exemplar do livro de Lon, em uma das últimas páginas constava que o nome verdadeiro de Zinka era Renée Lebon Lebon. Pesquisando Renée Lebon e Renée Châtenay, acabei descobrindo que se tratava da mesma pessoa: seu nome de solteira era Lebon, o de casada, Châtenay. A avó paterna era chamada de Zinka, e em sua homenagem, Renée Lebon foi chamada de Renée Zinka Lebon.

 Lon escreveu: "Zinka — Renée Lebon Lebon — era uma bonequinha, com cabelo cacheado e uma linda falha entre os dentes da frente. Era a única de nós que tinha uma filha, nascida em Fresnes, chamada France, que havia sido entregue à sua família."[11]

O pai de Zinka se chamava Pierre Lebon, filho de André Lebon, ministro da Indústria e do Comércio nas colônias francesas. A mãe de Pierre, avó de Zinka, era Zinka Paléologue, irmã de Maurice Paléologue, o último embaixador francês junto ao czar. Zinka vinha de um meio social de aristocratas, políticos poderosos e diplomatas.

Em 1913, Pierre Lebon se casou com Jeanne Crozet-Fourneyron e juntos tiveram duas filhas: Zinka nasceu em 1914. Pierre lutou na Primeira Guerra Mundial. Já próximo ao fim da guerra, em 1916, Jeanne adoeceu e morreu de gripe espanhola. A irmã solteira de Jeanne, Simone, mudou-se para a casa da irmã para cuidar da família. Alguns anos depois, em 1919, Pierre se casou com Simone, e os dois tiveram mais quatro filhos. Simone, tia e madrasta de Zinka, morreu em 1936, antes da guerra. Sob certos aspectos, Zinka perdera a mãe duas vezes, a primeira aos dois anos e a segunda aos 22. Foi encarregada de cuidar dos irmãos e irmãs. Talvez por isso tenha se casado cedo.

Quando eclodiu a Segunda Guerra Mundial, a família imediatamente se juntou à Resistência. A família Lebon era próxima a Charles de Gaulle, e Pierre, o pai de Zinka, foi um fiel gaullista até o final da vida. Já em 1940, Zinka distribuía jornais, panfletos e propaganda. O irmão mais velho, Yves, fazia parte das Forças Francesas Livres e foi morto em Bir-Hakeim em 1942. O pai de Zinka atuou com De Gaulle como líder da Jade Fitzroy, uma rede da Resistência. O outro irmão de Zinka, Roger, era o chefe da rede Gambetta.

Preocupado com o futuro da filha solteira, Pierre reparou num jovem excelente que era o administrador do ministério de suprimentos e provisões. Louis Francis Lebon (que não era um parente) era dois anos mais velho que Zinka e tinha graduação em ciência política e direito. Era divertido, com uma aparência doce e desengonçada: alto e magro, tinha orelhas grandes e um amplo sorriso. A seu lado, Zinka parecia ainda mais baixinha.

Pierre foi o cupido. Levou Louis Frances à sua casa para conhecer Zinka. Não havia dúvidas a respeito da importância de combater os alemães na patriótica família Lebon. Pode-se supor que Louis Francis partilhava tal fervor com Zinka, mas ele também a fazia rir. Provavelmente trabalhou com Pierre e outras redes ajudando a obter cupons de racionamento para quem estava escondido. Louis Francis se apaixonou por Zinka e, a julgar pelas fotos, os dois formavam um casal feliz. Estão de braços dados, esbanjando contentamento, durante os anos mais duros da guerra. Casaram-se em 11 de setembro de 1942.

Em abril de 1943, com Louis Francis, Zinka entrou para a Comète, a rede que escondia aviadores britânicos abatidos pelos alemães e os ajudava a fugir para a Inglaterra. Coube a Zinka a função de abrigar um piloto americano parrudo escondido numa pequena *chambre de bonne*, um daqueles absurdamente minúsculos apartamentos nos sótãos dos prédios parisienses que serviam como quartos de empregada. Um trabalhador de fazenda do meio-oeste, que jamais viajara para fora do próprio estado antes da guerra, muito menos para terras estrangeiras, o norte-americano começou a sentir claustrofobia naquele espaço tão exíguo. Disse a Zinka que não poderia ir embora sem primeiro ver a Torre Eiffel. O que diria aos amigos e parentes se não a visse? Zinka teve pena do piloto e concordou em levá-lo até a Place du Trocadéro, de onde ele poderia ver a torre. Não pensara em como o homem pareceria enorme a seu lado e ao lado dos parisienses famintos. Os dois foram alvos de alguns olhares no metrô. Zinka explicou ao norte-americano que ele não deveria dizer coisa alguma, nem sequer uma palavra, e, se fosse abordado, que se apresentasse como surdo-mudo. Uma vez na praça do Trocadéro, para seu horror, Zinka percebeu que o lugar estava cheio de soldados alemães de folga, tirando fotos da magnífica vista do Sena e, do outro lado do rio, da Torre Eiffel. O norte-americano, deslumbrado com a visão da torre, exclamou com sua voz de trovão, em inglês: "Uau! Isso é simplesmente fantástico!"

Zinka agarrou-o, girou-o nos calcanhares e o puxou rapidamente para a entrada do metrô, sussurrando furiosa para que calasse a boca. Mais tarde, riria dessa explosão espontânea de raiva. A beleza de Paris foi demasiada para que o aviador se contivesse. No momento, porém, a vontade foi virar a mão na cara dele.

A meia-irmã de Zinka, Marthe, e o meio-irmão Roger, de 21 e vinte anos, respectivamente, acompanhavam os pilotos até a fronteira espanhola. Também forneciam documentos falsos àqueles na clandestinidade e encontravam esconderijos para indivíduos e rádios. No entanto, na primavera de 1943, a linha Comète foi infiltrada pelos alemães e ficou seriamente comprometida. Vários abrigos sofreram batidas, e agentes foram presos pela Gestapo. Centenas de pilotos norte-americanos e canadenses que se encontravam escondidos acabaram deportados para Buchenwald. Nove meses após o casamento de Zinka, em 23 de junho de 1943, Louis Francis foi preso.

Quase dois meses se passaram sem informações oficiais a respeito do destino do marido. Zinka se desesperou. Alguém lhe disse que ele estava detido em Fresnes na iminência de deportação para a Alemanha. Para aumentar a ansiedade, Zinka descobrira estar grávida de três meses. Querendo partilhar a notícia com o marido, talvez para ajudá-lo a recuperar o ânimo, e temendo que fosse deportado ou condenado à morte, Zinka foi até a prisão de Fresnes em 12 de agosto para perguntar por Louis Francis. Devia saber que corria um risco enorme, mas não lhe faltava coragem. A Gestapo a prendeu na hora. Também acabou se tornando prisioneira em Fresnes.

Deveria ter sido deportada antes e assim contar com uma chance menor de sobrevivência, mas por estar grávida, as autoridades a mantiveram na prisão francesa, como haviam feito com Lise London. Seis meses depois, em 8 de fevereiro de 1944, deu à luz a filha, a quem, patrioticamente, deu o nome de France. Conforme já observado, conseguiu manter a filhinha em sua companhia durante 18 dias antes de levarem o bebê embora. Não temos como saber se Louis Francis soube do nascimento da filha, mas ele continuava em Fresnes à época, portanto é provável que possa ter conseguido enviar uma mensagem de volta à esposa.

Os irmãos de Zinka, Marthe e Roger, haviam se unido a uma rede que atuava diretamente com a inteligência britânica. Em 20 de março de 1944, enquanto faziam os preparativos para mais uma operação, o escritório foi invadido pela Gestapo. Os dois também foram mandados para Fresnes. Será que as duas irmãs conseguiram se ver? Ou os homens?

Louis Francis e Roger talvez tenham ouvido à boca pequena a notícia da deportação de Zinka e Marthe para a Alemanha em 1944. Muitos ex-prisioneiros dessa época relatam que nas manhãs em que um grupo de prisioneiros se preparava para o transporte, aguardando no pátio central, a prisão toda ficava em alerta. Em um dado momento, todos os prisioneiros em todas as celas começavam a cantar juntos a plenos pulmões o "Chant des Adieux", com a última estrofe "É apenas um até logo". Louis Francis e Zinka, que provavelmente jamais se viram na prisão, decerto pensavam um no outro ao cantarem esses versos.

Zinka foi inicialmente mandada para Romainville para aguardar a deportação. Algumas das famílias das mulheres tinham descoberto que havia um morro acima da prisão de onde podiam ver as janelas das presas. Zinka viu pela última vez sua filha France, uma bebê de três meses gorducha e saudável, nos braços da sua irmã Claude no morro ao longe. Sabe-se lá como, a irmã também conseguiu lhe passar uma foto da neném.

Louis Francis foi deportado em 3 de junho de 1944 para Sachsenhausen, um campo logo ao norte de Berlim, situado apenas a algumas paradas antes de Fürstenberg, a cidade que ficava em frente a Ravensbrück, no lado oposto do lago. Imagino se Zinka sabia que estavam tão próximos, ao menos nos primeiros meses após a deportação de ambos.

---

No pátio central em Romainville, cinquenta nomes foram chamados, o de Zinka entre eles. Disseram às prisioneiras para pegar seus pertences e a cada uma foi entregue um pacote da Cruz Vermelha. Aguardaram horas nas filas no pátio, proibidas de falar. Então, embarcaram-nas em caminhões e as levaram até a Gare del'Est, cercadas por soldados. Ao chegar, tentaram cantar "La Marseillaise", mas os guardas reagiram com tamanha violência que o canto cessou. Estavam cercados de civis, e os guardas se mostraram especialmente determinados a não permitir uma insurreição naquele momento. Foram levadas para os vagões dianteiros, logo atrás da locomotiva, de um trem comum de passageiros.

O trem começou a andar, as persianas foram cerradas e as janelas, trancadas. Era proibido tocar nas janelas e falar, mas logo correu a informação: vá ao banheiro e dali você pode atirar um bilhete nos trilhos. Cada qual rabiscou uma mensagem derradeira para a família e, uma por uma, essas mensagens foram "enviadas". Muitas acabaram recolhidas por operários da ferrovia e, de fato, entregues.

Com uma hora de viagem decorrida, o vagão do trem estremeceu violentamente. Havia sido atingido por uma bomba. O trem parou de repente e todos caíram de seus assentos. Foi quando ouviram os aviões. A Royal Air Force tinha o trem como alvo. O caos se instalou: as pessoas gritavam. Um novo sobrevoo de aviões se fez ouvir acima, e o trem voltou a ser atingido, antes de uma rajada de armas automáticas. A garota ao lado de Zinka caíra-lhe em cima e estava muito ferida. Zinka ouviu os alemães posicionarem algum tipo de arma no topo do trem e começarem a atirar contra os aviões. Ouviram-se mais aviões e trocas de ataques.

Zinka se perguntara por que viajavam em vagões normais de passageiros e não nos de carga destinados ao gado, dos quais tanto ouvira falar. Agora, porém, percebia que o trem levava soldados alemães e armamentos. Os prisioneiros funcionavam como escudos humanos.

Quando os aviões se afastaram, fez-se o silêncio, seguido de gritos dos alemães e gemidos dos feridos. No vagão todo mundo estava de pernas para o ar. As janelas haviam sido quebradas e as persianas, fechadas por ordem dos alemães, se encontravam agora despedaçadas. Zinka foi uma das poucas a escapar da chuva de balas. Precisaram carregar os corpos dos mortos para fora dos vagões e deixá-los nas margens da ferrovia, enquanto os alemães gritavam ordens. Então, uma nova locomotiva surgiu e o trem prosseguiu.

Após uma longa viagem, com muitas paradas e retomadas, às vezes chegando mesmo a andar de ré, chegaram todas, no meio da noite a uma estação onde receberam ordens para descer do trem. Achavam-se em Neue Bremm. Foram levadas por guardas com cães ferozes em coleiras até um saguão enorme onde as mandaram deitar nos colchões de palha e dormir. Uma guarda andava entre elas, estalando o chicote. Alguém, porém, teve coragem bastante nesse momento para começar a cantar as belas estrofes da "Ave-Maria". De início, a guarda tentou calar a cantora, mas a voz da mulher era tão maravilhosa, tão cristalina e perfeita, que até mesmo ela foi seduzida e permitiu que o canto continuasse. Essa foi a primeira noite de Zinka na Alemanha[13].

Na manhã seguinte, os guardas as avisaram que elas estavam ali para receberem "educação". Levaram-nas para uma área em frente a um tanque irregular cheio de água. Viram no local uma dúzia de prisioneiros com as mãos atadas nas costas. Alguns estavam nus e um punhado também tinha os pés amarrados. Esses homens eram obrigados a correr em volta do tanque, primeiro bem agachados e depois eretos, para baixo e para cima e em círculos incessantes. Os guardas os açoitavam ao passar e os empurravam, fazendo-os tropeçar. Quando caíam, eram atacados pelos cães e chutados pelos guardas. Alguns foram empurrados para dentro do tanque e afogados. Os guardas se divertiam colocando suas tigelas de sopa rala no chão em frente aos prisioneiros e obrigando-os a lamber. Chamavam isso de "esporte". Essa punição seria aplicada às mulheres caso desobedecessem a alguma ordem. Foi desse jeito pavoroso que se deu a chegada delas.

※

Zinka foi a primeira das nove a ser mandada para Ravensbrück, onde chegou em maio de 1944. Durante sua estadia em Neue Bremm, ouvira falar das perdas alemãs no front oriental e na Itália. Hélène, Zaza, Lon, Guigui, Josée e Mena chegariam em junho. Estavam a par do desembarque aliado na Normandia. Nicole e Jacky só chegariam em agosto, justo quando Paris estava sendo liberada. Mesmo com a virada da guerra, as nove seguiam sendo mandadas cada vez mais para o interior da Alemanha e para longe da liberação.

Em Neue Bremm, Zinka tinha certeza de que a qualquer momento seria libertada. Sabia ser apenas questão de tempo até que os alemães capitulassem. Mas quando se viu de novo num vagão de trem, dessa vez rumando mais para o leste ainda, seu coração começou a se inquietar. Percebia agora que a aguardava uma longa luta para sobreviver. Dessa vez, as mulheres foram aglomeradas nos vagões de transporte de animais. Sem água no calor do verão, a sede era quase insuportável. Em maio, as noites ainda continuavam muito frias, mas durante o dia, os vagões ferviam. Com apenas uma janelinha para ventilação, logo o vagão começou a feder a urina, fezes, suor e medo.

Na chegada a Ravensbrück, as mulheres foram novamente submetidas a um espetáculo de desumanização. Zinka foi despida e lhe tiraram a aliança de casamento. Sussurrou uma súplica para a prisioneira germano-tcheca que trabalhava na *Effektenkammer* para que guardasse em segurança sua única foto da bebê France. Praticamente sem trocar com ela um olhar, a mulher enfiou a foto num bolso interno de próprio casaco listrado. Alguns dias depois, entregou-a sorrateiramente a Zinka sem dizer uma palavra.

Após de cumpridas todas as sinistras formalidades da burocracia assassina alemã, Zinka se tornou a prisioneira 42106. Seria selecionada, juntamente com Hélène e as outras, para o grande transporte de mulheres até o campo de trabalhos forçados da fábrica HASAG em Leipzig em julho, e lá receberia o número 3892.

Do lado de fora da delegacia de polícia de Raitzen, uma camponesa desconfiada abordou as oito mulheres que fumavam sentadas à espera de Hélène.

— Quem são vocês? O que fazem aqui? — rosnou. O jeito da mulher as aborreceu e assustou.

Lon pacientemente repetiu a história que tinham ouvido Hélène contar para o policial, mas a mulher não demonstrou interesse. Interrompeu Lon:

— Vi que vocês fizeram um trato com aqueles soldados. Querem comprar minhas batatas?

Lon concordou em comprar cinquenta quilos se estivessem pré-cozidas. A fazendeira os entregou a Hélène ao deixar a delegacia: havia apenas 37 quilos e as batatas estavam cruas. O jeito ranzinza, inamistoso, da mulher as encheu de maus presságios acerca de Raitzen.

— Talvez a gente possa dormir ao relento, sob as estrelas e fazer uma fogueira e cozinhar as batatas, não? — sugeriu Mena, com entusiasmo.

— Fogueira, *merde*! — retrucou Jacky, indignada. — Malditas estrelas. Deus, me dê um teto de verdade sobre a minha cabeça.

Alguns quilômetros adiante, as nove chegaram a uma grande fazenda, com um celeiro cercado de campos. Deram-se conta de que, como grupo, representavam uma visão assustadora: maltrapilhas, mancando, pedintes emaciadas portando um caldeirão de ferro num tripé e uma saca de batatas. Assim, sete se esconderam atrás de um muro, enquanto Hélène e Lon tentavam a sorte.

Voltaram com expressões tão contritas que as outras não disseram nada. Não fizeram perguntas dessa vez. Começaram a recolher os pertences, mudas, imaginando a que distância ficaria a aldeia seguinte. A certa altura, Hélène indagou:

— Por que vocês estão indo embora?

Lon e Hélène explodiram em gargalhadas. Aparentemente adoravam esse joguinho.

— É maravilhoso — explicou Hélène. — Conhecemos o dono desta fazenda, Ernst Reitzer, e a filha, Annelise.

A loura e sorridente Annelise não hesitara um segundo em convidá-las para uma refeição. Quando entraram na casa, as duas encontraram uma cozinha grande, clara, onde havia uma bela mesa com flores num vaso. As mulheres, apesar da fome, emocionaram-se com aquela beleza singela. Tinham passado tanto tempo num lugar sem cor, desprovido de qualquer beleza, que por um instante se quedaram imóveis, em puro êxtase, os olhos marejados.

Annelise as convidara a sentar. Havia uma grande panela de sopa fumegante, uma tigela de batatas cozidas, cream cheese, geleia, café e pão. Ela e o pai foram anfitriões impecáveis. Enquanto as mulheres comiam, os dois fizeram perguntas, com alguma discrição. Na maior parte do tempo, foi Annelise que falou, por ter a mesma idade das mulheres, pouco mais de vinte anos. Não era propriamente uma fazendeira, esclareceu. Estava estudando quando a guerra estourou. Então, ambos os irmãos haviam morrido na guerra e a mãe, de tristeza. Precisara largar os estudos para ajudar o pai a tocar a fazenda. Brincava com o guardanapo no colo enquanto conversava, dobrando-o e desdobrando-o sobre os joelhos, como se pudesse alisar as rugas da própria história. No passado, nutrira grandes sonhos, mas então viera a guerra. Todos assentiram, entendendo. Sabiam exatamente do que ela estava falando. Annelise olhou para os rostos sorridentes que, em volta da mesa, ouviam atentamente. As duas estavam tão magras e abatidas, com as roupas em frangalhos, os rostos encovados a despeito dos sorrisos. Dava para dizer que essas mulheres não eram boêmias nem mendigas, e ela queria genuinamente saber como haviam chegado àquele estado.

As mulheres haveriam de recordar essa tarde, a generosidade dos anfitriões, a sensação de tranquilidade e a generosidade verdadeira, não aquela generosidade forçada que receberiam de outros que sentiam que a guerra se achava quase no fim e por isso desejavam encerrá-la do lado certo da história. Junto a Annelise e ao pai, ambas perceberam uma hospitalidade genuína. Quando Annelise indagou o que acontecera com elas, Hélène e Lon viram que a pergunta era sincera. Hélène falou em nome de todas, numa voz neutra e serena.

Contou-lhes sobre o pesadelo dos transportes em vagões de gado, em condições de aglomeração e imundície. Contou sobre os extermínios, os crematórios, as cinzas sufocantes no ar que todas sabiam pertencer a companheiras de barracão até a véspera. Héléne falou do fedor terrível de carne queimada, de excrementos humanos e podridão, como ele se grudava à pele e às costuras das roupas que também abrigavam inúmeros piolhos.

Contou como eram obrigadas a fazer as refeições debaixo dos corpos das amigas pendurados em ganchos nas vigas do teto da cantina. Como eram forçadas a ficar de pé durante horas no frio. Como, durante as chamadas, podiam ser executadas sem motivo algum. Como precisavam assistir ao assassinato de amigas por pelotões de fuzilamento. Como sofriam espancamentos e torturas. Como algumas eram selecionadas para o bordel para guardas da SS. Contou sobre o bebê arrancado dos braços de Zinka, sobre as que eram obrigadas a trabalhar até caírem mortas, sobre as que enlouqueciam de fome e de medo. Contou-lhes sobre as *Kaninchen* (coelhas), as jovens polonesas em Ravensbrück usadas em experiências médicas[14].

FOTO CLANDESTINA TIRADA EM RAVENSBRÜCK DE UMA DAS *KANINCHEN*, MOSTRANDO SEUS FERIMENTOS.

Um médico nazista, Karl Gebhardt, fazia cortes selvagens em suas pernas ou lhes quebrava os ossos, ou amputava seus pés e depois as infectava com diferentes cepas de bactérias causadoras de gangrena, estafilococos e estreptococos obtidas em um laboratório próximo. Elas mancavam em meio à lama do campo apoiadas em muletas improvisadas. Tornavam-se mascotes das prisioneiras, que achavam que as "coelhas" tinham de sobreviver para mostrar a escala integral do horror nazista. Perto do fim da guerra, quando a SS ordenou o extermínio de todas as "coelhas" sobreviventes, as demais prisioneiras em Ravensbrück arriscaram a vida para salvá-las, trocando seus números pelos de mulheres já mortas e as contrabandeando em transportes destinados a outros campos de trabalho forçado. Um punhado chegou dessa forma à HASAG em Leipzig nos derradeiros meses da guerra.

Quando Hélène encerrou seu relato, Annelise chorava e Ernst estava visivelmente emocionado. As mulheres jamais haviam acreditado que os alemães não soubessem do que acontecia nos campos, mas naquela tarde entenderam que talvez existissem alguns alemães que realmente desconheciam tais fatos.

Hélène mudou de assunto para falar de suas nacionalidades.

— Por isso aqui estamos: seis francesas, duas holandesas e uma espanhola. Quase todas éramos estudantes ou secretárias. Uma estava aprendendo a cantar.

— Qual? — indagou Annelise, em tom animado. — Será que ela cantaria para nós?

Josée não teve como recusar. Não recusara em todas aquelas tardes de domingo no campo quando as amigas imploravam para que cantasse, embora tivesse ouvido do seu instrutor que não cantasse quando se sentisse cansada ou esgotada, porque ainda era muito jovem e poderia estressar as cordas vocais. Em Leipzig, cantava músicas populares em voga à época: "La Truite de Schubert"; "J'attendrai", o grande sucesso de Rina Ketty, ou "Que reste-t-il de nos amours", de Lucienne Boyer, com as outras cantarolando em coro e balançando a cabeça no ritmo da canção. Nos catres, as mulheres se davam os braços e sorriam umas para as outras. As canções de Josée lhes proporcionavam raros momentos transcendentes quando lhes era possível se sentirem humanas novamente.

Agora, diante de Annelise e Ernst, Josée enrubesceu e sussurrou para Hélène:

— O que eu canto?

— "La Truite" — sugeriu Hélène. Costumava ser uma das prediletas no campo. Josée conseguia interpretá-la de forma cristalina. As demais ouviam como a tinham ouvido tantas vezes antes, chorando baixinho ao recordarem as pessoas que haviam perdido. Dessa vez, porém, ao ouvirem Josée cantar na cozinha aquecida e com os estômagos cheios, todas choraram sem pudor e como mulheres livres.

# CAPÍTULO VI
## Josée

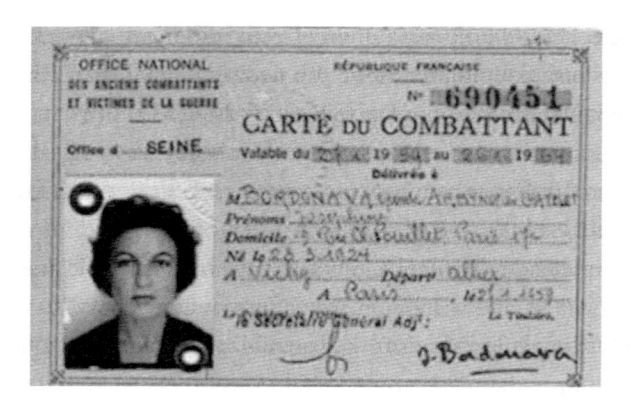

JOSÉPHINE BORDANAVA (JOSÉE)

Quando acordaram na fazenda de Annelise na manhã de 18 de abril, as mulheres não tinham como saber que o infame Massacre de Abtnaundorf estava em andamento no campo Leipzig-Thekla. A maioria dos vários milhares de homens ali foi forçada a empreender uma marcha da morte com as mulheres no dia 13 de abril, mas pouco menos de trezentos estavam demasiado doentes para caminhar. Doze soldados da SS trancaram os enfermos em um barracão, jogaram gasolina no prédio e o incendiaram, usando lançadores de granadas e metralhadoras. Dentre os prisioneiros que conseguiram escapar, muitos foram abatidos a tiros; com a cobertura da fumaça densa, uns poucos chegaram aos alojamentos próximos dos operários poloneses civis, que os abrigaram e os esconderam. Outros, porém, foram alvejados ou espancados até a morte por moradores locais. O exército norte-americano chegou apenas poucas horas depois e descobriu o local ainda pegando fogo e lotado de corpos calcinados. Horrorizados, filmaram a cena do crime, colhendo os testemunhos do punhado de sobreviventes. Esses documentos seriam usados como prova no Tribunal Militar Internacional em Nuremberg depois da guerra[1]. Se os norte-americanos não tivessem chegado a tempo, provavelmente teria sido esse o destino das mulheres deixadas para trás no *Revier* do campo da HASAG em Leipzig.

Nessa mesma manhã, Annelise serviu às mulheres um lauto café da manhã e lhes mostrou a lavanderia, onde havia um tanque com água quente corrente. As nove lavaram o rosto e as mãos e partilharam um trapo para tomarem rápidos banhos de esponja. Hélène encontrou uma escova de dentes no parapeito.

— Como você sabe que está limpa? — indagou Zaza, olhando o objeto com desconfiança.

— Como você sabe de quem é? — acrescentou Lon.

— Provavelmente era do vaqueiro, mas pouco me importa — declarou Hélène. Seus dentes, brutalmente danificados em Ravensbrück, doíam e incomodavam. Ela ansiava por limpá-los de maneira adequada.

Annelise e o pai se recusaram a receber pagamento pela hospitalidade. Pediram às mulheres que "dissessem aos franceses que nem todos os alemães eram iguais aos que elas haviam conhecido antes"[2]. As mulheres deram a Annelise um dos triângulos vermelhos que as marcavam como prisioneiras políticas. No verso, escreveram, antes de assinarem: *Como lembrança de uma recepção generosa, cordial e inesperada, dada a nove prisioneiras.*

As mulheres se sentiam animadas enquanto se dirigiam à aldeia seguinte, um lugar minúsculo e pitoresco. Uma alemã chegou até o portão do jardim e as presenteou com uma panela de grão de bico cozido, aceita com grande satisfação e despejada no caldeirão pesado que Nicole carregava. Ficaram emocionadas com a bondade espontânea da mulher. Talvez essa aventura acabasse bem, refletiram.

— Todos estão sendo tão bacanas com a gente! — exclamou Zaza.

Nicole não estava à vontade diante de toda aquela sorte. Era difícil acreditar que todos seriam tão amistosos e receptivos. Fazia apenas poucos dias, elas eram prisioneiras dos alemães. Por isso, não se surpreendeu quando um grupo de homens surgiu na estrada, esbanjando hostilidade e bloqueando o caminho delas.

Hélène deu um passo à frente e começou a falar, mas foi interrompida por mais um *Bürgermeister* gritalhão e corado:

— Já houve outros como vocês que tentaram entrar aqui. É proibido! — berrou.

Hélène respirou fundo e, com a língua, achou o lugar na boca onde faltava um dente: fizera disso um hábito sempre que era confrontada por alemães enfurecidos. Soltou o ar e respondeu friamente:

— Com os outros tudo bem, mas não somos como os outros.

— Como assim? Parecem iguais aos outros — retorquiu o valentão, praticamente cuspindo nela. — Mendigas...

Ela tirou do bolso o pedaço de papel timbrado da delegacia de polícia de Raitzen.

— Veja, nos deram permissão para passar.

O *Bürgermeister* e os demais a cercaram para dar uma olhada e mudaram imediatamente de atitude. O papel funcionou como um talismã, mencionou Zaza em seu relato, "como funcionavam todos os documentos oficiais com os alemães"[3].

Sem assumir riscos, as mulheres rapidamente deixaram a pequena aldeia e descobriram um local longe da estrada para comer à sombra de uma árvore. Riram então de como um pedaço de papel haviam transformado aqueles homens furiosos e inflamados em autoridades humildes, diligentes, enquanto se revezavam comendo montanhas de grão de bico com as colheres rudimentares improvisadas no campo.

— Quem diria que podemos comer tanto? — observou Zinka enquanto engolia uma colherada.

— Sim, e quem diria que comemos tão pouco durante tanto tempo? — respondeu Nicole.

Depois de algumas horas de descanso, seguiram viagem para Ostrau, a aldeia seguinte. Dessa vez, Lon e Hélène se dirigiram diretamente à *gendarmerie*. Concluíram que já que portavam uma "permissão" e o documento para prová-lo, deveriam se apresentar à polícia para obterem autorização para prosseguir e ao prefeito para encontrar um lugar para dormir. Se não se apresentassem e fossem descobertas, corriam o risco de parecerem fugitivas e serem mandadas para um dos campos ou coisa pior.

Em Ostrau, as sete outras ficaram do lado de fora da delegacia, ouvindo à distância com crescente temor. Tiveram a impressão de que a estratégia poderia fracassar. Ouviam gritos terríveis; será que o documento mágico não funcionara? Não conseguiam entender o que o policial dizia, mas dava para perceber o espírito do confronto.

Era diferente para Lon e Hélène, que não se amedrontaram tanto. Estavam habituadas a esse tipo de tratamento. Os gritos do homem pouco efeito causaram em Hélène, que cutucou com a língua o espaço vazio na boca e calmamente esperou que ele terminasse. Ele não poupou insultos nem palavrões para descrever gente como elas e como deviam ser entregues à SS; suas ordens eram claras quanto a isso. Já haviam capturado outras "prostitutas e judias" e assim agiam com elas. Havia regras e a ele cabia cumpri-las.

— Sim, entendemos — respondeu Hélène em tom neutro, quando o sujeito parou para tomar fôlego —, mas o senhor vai descobrir que o nosso caso é diferente — falou, entregando-lhe o precioso papel. — Como pode ver, nos deram permissão. Temos este salvo-conduto.

O policial pegou o documento e durante um bom tempo fez-se silêncio enquanto o examinava. Então, deu-se de novo o milagre.

— Ah, sim — disse ele, baixando o tom. — Reitzen, entendi. Sim, o caso de vocês é diferente.

— Somos apenas mulheres — prosseguiu Hélène, contente de ver que o papel causara o efeito desejado, mas não disposta a deixá-lo examiná-lo muito de perto. Delicadamente, recebeu-o de volta, dobrou-o e o guardou no bolso do casaco. — Não sabemos coisa alguma sobre a guerra e o front. Por favor, nos diga, vai ser assustador?

Gentilmente, ele forneceu conselhos paternalistas sobre como prosseguir em meio àquela terra de ninguém entre dois fronts.

— Você precisa ter muito cuidado — explicou. — É perigoso, sobretudo para uma mulher como você.

Quanto mais Hélène sorria e se fingia de ignorante, mais a atitude do homem mudava. Era um equilíbrio delicado entre flerte e impotência fingida. Funcionou à perfeição — até ir longe demais.

O homem a vinha avaliando de alto a baixo enquanto falava — obviamente apreciava o som da própria voz —, mas Hélène cometeu o erro de olhá-lo nos olhos um tantinho além da conta. Baixando a voz, ele disse:

— Tenho um lugar para você esta noite. Mas só para você, não para a sua amiga — observou, indicando com a cabeça que se referia a Lon e a dispensando. — Você e eu podemos nos conhecer muito melhor — acrescentou baixinho, com uma piscadela. — Tenho bastante comida — emendou, sedutoramente.

Hélène sentiu o sorriso congelar em seu rosto.

Lon interveio:

— Sim, mas somos um grupo. De nove. Somos muitas e o senhor não há de ter comida suficiente para todas nós. Por isso, iremos em frente. Temos um longo caminho a percorrer, como o senhor mesmo disse.

Lon tomou a mão de Hélène, que apertou-a com gratidão.

— Mas ela pode decidir por conta própria — protestou o policial. — Vou fazer valer a pena. — Pegando a mão livre de Hélène, ele a puxou para si. — Posso proteger você nestes tempos perigosos.

Hélène tentou se esquivar e sentiu uma dor aguda no quadril ao girar. Lon se interpôs entre os dois na tentativa de liberar Hélène.

— É meu dever permanecer com o grupo — afirmou Hélène, usando Lon como escudo, forçando um sorriso e fingindo não estar havendo um confronto físico. — Meu dever — repetiu. — Como policial, garanto que entende o que eu digo — arrematou, dando mais um passo e ficando livre.

— Precisamos de Hélène — confirmou Lon, plantada como uma parede a bloqueá-lo.

— Bom dia! — despediu-se Hélène, virando-se para ir embora.

Ele a chamou, mas apenas Lon respondeu:

— Desculpe, precisamos realmente ir andando. — Ambas sabiam que o sujeito poderia obter o que quisesse apontando uma arma para Hélène, que não teria como se defender. As duas se afastaram o mais rápido possível.

Do lado de fora, Héléne sussurrou:

— Quero sair de Ostrau já!

— Acho que devemos evitar as cidades grandes. Aqui o risco de bombardeios é maior.

— E de encontrar mais safados dessa laia — sibilou Hélène.

Quando se juntaram ao grupo, avisaram a todas que partiriam de imediato. Não precisaram explicar por quê. A expressão no rosto de Hélène bastou.

✦

Chegaram a Delmschütz ao cair da tarde. A casa do *Bürgermeister* ficava no alto de uma colina íngreme. Hélène deu uma olhada e se sentiu golpeada pela dor. Não sabia ao certo se conseguiria subir e descer a colina.

— Não posso — confessou ao grupo. — Não posso continuar. A voz estremeceu. Era a primeira vez que ela mostrava fraqueza, que baixava a máscara de comandante inflexível da situação. — É a minha perna — explicou, com os olhos marejados. A perna direita de Hélène estava muito inchada e a dor se irradiava para o quadril a cada passo. Desde os longos interrogatórios em Angers, adquirira uma dor lancinante na junta do quadril. O encontro de antes a detonara. Após o dia de caminhada, tornara-se quase insuportável.

— Você não precisa ir — disse, imediatamente, Zaza, envolvendo Hélène num abraço. Hélène desatou a chorar e depois pediu desculpas, secando as lágrimas.

— Guigui pode ir comigo — sugeriu Lon, trocando algumas palavras em holandês com Guigui.

— Claro! — concordou Guigui, saudando, brincalhona, Hélène. Em alemão, então, emendou: — Terei um encontro delicioso com o *Bürgermeister*. — Hélène riu, aliviada.

Hélène se acomodou dentro da vala com as outras. Estava agradecida por ter as amigas. Zinka prometeu massagear sua perna mais tarde com o unguento presenteado pelos iugoslavos. Hélène achara que seria mais fácil fugir sozinha ou apenas com Zaza, mas agora se dava conta de que todas precisavam umas das outras. As mulheres imploraram a Josée para cantar, e ela as atendeu.

Hélène sentiu a ansiedade diminuir. Aquelas eram as suas amigas. Podia repousar entre elas e se permitir uma sensação de segurança.

Josée, Joséphine Bordanava, era filha de imigrantes vindos da Espanha nos anos que antecederam a guerra. Refugiados espanhóis inundaram a França buscando abrigo contra a depressão econômica global da década de 1930 e contra a guerra civil. Uma vez na França, porém, viram-se numa posição precária. O governo espanhol não lhes reconhecia a cidadania quando fugiam do país, e as autoridades francesas se recusavam a reconhecê-los, sobretudo porque muitos haviam entrado ilegalmente no país. Acabaram espalhados por campos de refugiados no sul da França. Esses mesmos campos seriam mais tarde usados pelos nazistas para suas próprias finalidades. O pai de Josée era operário. Aos dez anos, Josée foi para um lar temporário em Cannes, onde permaneceu até os 15. Essa situação pode ter sido motivada por razões econômicas ou devido a problemas familiares, mas é fato que ser filha de imigrantes espanhóis a colocava à margem da sociedade francesa. Josée voltou para a própria família durante um curto período, mas retornou ao lar temporário aos 17 anos, ali ficando até os 18 quando foi morar com uma tal Mme. Sauvageot em Cannes[4].

O lar temporário Rayon de Soleil no qual cresceu foi fundado por Alban e Germaine Fort em outubro de 1935; dois meses depois, a jovem Josée chegou ali. Em 1939, quando se ausentou brevemente, havia 24 crianças morando com os Fort. Com a ocupação alemã no norte da França, crianças judias residentes nesses lares foram mandadas para Cannes, no sul, como medida de proteção. Em novembro de 1942, Alban e Germaine Fort receberam 33 crianças judias com documentos falsos. Esse foi o começo do seu trabalho clandestino com a rede Marcel, criada por Moussa Abadi e Odette Rosenstock e um dos principais circuitos de resgate de crianças judias no sul do país[5].

Moussa Abadi era um sírio que estudou as fábulas da Idade Média na Sorbonne até 1940, quando as leis antijudeus o tiraram da universidade. Odette Rosenstock era uma jovem médica em Paris. No final da Guerra Civil espanhola em 1938, refugiados que evadiam-se de Franco cruzaram as montanhas para entrar na França. Odette foi para os Pirineus como parte de um serviço de caridade médica a fim de ajudá-los. Ali, ela testemunhou a abertura dos primeiros campos para refugiados. Ficou horrorizada com as condições e o tratamento desumano e logo se envolveu em ações clandestinas. Usava caminhões médicos para contrabandear refugiados para fora dos campos. Impressionou fortemente Moussa quando os dois se conheceram por intermédio de amigos comuns.

As leis antijudeus alcançaram Odette, e em outubro de 1940, ela foi proibida de praticar medicina. Juntou-se a Moussa na zona livre do sul, ajudando os muitos refugiados judeus que haviam fugido para lá. A região permanecia sob o controle italiano, e os italianos não aplicavam as leis antijudeus de Vichy e dos nazistas. Judeus vindos de toda a Europa se sentiam livres do medo da deportação sob a ocupação italiana. Nas cidades ensolaradas ao longo da costa do Mediterrâneo era quase possível ignorar o que acontecia no norte da França e no restante do continente.

Mas não estava tudo bem. Em abril de 1942, na promenade des Anglais, em Nice, Moussa viu uma mulher ser pisada até morrer por um policial diante de uma plateia. O filho de seis anos da vítima soluçava enquanto assistia ao assassinato da mãe. A multidão permaneceu impassível. Quando Moussa perguntou o que se passava, um homem respondeu: "Ele está disciplinando uma judia."[6]

No início de 1943, Moussa conheceu o capelão das tropas italianas no front oriental, de passagem por Nice. Don Julio Penitenti descreveu os pogroms e as perseguições aos judeus no leste da Europa. Contou que crianças eram enfileiradas e alvejadas como se fossem objetos de tiro ao alvo, falou de aldeias inteiras executadas e jogadas em covas coletivas. Moussa se recusou a acreditar. O padre tirou o crucifixo, o pôs na mão de Moussa e o cobriu com a própria mão. "Juro pelo sangue de Cristo que estou lhe dizendo a verdade."[7]

Moussa correu para casa, onde Odette o aguardava. Conversaram até tarde da noite e tomaram uma decisão. Haviam encontrado a causa pela qual arriscariam a vida: o resgate de crianças judias. Juntos, criaram a rede Marcel, salvando a vida de 527 crianças entre 1943 e 1945 ao forjar documentos de batismo, alterar a identidade das crianças e escondê-las com famílias em pequenas aldeias e conventos. Receberam ajuda dos Quakers e da rede clandestina dos Escoteiros Judeus. Alban e Germaine Fort, os responsáveis pelo lar temporário em que Josée passou seus anos de formação, permitiram que Moussa usasse sua casa como esconderijo. Abrigaram muitas crianças enquanto Moussa buscava alocá-las de forma mais permanente.

Em abril de 1944, Odette foi presa e enviada para Auschwitz, sendo uma das poucas em seu comboio que não foi morta imediatamente ao chegar.

Coube-lhe atuar como médica no *Revier*, o mesmo *Revier* em que o dr. Josef Mengele desenvolveu suas experiências macabras com gêmeos. Sabe-se lá como, Odette sobreviveu; foi liberada de Bergen-Belsen pelos britânicos em 15 de abril de 1945.

Embora permanecendo profundamente apaixonados, imediatamente após a guerra Moussa e Odette moraram em casas separadas. Moussa sofreu uma depressão terrível e era assombrado pelos traumas que vira as crianças sofrerem. Foi ainda mais difícil após a guerra, quando precisou dizer a muitas delas que os pais estavam mortos. No final, Moussa e Odette se casaram em 3 de novembro de 1959.

---

Alban e Germaine Fort apresentaram a Resistência à jovem Josée[8]. Seus registros militares dizem que ela foi ativa na Resistência em Cannes desde início de 1942, quando acabara de fazer 18 anos. Provavelmente, porém, seu envolvimento data de antes. Josée atuava no departamento de serviços sociais da Combat, organizando a alocação de pequenas pensões, mercadorias e comida às famílias dos membros da Resistência capturados ou mortos. Era importante que todos vissem que o movimento não esquecia seus sacrifícios e que os soldados podiam ter certeza de que suas famílias seriam cuidadas caso o pior acontecesse.

Quando os italianos assinaram o Armistício de Cassibile com os aliados em 3 de setembro de 1943, basicamente transferindo para os aliados o acordo que tinham até então com as potências do Eixo, os alemães rapidamente ocuparam o sul da França e logo Josée e os outros da sua rede sentiram crescer a urgência do seu trabalho. A primeira batida em Cannes ocorreu em 1943, provocada pelas denúncias de membros da *Milice française*, uma organização paramilitar de Vichy composta de fascistas franceses e pró-nazistas. Seis pessoas que se achavam escondidas foram presas e deportadas. A perseguição e as denúncias contra os refugiados judeus aumentaram muito. Josée e a rede em que atuava foram descobertas. Para fugir da prisão iminente pela Gestapo, Josée se mudou para Marselha.

Em Marselha, entrou em contato com os recém-formados Mouvements Unis de la Résistance (MUR) de Jean Moulin. Sob o pseudônimo de "Severine", Josée foi encarregada da distribuição de pacotes de serviços sociais do final de 1943 até 1º de março de 1944. Nos pequenos povoados em torno de Marselha, ela conheceu famílias que escondiam crianças para a rede Marcel.

Talvez houvesse uma família abrigando crianças judias junto aos próprios filhos num minúsculo povoado nas colinas acima de Cassis. Os dois filhos mais velhos faziam parte do MUR e não tinham como ajudar o pai com o trabalho da fazenda, e a esposa estava por demais ocupada. Josée costumava aparecer por lá e durante as visitas e insistir para ajudar no jardim ou na lavanderia. Depois do trabalho, a dona da casa sempre convidava Josée para uma xícara de chá. Não se tratava de chá de verdade, e, sim, de ervas que colhia no mato — ervas que, segundo ela, faziam bem a uma jovem como Josée, tornando grosso e sedoso seu lindo cabelo negro.

Certa vez, a dona da casa pousou a mão sobre a de Josée e disse:

— Quando meu filho voltar para casa, quero que vocês se casem. Você vai ver como ele é trabalhador.

Josée enrubesceu e riu:

— Mas eu nunca o vi na vida.

— Confie em mim — respondeu a outra. — Confie nesta velha.

As crianças haviam sido treinadas para ficarem escondidas sempre que houvesse visitas, porém mais cedo ou mais tarde durante as visitas de Josée elas apareciam, encantadas de vê-la ali. Talvez percebessem o quanto a moça ansiava pelo afeto delas. Nos seus últimos anos no lar temporário, com frequência Josée levava no colo ou nas costas uma das crianças menores o dia todo. Estava habituada ao contato físico constante e a demonstrações calorosas. Agora, na Resistência, precisava morar sozinha, mudar-se toda semana, não falar com terceiros sobre a própria vida, não se misturar com os velhos amigos. Sentia-se solitária. Essas visitas eram reconfortantes.

As crianças lhe imploravam para cantar. A mais novinha da casa subia no colo de Josée e deitava a cabecinha em seu peito. Tinha cachinhos doces e enormes olhos escuros. Josée sabia que a mãe da garotinha havia sido deportada para um dos pavorosos campos na Polônia, sobre o qual corriam os piores boatos. Quando chegava a hora de ir embora, a menininha começava a chorar e Josée dizia:

— Eu canto mais uma se você prometer não chorar.

Houve aquela terrível visita em que ela precisou contar que o filho mais velho não voltaria para casa.

— Vocês podem se orgulhar, ele morreu bravamente pela França — acrescentou. As palavras soaram vazias e automáticas, pois naquele momento, Josée não sabia ao certo se acreditava nelas. O dono da casa pousou a mão no ombro da esposa e falou baixinho:

— Sim, tem razão. Obrigado, *mademoiselle*.

Ela deixou o casal sozinho na cozinha e foi atrás das crianças no celeiro. Deixou que se pendurassem em seu corpo como gatinhos e cantou para todas. A garotinha em seu colo enxugou-lhe as lágrimas com os dedinhos e disse com voz doce:

— Se você parar de chorar, eu canto para você.

Em 1º de março, de acordo com Bernadette Ratier, líder regional e nacional da Resistência,

> "A Gestapo prendeu judeus que anteriormente moravam no lugar em que agora os serviços sociais locais MUR mantinham seu endereço. Então, acidentalmente, a Gestapo descobriu o oficial de ligação Jean-Pierre, que levava consigo toda a correspondência da região e lá estava a Srta. Bordanava, codinome 'Séverine', que levava consigo os pacotes dos prisioneiros e os envelopes contendo os pagamentos mensais para as famílias e toda a correspondência dos serviços sociais que entregaria a Jean-Pierre, à época bastante procurado pela Gestapo. Assim, todos foram presos."[9]

Josée foi transferida para a rue Paradis 425, sede da Gestapo em Marselha, para interrogatório[10]. Ficou na prisão de Beaumettes, em Marselha, e depois seguiu para Romainville. Em 14 de junho de 1944, foi uma das 51 mulheres deportadas da Gare de l'Est para Saarbrücken e internadas, de início, no campo de Neue Bremm. Foi uma das 46 mulheres, juntamente com Mena, Lon e Guigui, transferidas para Ravensbrück em 23 de junho, onde recebeu o número 43220.

Começava a esfriar na vala em Delmschütz onde as mulheres aguardavam, e Hélène e as outras começaram a ficar aflitas. Talvez o *Bürgermeister* no alto da colina tivesse prendido Lon e Guigui. Talvez fosse o fim da linha para todas. Depois de alguma discussão, resolveram mandar mais duas em busca das amigas. Zinka e Nicole tentariam descobrir o que acontecera. As cinco remanescentes marcariam o tempo decorrido contando até dois mil. Isso as faria esquecer o medo. Se Zinka e Nicole não retornassem até o término da contagem, suporiam o pior e bateriam em retirada o mais rápido possível.

Passados alguns instantes, porém, Nicole encontrou Guigui no caminho.

— Aonde você foi? — indagou Guigui. — Estou procurando por você há séculos!

Como era típico de Guigui, que sempre se esquecia de onde punha as coisas, ela se esquecera de onde deixara o grupo.

Houve gritos de alegria, quando o grupo viu uma sorridente Nicole voltando com Guigui nos calcanhares. Guigui lhes contou, apressada, que Lon as esperava na casa do *Bürgermeister*. Precisavam andar logo, pois uma refeição as aguardava.

Nicole e Zaza serviram de apoio a Hélène enquanto ela subia devagar a colina. Foram levadas a uma casa imponente que dominava o vale abaixo. A casa era ladeada por grandes celeiros, de três andares, com telhados enviesados de tijolos vermelhos. Os muros caiados de branco com hastes de madeira encaixadas entre si, no estilo Tudor. A elegante casa principal era cor-de-creme, enquanto os celeiros pareciam colossos ruminantes. A entrada majestosa tinha as paredes revestidas de madeira escura a partir do chão de placas brancas de pedra. Retratos em tamanho real do que aparentemente eram ancestrais da família as encaravam austeramente. Sobre a porta, um adágio alemão dizia, conforme traduziu Hélène: "Confie em Deus, mas também em você mesmo. Deus abençoa quem cuida de si mesmo."

— Isso mesmo — concordou Nicole.

Lon recepcionou-as na entrada imponente. Parecia já saber se locomover na casa. Levou as demais até a cozinha, onde puderam lavar as mãos. Ali se depararam com uma pia enorme, tão alta que só podia ser alcançada se ficassem na ponta dos pés. Tudo era desproporcional. Vendo as cadeiras gigantescas em torno da mesa, Mena sussurrou para Guigui:

— Será que encolhemos ou esta é a casa de um gigante de verdade?

Zaza acrescentou:

— Teremos que pedir um livro grosso para servir de almofada.

— Imaginem vocês como estou me sentindo! — exclamou a diminuta Zinka. Tiveram que ajudá-la a se aboletar numa das cadeiras e desataram a rir ao verem seus pezinhos balançando no ar. As risadas reduziram seus temores sobre aquele lugar estranho e colossal.

— Vocês hão de ver — falou Lon num tom sinistro — porque tudo é tão grande.

Enquanto esperavam a chegada do anfitrião, todas se sentiram como crianças brincando de adultas. Mas ficaram imediatamente em silêncio quando o proprietário, a esposa e as duas filhas entraram no cômodo imperiosamente. O *Bürgermeister* e a família eram gigantes, os quatro medindo mais de um metro e oitenta, de ombros largos e musculosos. As filhas usavam tranças bem atadas no alto da cabeça e vestidos negros compridos. Não sorriram; simplesmente registraram as presenças das convidadas com um assentimento de cabeça. A mesa estava muitíssimo bem posta e havia uma quantidade generosa de comida, embora a hostilidade fosse palpável. Essa não seria uma refeição como a que tinham partilhado com Annelise e seu pai. Nem todas podiam ser como aquela, concluiu Zaza mais tarde. Se fossem, não haveria guerra, para começar.

Ficou claro para Hélène e para as outras que os gigantes, com visível reprovação no rosto, dispunham-se a comer com esse grupo maltrapilho de mulheres por uma única razão: o front estava próximo. Os gigantes entendiam que no dia seguinte a sorte poderia virar e que era recomendável serem gentis com essas refugiadas do lado vitorioso, ainda que estivessem imundas e fedorentas. Mal se trocou uma palavra à mesa. Os anfitriões não fizeram nem sequer uma pergunta sobre quem elas eram ou de onde vinham, e as mulheres não voluntariaram informação alguma. Após ter sido servida a comida, o único som que se ouvia era o das colheres arranhando os pratos de sopa.

O pai afastou o próprio prato para sinalizar o fim da refeição, e uma criada misteriosamente apareceu para tirar a mesa. Uma das irmãs instruiu a criada a mostrar às mulheres seus aposentos de dormir. Todas sussurraram um agradecimento e seguiram a empregada.

Foram levadas a um enorme celeiro. As mulheres decidiram subir até o último paiol de feno — tinham medo que os lavradores chegassem na manhã seguinte e as cutucassem com tridentes. E após a escapada por pouco de Hélène, também temiam a aparição de lavradores durante a noite. Ademais ficaram com medo da trapizonga junto à porta destinada a enrolar o feno em fardos apertados. E se no meio da noite, o troço começasse a enrolá-las assim? O celeiro estava cheio de todo tipo de máquinas de formatos estranhos. Tudo era enorme. E uma sensação de desastre iminente pairava no ar. Nenhuma delas vivera em fazenda e os tratores e arados gigantes as amedrontaram.

Ninguém dormiu naquela noite. O vento uivava. O celeiro estalava e gemia, como se elas estivessem num navio velho rumando diretamente para uma tempestade. Embora mantivessem uma aparência de coragem entre si — fingindo que estavam numa "excursão de camping", como Mena gostava de chamar, ou comentando que todos vinham "se mostrando tão gentis", conforme observou Zaza —, todas sabiam que o que as aguardava era um sério perigo.

# CAPÍTULO VII
## Jacky

JACQUELINE AUBÉRY (JACKY)

EM 19 DE ABRIL, AS NOVE MULHERES contemplaram o nascer do dia por entre as frestas do celeiro gigantesco, cada uma perdida nos próprios pensamentos. Jacky rezava para encontrar forças para vencer um novo dia. Nicole recordava todas as vezes que acordara no campo de Leipzig ao lado de Renée — o primeiro gesto de ambas sempre fora agarrar a mão da outra —, sentindo uma pontada de luto. Zinka estendeu a mão para a cigarreira que fizera para Louis Francis. Fique vivo, pediu, mentalmente, ao marido. Josée começou a cantarolar o trecho de uma canção. As mulheres adoravam esse despertar sereno. Não sabiam que era um ritual de oração de Josée para que as crianças que ajudara a esconder continuassem em segurança.

❦

Estava frio, nublado, chovia. O clima da primavera era imprevisível, ora bonito e em seguida gélido e chuvoso. Ficaram bastante tempo ali no feno até que uma criada da casa veio anunciar que havia água quente à disposição na lavanderia.

A lavanderia ocupava um prédio próprio. No aposento limpo de azulejos brancos, as nove encontraram um chuveiro de verdade e grandes bacias de cerâmica com baldes, que podiam ser usados para despejar água sobre suas cabeças. Postaram-se diante da água quente quase paralisadas. Desde Ravensbrück, a palavra "chuveiro", sussurrada, soava como um soco no estômago. Com ela vinha a lembrança de mulheres ensopadas com água gelada e obrigadas a ficarem nuas na neve até desabarem congeladas no chão. Todas conheciam os "chuveiros" de gás. E havia as chuveiradas frias e apressadas, dolorosas, toda manhã em Leipzig, quando os ossos doíam. Água quente em todos aqueles meses só mesmo na fábrica de munições em Leipzig. Nela, os projéteis incandescentes vindos da forja eram submersos em grandes barris de água para esfriarem. Depois de removidos, às vezes as mulheres conseguiam mergulhar rapidamente a cabeça nos barris de água aquecida, torcendo para que os guardas não vissem e para que a água escaldante matasse os piolhos que lhes picavam o couro cabeludo.

❦

Piolhos costumavam ser o núcleo dos rituais noturnos em Leipzig. À noite, antes de dormirem, as mulheres os catavam nas cabeças umas das outras e depois os procuravam nas costuras das roupas. Adquiriram experiência em encurralar essas criaturinhas e esmagá-las com a unha. Não queriam ser pegas com piolhos e terem a cabeça novamente raspada. Os piolhos eram temidos tanto pelas prisioneiras quanto pela SS. Em todos os campos, podiam ser vistas placas em que se lia: *Eine Laus, dein Tod* (Um piolho, você morre). Piolhos significavam sarna, picadas infeccionadas e tifo. O tifo era epidêmico nos campos e quase sempre fatal. A caçada noturna era crucial para a sobrevivência.

Enquanto se dedicavam meticulosamente a catar os piolhos, as prisioneiras conversavam sobre quaisquer que fossem os boatos do dia. As que falavam outras línguas, como Hélène, transmitiam notícias ouvidas nos outros barracões. Por serem as mais privilegiadas, as polonesas e as russas com frequência tinham as melhores informações; talvez tivessem ouvido algo a respeito de outra cidade tomada. Mas os boatos muitas vezes eram falsos e logo refutados por outros boatos.

Diziam umas às outras como pareciam chiques. Na maioria francesas, para elas estilo fazia diferença. Brincavam sobre a própria magreza, mas um pouco de cor nas bochechas cairia bem, observavam. Já não viam mais a luz do dia. A chamada matinal acontecia no frio da madrugada às quatro da manhã, e o retorno da fábrica se dava quando já estava escuro. Assim, a conversa quase sempre girava em torno de comida.

Nicole achava consolo na descrição em detalhes de todos os passos de uma receita, ingrediente por ingrediente. Começara com uma alucinação olfativa enquanto trabalhava. O minério de ferro fundido saindo da forja e queimando a gordura lembrava o cheiro de bifes na grelha ou galinha assada. A sensação era maravilhosa e fugaz. Era assaltada então por uma fome e um pânico acachapantes. Descobriu que falar de comida ajudava. No início, a maioria das receitas era de bolos, com montes de açúcar, manteiga e ovos. Nicole passou a recitar esses banquetes para as amigas durante a caçada noturna de piolhos.

Descreveu como fazer uma *bavarois* de morango, uma sobremesa que preparara várias vezes com a cozinheira da família.

— Passo número um — enunciou, e todas ficaram caladas. — Despeje um quarto de litro de leite numa panela e acrescente baunilha. Pode ser uma fava inteira ou as sementes da fava moídas. A casa inteira vai cheirar a baunilha.

Fazendo uma pausa, inspirou para sentir, ainda que mentalmente, o aroma da baunilha.

— Passo número dois: numa tigela, bata quatro gemas de ovo com setenta gramas de açúcar até que a mistura fique espessa e clarinha.

— Na fazenda da minha avó os ovos eram maravilhosos — interveio alguém. Houve um murmúrio de concordância. Um ovo... Se pudessem ter um ovo apenas, isso as sustentaria durante semanas.

— Passo número três: quando o leite começar a ferver, despeje sobre a mistura de ovos, mexendo sem parar. — Nicole se lembrou de mexer enquanto a cozinheira derramava o leite. Suas mãos jovens eram rápidas e não ficavam cansadas. — Passo número quatro: despeje essa mistura de volta na panela e bem devagarinho deixe aquecer até engrossar, mas volte a despejar na panela para esfriar. Não se pode aquecer demais porque os ovos vão talhar e se separar. É muito importante prestar atenção. "Passo número cinco: se quiser, acrescente pedaços de chocolate a essa mistura e mexa um pouco para derretê-lo. Minha mãe preferia chocolate branco, para que a cor ficasse perolada e uniforme. "Passo número seis: agora é a vez de bater o creme fresco para ele endurecer até ficar com a aparência de morrinhos brilhantes."

Essa tarefa também cabia a Nicole, porque a cozinheira se cansaria. Era preciso paciência para bater sem parar. Durante algum tempo, a sensação era de que o creme jamais endureceria. Mas sempre endurecia, como mágica.

— Aí é só despejar o creme na mistura de ovo, leite e chocolate e depois pôr para gelar.

Nicole se calou, lembrando que a cozinheira a deixava lamber o batedor quando terminavam.

— Continue — pediu uma mulher deitada no catre.

— Sim, precisamos empapar os morangos em kirsch. Eu costumava fatiá-los e cobri-los com kirsch. Em que etapa estamos?

— Sete! — exclamaram todas.

— Muito bem. Passo número sete: untar uma forma de torta e arrumar os biscoitos palito-francês em volta da borda e no fundo. Eles têm de ficar juntinhos uns dos outros.

— Como a gente! — alguém falou, e a risada foi geral. As mulheres começavam a se deitar e se posicionar em seus catres lotados. Para conseguir mais espaço nas pranchas duras e estreitas, muitas vezes alternavam pés com cabeças. Já tinham catado piolhos suficientes para uma noite: estavam cansadas. E sentiam que a *bavarois* ficaria pronta. O truque era adormecer com a lembrança do aroma e dos sabores, antes que a fome ressurgisse e lhes apertasse as entranhas.

— Passo número oito — prosseguiu Nicole. — Arrumar uma camada do creme e depois uma camada de morangos. Então, mais creme, mais morangos até encher a forma.

"Passo número nove: deixar na geladeira no mínimo quatro horas e depois servir."

Quando concluiu, fez-se um silêncio e depois ouviram-se aplausos abafados.

— Consigo sentir o gosto — disse Jacky, os olhos brilhando com a febre. — Os morangos e o creme...

No dia seguinte, todas queriam uma nova receita. Nicole escolheu a de uma paella espanhola, em homenagem a Josée. Depois, a de um creme de castanhas e crepes estufados. A descrição era um acontecimento, um espetáculo. Todas queriam mais. E nos outros barracões também. Se ela anotasse as receitas, as mulheres poderiam trocá-las entre si. Alguém forneceu pedaços de papel roubado dos escritórios do campo. Nicole precisava de um lápis. Arriscou-se a falar com um dos civis que trabalhava a seu lado na fábrica, que teve medo de ajudá-la. No dia seguinte, porém, ela encontrou um toco de lápis em cima de uma máquina, ali posto para ser achado por Nicole quando chegasse para trabalhar. Ela começou, então, a partilhar as receitas com outros barracões. Outras "cozinheiras" anotavam e partilhavam as próprias receitas e isso passou a ser um passatempo favorito: imaginação misturada a saliva.

O CADERNO DE RECEITAS DE NICOLE EM LEIPZIG

Pode soar contra intuitivo, mas falar receitas e elaborar pequenos livros de receitas parece ser uma reação quase universal entre os famintos[1]. Dizia-se que sentir fome era mais doloroso do que apanhar, não apenas por significar sofrimento físico, mas por ser psicologicamente angustiante. A fome reduz os indivíduos a animais. Brigas irrompiam durante a distribuição da sopa. As mulheres haviam testemunhado prisioneiras ensandecidas de fome roubarem comida e espancar umas as outras. Viram mulheres rolarem na lama disputando um pedaço de pão. Não queriam chegar a tal ponto, perder a dignidade. Em lugar disso, encontravam alívio temporário no compartilhamento de receitas. Nas tardes de domingo, o único período de repouso na semana, partilhavam o "jantar de domingo".

Nicole arrancou parte do forro do colchão e com uma faixa que achou no lixo, costurou uma capa para proteger suas receitas. Guigui confeccionou um livro de receitas usando tiras compridas e finas de papel que continham o carimbo da HASAG. Nem um milímetro de papel era desperdiçado. As receitas esbanjam açúcar e caramelo, manteiga e farinha, todas ricas em calorias e lembranças infantis. Seus livros de receita tinham tamanha importância que os levaram com elas na fuga. Como não foram mencionados quando Hélène lhes pediu para fazer um rol dos pertences coletivos logo no início da fuga, imagino que todas considerassem seus livros de receitas como pertences pessoais, objetos preciosos que as nutriam durante a fome.

Após a guerra, elas raramente falavam dos livros de receitas — quase como se fossem vergonhosos. Eram simples receitas e não panfletos políticos. Talvez achassem que seriam mal interpretadas. Ninguém entenderia o risco corrido para criá-los. Seria diferente se o risco fosse por "coisas nobres", como poemas, canções ou política, que foram mencionados e partilhados depois da guerra por serem compatíveis com uma narrativa heroica. Livros de receitas caseiras eram banais e domésticos.

No precário mundo dos campos, a ordem e a estrutura de uma receita — a lista de ingredientes, a sequência do modo de fazer — representava um indulto temporário, permitindo a ilusão de controle. O compartilhamento de refeições era uma forma de partilhar lembranças sem muito sofrimento. Pensar num filho, companheiro ou genitor perdido era perigoso. Podia-se perder a cabeça por conta desse luto. Lembranças sombrias provocavam uma espiral de desespero. Partilhar a lembrança de uma refeição, porém, deixava que as mulheres se sentissem humanas sem grande dor. As receitas representavam um elo com o mundo real, com suas vidas de antes e suas vidas de depois. E tornaram possível estabelecer um vínculo com os outros grupos no campo. Todo mundo come.

Todo mundo tem seu prato predileto. Nem todos podem escrever uma música ou um poema, mas recordar uma boa refeição é uma habilidade universal.

As francesas estavam ficando sem receitas para partilhar quando um grupo de judias húngaras chegou ao campo no início de 1945. Nicole se lembrou de que um punhado delas se interessou em participar. Essas mulheres recebiam uma comida pior do que a das outras prisioneiras: a sopa que lhes davam era rala, praticamente nada além de um líquido frio. O húngaro era um idioma que poucas outras falavam, mas com a ajuda de alguém capaz de traduzi-lo — talvez uma das húngaras falasse outra língua —, as húngaras recitavam seus próprios pratos preferidos. As mulheres descobriram que com essas recém-chegadas havia agora toda uma nova cozinha a ser "saboreada".

※

Na lavandeira da mansão dos gigantes em Delmschütz, as mulheres se esbaldaram sob o fluxo de água quente. Gritaram, encantadas, ao acharem uma barra de sabão. Esfregaram o corpo, os pés imundos, as unhas. Ensaboaram as costas umas das outras e tiraram o sabão dos cabelos usando os baldes com água quente. A água que lhes escorria dos cabelos era marrom escura de sujeira. Aos poucos, se refizeram do espanto. Cantaram, jogaram água nas outras e riram enquanto a água suja corria pelos azulejos limpos e escoava pelo ralo.

Tudo na casa dos gigantes era imaculado. Ao chegar, haviam percebido, envergonhadas, que até mesmo os animais eram mais limpos que elas.

— Pronto — disse Zinka —, ao menos agora estamos tão limpas quanto as vacas dos gigantes.

Seus corpos emanavam vapor quando se vestiram novamente. Demoraram-se mais um pouco, na esperança de uma segunda refeição. Finalmente uma criada apareceu para chamá-las.

— A patroa preparou o almoço de vocês e depois pede para irem embora — falou com um desprezo ostensivo.

Mas elas não se importaram. Estavam limpas e havia comida. Depois da refeição de batatas cozidas e leite quente, as nove desceram a colina em direção à aldeia seguinte, sem saber direito que direção tomar. Expulsas de um lugar tão luxuoso de volta para o vento cortante, sentiram-se de repente assaltadas por uma enorme desesperança.

— Vocês não acham que um front deveria ser mais barulhento? — indagou Josée em tom lamurioso, enquanto andavam. Em geral era ela quem verbalizava o que as outras pensavam, mas não tinham coragem de dizer.

— Eu queria ouvir o som de um canhão — concordou Hélène. A cada passo, sentia uma pontada na perna esquerda. As feridas nos pés de Josée, agora limpas, sangravam e ardiam ao roçarem os tamancos de madeira.

A difteria de Jacky parecia pior; talvez tivesse sido exacerbada pelo vapor do chuveiro seguido pelo frio. A toda hora, ela parava para tossir e mal conseguia recuperar o fôlego ou manter o ritmo das demais, a despeito de andarem devagar. Quando se inclinou com um acesso de tosse, as outras pararam, impotentes. Zinka insistiu em carregar sua mochila. Hélène sabia que não conseguiriam continuar por muito mais tempo.

O silêncio era preocupante. Praticamente não havia ninguém na estrada. Os grandes celeiros por onde passavam estavam todos fechados. Ficaram eufóricas ao encontrar um prisioneiro de guerra francês trabalhando no campo de um fazendeiro. Hélène perguntou se ele sabia onde ficava o front e como chegar lá. Em vez de responder, o homem começou a falar de como tentara escapar certa vez. Dava para ver que estava bem alimentado. Sua história esbanjava fanfarronice, mas a impressão que dava é que nunca havia corrido muito perigo desde que fora capturado. Jamais vira uma mulher ser espancada até a morte durante uma chamada nem outra ter o ventre aberto por cães de guarda.

Diante da insistência de Hélène, finalmente ele respondeu:

— Ouvi dizer que o front agora está próximo a Leisnig. Mas não acabou. Os alemães estão preparando um forte contra-ataque nas matas próximo à entrada de Leisnig. A meu ver, seria um lugar a evitar. Essa guerra ainda vai durar muito tempo. Eles são durões, esses alemães[2] — concluiu com admiração.

— Temos de ir — disse Lon ao mesmo tempo em que Nicole falou:

— Não podemos demorar aqui.

Assim que se afastaram o suficiente para não serem ouvidas, todas começaram a expressar frustração.

— Que sujeito inútil.

— Precisamos esquecer tudo que ele falou.

— Nada do que disse tem utilidade para nós.

— *Merde!* Ele não fechava a matraca!

— Não podemos nos assustar com o que ele falou de Leisnig.

Nicole concluiu com seu refrão teimoso:

— A guerra vai acabar logo e os alemães vão ser derrotados.

Estavam num campo aberto, com colinas íngremes. Nada havia para barrar as lufadas de vento que as açoitavam. O grupo mancava, exausto. Descobriram uma espécie de anteparo à margem de um outro campo, onde desabaram para descansar, a salvo do vento.

Apesar de continuarem a insistir umas com as outras para ignorar o que o prisioneiro de guerra francês dissera, as palavras do homem não paravam de atormentá-las. Precisavam reunir forças para seguir adiante. Deram início a um ritual repetido várias vezes desde o começo da fuga: uma por uma, cada qual emitia um parecer sobre a situação. Nicole declarou o óbvio:

— Está na hora de encontrarmos os norte-americanos e encerrar essa nossa excursão de camping. Estou cheia, assim como presumo que todas vocês também estejam.

Zaza sugeriu:

— Vamos descobrir uma aldeia e ficar quietas durante alguns dias. Estamos exaustas demais para continuar assim. E Hélène, você mal consegue andar.

Hélène encarou a amiga e registrou sua preocupação com um débil sorriso:

— Acho que devemos prosseguir. Não considero recomendável pararmos.

Lon lhe fez coro:

— Muito bem, que tal se tentarmos acabar com isso o mais rápido possível? Proponho nos obrigarmos a levantar e sair cedinho de manhã e não parar até o meio-dia. Encarar a pressão.

Houve uma exclamação coletiva. Todas acharam engraçado que tal sugestão viesse de Lon, uma das mais resistentes a acordar cedo. Além disso, a estratégia de esticar a parada até as 11 horas, ou mesmo até o meio-dia, significava quase sempre uma nova refeição.

— Não podemos torcer o nariz para comida — exclamou Jacky.

— Só fizemos uns poucos quilômetros hoje e já estou morta — observou Josée. — Nem imagino como seria esse "encarar a pressão"!

Nada ficou decidido. Se encolheram, aglomeradas, sob o anteparo, tentando se manter aquecidas durante mais ou menos uma hora. Mas o frio era penetrante e todas tremiam. Quando o vento ao redor amainou um pouco, Nicole respirou fundo e se pôs de pé:

— Está frio demais aqui. Precisamos nos mexer.

Gemendo, todas se levantaram e começaram a caminhar em direção à colina seguinte. Uma curta distância depois, chegaram à aldeia de Obersteina, onde a torre da igreja se destacava no alto de um morro. Mais uma vez, notaram algumas batatas caídas na estrada. Zinka e Mena começaram a recolhê-las, mas Nicole e Josée as detiveram:

— Parem! Já temos o suficiente. Ainda sobraram as batatas cruas daquela bruxa em Raitzen. E já pesam bastante.

— Não — retrucou Mena. — Lembram daquelas primeiras batatas que achamos na entrada de Reppen e como elas nos deram a nossa primeira refeição de verdade, com macarrão e garfos, paga pelo Monóculo? Nossa primeira refeição numa mesa de verdade! — As batatas, ela estava convencida, haviam lhes dado sorte, levando-as àquele momento.

— Pensem em quanto queríamos uma batata como esta há algumas semanas! Chegamos até aqui — concordou Zinka. — Não devíamos deixar comida boa se estragar, por mais pesada que seja.

Recolheram, então, as batatas do chão.

Mais uma vez, o grupo encontrou uma vala para descansar à margem da estrada, enquanto Lon e Hélène entravam na aldeia em busca de comida e abrigo. Moradores que passavam comentavam com grosseria a situação lastimável de todas. As mulheres, porém, não deixavam passar impunes tais observações de alemães. Respondiam que estavam ótimas, obrigada, que era só um momento de descanso.

Um soldado alemão baixinho se aproximou e olhou para dentro da vala. Elas se deram conta de que era baixinho por ser incrivelmente jovem. O uniforme sobrava nele. O paletó serviria num homem mais espadaúdo. A calça se mantinha no lugar graças a uma corda e tinha a bainha dobrada. Quando ele perguntou quem eram, Guigui respondeu:

— Quantos anos você tem?

Próximo ao fim da guerra, quase todos os homens adultos tinham sido enviados para o front russo. Soldados convocados na terra natal eram menores de idade, alguns até mesmo com 13 ou 14 anos. O menino-soldado enrubesceu ante a pergunta de Guigui, tornando a indagar, de forma oficial, o que as mulheres faziam na vala. Guigui respondeu com paciência, da maneira como um adulto explicaria algo a uma criança:

— Estamos indo para a França, já que esta guerra basicamente acabou. Vocês perderam. Nossa direção é aquela — concluiu apontando para o oeste.

O menino-soldado, meio cabisbaixo, falou:

— Sim, é verdade. Leisnig foi tomada pelos norte-americanos. — Em seguida, porém, percebendo que suas palavras haviam provocado uma extrema alegria nas mulheres, elevou o tom uma oitava: — Mas ainda não acabou! E não existe possibilidade de vocês conseguirem permissão para permanecer nesta aldeia!

— Por que não? — perguntou Guigui com delicadeza.

— Porque o general jamais vai permitir.

As mulheres riram. Mena disse ao garoto:

— Hélène terá o general comendo na mão dela logo mais.

— Ele não é páreo para Hélène — concordou Josée.

O menino-soldado começou a se impacientar: por que essas mulheres pareciam tão imperturbáveis? Seu rosto ficou rubro e ele bateu os pés no chão como uma criança malcriada. Era meio divertido e também meio assustador. As mulheres tiveram a tentação de implicar um pouco mais, porém seria perigoso insistir além da conta. O garoto tinha uma arma.

Nesse momento, Hélène e Lon voltaram.

— E então, encontraram o famoso general? — gritou Josée para as duas. — Este aqui disse que o general vai nos chutar da cidade imediatamente — explicou, apontando com a cabeça para o menino.

— Encontramos e, na verdade, vamos dormir na casa dele esta noite — respondeu Hélène em francês, repetindo depois em alemão para que o menino entendesse.

Enquanto as mulheres riam, o menino girou nos calcanhares e partiu.

No entanto, assim que ele se foi, todas mostraram seus verdadeiros sentimentos.

— Será que deveríamos nos hospedar com um general? Isso pode ser uma armadilha pavorosa — observou Nicole com ansiedade.

— Não gosto de generais — contribuiu Jacky, tossindo.

As demais concordaram; o soldado, embora apenas um menino, realmente soara feroz em seu ódio por elas.

Hélène tranquilizou-as:

— O sujeito é um general reformado. Nos ofereceu seu celeiro e podemos jantar na casa das crianças, que fica perto da propriedade.

— Casa das crianças? — indagou Josée enquanto ajudava Jacky a ficar de pé. Tendo crescido num lar temporário, ficou curiosa.

— O que entendi — respondeu Lon — é que a casa das crianças dele era uma escola agrícola antes da guerra e agora virou uma espécie de lar para órfãos de guerra.

— Mas ele quer que a gente vá embora amanhã às cinco da manhã — acrescentou Hélène. — E se formos descobertas pelas criadas de manhã, teremos problemas.

As mulheres recolheram seus pertences, mas a notícia dessa partida tão cedo afligiu Josée:

— Esperem, cinco da manhã? Vamos poder, no mínimo, tomar banho antes de ir embora?

— Está falando sério? Às cinco? — retrucou Jacky com um sorriso cínico.

— Sim! — exclamou Josée zangada, quase com petulância. — Quero saber se tem um tanque ou algo para nos lavarmos.

— Josée, seja honesta. Amanhã de manhã você não há de querer jogar uma água gelada no rosto.

Guigui percebeu que o que realmente incomodava Josée era a dor terrível nos pés ensanguentados. Se aproximou dela:

— Apoie-se em mim — sussurrou. — É uma caminhada curta até o castelo, *minha senhora*.

O grupo começava brigar; todas estavam esgotadas. E a tendência de Jacky a ser brutalmente franca não ajudava.

---

Jacqueline Aubéry du Boulley, nasceu pequena, na região de Charente, no oeste da França, em 1915, em meio à Primeira Guerra Mundial numa tradicional família protestante. O pai era da marinha mercante e passava um bom tempo no mar. O casal tivera problemas de relacionamento e ela foi criada pelo tio e pela avó paternos. O tio era o prefeito de Blanzac, uma cidadezinha de Charente. Quando o pai se aposentou, Jacky foi morar com ele e a nova esposa, Emma, em Paris. Não manteve contato com a mãe nem com o irmão.

Depois de concluir o liceu, aos 16 anos, Jacky trabalhou como secretária até conhecer Jean Aubéry du Boulley e com ele se casar em 1939. Boulley vinha de uma família burguesa musical da Normandia. O casal ficou junto pouco tempo antes que o marido fosse convocado para lutar na guerra, mas Jacky guardava boas lembranças do breve período de lua de mel. Todo final de semana, os dois frequentavam os *guinguettes*, bares ao ar livre ao longo do Sena e do Saône, nas fímbrias de Paris, onde podiam nadar, comer e beber, ouvindo música ao vivo e dançando até tarde da noite.

O pai de Jean havia sido o ministro-geral da colônia francesa do Gabão. Fora ferido na Primeira Guerra Mundial e morrera em decorrência dos ferimentos quando Jean era pequeno. A mãe de Jean, Flore, tinha uma natureza exuberante, que Jacky adorava. Flore viajara muito e morara em vários países diferentes na África. Depois da morte do marido, mudou-se para a Palestina e depois para o Egito, onde conheceu o segundo marido. Com o padrasto de Jean montou uma loja de artigos de couro de qualidade em Paris na qual vendiam bolsas de crocodilo. Jean trabalhou na loja até ser convocado.

Jean contraiu tuberculose durante o serviço militar, e em 1940 foi mandado para os banhos termais em Cambo-les-Bains para convalescer. Ficou por lá enquanto Jacky voltava a Paris para tocar a loja. Durante a ocupação, não foi nada fácil. À época, as mulheres não podiam ter conta bancária nem acesso ao dinheiro dos maridos sem aprovação dos mesmos ou dos próprios pais. Flora se mudara para Antibes, na costa sul da França, para morar na zona livre, longe da ocupação alemã direta. Jacky, com sua determinação conseguiu se virar sozinha.

Com a saúde se deteriorando aos poucos por conta da tuberculose, Jean foi transferido para um sanatório em Grenoble para se beneficiar do ar puro dos Alpes. Em 1943, não existia cura efetiva para a tuberculose; os médicos simplesmente tentavam remover por meio de cirurgia partes dos pulmões, e, depois de uma cirurgia desse tipo, Jean morreu de hemorragia interna. Jacky se mudou para Antibes para morar com Flore. Foi ali que começou a trabalhar com a Resistência. Ela e a sogra providenciavam esconderijo para aviadores britânicos atingidos em voo. Gradualmente, Jacky se tornou uma *agent de liaison*, e passado algum tempo voltou para Paris.

Por meio de intermediários, Jacky se juntou à rede Brutus, uma das primeiras redes importantes de inteligência criada diretamente por ordem de De Gaulle. A rede contava com mais de mil agentes, tendo vários deles sido mais tarde mortos ou deportados.

Seu chefe, Gaston Vedel, servira na Primeira Guerra Mundial. Pioneiro da aviação, ele serviu pelo serviço de correios na África. Em 1941, se juntou à Resistência com sua esposa, Odette. Em 1943, conseguiu escapar da Gestapo quando eles apareceram em sua casa, mas a esposa foi capturada em seu lugar. Após sofrer interrogatórios e tortura, ela foi enviada para Ravensbrück.

Vedel continuou com suas atividades, trabalhando clandestinamente em Marselha, até que tornou-se difícil permanecer escondido. Viajou para Paris, onde se mudou para o apartamento de Jacky, no número 21 do Boulevard des Batignolles. A sede da Brutus ficava a uma pequena distância a pé.

Jacky cumpriu várias missões em Versailles, mas também viajou para Toulouse com informações para as redes locais. Em 4 de julho, voltando de uma missão, foi presa com Vedel e um outro agente na entrada da sede da Brutus. A Gestapo os aguardava.

Após demorados interrogatórios, Vedel e Jacky foram deportados em 15 de agosto a partir da Gare de Pantin. Vedel seria mandado para Buchenwald e depois para Mittelbau-Dora, a fábrica de foguetes construída com trabalhos forçados em uma antiga mina cigana. Em Dora, nove mil deportados franceses viriam a morrer. O lugar ficou conhecido como *le cimetière des français*, o cemitério de franceses.

---

Hélène e Lon lideraram a caminhada até a propriedade bem cuidada do general. Josée, com os pés em frangalhos, ficou grata por poder se apoiar no braço de Guigui. Zaza carregava a saca de batatas e Nicole, o caldeirão pesado e seu tripé. A Zinka coube a mochila de Jacky. De tempos em tempos, ela parava para esperar que Jacky alcançasse o grupo. Começava a escurecer e esfriar. Uma mansão no final de um caminho margeado de árvores, a casa das crianças era cercada por grandes celeiros. Ao entrar, todas viram catres muito bem arrumados com cobertores em xadrez azul e branco. Os catres e a insistência na arrumação deixaram as mulheres pouco à vontade, trazendo-lhes lembranças de Ravensbrück. Um pouco além no mesmo amplo saguão, chegaram a um aposento comprido com tetos de pedra abobadados e mesas ocupando todo o comprimento do cômodo. As mulheres foram acomodadas numa mesa no canto e logo lhes serviram uma sopa simples, que não foi suficiente para aplacar a fome avassaladora, mas tinha sabor agradável. Aos poucos se sentiram reviver e examinaram o salão à volta.

A atmosfera no refeitório era enervante. Crianças corriam e perseguiam umas as outras. Seu falatório ecoava nas pedras. Vez por outra, uma ou duas se aproximavam da mesa das mulheres e riam, apontando diretamente, antes de sair correndo, como se houvesse um desafio para ver quem iria mais longe, quem chegaria mais perto dessas criaturas estranhas. A governanta não as desencorajava, ao contrário, chegava a estimular tal comportamento, fazendo coro aos risos diante do espetáculo patético.

As nove sentiram como se estivessem assistindo a alguma espécie de teatro. As crianças brincavam despreocupadas, perfeitas crianças alemãs. Estavam confeccionando decorações florais, talvez para uma festa. As mulheres se lembraram dos gerânios que floresciam nas floreiras das janelas do *Revier* em Ravensbrück. Foi quando uma criança sentada na janela que dava para o pátio central viu o general se aproximar e gritou: "Ok, comecem!" Todas se postaram rapidamente em fila e começaram a cantar. Após um breve período de inspeção, o general deixou o refeitório, assentindo em aprovação.

Logo, Lon e Guigui se deram conta com repulsa de que a governanta era holandesa e as crianças também, órfãs de pais que haviam se unido à causa alemã. A governanta holandesa cantava músicas alemãs com as crianças, algumas delas as mesmas músicas alemãs que se lembravam de ter ouvido os guardas cantarem. Embora o som das vozes infantis fosse agradável, a cena toda era sinistra — as crianças perfeitas com suas tranças louras e roupas bonitas, rindo e zombando das mulheres.

Três meninos que aparentavam cerca de 15 anos entraram no refeitório usando uniformes da Wehrmacht. Davam a impressão de estarem atuando, mas granadas de verdade pendiam de seus cintos. Marcharam em direção à mesa das mulheres. Lon estava de costas quando entraram, mas viu a expressão de surpresa nos rostos das companheiras. Virou-se devagar e deu de cara com o cano de um revólver apontado para a própria testa. Começou a suar frio.

O soldado que segurava a arma, desesperado para provar que estava no comando, gritou com ela, exigindo seus documentos. Lon registrou que a cantoria cessara. As crianças observavam, sorrindo. Tratava-se de um ótimo entretenimento.

— Quem são vocês? De onde vêm? O que fazem aqui? — rosnou o soldado em alemão. O rosto era rubro de excitação.

Lon pensou: acabou. Há de ser aqui, depois de tudo por que haviam passado, que a história vai terminar. Seriam levadas para fora e fuziladas por aqueles meninos.

— Vocês deviam estar num campo para prisioneiros estrangeiros!

— Ou executadas a tiros — emendou o soldado logo às suas costas. — Essa é a punição para tentativa de fuga.

O instinto de sobrevivência ajudou Lon a superar o medo. Ficou de pé e tentou o melhor possível parecer calma e firme.

— Temos mais que meros documentos. Temos um salvo-conduto da polícia. E o próprio general nos convidou pessoalmente.

A bravata funcionou, e o soldado devolveu a arma ao coldre. Os três meninos-soldados se foram sem sequer olhar o famoso documento da polícia de Raitzen. Tremendo, Lon desabou na cadeira. Perdera o apetite. Era como se as outras não tivessem entendido por quão pouco haviam se safado.

Agora, porém, se desenrolava uma outra cena inquietante. Os soldados haviam se aproximado da jovem governanta holandesa. Um deles beijou seu pescoço, enquanto outro lhe beijava a boca. Os dois a bolinavam ostensivamente, tocando-lhe, inclusive os seios. A moça parecia encantada com essa atenção publicamente exibida.

As mulheres tinham visto a SS e os guardas se portarem assim em Ravensbrück, fazendo o que bem entendiam com uma mulher na frente de outros prisioneiros. Prisioneiros não eram humanos, não passavam de *Stück*, coisas. Mas assistir aos meninos fazendo o mesmo diante de crianças era profundamente perturbador.

Ansiosas para ir embora, as nove se dirigiram em silêncio até o celeiro, onde esperavam descansar.

A apreensão não diminuiu. Assim que se deitaram para dormir sob as vigas do telhado, foram visitadas por um outro prisioneiro político francês. Não conseguiram ver seu rosto direito, pois ele permaneceu na sombra. Nicole lhe disse que todas estavam cansadas e precisavam dormir, mas ele a ignorou. Queria muito falar em sua língua nativa.

Conversou um bocado, contando que os prisioneiros políticos franceses nos campos vinham sendo usados no front para atravessar campos minados, com o intuito de garantir que fossem seguros para os outros. Zinka e Zaza, deitadas lado a lado, apertaram-se as mãos ao ouvir a notícia; seus maridos se encontravam em campos, sabia-se lá onde.

O homem prosseguiu:

— Mas os prisioneiros políticos em geral não sofrem muito. Só precisam ficar quietos num campo qualquer e esperar o fim da guerra. Nós, soldados, temos de trabalhar em fazendas. Eles só ficam sentados e sendo alimentados.

As mulheres morderam a língua.

Foi quando ele falou:

— Na terça-feira, em Riesa, eu vi 300 mulheres numa fileira comprida, vestidas de farrapos vigiadas por mulheres uniformizadas.

— Riesa — sussurrou Nicole para Hélène. — Fica perto daqui?

— Não, eu me lembro — respondeu Hélène. — Fica bem para o norte da linha Leipzig-Dresden. Estamos ao sul.

O prisioneiro continuou falando, rindo com a lembrança do que vira.

— Vocês deviam ter visto as roupas delas! Sem calças, de tamancos de madeira, roupas listradas... Patético. Mal dava para saber se eram mulheres! Judias imundas, garanto. Ou prostitutas.

Zinka quase se levantou para enfrentá-lo, mas foi Nicole quem falou, incapaz de segurar a língua por mais tempo.

— Somos como elas. Éramos vigiadas por homens da SS e mulheres com chicotes e cães...

Ele a interrompeu:

— Quer dizer que vocês são prostitutas?

Foi demais. Mena exclamou bem alto, com toda a força da sua fúria:

— Você já ouviu falar da Resistência?

O sujeito gaguejou e resmungou.

— Duvido — respondeu Nicole. — Ele provavelmente se voluntariou para trabalhar na Alemanha.

Foi o bastante; o prisioneiro de guerra recuou. Quando isso aconteceu, Zinka provocou:

— Enquanto você trabalhava para os alemães nas fazendas, nós lutávamos pelo nosso país.

Um pouco depois, Hélène disse às outras:

— Antes que vocês durmam, preciso contar o que o general nos disse. O front fica a uns 15 ou vinte quilômetros daqui e podemos cruzá-lo. Ele diz que o fim está próximo.

— O general acha que devemos cruzar à noite, porque de dia é perigoso — acrescentou Lon.

Zaza questionou o raciocínio:

— Talvez seja para um soldado ou um exército, mas para nove mulheres deve ser melhor tentar cruzar à luz do dia, para que eles vejam quem somos.

Hélène prosseguiu:

— O general falou que é melhor caminhar logo cedinho, entre as cinco e as oito da manhã, porque os aviões não voam antes das oito.

— Acho que ele não quer que as criadas nos vejam — disse Josée.

Qualquer que fossem os motivos reais do general, isso não vinha ao caso, porque, antes das cinco, as mulheres seriam acordadas e se veriam em grave perigo.

# CAPÍTULO VIII
## Mena

YVONNE LE GUILLOU (MENA)

***Aufstehen! Schell! Raus!***

AS NOVE FORAM ACORDADAS POR GRITOS. Pensaram estar de volta no campo e cercadas pela SS. Ficaram de pé num pulo.

— Vocês precisam partir imediatamente! — gritou o general, com a voz estridente de pânico. — A polícia está chegando. Sabem que vocês estão aqui! Alguém as denunciou! Por favor, andem logo, ou seremos todos mortos. Até eu! Vão me fuzilar!

As mulheres correram para recolher seus pertences.

— Está querendo sua chuveirada fria agora? — perguntou Jacky a Josée.

— Cale a boca — rosnou Josée.

A notícia das nove se espalhara, ou talvez o prisioneiro de guerra francês da noite anterior as tivesse denunciado à polícia por conta dos insultos.

Saíram em silêncio do celeiro para a escuridão e o frio cortante. Estavam geladas e famintas, e o vento soprava mais forte do que na véspera. Andavam depressa, os corações acelerados pela adrenalina, esquecidas das dores e mazelas. Preferiram a margem da estrada, torcendo para não serem flagradas.

À distância, viram um grupo de soldados balançando lanternas e rumando para a casa das crianças. Com uma rápida troca de olhares, entraram silenciosamente na escuridão do mato, uma a uma. O frio e o medo lhes trouxeram à lembrança as muitas manhãs quando marchavam nessa temperatura, acompanhadas pelos guardas e cães, em direção à fábrica para dar início a mais um turno de 12 horas de trabalho. Nada de conversa animada. Estavam abaladas, trazidas pelo susto para a realidade da situação.

Algumas horas depois, emergiram do mato na cidadezinha de Kiebitz, justo quando o sol nascia. No centro da aldeia descobriram um pequeno café e encostaram a testa na fachada de vidro para olhar para dentro, onde havia 12 bancos de veludo, mesas redondas, cadeiras de vime e até mesmo um piano.

— Vamos entrar — implorou Mena. — Vamos fingir que estamos em Paris.

— Acho que temos dinheiro bastante para comprar um café — concordou Josée.

— Talvez Mena consiga até um prato de sopa de batatas com alho-poró — emendou Jacky, tentando compensar a grosseria do comentário sobre a chuveirada feito mais cedo. Todas riram, porque sempre que alguém criticava a cozinha alemã, Mena a defendia, dizendo que os alemães faziam uma excelente sopa de batatas com alho-poró.

— Ou podemos fingir que estamos comendo sua famosa sopa do acampamento — disse Josée.

— Não! Não é a mesma coisa — insistiu Mena — Minha sopa do acampamento supostamente é feita numa fogueira com dentes-de-leão.

— Então, não quer entrar? — implicou Nicole. Sentia-se agradecida por ter sobrevivido ao desastre iminente. Esse era o seu time, seu grupo de amigas. Sob alguns aspectos jamais teria a sensação de tamanha proximidade com qualquer outro grupo de pessoas. Juntas, acreditava, dariam conta de tudo.

— Vamos, vamos — disse Lon com impaciência, passando à frente das outras e entrando.

As demais a seguiram e cada uma achou um lugar para sentar. Era um alívio descansar alguns minutos ao abrigo do frio.

Hélène puxou o cabelo para trás e se aprumou, tentando parecer uma senhora respeitável. Passou a língua no lugar em que o dente se fora e abordou o dono do café, de pé num canto, de braços cruzados, observando as mulheres se acomodarem em seu estabelecimento.

Ela o abordou educadamente, sorrindo. O homem descruzou os braços e o mais leve dos sorrisos se insinuou em seu rosto. Com cautela, ela negociou com ele, explicando a quantia de dinheiro de que dispunham e perguntando quanto custava um café e uma sopa. No final, o proprietário serviu a todas sopa e café, meio contrariado. Acenou com as mãos, recusando o pagamento. Hélène achou que era um sinal de que estavam se aproximando do front. As pessoas se mostravam cada vez mais assustadas quanto ao futuro e inclinadas a serem gentis com elas. Logo teriam nas mãos o poder dos vitoriosos.

Passaram várias horas no café, deixando que o sol ficasse mais forte e esperando que o dia esquentasse. Com o estômago cheio de sopa, começaram a brincar umas com as outras.

— Eu não sabia que Guigui conseguia andar tão rápido — comentou Jacky ironicamente. Todas riram. Guigui costumava demorar a se aprontar de manhã. Tinha um jeito sem pressa de andar que às vezes frustrava as mais impacientes.

Guigui riu, mas acrescentou:

— E você! Eu vi como pulou!

— Achei que seria o fim — confessou Josée. — Me tremi toda. Mal consegui amarrar a minha trouxa. Tremia mais do que na primeira vez que a Gestapo me prendeu!

— Nossa, eu também! Tive certeza de que era o fim! — concordou Zaza.

— E Zinka — indagou Josée —, dessa vez você sentiu uma pontinha de medo?

Zinka abriu seu sorriso falhado e deu de ombros:

— Meu coração bateu forte.

Implicaram umas com as outras sobre quem ficara mais assustada, sobre quem andara mais rápido. Durante algum tempo no café, recuperaram a antiga camaradagem. As pressões dos últimos dias a vinham corroendo, mas não a tinham rompido.

Depois de Kiebitz, elas caminharam até Zaschwitz, e mais uma vez sete delas aguardaram numa vala na entrada da aldeia enquanto as duas escoteiras, Lon e Hélène, foram em busca do *Bürgermeister*, ou general, ou quem quer que fosse a autoridade. As mulheres agora se davam conta de que por mais que quisessem encontrar o front, isso criava seu próprio leque de problemas. E o que achariam lá? Conseguiriam permissão para cruzá-lo em segurança?

Enquanto aguardavam na vala, as sete conversaram sobre tudo que sabiam sobre fronts; a maior parte do conhecimento que tinham vinha de romances.

— E se for como Waterloo? — perguntou Zaza.

— Exato! Quem foi mesmo? Stendhal? Não foi em Waterloo que ele se decepcionou por nada acontecer? — emendou Guigui.

— Não tenho certeza de que foi em Waterloo — disse Nicole. De repente se lembrou da bela biblioteca da família com lindos livros de capas de couro. Isso fora antes da falência do pai e de todos os livros serem vendidos.

— Sem dúvida foi, Napoleão estava lá — insistiu Zaza.

— E também não devia haver mais barulhos, com bombas e tiros? Quer dizer, quem foi que já ouviu falar de um front silencioso? — indagou Zinka. O front devia ter chamas e caos, achavam. Guardavam lembranças de pais e avós falando das trincheiras da Primeira Guerra. Haveria trincheiras para cruzarem? Campos de lama e arame farpado?

— Esta guerra não tem nada a ver com a última — falou Jacky com sua voz rouca. — Não há trincheiras, só bombas caindo em cima da gente.

A discussão acerca da guerra moderna foi interrompida pela volta de Lon e Héléne. Haviam encontrado alguns homens na aldeia e embora não lhes tivessem oferecido lugar para comer ou dormir, eles partilharam algumas informações.

— Nos disseram que o nosso plano é bobagem porque os alemães jamais nos deixarão cruzar o front — relatou Hélène, num tom sombrio. Então, dando de ombros, prosseguiu: — Mas vimos duas moças que acabavam de vir do outro lado. Os norte-americanos as deixaram cruzar para chegarem em casa.

— Os norte-americanos? — perguntou Josée.

— Sim, elas confirmaram que Colditz foi tomada pelos norte-americanos — disse Lon, sorrindo ao dar a boa notícia. — Se conseguirmos chegar lá, vamos encontrá-los.

A informação as encheu de ânimo. Ao menos havia um local no mapa onde encontrar soldados norte-americanos.

— A que distância fica Colditz? — indagou Jacky, mas não houve resposta. Nicole ficou de pé.

— Não podemos parar — disse. — E o fato de dizerem que os alemães não vão nos deixar passar significa que precisamos ir em frente. Significa que estamos perto. — Estendeu a mão para Josée, puxando-a para que se levantasse. Josée, por sua vez, ajudou Jacky.

— De alguma maneira precisamos cruzar o front, quando o encontrarmos, e sem levarmos um tiro — disse Hélène. — Sugiro usarmos estradas secundárias.

— Talvez isto seja útil — disse Zinka. Ficando de pé num salto, tirou do bolso um lenço branco misteriosamente limpo. Acenou com ele no ar, como se fosse uma bandeira branca.

— Zinka! Onde você arrumou isso? — perguntou, incrédula, Nicole.

— Como está tão limpo e branco? — emendou Josée, batendo palmas.

— Perfeito — disse Hélène, rindo.

— Vou guardar no bolso, para não sujar até que a gente cruze esse front aparentemente silencioso, mas arriscado — exclamou Zinka.

Num cruzamento, próximo à cidade de Eichardt, as nove foram saudadas por um bonito rapaz de bicicleta a quem faltava o braço esquerdo. Hélène lhe perguntou como chegar a Colditz, mas explicou que queriam usar estradas secundárias. O rapaz se ofereceu para acompanhá-las e lhes mostrar um atalho numa estrada vicinal próxima.

Ele empurrou a bicicleta, caminhando com o grupo e conversando com Lon e Guigui.

— Vocês são estudantes, não são? — indagou. — Antes da guerra eu estava fazendo mestrado. Mas acabei assim — falou, indicando com a cabeça o braço perdido. — Mas não acabou para vocês, que ainda têm toda uma vida pela frente.

— Você também tem — disse Guigui com um sorriso, os olhos cinzentos fitando-o por baixo da franja.

Descobriram que ele era de uma cidade perto da fronteira holandesa, onde Guigui tinha certeza de que sua família ainda se encontrava. Perguntou se ele estava voltando para casa e quando o rapaz respondeu afirmativamente, ela lhe pediu para levar uma carta para a mãe, com o que ele concordou.

— Vocês têm o que comer? — perguntou o rapaz.

— Só algumas batatas — respondeu Lon —, mas não temos como cozinhá-las.

— Esperem aqui um instante — disse ele. — Já volto.

As mulheres o viram subir na bicicleta e partir na direção de onde tinham vindo. Ele pegou uma via lateral que seguia para uma fazenda ao longe. Sentaram-se à beira da estrada e deixaram que o sol lhes aquecesse os rostos. O rapaz voltou rapidamente, sem fôlego.

— Por acaso gostariam de um pouco de *Erbensuppe*?

Todas riram. Não paravam de ouvir: "Estão com fome?", "Querem comer alguma coisa?". No café, haviam concordado que essa pergunta era absurda. "Nunca mais vou recusar comida", dissera Josée.

Seguiram o rapaz até a fazenda, onde foram recebidas ruidosamente por um grupo de cerca de 12 alemães, vestidos de forma estranha com uma combinação de trapos e peças de uniformes. Hélène se impressionou com aquela visão. Supôs que fossem soldados e teve medo de terem caído numa armadilha. Agarrou a mão de Zaza. Situações em que se viam em inferioridade numérica em relação a homens a deixavam apavorada.

Os homens obviamente já moravam naquela fazenda abandonada há algum tempo. A casa tinha sido bombardeada e perdera a maior parte do telhado. Das ruínas, os homens construíram um campo improvisado, com um pequeno abrigo feito de tijolos enegrecidos. A mobília consistia em mesas quebradas e cadeiras vacilantes. Havia também um fogão do lado de fora e uma braseira aberta. Não muito distante do acampamento, num chiqueiro grande, viam-se porcos chafurdando na lama.

Os homens aparentaram estar à vontade e satisfeitos por receberem um grupo de mulheres.

— Sejam bem-vindas — exclamaram de braços abertos. — Vocês são amigas de Hans e agora nossas também!

— Olá, senhoras. Por favor, sentem-se.

As mulheres hesitaram, trocando olhares nervosos. Os homens se revezaram nas apresentações, fornecendo seus nomes completos e saudando-as educadamente. A civilidade ajudou algumas mulheres a relaxarem. Apresentaram-se, então, a eles. Quando chegou a sua vez, Mena fez uma pequena reverência e rodopiou, recebendo aplausos de alguns dos anfitriões.

— Lá vamos nós de novo — comentou Zaza em francês, revirando os olhos. — Mena roubando corações.

— Arrêtez! — disse Mena com uma risada.

Os homens, encantados, lhe fizeram coro, sem entender o francês, mas gostando de testemunhar a conversa leve entre as mulheres.

Os anfitriões arrumaram bancos e cadeiras para todos se sentarem em volta do fogo. Tentaram limpar as cadeiras, como se as mulheres fossem flores delicadas e os trapos que vestiam estivessem imaculadamente limpos. Os modos cavalheirescos dos homens num casebre como aquele pareceram, ao mesmo tempo, tocantes e tristes, um resquício do mundo que não existia mais, não depois de tudo que tinham visto.

O cozinheiro era um homem parrudo com um tapa-olho em estilo pirata cobrindo-lhe o olho esquerdo. O olho bom examinou as mulheres de forma feroz. Se o tivessem encontrado em circunstâncias diversas ou em outro lugar, ele as teria aterrorizado. Seu cabelo havia sido tosado quase na raiz, fosse pela própria mão ou pela de um terceiro que ignorasse por completo qualquer técnica de corte. Espigava-se em todas as direções e em alguns pontos podia-se ver o couro cabeludo. Tinha uma barba espessa de alguém que temporariamente desistira de se barbear, e lhe faltava um dente frontal. Usava um avental feito de restos de um uniforme e balançava para lá e para cá uma grande concha. Grande e animado, chegava a parecer feroz. Um outro homem distribuiu tigelas e colheres.

— Vocês precisam comer! Parecem famintas! — trovejou o cozinheiro. Hélène sentiu desconfiança quando ele fixou nela seu único olho e disse: — Você está magra demais. — Serviu-a, então, com a atenção de uma babá amorosa. — Pegue mais um pouco. Pronto. Vou lhe dar um outro pedaço de carne. Com alguma gordura.

O cozinheiro foi enchendo os pratos das nove sem questionar. Observou-as comerem como se contemplasse os próprios filhos.

— Vou lhe dar um bom conselho — falou, fitando Hélène com o olho saudável. — Sempre que vir soldados cozinhando, corra e exija ser servida. — Hélène tentava traduzir para as outras, mas estava tendo dificuldade em acompanhá-lo.

— Ele disse "a melhor comida é a feita por um soldado" — relatou.

Todas assentiram.

Era sopa de verdade, não o líquido ralo que haviam comido durante o encarceramento. Não se tratava da sopa do campo, feita de cascas de legumes, o tipo que com desdém chamavam de "Pétain", em alusão ao líder colaboracionista do governo de Vichy. Também não era a sopa meio aguada que lhes tinha sido servida em Reppen. Esse era um caldo espesso de ervilhas, com pedaços de carne e batatas.

— Vocês se lembram de todas as refeições em Leipzig? — indagou baixinho Jacky a Nicole.

— Eu me lembro — respondeu Josée, sentada ao lado de Nicole.

— E o goulash húngaro — emendou Nicole. O goulash fora receita das judias húngaras. — Ela ficou tão feliz de passar para nós a receita.

— Como eram deliciosas — concordou Jacky, como se tivessem realmente comido aquelas refeições e não apenas ouvido as receitas.

— Mas nada se compara a isto — falou Nicole, e todas murmuraram assentindo. Tinham devorado com rapidez a primeira tigela, mas agora, ao repetirem, puderam comer devagar a fim de saborear. Aos poucos, Hélène relaxou.

— O que foi? O que estão falando da minha comida? — perguntou-lhe o cozinheiro. — Elas não gostaram?

— Ele acha que vocês não gostaram da sopa — traduziu Hélène. Tentava não se abalar com a ostensiva atenção do homem.

— Imagine! — protestaram as demais. — Está muito boa!

Lon e Guigui disseram em alemão:

— Deliciosa!

As outras fizeram com o dedo o sinal de positivo.

— Nada é tão bom quanto isso — disse Mena em francês. Virando-se para o cozinheiro, então, falou em seu alemão truncado: — Muito bom.

Em seguida beijou as pontas dos dedos e acrescentou:

— Perfeito!

O homem ficou da cor de um pimentão.

— Pobre coitado — sussurrou Guigui. — Mena — pediu em tom mais alto —, dê uma folga para o sujeito.

— O quê? O que eu fiz? — indagou Mena afetando timidez, a cabeça inclinada para o lado.

Mena, a sedutora, foi para mim um enigma durante um bom tempo. Em minha busca pelas identidades das nove mulheres, Mena foi a última que consegui identificar. Quando comecei a me corresponder com o neto de Guigui, Olivier Clémentin, perguntei-lhe se ele fazia ideia de quem era Mena.

Ele me respondeu por carta:

— Sim, minha mãe a conhecia bem. Ela se casou e morou em Paris depois da guerra. Vou descobrir os detalhes. — Em pouco tempo, me retornou com a informação de que o nome verdadeiro de Mena era Yvonne.

Estudei a lista nazista. Havia duas Yvonnes possíveis na HASAG de Leipzig, ambas nascidas em 1922, mais ou menos da idade correta. Voltei a escrever para Olivier: "Seria possível que Mena fosse Yvonne Le Guillou ou Yvonne Rolland?".

Ele respondeu imediatamente: "Yvonne Le Guillou. Sim, é ela. Era bretã.

✥

Yvonne Le Guillou nasceu em 26 de abril de 1922 em Paris, numa família operária oriunda da Bretanha, no extremo noroeste da França, no Canal da Mancha. Os pais haviam sido camponeses donos de um minúsculo lote de terra próximo ao dos próprios pais. Como era comum a muitos jovens nos anos imediatamente posteriores à Primeira Guerra Mundial, fizeram as malas e se mudaram para a cidade em busca de uma vida melhor. Os pais de Mena falavam bretão, mas ela se considerava uma moça cem por cento urbana de origem proletária.

Laurence, a filha de Guigui, me disse:

— Visitamos a família de Mena no norte, Saint-Jacut-de-la-Mer. Sei que no livro de Zaza ela fala que Mena era a parisiense perfeita, mas ela também era da Bretanha. Quando pequena, eu jantava com ela e o marido duas vezes por semana no 17.º *arrondissement*. Era muito bonita, muito vibrante e adorava contar histórias.

Infelizmente, a filha de Mena, Edith, morrera cedo de câncer, mas Laurence me deu o endereço do genro dela. Escrevi-lhe, e Jean-Louis Leplâtre me ligou alguns dias depois. Era um homem alegre, interessado na história de sogra, a quem descreveu como uma mulher realmente linda: "Une vraiment belle femme, elegante, charmante."[1]

Jean-Louis nitidamente continuava apaixonado pela falecida esposa, Edith, filha de Mena. Falou sobretudo dela: "Uma mãe excelente. Devo dizer que fazia tudo bem. Era bonita, cozinhava divinamente, tinha grande inteligência. Era chique. Adorava ir a Saint-Jacut-de-la-Mer visitar a avó."

Mas quando lhe perguntei sobre a guerra e sobre a história de Mena antes de se casar e ter Edith, ouvi que ele nada sabia. Tudo ficara entre a mãe e a filha. "Contavam tudo uma à outra", disse. Perguntou-se em voz alta se Edith, que fora uma cronista prolífica, teria escrito sobre a mãe e as histórias de guerra de Mena. Sugeriu que eu falasse com o filho, neto de Mena, Guillaume. "Ele se interessava por essas coisas e acho que a mãe lhe contou um bocado a respeito da avó."

Alguns dias depois, recebi um e-mail de Guillaume Leplâtre, contando histórias que ouvira a respeito da avó. Ela morrera quando ele tinha apenas dois anos e meio, razão pela qual as histórias lhe chegaram por intermédio da mãe "com uma certa sensação de transmissão sagrada"[2]. Mena pouco falava sobre a guerra. Havia membros da família — seu primo, por exemplo — que não faziam ideia de que ela estivera em Ravensbrück. Segundo sua mãe, porém, mesmo que jamais abordasse essa época, a lembrança do que enfrentara estava sempre presente. Mena pegara o casaco que usava ao ser deportada — o casaco marcado com o X branco, o casaco que lhe salvara a vida durante o inverno excepcionalmente frio entre 1944 e 1945 — e fizera com ele uma colcha para o berço da bebê Edith, colcha mais tarde transformada num ursinho de pano para a única filha.

Mena dizia que se juntara à Resistência por amor a um rapaz. Minimizava seu papel, afirmando jamais ter feito muita coisa, que apenas passava mensagens. Dizia que não sabia dos riscos que corria e se perguntava se teria aderido à Resistência se soubesse. Defendia a tese de que fizera aquilo simplesmente por ser uma tola mocinha romântica apaixonada.

O combatente da resistência holandesa Albert Starink menciona Mena em um relato não publicado que escreveu para os filhos e mais tarde enviou para Guigui[3]. Foi apresentado a Mena (a quem conhecia como Yvonne) em 1943 em Paris por um outro amigo holandês. Starink a descreve como "uma mulher sonhadora, doce, engraçada e linda". Uma noite ela o convidou à sua casa em Montrouge, nos subúrbios de Paris. Para sua grande surpresa, Albert ao chegar a encontrou na companhia de outro homem, Jan van Brakel, que obviamente era seu amante. Na verdade, os dois moravam juntos. A artista holandesa Mena Loopuyt alugara seu apartamento para van Brakel, e Yvonne adotaria mais tarde seu nome como *nom de guerre*.

Mena e Jan faziam parte de uma rede que levava famílias judias da Holanda e da Bélgica para Portugal e a segurança, passando pela França e pela Espanha. Não consegui localizar seu registro militar. Após a guerra, ela não deve ter se candidatado ao status de *deporté résistant*. Quando perguntei a Guillaume sobre isso, ele ponderou que Mena talvez sentisse medo de fazê-lo. Ela e Jan haviam sido traídos por um amigo ou vizinho; o governo francês em Paris colaborara com os nazistas. Mena sabia como as coisas podiam mudar rapidamente e por isso, disse Guillaume, desenvolvera uma certa paranoia. Provavelmente não quis chamar a atenção sobre si.

Em algum momento no início de 1944, escreve Starink, os dois amantes, Jan e Mena, voltaram para Paris e se hospedaram em um hotel no Boulevard Montparnasse, onde vários holandeses estavam escondidos aguardando a hora de atravessar os Pirineus e chegar à Inglaterra. Jan e Mena caíram numa armadilha e foram presos pela Gestapo. Mena se sentiu aliviada por durante o interrogatório não ser torturada, mas "apenas" espancada. Preocupava-se de que sob tortura revelasse os muitos nomes das pessoas que conhecia na Resistência. Superou o interrogatório se fingindo de camponesa ignorante bretã — "faisant sa bretonne", apoiada num pesado sotaque bretão. Jan van Brakel viria a morrer nos campos.

Quanto ao que ocorrera nos campos, Guillaume tinha conhecimento dos chapéus extravagantes que as mulheres mais velhas haviam confeccionado a partir de sobras para as mais jovens usarem no Dia de Santa Catarina. Sabia da dança que entrou pela madrugada naquela data. A avó falara da forte rede de apoio entre as mulheres. As que detinham instrução e diplomas davam aulas às demais. Recitavam poemas e peças inteiras que sabiam de cor. Mena nascera numa família simples e só contava com a instrução básica, mas admirava as muitas prisioneiras que ministravam aulas. As que haviam pertencido ao comércio da alta costura lhe ensinaram como costurar. As mulheres politicamente ativas, como Lise London, falavam sobre os ideais da revolução e sobre o voto feminino.

Guillaume se lembrou de relatos sobre a brutalidade das guardas, criminosas comuns que governavam as mulheres. Mena contara a Edith sobre como os alemães temiam as sinti e as roma. "Eles não entravam nos alojamentos ciganos a não ser que levassem cães e chicotes, porque aquelas mulheres eram ferozes", disse Mena com orgulho. "Se tivessem meia chance, arrancariam os olhos dos alemães com as unhas."

Mena era muito puritana quanto a ser vista despida. Edith não sabia ao certo por que, mas após a guerra, a mãe passou a ser muito rígida em relação à própria privacidade. Guillaume desconfiava de que isso se devia a uma tatuagem que ela escondia, mas eu sabia que as prisioneiras em Ravensbrück não eram tatuadas. No entanto, sofriam a contínua humilhação de desfilarem nuas diante da SS. Mena com certeza reivindicava o próprio corpo e sua privacidade de forma tão feroz quanto as ciganas que admirava. Marceline Loridan-Ivens, amiga íntima em Birkenau da famosa feminista Simone Veil, escreveu de maneira tocante sobre o trauma duradouro de ficar nua diante de oficiais nazistas: "Não gosto do meu corpo. Sinto que ele ainda conserva o vestígio do primeiro olhar de um homem, o olhar de um nazista. Eu jamais ficara nua antes, sobretudo em minha nova aparência de mocinha que acabava de adquirir seios e tudo o mais. Assim, para mim, o ato de me despir há muito está associado à morte, ao ódio."[4]

Mena contara à filha sobre uma criança nascida no campo e de como todas juntas se esforçaram para manter o bebê vivo. Lise London escreveu sobre um bebê nascido de uma judia que conseguira esconder a gravidez até o momento de dar à luz uma garotinha loura. As duas foram levadas para o *Revier*, o recém-nascido, posto numa caixa, já que não havia berço. As prisioneiras francesas resolveram "adotar" a bebê. Encurtando as bainhas ou apertando as costuras das próprias roupas, conseguiram obter material para fazer camisetinhas e sapatinhos, além de uma colcha. Viviam arrumando pretextos para ir até o *Revier* visitar o neném. Assim que deu à luz, a mãe precisou voltar para o turno de 12 horas de trabalho na fábrica. Quando o turno terminava, ela corria para ver a filha e tentava amamentá-la, mas, exaurida e faminta, faltava-lhe leite. As enfermeiras polonesas pediam leite aos guardas da SS, mas a resposta que ouviam era: "Não, nem uma gota de leite para o bebê de uma cadela judia."[5]

As francesas iam de barracão em barracão pedindo doações de açúcar, margarina e leite em pó que umas poucas polonesas recebiam das famílias. Mas não conseguiram grande coisa. Após algumas semanas, a bebê, que nascera rosada e meiga, não passava de um esqueleto que, de alguma forma, agarrava-se à vida. Dois meses se passaram e a criança continuava viva. Os dedos eram finos como patas de aranha e os olhos, cobertos de grandes crostas — a desnutrição a cegara. As prisioneiras francesas não mais buscavam desculpas para vê-la: era demasiado doloroso. Lise se lembrava dos próprios filhos nessa idade, de como eram bonitos e rechonchudos. Essa criança se tornara uma espécie de assombração, uma pessoa macróbia. Enquanto isso, durante o mesmo período, o comandante tinha um cãozinho de estimação que diariamente recebia tigelas de leite na cozinha.

Mais uma seleção foi anunciada, consistindo, majoritariamente, de judias, enfermas e depauperadas. A mãe e a bebê foram escolhidas. Deveriam partir no dia seguinte. Lise conta que enquanto subia as escadas para a enfermaria ouviu os gritos furiosos de uma enfermeira polonesa. A mãe, desejosa de poupar a filha do terrível sofrimento da jornada iminente, tentara matá-la batendo com sua cabeça de encontro à parede. A enfermeira polonesa segurou a bebê, que ainda vivia, embora agora tivesse a cabeça roxa e cheia de hematomas. A mãe, sentada num canto, em absoluto desespero, ouvia os insultos da enfermeira: "Estas são as judias! Não são mulheres, são animais."[6]

※

Em Ravensbrück, crianças e bebês eram simplesmente proibidos. Isso significava serem tirados das mães ao nascer e assassinados — ou, se tivessem aparência suficientemente "ariana", talvez entregues a famílias nazistas para que os criassem. Abortos eram levados a cabo até o oitavo mês de gravidez. Qualquer bebê nascido vivo era imediatamente executado por asfixia ou afogamento num balde diante da mãe. Como os recém-nascidos possuem uma forte resistência automática ao afogamento, o processo às vezes levava até vinte minutos[7].

No final do verão de 1944, por volta da época em que Jacky e Nicole chegaram a Ravensbrück, um número enorme de mulheres continuava a desembarcar no campo, vindo de Varsóvia. Outras eram oriundas de países onde os aliados ganhavam terreno e os alemães tinham pressa para evacuar os prisioneiros. Muitas delas chegavam em avançado estado de gravidez. De acordo com os registros dos funcionários, uma em cada dez polonesas recém-chegadas a Ravensbrück nessa época estava grávida em decorrência dos estupros em massa por soldados alemães em Varsóvia.

Essas mulheres davam à luz na *Appell*, a casa de banhos, no trabalho, na lama de uma tenda. Algo precisava ser feito para administrar aquele caos. Numa extraordinária mudança nas regras, uma *Kinderzimmer*, ou ala de maternidade, foi criada no bloco 11 em Ravensbrück. Dava a impressão de que os nazistas haviam passado por uma miraculosa mudança de comportamento. A desnutrição das mães durante a gravidez levava os bebês a nascer com um grande volume de água nos tecidos, o que, por sua vez, fazia com que os recém-nascidos, como aquele de quem Mena guardara a lembrança, parecessem gorduchos, rosados e saudáveis, o que não passava de pura ilusão. As mães eram obrigadas a voltar imediatamente ao trabalho, mas autorizadas a amamentar os filhos quatro vezes ao dia. Mesmo assim, desnutridas, traumatizadas e depauperadas, com uma alimentação totalmente deficiente, simplesmente não conseguiam produzir o leite necessário para nutrir os bebês. Em pouco tempo, se viam enlouquecer de fome e temor por seus filhos. Imploravam leite, mas não eram atendidas.

A *Kinderzimmer* estava lotada com quarenta bebês e apenas dois catres. Não havia higiene, nem mamadeiras, nem leite, nem fraldas. Os bebês ficavam cobertos de bolhas e feridas. As mães tentavam lavar trapos de pano no líquido escuro e ralo que lhes serviam como café pela manhã e depois secar os trapos de encontro aos próprios corpos, mas os bebês com frequência eram enrolados em fraldas improvisadas ainda molhadas ou úmidas.

Além dessa crueldade, a regra era que os bebês ficassem trancados sozinhos à noite, e uma janela era deliberadamente deixada aberta, mesmo no inverno. Uma das mães conseguiu roubar a chave e ir ver seu recém-nascido. A cena que encontrou apavorou-a: "Vermes de todo tipo pulavam nas camas e entravam nos narizes e ouvidos dos bebês. A maioria estava despida, pois se descobria durante o sono. Choravam de fome e frio, com o corpinho coberto de feridas."[8]

Os bebês sobreviviam poucas semanas, às vezes um mês. A maioria dos registros em Ravensbrück foi destruída antes da liberação, mas algumas prisioneiras mantinham registros próprios. Zdenka Nedvedova, uma pediatra tcheca, foi encarregada da *Kinderzimmer*. Trabalhava ali com uma jovem combatente da Resistência francesa, Marie-Jo Chombart de Lauwe, lutando bravamente para salvar os bebês, arriscando-se até mesmo a entrar em confronto com uma enfermeira veterana da SS que vinha acumulando leite em pó roubado dos pacotes da Cruz Vermelha.

Marie-Jo e Zdenka tinham esperança de que a guerra terminasse logo, a tempo de salvar algumas das crianças. Zdenka escriturou um diário de partos, que conseguiu salvar. Registrou que seiscentos bebês nasceram no campo entre setembro de 1944 e abril de 1945. Quase todos que continuavam vivos em fevereiro de 1945 foram enviados para Bergen-Belsen, onde o extermínio os aguardava. Mas os bebês continuaram a nascer até o final. A Fundação para a Memória dos Deportados (FMD) descobriu que 31 deles sobreviveram até a liberação[9].

Nos últimos meses caóticos do campo, nele chegaram crianças com suas mães. No mínimo novecentos meninos e meninas com idades de dois a 16 anos foram registrados como prisioneiros em Ravensbrück. Alguns acabavam adotados por mães do campo, se as próprias mães morressem. Crianças foram separadas dos pais e registros se perderam. Em 2005, no 65º aniversário da liberação, Julius Maslovat, uma criança sobrevivente de Buchenwald e Bergen-Belsen, pendurou no pescoço uma placa com uma foto de si mesmo aos dois anos e a pergunta "Vocês me reconhecem?". Procurava por qualquer um que soubesse quem ele era[10].

❧

No acampamento improvisado dos soldados alemães, Guigui cutucou Mena, que largara sua colher e parecia mergulhada em lembranças sombrias.

— Coma — insistiu Guigui.

Mena assentiu e voltou a comer o caldo espesso.

Hélène concluiu que aqueles homens haviam desertado e aguardavam o término da guerra. Estavam felizes por terem companhia feminina e provavelmente eram inofensivos. Deram às mulheres algumas latas de ração militar alemã, que chamavam de "carne de macaco". As mulheres acharam a ração bastante saborosa.

Hélène perguntou aos homens como seria possível cruzar o front. Eles desenharam um mapa na terra, explicando as rotas possíveis. Achavam que o front se encontrava provavelmente a uns 12 quilômetros de distância, o que significava que elas poderiam alcançá-lo no dia seguinte. Mas as coisas podiam mudar rapidamente, enfatizou um deles. Outro alertou-as sobre o fato de que os derradeiros dias de guerra são sempre os mais perigosos.

— Perdemos contato com a nossa unidade — explicou um homem que usava uma estranha calça azul de operário, obviamente vários números maior que o dele.

— Os planos mudavam o tempo todo e ninguém se deu ao trabalho de nos informar — acrescentou um jovem com cabelo louro à escovinha, com o olhar fixo em Mena.

Lon, que traduzia, adicionou em francês:

— Tenho a sensação de que ele não quer que a gente o considere um covarde.

Os homens pediram a Lon e Hélène que contassem a história delas, mas ambas foram evasivas. A fábrica em que trabalhavam tinha sido bombardeada, explicaram, e todas estavam tentando voltar para casa.

Os soldados igualmente mantiveram a própria história vaga. Parecia pouco educado falar abertamente sobre o que faziam ali, porque poderia lembrar aos presentes o fato de serem inimigos. A certa altura, porém, o cozinheiro desembuchou:

— Eu não concordava com muita coisa nessa guerra. Aí está, eu disse! Não vou mais esconder. A SS é criminosa!

— Você não gosta da SS? — indagou Hélène, fitando-o diretamente. Pensou em Fritz Stupitz, o capataz da fábrica de munições que tanto fizera para ajudá-la. Lembrou-se das vezes em que ele admitira não gostar de Hitler.

— A SS nos perseguia, exatamente como perseguia vocês. Todo mundo tinha medo de falar a verdade, e foi assim que entramos nessa embrulhada. — O cozinheiro estava se enfurecendo, o rosto já corado ficando quase roxo. — Todo mundo tinha de mentir e entregar outra pessoa. Eles faziam as pessoas se portarem mal.

— Do que ele está falando? — perguntou Jacky, assustada com a raiva repentina do cozinheiro e sua gesticulação insana. Hélène traduziu a essência da fúria do homem contra a SS.

— Na verdade, vocês precisam evitar essa gente durante a caminhada até o front — falou o jovem de olhos azuis seriamente, dirigindo-se a Mena.

O cozinheiro continuou a vociferar:

— A SS está atirando e matando tudo agora, como animais encurralados. Vimos um grupo de prisioneiros de um desses campos, uns trinta, todos pendurados em galhos de árvores. Foi a SS. Não passam de animais — falou, balançando sua concha.

Quando Lon traduziu suas palavras, as mulheres ficaram visivelmente aflitas.

— Ei, não vamos falar assim na frente de companhia tão encantadora — pediu um outro soldado ao cozinheiro. — Você as assustou. Acalme-se. A guerra há de acabar daqui a alguns dias. — Voltando-se para as mulheres, acrescentou: — Vocês são corajosas e bonitas.

Todos concordaram.

— Muito corajosas — enfatizou um deles.

— E tão bonitas — emendou o jovem de olhos azuis, fitando Mena.

— Eles estão dizendo que somos bonitas — traduziu Hélène com um sorriso.

— E fortes — acrescentou Lon.

As mulheres gostaram de ouvir os elogios. Depois de tudo a que tinham sido submetidas, ainda esperavam ser admiradas como mulheres.

O tempo estava fabuloso. O sol saíra e seus estômagos haviam sido forrados. O ânimo melhorara com o encontro. Foi Hélène quem se levantou primeiro e disse:

— Estamos imensamente agradecidas pela hospitalidade, mas não podemos ficar. Precisamos encontrar esse front.

Os homens se decepcionaram, mas respeitaram as palavras de Hélène, e todos se puseram de pé para uma despedida formal. Os soldados cumprimentaram e desejaram sorte às fugitivas.

— Evitem a SS! — gritou o cozinheiro, enquanto o grupo partia.

O sol brilhava, a grama era verde e as árvores começavam a florescer. Enquanto caminhavam, Hélène sentiu que precisava explicar sua decisão de deixar o acampamento dos soldados.

— Mena, sei que você não queria partir, mas não podíamos ficar lá depois do escurecer. Aqueles homens se comportaram bem à luz do dia, mas como saber se à noite a situação não seria mal interpretada?

— E precisamos continuar caminhando — concordou Nicole.

— Certo, eu entendo que precisávamos deixar os homens, mas... — suspirou Mena. — Achei que a ideia era não caminhar no meio do dia. Isso não faz de nós um alvo perfeito para bombas?

— Concordo — disse Jacky. — Vamos descansar em algum lugar. Sem homens, só descanso e sol.

Um pouco adiante, havia uma bela vala. O solo era como um tapete de dentes-de-leão amarelos. Hélène e Nicole queriam continuar andando; sentiam que já haviam feito uma longa pausa para o almoço. No final, porém, tiveram de ceder. Passados alguns momentos de silêncio, Hélène perguntou a Zaza:

— Você ouviu isso?

— Canhões?

— Não, pássaros! — As duas amigas riram.

As nove se deitaram confortavelmente na vala. Mena tecia coroas de dentes-de-leão para enfeitarem os cabelos. Deviam compor uma imagem estranha no meio da guerra e tão próximo ao front. Várias carroças passaram levando camponeses, soldados feridos e moradores idosos. A maioria dos soldados era jovem e curiosa.

— Oi, vocês aí! — gritavam. Queriam saber como um grupo de francesas chegara ali. Quando souberam de Josée, alguns acrescentaram:

— Ora, tem uma espanhola? Quem é?

— E duas holandesas — gritou de volta Lon. Essa conversa para lá e para cá fez as mulheres sorrirem enquanto inspiravam o aroma delicioso da grama fresca. Quem diria que o front se pareceria tanto com a primavera?

Então, Hélène e Nicole se puseram de pé. Era hora de seguir adiante. Decerto não podiam passar a noite na vala. Precisavam acelerar o ritmo.

Um velho camponês com um carrinho de mão cheio de batatas e um soldado ferido parou para conversar quando elas se preparavam para ir embora. O soldado não tinha mais de vinte anos. As mulheres lhe pediram opiniões sobre o front, sua localização e se teriam dificuldade para cruzá-lo. Ele respondeu que o front estava agora no Rio Mulde.

— Provavelmente não deixarão vocês cruzarem — disse o soldado. — Mas eu iria até a cidade seguinte e esperaria.

Quando Hélène traduziu o conselho, as mulheres começaram a discutir. Zaza não gostou da ideia de ficarem paradas num lugar. Via de regra, os alemães eram organizados, argumentou, e os alemães mais organizados eram os da SS. Não seguir caminhando seria igual a ficarem ali sentadas esperando serem capturadas e mandadas de volta a um campo ou penduradas numa árvore, como os homens que o cozinheiro descrevera.

Nicole se mostrou impaciente. Havia sido deportada apenas nove dias antes da liberação de Paris. Estivera muito perto da liberdade. Em vez disso, passara os últimos nove meses no inferno. Não esperaria sentada para ser recapturada pelos alemães.

Hélène, Zaza, Zinka e Josée concordaram com Nicole que precisavam continuar andando, mas as outras reclamaram; estavam exaustas. Por que não achar um lugar bacana onde pudessem ficar quietinhas e esperar o fim da guerra? Por que se arriscarem a levar um tiro?

Esse raciocínio enfureceu Nicole. Se ficassem, argumentou, seriam provavelmente — não, *muito* provavelmente — alvos de tiros de um guarda da SS num derradeiro surto de sadismo!

O soldado, ouvindo-as falar francês, interrompeu-as:

— Levem isso — falou num francês carregado de sotaque, enquanto lhes passava algumas batatas. — Quando estive na França, as pessoas foram muito gentis comigo. Me deram batatas para comer.

E, vagamente percebendo que as mulheres brigavam sobre se deviam ou não cruzar o front, acrescentou:

— Se continuarem nesta direção, garanto que vocês irão dar em Altenhof. Ali, há um pelotão de soldados. Chegando lá, apresentem-se ao comandante. Ele cuidará de vocês.

Essas palavras não encerraram a discussão. Por que um comandante alemão haveria de ajudar um grupo de prisioneiras fugitivas a cruzar o front?

※

As nove chegaram a Altenhof no final da tarde, e mais uma vez sete delas aguardaram numa vala na periferia da cidade enquanto Hélène e Lon saíam em busca do comandante em questão.

Depois de atravessarem uma pequena ponte, elas o encontraram supervisionando um grupo de meninos-soldados, dos quais nenhum aparentava ter mais de 14 anos. O grupo executava uma marcha de rotina. O comandante, um homem mais velho, observava os meninos com um olhar quase protetor.

— Então vocês são francesas — comentou o comandante, num tom de flerte. Falava um pouco de francês. Hélène, porém, se manteve firme: elas precisavam de um lugar para dormir naquela noite e permissão para cruzar o front no dia seguinte.

— Para vocês duas? Ou para todas as nove? — indagou ele.

— Para todas nós.

— Nove moças bonitas querem cruzar o front? — Seu sorriso era malicioso.

— Sim, só queremos voltar para casa — insistiu Hélène.

— Você sabe que isso é uma loucura, não sabe? Vão levar tiros dos dois lados.

— Estamos dispostas a arriscar — garantiu Hélène.

O comandante deu a impressão de achar a audácia fascinante. Virou-se um instante para avaliar o grupo de meninos-soldados, que marchavam de um lado para o outro do campo de forma desleixada. As duas mulheres aguardavam sua resposta. Quando voltou a atenção para ambas, ele sorria.

— Vou lhes dar o que querem se vocês fizerem uma coisa para mim. Uma simples troca — disse. Olhando diretamente para Hélène, o comandante deu uma piscadela.

Gritou ordens e os meninos marcharam até onde o comandante e as mulheres estavam. Mais ordens, e a tropa juntou os pés ruidosamente, em alerta. O comandante falou alto, então, com uma expressão séria no rosto. Perguntou se Hélène e Lon lhe dariam a honra de "inspecionar a tropa".

No primeiro momento, as duas acharam que explodiriam numa gargalhada, pois a situação era absurda. E embora o comportamento do comandante fosse sério, o brilho fugaz em seus olhos lhes disse que também ele sabia que aquilo era absurdo. Seria realmente essa a "troca simples" mencionada antes?

As duas, solenemente, responderam um "claro que sim".

Lon sentiu vontade de ajustar colarinhos, abotoar camisas e alinhar o cabelo dos meninos. Todos eram tão jovens, tão intensos e pareciam tão apavorados.

Embora mantendo a aparência de coragem, Hélène não pôde evitar pensar que o comandante pudesse querer algo mais do que aquela encenação.

No lado oposto da ponte, as outras sete se conformaram com uma espera de trinta, talvez quarenta, minutos. Ninguém tinha relógio, é claro. Finalmente, Zaza se manifestou:

— Estão demorando muito.

— Sim — concordou Nicole, num tom sombrio. — Essa espera está ficando mais longa do que a de Delmschütz, quando Guigui se perdeu.

O sol se poria em breve. O ar já estava mais frio. Imobilizadas, contudo, pelo medo, elas não conseguiam decidir o que fazer.

Finalmente Lon e Hélène voltaram, exaustas e mancando.

— Temos um lugar para comer e dormir? — indagou Zinka, sempre pragmática.

— Sim — respondeu Lon. Ambas, porém, pareciam preocupadas.

— Vão nos deixar cruzar? — perguntou Nicole.

— Vamos contar tudo, mas realmente precisamos cruzar a ponte já, antes que ela feche — respondeu, vagamente, Lon.

As outras sete obedeceram, caladas. Pouco mais à frente, encontraram uma ponte pitoresca, feita de pedra, com uma série de belos arcos sobre um pequeno rio. A ponte era guardada por dois soldados que tinham, no máximo, 14 anos. Os meninos haviam pendurado nos cintos tantas granadas quantas puderam. Compensavam a juventude extrema sendo especialmente desagradáveis e agressivos com as mulheres. À distância, as nove viram mais meninos-soldados com capacetes grandes demais para suas cabeças, praticando com alguns *Panzerfaust*, precisamente as armas que elas ajudavam a fabricar em Leipzig. As mulheres sentiram certo nervosismo ao observar esses exercícios, cientes de que haviam sabotado muitas daquelas *Panzerfaust*. A qualquer momento uma delas poderia explodir.

---

Enquanto eu escrevia sobre os meninos-soldados, falei com um vizinho, um austríaco idoso que é jornalista de guerra e escritor consagrado. Ele cobriu guerras em todo o planeta, mas só serviu como soldado uma vez e me mostrou um livro sobre a sua carreira no jornalismo, no qual, entre as fotos, vi a imagem de um grupo de meninos de 13 anos de calças curtas, as mãos erguidas, rendendo-se aos soldados norte-americanos.

— Este aí sou eu — falou, apontando para um dos meninos. — De quando fui soldado.

— Tão jovem — observei.

— Sim, e nos diziam para lutar contra os tanques com *Panzerfaust* tão pesadas que mal conseguíamos botar no ombro.

❦

Hélène disse aos meninos-soldados que guardavam a ponte que as nove eram esperadas para jantar, e os garotos, relutantemente, as deixaram passar. Logo que atravessaram a ponte, porém, um grupo de soldados montados em bicicletas as alcançou para dizer que o comandante queria falar com todas juntas. Elas deram meia-volta, tornando a atravessar a ponte sob a vigilância dos dois meninos-soldados.

O comandante pediu que as mulheres fizessem uma fila para que ele "as inspecionasse". Elas já sabiam como decodificar os detalhes nas golas dos uniformes alemães, de modo que concluíram que ele não pertencia a SS, mas a última *Appell* que haviam vivenciado ainda estava fresca na memória de cada uma, assim como tantas outras chamadas que tinham sido obrigadas a suportar. Foi difícil não tremer e sentir enjoo enquanto ele, meticulosamente, as passava em revista.

O comandante se dirigiu a Hélène e a Lon:

— Então esse é o grupo de nove mulheres que deseja atravessar o Mulde? Vou precisar de um pagamento mais consistente se planejam atravessar em grupo.

— Pagamento? — indagou Hélène, encarando-o na esperança de envergonhá-lo.

— Nós lhe daremos o pouco dinheiro que temos — ofereceu Lon.

Ele riu com desdém.

— Garanto que podemos chegar a uma troca bem mais interessante — disse o homem, sem tirar os olhos de Hélène. — Um tipo vantajoso de pagamento. Cada lado possui algo que o outro deseja.

Quando as duas mulheres se viraram para fitar as outras sete, a expressão de ambas era sinistra.

— Vamos até o celeiro agora, onde ele nos disse para dormir. As pessoas lá vão cozinhar nossas batatas — disse Lon às demais, rosnando as palavras quase como se fosse uma ordem.

Zaza olhou para o rosto pálido de Hélène:

— O quê? — sussurrou.

— Ele não vai nos deixar atravessar. Diz que ainda lhe devemos um pagamento. — Enojada, Hélène quase cuspia as palavras. — Ele quer que eu faça o "pagamento".

Zaza nada disse, mas pegou a mão da amiga.

— Bom, vamos logo. Podemos falar disso mais tarde — disse Hélène.

As nove tornaram a atravessar a ponte, debaixo dos olhares curiosos dos dois meninos-soldados. Cinquenta metros adiante, o grupo de soldados novamente as alcançou e anunciou que o comandante queria ver apenas as "duas mulheres".

Lon e Hélène voltaram a atravessar a ponte. Dessa vez, foram levadas a um prédio grande que servia de escritório e moradia para o comandante, e receberam ordem para aguardar numa espécie de vestíbulo. O quadril de Hélène doía. Sentaram-se num banco estreito, sem se falarem, com os olhos fixos no chão. Aquilo lembrava as muitas vezes nos anos anteriores quando haviam ficado imóveis esperando para ver que coisa terrível viria em seguida.

Um homem apareceu e disse que o comandante queria "a francesa, sozinha, em seus aposentos". A palavra que usou em alemão era ambígua: *Stube* tanto significava escritório quanto quarto. Hélène agarrou a mão de Lon e assentiu, indicando precisar da companhia da amiga. As duas entraram juntas no cômodo.

Viram um sofá com uma mesa baixinha sobre a qual havia pão, queijo, frutas e vinho. O comandante estava de costas para as duas. Não mais de uniforme, vestia agora uma camisa branca limpa e se barbeava. Não percebeu que Lon entrara com Hélène, e começou a falar em francês e num tom brincalhão.

— Então, você não tem muito do que se queixar, tem? Não sou o lobo mau, sou?

— Não — respondeu Lon em alemão. — Mas as ovelhas gostariam de voltar para o seu rebanho.

Surpreso, o comandante se virou para encarar as duas, com um dos lados do rosto ainda coberto de creme de barbear. Seguiu-se uma longa pausa, durante a qual os três se entreolharam. Então, ele deu uma gargalhada.

— Ah! Achei que tínhamos um acordo. A minha generosidade seria recompensada com a generosidade de vocês.

— Nós só queremos atravessar a linha do front — disse Hélène.

— Por favor, sirvam-se da comida e da bebida que preparei para vocês.

— Não, obrigada — respondeu Lon. — Durante muito tempo sentimos fome, mas nosso único desejo agora é voltar para casa o mais depressa possível.

O comandante mantinha os olhos em Hélène. Riu um pouco como se pretendesse aliviar a tensão.

— Talvez eu tenha entendido mal. Mas prefiro falar com a francesa sozinho.

— Somos um grupo. Ficamos juntas. O que quer que o senhor tenha a falar com ela, pode falar na minha presença — insistiu Lon.

Ele encarou Hélène e ela o encarou de volta. Houve um longo e tenso momento de silêncio. Finalmente, ele assentiu e suspirou:

— Está bem. Vocês têm o seu *Passierschein*.

— Obrigada — agradeceu Lon, refreando um sorriso.

— E se o senhor quiser ser gentil conosco... — acrescentou Hélène, sentindo a coragem da raiva.

O comandante sorriu ante essa audácia:

— O que mais você quer?

— Alguém para nos acompanhar até o último limite possível, até o mais perto possível do front. Para que a linha avançada dos seus soldados não atire em nós acidentalmente.

— Vocês são tolas corajosas, mas tudo bem. Estejam aqui amanhã bem cedo e eu terei alguém para escoltá-las até o Rio Mulde.

Dito isso, ele fez um aceno com a mão, dispensando-as.

❦

Enquanto Lon e Hélène estavam com o comandante, as outras haviam se acomodado num banco comprido do lado de fora de um pequeno café, logo além do outro lado da ponte. Mena e Guigui entraram para pedir um pouco de água. Mena estava com sede, mas não sabia falar uma palavra de alemão.

Transformava todas as tentativas de aprender em piada. Quando Guigui lhe dizia uma palavra em alemão, Mena a repetia de modo a parecer uma idiotice em francês. Invariavelmente isso fazia todas rirem, e a aula de alemão era abandonada.

Os homens no interior do café, jogando cartas e tomando cerveja, demonstraram interesse pela história de Mena e Guigui.

— Quando a gente ouve francês, pensa logo em cigarro — disseram, entregando cigarros às duas.

As mulheres sentadas do lado de fora foram abordadas por um carteiro de bicicleta, que lhes perguntou quem eram e de onde vinham. Quando ouviu a resposta, o homem indagou:

— O quê? Uma de vocês é espanhola? Qual? Ela não parece espanhola. É tão bonita quanto vocês, francesas.

Essa canhestra tentativa de flerte as aborreceu, mas também produziu cigarros. Mena e Guigui saíram do café sobraçando pão e linguiças e até mesmo café — um presente generoso, embora não tivessem como usar.

As sete estavam preocupadas com Hélène e Lon. Zaza lhes contara o que Hélène sussurrara a respeito do ambíguo termo "pagamento". Sentindo-se impotentes e ansiosas, agradeceram poder fumar. Em lugar de partilhar um cigarro, cada uma tinha o seu. Nos campos, cigarros eram mercadoria de troca; podiam ser usados para comprar mais sopa ou uma ração extra de pão. Ninguém, com exceção dos muito privilegiados, efetivamente os fumava. Uma exceção era quando uma mulher tinha certeza de que morreria — se tivesse desistido de lutar ou sido selecionada para o extermínio. Então, ela podia fumar um derradeiro cigarro.

Começava a escurecer. Havia meninos-soldados por todo lado. A cidade estava pronta, à espera. Era óbvio que aqueles eram os últimos dias da guerra. Os soldados na ponte não mais olhavam para as mulheres; agora, as sete haviam se tornado parte da paisagem. Em vez disso, os meninos-soldados começaram a brincar com suas granadas. As mulheres esperavam que fossem de brinquedo, porque se não fosse, a qualquer momento uma delas poderia explodir.

Houve um suspiro coletivo de alívio quando Hélène e Lon reapareceram e atravessaram mais uma vez a ponte. As duas aparentavam satisfação.

— O comandante? — perguntou Zinka a Hélène.

— Notícias fantásticas! Não apenas temos um *laisser-passer*, como ele vai mandar alguns soldados conosco para nos ajudar a atravessar o Rio Mulde amanhã de manhã. — Houve gritos de alegria e muitas perguntas, mas Lon acrescentou: — Não podemos explicar tudo aqui neste lugar. Precisamos correr para a fazenda. Nesta proximidade do front, o toque de recolher é rígido.

O cômodo da fazenda designado para as mulheres passarem a noite tinha uma vista fabulosa da floresta de pinheiros e nada mais. Apenas um chão duro de madeira e uma mesa. Elas sentiram falta do feno macio, ainda que a palha provocasse coceiras e pinicasse. As tábuas duras de madeira as fizeram recordar dos velhos catres do barracão do campo. Os donos da fazenda ficaram aturdidos. Embora o comandante lhes tivesse dado ordem para abrigar as mulheres, não havia comida para alimentá-las. As mulheres ofereceram suas batatas, que os fazendeiros cozinharam de boa vontade para elas.

A fazenda ficava no alto de um morro. Hélène apontou para a floresta.

— Estão vendo ali, onde os pinheiros ficam mais espaçados? Aquele é o Rio Mulde, o que vamos atravessar amanhã. E, uma vez do outro lado, estaremos na parte liberada da Europa.

As mulheres queriam saber tudo. O que acontecera com o comandante? Que tipo de escolta haveria? Como atravessariam?

Lon se deitou, exausta.

— Conte a elas, Hélène. Estou cansada demais para encontrar palavras em francês. Meu cérebro está uma bagunça.

Hélène falou sobre o encontro inicial com o comandante e a oferta do sujeito de uma "troca simples", que Hélène temera que não fosse tão simples.

— E eu estava certa — concluiu.

— O que houve na terceira vez que vocês duas estiveram com ele? — indagou Nicole.

— Ele esperava mais "pagamento" pelo *laisser-passer*.

Hélène descreveu a cena com o sofá, a comida e o comandante fazendo a barba. E explicou a bravura com a qual Lon defendera sua honra.

Embora fosse uma boa história e a escolha, uma boa notícia, havia agora novas preocupações a abordar. Talvez o fato de se acharem tão perto de atingir a meta fosse assustador. A conversa se concentrou na travessia do Rio Mulde. Como seria feita? As pontes haviam sido bombardeadas, razão pela qual provavelmente precisariam atravessá-lo de barco.

— Que tipo de barco? — perguntou Jacky. — Será confiável?

— Ai, vocês estão malucas demais. Um barco, uma balsa, que os homens da escolta providenciarão — respondeu Nicole com impaciência.

— Sim, mas o Mulde aparentemente fica na fronteira. Quando estivermos na famosa balsa que a escolta há de providenciar, no meio do rio, não seremos um alvo perfeito? — interveio Guigui.

— Sim — concordou Lon, calmamente. — Há dias ninguém atravessa o Mulde porque é perigoso, e seremos alvos fáceis.

— Bom — disse Nicole, frustrada pelo abalo na determinação das demais —, podemos simplesmente ficar aqui e aguardar os acontecimentos: as granadas das crianças, as explosões das *Panzerfaust*... Ou podemos finalmente atravessar a droga do Mulde a nado, se for necessário!

Seu desabafo calou todas momentaneamente.

Hélène começou a falar de estratégia.

— A melhor maneira de não nos tornarmos alvos fáceis numa balsa, é nos fingirmos de mocinhas inocentes. Nada de calças. Vamos usar nossos vestidos da prisão, por pior que seja o estado deles. As que têm cabelo, soltem, de modo a poderem nos identificar de longe. Jackie, você precisa tirar seu turbante. Não podemos parecer soldados.

Zinka perguntou:

— Quem de nós se sente confortável nadando, mesmo totalmente vestida?

Cinco levantaram o braço: Nicole, Hélène, Mena, Lon e Guigui. Eram boas nadadoras. As outras quatro, Jacky, Zaza, Zinka e Josée sabiam nadar, mas não se consideravam capazes de atravessar um rio.

— Muito bem — prosseguiu Zinka. — As que se sentem seguras precisam assumir a responsabilidade por uma de nós.

— Afogados entram em pânico e às vezes a forma como se debatem pode causar o afogamento até mesmo de um bom nadador — disse Lon. — Já ouvi falar de casos assim.

— Quem vier a ser minha responsabilidade vai ter de ficar calma — avisou Hélène.

— A melhor maneira de garantir isso é apagar a pessoa com um soco. Aí fica fácil arrastá-la até a outra margem — acrescentou Lon, provocando uma gargalhada coletiva.

— Eu assumo Zaza — voluntariou Nicole. — Ela é tranquila por natureza.

— Uma vez eu quase me afoguei — disse Zaza —, por isso prometo me comportar. Serei serena como uma pombinha.

— Não, acho que para garantir, vou nocautear você — insistiu Nicole, rindo.

Quando os anfitriões lhes levaram as batatas, as mulheres descobriram que estavam sem apetite. Comeram algumas e guardaram outras para o café; o restante Zaza carregaria em sua mochila no dia seguinte.

Antes de se acomodar para dormir, Hélène explicou o plano. Precisavam acordar cedo na manhã seguinte para caminhar três quilômetros até o Mulde. Uma vez do outro lado, ainda teriam de andar cerca de 15 quilômetros para chegar a Colditz, onde sabiam que encontrariam os soldados norte-americanos. Precisavam tentar fazer tudo num dia só, pois o comandante avisara que ainda restavam alguns poucos soldados alemães nas últimas aldeias e florestas antes de Colditz. O dia seguinte seria aquele em que teriam que se superar. Teria de ser o último da "excursão de camping".

# CAPÍTULO IX

## O dia mais longo

DE MANHÃ CEDINHO NO DIA 21 DE ABRIL, as nove acordaram e comeram algumas batatas cozidas, mas lhes faltava apetite. Ansiosas e amedrontadas, atrapalharam-se na saída. Seria esse o dia em que finalmente encontrariam os americanos? A pressa para fazer as trouxas e partir intensificou a habitual comoção matutina.

— Você pode levar isto? — perguntou Mena a Guigui, segurando um pequeno trapo dobrado. — Esqueci do lado de fora, e agora a minha trouxa já está pronta.

— Sim, mas cadê meus sapatos? — indagou Guigui. — Todo mundo está sempre pegando as minhas coisas.

Toda manhã ela repetia algo do gênero enquanto procurava seus pertences, que de hábito largava espalhados por todo lado.

— Se você deixasse as suas coisas em ordem... — começou Josée, resgatando os sapatos perdidos de Guigui num canto do cômodo. Mas se interrompeu. Tentara treinar o grupo antes, sem sucesso, e hoje todas estavam excitadas demais para ouvir seus "sermões sobre arrumação". — Ai, Jesus, Maria e José, vamos logo — disse, resignada.

Lon perdera os cadarços com que costumava amarrar a trouxa.

— Sei onde deixei — insistiu enfaticamente, quando Zaza sugeriu que ela talvez os tivesse posto dentro da trouxa.

— Vai ser um dia longo — recordou-lhes Nicole. — Precisamos sair cedo.

Queriam exibir uma aparência respeitável, razão pela qual gastaram um tempo extra com os cabelos e as roupas maltrapilhas, mas era uma tentativa patética de parecer chiques. Não havia espelhos; tinham de confiar umas nas outras para saber se estavam bonitas. Todo mundo mentia e todo mundo sabia disso. O vestido listrado e gasto de Jacky parecia um saco. Zaza tentou apertar a cintura, mas isso deixou Jacky mais nervosa.

— Ah, deixa pra lá! — queixou-se, zangada.

Jacky precisava de um momento sozinha. Saiu para o frio a fim de fumar uma guimba de cigarro que cuidadosamente poupara na véspera. Não sabia ao certo se sobreviveria a mais um dia de caminhada. Não queria se queixar, mas os pulmões ardiam e tanto a boca como a garganta pareciam pegar fogo. Tinha olheiras roxas sob os olhos e estava febril. De algum jeito, disse a si mesma, atravessaria aquela droga de rio.

As outras saíram do celeiro, prontas para se apresentarem ao comandante para receber o *laisser-passer* e a escolta. Precisaram descer o morro e passar pelos meninos-soldados e mais uma vez atravessar a ponte. No alojamento do comandante um jovem oficial as recebeu. Era o mesmo que anunciara a Lon e Hélène na noite da véspera que o comandante queria ver "a francesa sozinha". Lon se lembrou de que também ele cheirava a creme de barba e via agora que seu quarto era contíguo ao do comandante; sem dúvida, o sujeito pretendera receber o "pagamento" dela em seu quarto enquanto Hélène estivesse com o comandante.

— Vocês se dão conta de que as tratamos de forma justa, não? — começou ele, com uma piscadela para Lon. — Em troca, por favor, nos tratem de forma justa ao chegarem ao outro lado. Não falem muito sobre o que viram aqui.

Hélène e Lon sorriram. O que tinham visto era um bando de crianças brincando de serem soldados.

— Estamos gratas — disse Lon.

O homem entregou a ela um pedaço de papel onde se lia:

> Altenhof, 21 de abril de 1945
> Dá-se autorização a seis mulheres francesas, duas holandesas e uma espanhola, sob a liderança da holandesa Madelon Verstijnen, para cruzarem o front na direção oriental a fim de voltarem à sua terra natal.

Hélène leu a nota e a traduziu para as mulheres que a cercavam. Quando chegou ao final, à frase maravilhosa "voltarem à sua terra natal", todas prenderam o fôlego. Embora assustadas, as mulheres sorriram. O oficial assentiu.

— Pronto — disse ele. À guisa de despedida, acrescentou: — Boa sorte.

A escolta consistia de um jovem soldado empurrando uma bicicleta. Não aparentava interesse por qualquer tipo de conversa, nem mesmo em flertar com Mena. Estava concentrado na sua tarefa. O guidão da bicicleta vez por outra enganchava em galhos de árvores enquanto eles atravessavam a floresta densa que se inclinava de forma íngreme em direção ao rio. As mulheres se perguntaram por que levar uma bicicleta, já que teria de voltar a subir o morro com ela. Mas, nitidamente, o sujeito estava apavorado. Um mero estalo de galho o fazia pular. Todas temiam que a qualquer instante ele fosse dar meia-volta e começar a pedalar freneticamente de volta à cidade antes de levá-las até o rio.

— Garanta que ele não se afaste — disse Lon a Guigui. — Se ele fizer menção de correr, você é a mais rápida. Agarre o cara.

— Sim — concordou Hélène. — Precisamos que ele fique conosco até o último minuto possível.

— Também sou boa corredora— voluntariou Josée. — Ajudo você, Guigui.

Enquanto conversavam ansiosas, Zaza notou que a floresta era esplêndida. Se não estivessem tão aflitas com o que as aguardava, ela gostaria de passar um tempo naquela floresta. Cheirava a pinheiro fresco e havia o som abafado de pássaros nas copas das árvores.

— Que floresta linda — comentou alegremente. — Parece um conto de fadas.

— Verdade, mas enquanto você brinca de Chapeuzinho Vermelho, pode ter qualquer um por aqui, pronto para atirar na gente — retrucou Jacky.

O grupo prosseguiu por cerca de três quilômetros, o morro ficando cada vez mais íngreme à medida que se aproximava do rio. Podiam ouvi-lo correr e sentir o cheiro da água permeando o ar. Finalmente chegaram ao último posto avançado alemão, guardado por dois soldados entediados. O *laisser-passer* e uma palavra do acompanhante funcionaram. Os soldados deram de ombros, indiferentes, e indicaram que as mulheres podiam seguir para o rio e atravessá-lo, se assim o desejassem. Nisso, o acompanhante girou nos calcanhares e começou freneticamente a subir de novo o morro a uma velocidade recorde. As mulheres o viram partir e brincaram:

— Ele vai chegar de volta a Altenhof antes que cheguemos do outro lado do rio.

Guigui perguntou aos dois guardas:

— Onde atravessamos? Tem um barco ou uma balsa?

Os soldados riram.

— Só a ponte velha e vejam com os próprios olhos como ela está.

Na margem do rio, as mulheres tiveram um choque pavoroso. A ponte havia sido bombardeada e o Rio Mulde em abril estava em plena cheia. Corredeiras se formavam em torno de rochas e dos pedaços de cimento da ponte derrubada. O rio corria rapidamente; não havia como um barco ou uma balsa navegarem ali. E também não havia como atravessá-lo a nado.

Uma ponte improvisada havia sido armada de forma precária. Na extremidade da ponte destruída em que se encontravam havia uma escada capenga. Na verdade, eram várias escadas amarradas juntas para formar uma engenhoca bamba, sobrecarregada. A escada comprida descia uns 15 metros estonteantes. Os degraus inferiores mergulhavam no rio agitado. Do degrau imediatamente acima da superfície, elas teriam de pular para um pedaço irregular de concreto meio submerso nas corredeiras e dali subir de uma pedra para outra. A superfície dessas "pedras-degraus" parecia escorregadia, lustrada com água e espuma.

Do outro lado do rio, a outra metade da ponte destruída podia ser alcançada por uma escada menor apoiada de encontro ao declive íngreme da margem. As escadas tinham uma aparência horrivelmente frágil em contraste com as águas turbulentas do Mulde. A qualquer momento a coisa toda podia ser varrida com facilidade.

As mulheres haviam se preparado mentalmente para serem alvejadas por atiradores ou para se afogarem. Tinham lutado contra esses temores a noite toda. Mas não estavam preparadas para aquele tipo de desafio. Então retrocederam, pensando que devia haver outra maneira de fazer a travessia.

— Quem sabe se descermos mais o rio? — sugeriu Josée.

— Todas as pontes foram derrubadas — disse Hélène. — Não temos escolha. — A travessia precisava ser concluída antes que o medo as imobilizasse.

O problema era que cada uma levava um volume, pequeno, mas inadequado para portar ao descer escadas. Precisavam de ambas as mãos livres para isso. Algumas calçavam tamancos de madeira. Começava a chuviscar e, por isso, eles escorregavam. Não se achavam preparadas para tais acrobacias.

— Vou primeiro — voluntariou-se Zinka.

— Não, eu vou antes de você — retrucou Nicole. — Você é menor. Preciso estar lá para ajudá-la. — Além do mais, argumentou Nicole, ela devia ir primeiro por estar habituada a escalar montanhas. Abandonou o caldeirão pesado e o tripé, dizendo com bravura: — Esta noite vamos jantar com os norte-americanos, logo não precisaremos mais disso.

Ao descer, Nicole sentiu a escada balançar e ceder sob seu peso. Inspirou profundamente e prosseguiu, combatendo o medo. No final da escada, pulou para o concreto partido e esperou que Zinka descesse. Os degraus da escada eram bem afastados, demasiado afastados para alguém tão pequeno quanto Zinka administrar com facilidade. Já lá embaixo, onde era preciso pular da escada para o pedaço de concreto despencado da ponte, Zinka escorregou e metade do seu corpo caiu dentro do rio gelado. As outras prenderam o fôlego. Josée soltou um grito. Mas Nicole se esticou e agarrou Zinka bem a tempo, puxando-a para pedra.

Zinka ficou ensopada. No quase desastre, perdera tudo que tinha, inclusive a única foto da filha, France, e o ursinho de pano que Mena fizera para o primeiro aniversário da menina. Observando sua trouxa ser carregada pelo rio, Zinka apertou a mão de Nicole. Estava coberta pelos salpicos do rio e, portanto, Nicole não pôde vê-la chorar.

As duas subiram nas pedras e, com cuidado, subiram a escada para chegar ao outro extremo. Zinka, então, se virou para encarar as mulheres na outra margem do rio. Sorriu e acenou para indicar que estava tudo bem.

Jacky e Mena atravessaram em seguida.

— Eu queria ter tomado um gole de schnapps ou um dos seus famosos ovos hoje no café — disse Jacky a Mena ao se aproximarem da ponte. — Um tantinho de coragem líquida.

Jacky teve medo de falsear, mas era alta, com pernas e braços compridos, que a ajudaram na primeira descida, longa e perigosa. No final, foi Mena quem perdeu um dos tamancos na escada. Livrou-se, então, do outro também.

— De que adianta? — gritou para Jacky acima do barulho da água. — Não posso andar com um tamanco só. De todo jeito, a escada é mais fácil quando a gente está descalça.

Chegando ao outro lado, Mena deu a Zinka algumas roupas secas que tinha na trouxa. Zaza e Hélène foram as próximas, com Hélène na frente. Zaza conversava para não perder a coragem, dizendo a Hélène:

— Nem é tão ruim assim. Basta pôr um pé de cada vez.

— Preste atenção — gritou Hélène para ela.

Justo então, o pé de Zaza escorregou num degrau e, na tentativa de recuperar o equilíbrio, ela perdeu a trouxa avantajada com o remanescente das batatas cozidas da noite anterior. A trouxa foi rapidamente levada pelas águas escuras do Mulde. Zaza deixou escapar um grito:

— Ah, não! O que foi que eu fiz?

— Foco, Zaza! Não olhe para o rio! — gritou Hélène. Seu coração batia forte. Seu cérebro produzindo imagens de Zaza caindo.

— Desculpe — gritou Zaza de volta. — Perdi tudo!

— Não importa. Esqueça. Tome cuidado e desça a escada.

Na trouxa perdida de Zaza estavam todas as suas roupas, inclusive o suéter que ela cuidadosamente despiolhara na noite anterior e naquela mesma manhã enquanto esperava as outras se aprontarem. O que mais a enraiveceu foi perder as batatas.

— Estúpida! Como sou estúpida! — exclamou acima do ruído do rio.

Continuou repetindo como se sentia idiota enquanto escalava os pedregulhos. As pernas de Zaza tremiam de medo por conta do quase acidente ocorrido quando estava apenas na metade da descida da escada. Se tivesse caído, provavelmente arrebentaria a cabeça nas pedras ou se afogaria no rio.

As mulheres que já tinham atravessado as receberam com alívio, mas Zaza continuava nervosa quanto às batatas perdidas.

— O que vamos comer? — indagou, chorosa.

— É um bom sinal — garantiu-lhe Zinka. — Toda vez que ficamos sem comida, desde que pegamos a estrada, alguém aparece para nos dar mais. Você fez bem perdendo as batatas e seus trapos surrados. Significa que logo conseguiremos roupas novas e algo melhor que batatas para comer.

A própria Zinka tentava conter as lágrimas, dizendo a si mesma que perder a foto de France significava que veria sua filhinha em breve.

Josée, Guigui e Lon atravessaram por último. As outras ajudaram a alçá-las para a outra margem. Então, as nove se deitaram na terra, recuperando o fôlego. Estavam ensopadas com os respingos do rio e a chuva fina, mas, finalmente, haviam atravessado o Mulde.

※

— Muito bem — disse Hélène, depois de um descanso de cinco minutos. — Precisamos seguir em frente. Só estamos ficando mais molhadas e com mais frio em pé aqui na chuva.

As mulheres caminharam na floresta seguindo uma trilha indistinta no meio do mato que as levava na direção oeste. Quase imediatamente, esbarraram em um menino alemão residente, que confirmou ter visto soldados norte-americanos que, com efeito, encontravam-se em Colditz.

— É fácil chegar lá. Ninguém vai parar vocês — disse o garoto. — Mas tomem cuidado com o fogo da artilharia quando estiverem caminhando em lugares mais altos. Se ouvirem um assovio, deitem no chão, se abriguem, se puderem, numa vala.

Todas ficaram animadas com a notícia. Os norte-americanos eram reais. E elas tinham finalmente encontrado alguém que de fato os testemunhara. Mas quando saíram da floresta e se viram caminhando no alto de um morro, começaram a se preocupar com o alerta do menino. De que tipo de assovio ele falara? Por que não haviam pedido que ele fosse mais específico?

A meio caminho da subida do morro, ouviram o primeiro assovio.

— É só o vento — disse Nicole, confiante. Ela não queria que parassem de andar.

Imediatamente, porém, em seguida ao terceiro assovio, todas viram uma fumaça negra se erguendo da terra não muito distante de onde estavam. Rapidamente procuraram abrigo atrás de um pequeno outeiro. Deitadas no solo, aguardaram. Durante a trégua, notaram as flores primaveris surgindo por todo lado à volta.

Os assovios se faziam ouvir com mais frequência agora. Tinham o som de seda se rasgando e precediam o troar de uma explosão à distância. O ruído lhes chegava como se fosse um trovão. Não era possível saber se elas mesmas eram o alvo; a impressão era de que os tiros miravam alguma coisa mais longínqua. Ficaram ali um bocado de tempo, à espera.

Quando se sentiram seguras, prosseguiram o mais rápido possível, desejosas de se afastarem do terreno aberto e elevado. Tudo estava deserto. Passaram por aldeias que pareciam abandonadas. Imaginaram se os moradores estariam escondidos em porões e adegas. Não encontraram pessoa alguma para lhes indicar o caminho, pessoa alguma para lhes oferecer comida. Sentiam-se exaustas e molhadas até os ossos. Para animar o grupo, porém, Zinka disse:

— A boa notícia é que, já que atiraram na gente e vimos e ouvimos bombas, aparentemente o front está próximo. Cheguei a pensar que jamais o encontraríamos.

— Bom, aí está ele — resmungou Jacky. — Vamos vender ingressos.

A tarde apenas começara e todas estavam famintas, mal-humoradas e esgotadas. Na aldeia, toparam com um *Bürgermeister* fugindo na direção oposta na companhia de um pequeno grupo de moradores. Ele lhes perguntou a respeito da travessia do Mulde e elas garantiram que era possível, embora em condições precárias. Zaza os alertou sobre o risco de perder os pertences nas águas do rio.

O homem se mostrou frenético em sua fuga. Não estava disposto a se deter para conversar com um grupo de francesas estranhas. Quando indagado sobre comida, disse:

— Não posso fazer nada por vocês. Sigam até a próxima aldeia. Um sujeito lá acabou de matar um porco. Provavelmente ele tem comida.

Enquanto se encaminhavam para a aldeia seguinte, um homem passou por elas pedalando a toda velocidade. Ao entrar na aldeia, as nove viram a bicicleta encostada ao muro de uma casa. Ele devia estar lá dentro. Bateram à porta. Ninguém atendeu. Lon, Nicole e Zinka entraram assim mesmo, forçando a porta com os ombros.

O morador ficou assustado ao vê-las irromperem porta adentro.

— Esta é uma residência particular!

— Só queremos algo para comer — disse Hélène.

— São três da tarde. Como vocês podem querer almoçar às três da tarde? Além disso, não temos comida. Sigam até a próxima aldeia. Lá existe uma estalagem. Darão a vocês algo para comer. É trabalho deles alimentar gente como vocês, não meu. Não sou dono de estalagem.

Lon discutiu com o sujeito até ser afastada por Hélène.

— Não adianta. Precisamos seguir em frente.

O tempo tinha piorado. Agora caía uma chuva forte e o vento lhes fustigava os rostos, tornando difícil manter os olhos abertos. Cada passo era um suplício. Hélène, que em geral era intrépida, vacilou. Por descuido, perdeu uma curva e se deu conta, passado um tempo, de que estavam na direção errada. Tinham de dar meia-volta. Os olhos das nove se mostravam embaçados, fosse pela chuva ou pelas lágrimas.

— Tudo bem — falou Zaza, tentando encorajar a amiga. — Todo mundo comete erros. Eu perdi as batatas. Ainda bem que você percebeu o seu erro.

— Será que dá para parar com isso, Srta. o-mundo-é-cor-de-rosa? Você e seu maldito otimismo. Feche a matraca sobre essas batatas perdidas — rosnou Jacky. — Isso só me deixa com mais fome.

Nicole rebateu Jacky:

— Por que *você* não fecha a matraca?

Guigui disse a Nicole que talvez ela devesse tentar entender o quanto Jacky estava cansada, como era duro para ela.

— Você está sempre nos pressionando, pressionando e pressionando para andarmos mais depressa.

— Se eu não pressionasse, ainda estaríamos em Altenhof, esperando você encontrar o seu sapato — respondeu Nicole, zangada.

Josée defendeu Nicole, dizendo que se Guigui soubesse manter os pertences em ordem e não tivesse atrasado todas elas de manhã, talvez àquela hora já estivessem com os norte-americanos.

— Sério? Bom, quem sabe se Lon não discutisse com aquele sujeito, ele se mostrasse mais gentil conosco — retrucou Guigui.

— Talvez, talvez, talvez — gritou Mena. — E talvez se Zinka não quisesse levar um tiro para provar estar no front, não tivessem atirado na gente! E talvez, quem sabe, não houvesse guerra. E talvez eu não estivesse aqui na lama com todas vocês!

Todo mundo se calou. Seus gritos assustaram a todas, que temiam a rapidez com que ela podia se tornar irracional. Mas o que Mena dissera era fato. Ela chamara a atenção para o ridículo daquele comportamento.

— Digamos que Mena esteja certa e seja tudo culpa minha — disse Zinka. — Mas estamos no front. Não é hora de discutir.

As nove assentiram e seguiram em frente num desespero mudo. Este momento foi tão ruim quanto a longa noite da Marcha da Morte entre Wurzen e Oschatz antes da fuga.

※

Pararam numa fazenda à margem da estrada. Tendo prometido a si mesmas continuarem andando até o final do dia, em lugar de pedir comida e abrigo, decidiram pedir sapatos ou chinelos velhos. Os pés de todas que ainda calçavam tamancos de madeira sangravam por conta das feridas. Mena, que perdera seu tamanco no rio, agora andava descalça, e uma crosta de lama lhe cobria os pés. Lon atirara longe o tamanco e usava as botas doadas pelos iugoslavos, grandes demais para ela. Em meio à chuva e à lama, as dores em seus pés se tornaram mais uma tortura. Fora ideia de Zaza pedir chinelos porque ela estava calçada com os chinelos dados pelas polonesas em Leipzig. Os fazendeiros, porém, balançavam a cabeça, mal escondendo a repulsa e o medo. Não, nada tinham a lhes dar.

Chegaram à aldeia onde supostamente encontrariam uma estalagem e um estalajadeiro com o trabalho de alimentar viajantes esgotados. As portas se achavam abertas, mas o local estava deserto. Desconfiadas de que os donos estivessem escondidos no porão, as mulheres andavam de um lado para o outro com passos pesados e falando alto, na esperança de despertar alguém. Procuraram em todos os armários ao menos um pedaço de pão ou algum resto de comida. Não encontraram nada. Passados vinte minutos, ouviram os passos do proprietário, que surgiu do porão. Ele queria que fossem embora imediatamente. Os norte-americanos haviam passado por lá de manhã. O homem se mostrou apavorado diante da hipótese de que voltassem e encontrassem as mulheres ali. Se o alemão não estivesse alarmado demais para raciocinar direito, teria percebido que ser flagrado alimentando um grupo de francesas lhe seria benéfico.

As mulheres se recusaram a partir antes de descansar e se secar um pouco. O homem resmungou, mas finalmente, depois de muito negociar com Lon e Hélène, concordou em levar todas aos estábulos, onde poderiam despir os casacos ensopados e ficar mais confortáveis.

Vendo-as tremerem de frio, a esposa do estalajadeiro se apiedou e levou-lhes café e leite quente. Mas não havia chance de passarem a noite ali. Hélène lembrou a todas:

— Decidimos não parar até alcançarmos os americanos.

Tremendo, todas tornaram a vestir os casacos úmidos de chuva e seguiram em frente. Os proprietários lhes disseram que elas encontrariam os norte-americanos em Colditz ou talvez na aldeia anterior, Puschwitz. Dava para vislumbrar Puschwitz à distância, o que as encheu de esperança. Não estavam longe. Se apressassem o passo, talvez restasse apenas um ou duas horas de caminhada. A chuva passara, mas o vento soprava agora com toda força.

— O bom é que logo os nossos casacos estarão secos — disse Zaza, tentando fazer piada do infortúnio.

— Nossa, Zaza! — revidou Jacky — Se lhe arrancassem o braço com uma granada, você diria "Ainda bem que tenho outro!". — Assim que soltou as palavras, Jacky se arrependeu de dizê-las. Mas estava com frio, cansada e com medo de não ser capaz de aguentar muito tempo mais.

Não havia norte-americanos em Puschwitz. Em vez disso, via-se uma bandeira ou lençol branco pendurado em cada janela — na verdade, em qualquer lugar em que fosse possível pendurar uma bandeira. As mulheres bateram e socaram a porta do café local. Dentro, encontraram uma senhora, que confirmou que embora os norte-americanos ainda não tivessem chegado à aldeia, sem dúvida já haviam tomado Colditz.

— Mas ninguém tem permissão para entrar ou sair. Vocês jamais conseguirão. Nem as mulheres conseguem leite para seus bebês. Alguém chegou até a entrada de Colditz e foi expulso — disse a senhora.

Explicou de boa vontade como chegar a Colditz pela floresta. E não, não dispunha de comida alguma para ceder. Nem sequer dispunha de comida para si mesma.

Saindo de Puschwitz, as nove foram paradas por um velho, que lhes deu a mesma informação e as examinou com um olhar lascivo.

— Se não encontrarem lugar para dormir, podem ficar aqui comigo — ofereceu, sorrindo. As mulheres viram a choupana miserável do sujeito pouco adiante. Ele confirmou que cederia com prazer sua cama a mais de uma. — Para várias ao mesmo tempo — acrescentou com uma piscadela e umedecendo os lábios. — Podemos nos manter quentinhos até a guerra acabar.

Alguns minutos depois, Jacky não conseguiu se impedir de comentar:

— Bem, olhando pelo lado positivo, como você gosta, Zaza, se não conseguir ir em frente, tem um sujeito em Puschwitz que ficará feliz de manter você quentinha.

Zaza riu e as outras fizeram coro. A tensão no grupo amainou.

Entraram em outra bela floresta de pinheiros altos. Foi um alívio estarem abrigadas do vento. O solo era um carpete de pinhas, e o lugar tinha a aura sagrada de uma catedral. Em outra ocasião, elas teriam apreciado a paisagem, mas agora se preocupavam. E se assustassem um soldado e ele atirasse? Uma coisa era temer os assovios da artilharia no campo aberto. Ali na floresta, qualquer coisa ou qualquer um podia estar escondido a poucos metros de distância apenas.

De repente, ouviram uma bala passar à direita. Atiraram-se no chão e tentaram se esconder atrás de algumas árvores. Começaram a agitar suas bandeiras brancas. Mena roubara um grande pano de prato na aldeia das bandeiras brancas. Zinka amarrou seu trapo branco num galho. Começaram a rir de nervoso. Finalmente, voltaram a ficar de pé. Mena e Zinka, por serem as corajosas, marcharam na dianteira, balançando suas bandeiras. Lon fechava o grupo. Seu trapo estava mais cinza que branco, mas ela o agitava num galho bem comprido.

— Nunca se sabe... Eles podem chegar pelas nossas costas — falou.

Seguiram em fila indiana, uma imediatamente após a outra. Resolveram cantar para que soubessem que não eram combatentes, mas apenas civis, mulheres flagradas no front. Cantaram "Yankee Doodle" e "It's a Long Way to Tipperary" — as duas únicas canções em inglês que sabiam de cor.

Os tiros prosseguiram, mas logo as nove se deram conta de que na verdade não estavam tão próximos. Algum tipo de tiroteio acontecia à direita, mas a uma boa distância. O confronto se estendeu, e elas continuaram cantando e brandindo suas bandeiras brancas. Sentiam-se ridículas e riam, tentando parecer destemidas.

A trilha no mato as levou a uma estrada, uma súbita abertura que cortava o verde denso, e ali elas viram marcas de pneus na lama. A chuva parara. Havia uma réstia de sol que, por entre as nuvens, penetrava na clareira. Lon, Jacky e Mena, desabaram à margem da estrada, esperando que o sol débil as secasse e aquecesse.

— Precisamos descansar — insistiu Lon.

— Não devíamos parar agora — disse Nicole, num tom urgente.

— Sigam sem nós — sugeriu Jacky, com um aceno. Ela resfolegava, mal conseguindo respirar. — Alcançamos vocês depois.

— Não faremos isso — disse Hélène. — Vocês sabem muito bem. Sempre ficamos juntas. Temos de nos levantar para continuar em frente.

— Preciso recuperar meus pulmões — disse Jacky, respirando com esforço.

— Cinco minutos — concordou Lon. Todas assentiram constrangidas. Ficou óbvio naquele instante que Jacky não conseguiria prosseguir. Josée também se sentou, e as outras franziram a testa ao verem seus pés ensanguentados quando ela descalçou o tamanco de madeira.

O quadril de Hélène latejava:

— Tudo bem. Cinco minutos.

Ficaram ali sentadas em silêncio olhando de um lado para o outro da estrada. No silêncio, ouviam o ruído de insetos e animais silvestres. O cheiro de lama e vegetação se ergueu da terra enquanto o sol por um momento as aqueceu. Antes de se passarem os cinco minutos, ouviram um outro ruído: o de um motor à distância, indicando a aproximação de um veículo. Um veículo militar com uma metralhadora na frente se dirigia até elas.

Hélène e Nicole se puseram de pé num salto. Foi um pandemônio. Todas falavam ao mesmo tempo.

— O que vamos fazer?

— Quem tem carros e combustível?

— Alemães. Será a SS recuando?

— Norte-americanos, talvez?

— Não são alemães comuns. Eles não têm combustível. Só pode ser a SS!

— A cozinheira disse que a SS está matando todo mundo que encontra no caminho.

— Vamos voltar para a floresta e nos esconder!

— Não consigo me mexer.

— Levante!

— Não posso.

Então, ficou tarde demais.

Cada uma pensou: é um carro alemão vindo na nossa direção para nos atropelar bem aqui, quando estamos tão perto de encontrar os norte-americanos.

Então, Hélène gaguejou:

— Mas... A placa, a placa... A placa é amarela!

As placas alemãs eram brancas.

Segundos depois, o veículo parou bem próximo a elas. Dois soldados norte-americanos sentados no banco dianteiro do jipe riram das bandeiras brancas.

As mulheres começaram a falar, mas não se lembraram de falar inglês. Durante um minuto, falaram em alemão até Josée sussurrar:

— Eles acham que somos alemãs. Vão pensar que somos inimigas.

Recuperando-se, Lon e Guigui recordaram seu inglês:

— Fugimos de um campo alemão de prisioneiros — disse Lon.

Fizeram um resumo da sua história para os soldados, contando como vinham há dias caminhando para alcançar o front norte-americano.

Um dos soldados tirou do bolso um maço fechado de cigarros Camel e o abriu com os dentes.

— Querem um cigarro?

# CAPÍTULO X

## De volta à vida

SOLDADOS NORTE-AMERICANOS ATRAVESSANDO
A PONTE DE COLDITZ EM 12 DE ABRIL DE 1945

COLDITZ FICA SOB UMA FORTALEZA DE MIL ANOS. Seus muros externos têm dois metros de espessura e o penhasco onde ela se encontra a uma altura de quase oitenta metros acima do rio Mulde. O castelo fora um campo nazista de prisioneiros de guerra para oficiais aliados de grande reputação várias vezes fugidos de outros campos. Em abril, o castelo havia sido tomado pelos norte-americanos, que então passaram a usá-lo como quartel-general militar. A cidade abaixo do castelo estava cheia de carros e de soldados norte-americanos parrudos e barulhentos, que distribuíam chicletes, cigarros e chocolates. As mulheres foram diretamente levadas ao pátio do castelo e apresentadas ao comandante norte-americano. Comovido com a história do grupo, ele ordenou que três soldados requisitassem uma casa alemã.

— Uma boa casa para essas senhoras, capitão Abrams — falou, assentindo e sorrindo para Hélène. Ela já o impressionara com a sua habilidade com idiomas.

O grupo seguiu o capitão Abrams e os outros dois soldados até o centro da cidade. Uma vez distantes dos domínios do comandante, os soldados quiseram saber os nomes das nove e também se apresentaram. Seus nomes eram tipicamente americanos: Harry e Reggie e Ira.

— Ira Abrams — disse o capitão, estendendo o braço para apertar a mão de Hélène.

Ira e Hélène guiaram o grupo, caminhando em silêncio, mas ouviam a conversa leve entre as outras e Harry e Reggie. Os outros soldados ficaram encantados de conversar com moças que não eram inimigas. E as mulheres igualmente ficaram felizes, embora começassem a sentir o peso acachapante dos acontecimentos do dia.

Apontando para uma imponente casa de três andares, Ira disse:

— Esta parece boa. Esperem aqui, senhoras.

Os soldados bateram com força à porta, mas não esperaram que a abrissem. Entraram, enquanto as mulheres aguardavam na rua. Outros soldados que passavam acenavam e sorriam. Uns poucos tentaram falar com elas depois de saberem que eram francesas. "Bonjour", diziam com seus fortes sotaques norte-americanos. Todos ofereciam chicletes e cigarros. Um deles tinha um minidicionário e tentou desesperadamente formar uma frase para falar com Josée, até que Hélène lhe perguntou num inglês impecável:

— O que você está querendo dizer a ela?

— Oh! — reagiu o rapaz com um amplo sorriso. — Pergunte a ela, por favor, se ela quer ser minha namorada.

— Ela não quer — respondeu Hélène em tom sério.

— Ora, por favor. Ao menos me diga o nome dela.

Hélène ficou feliz ao ver Ira voltar. Atrás dele, vinha um casal alemão carregando malas. Ambos pareciam zonzos. O homem tentava falar calmamente, embora estivesse rubro de raiva. A esposa soluçava, suplicante. Puxava, em desespero, o paletó de Ira.

— O que eles estão dizendo? — indagou Harry a Hélène.

— Estão dizendo que não têm para onde ir — respondeu Hélène. As mulheres assistiram ao espetáculo de um casal alemão abastado tentando ficar com a própria casa.

— Bem, *vocês* tinham? — perguntou Ira a Hélène. — *Vocês* tinham para onde ir?

Hélène o encarou. Havia veemência em seus olhos.

— Estávamos tentando vir para cá — respondeu ela.

— Então, entrem — disse ele, indicando com a cabeça a casa. — Esta é a nova casa de vocês. Eles podem dar um jeito. Esses dois estão agindo com desespero, mas vi algumas coisas.

Hélène sentiu que ele tinha mais alguma coisa a dizer, mas desistiu. Ela assentiu, imaginando que ele havia, como todos, "visto algumas coisas".

— Vamos entrar — disse Hélène ao grupo.

— Podem trancar a porta — avisou Ira ao partir.

Hélène fechou a porta depois de todas entrarem, e as mulheres se entreolharam. Estavam atônitas. Perambularam pela casa. Havia um piano e livros em estantes, tapetes a abajures, almofadas nas cadeiras. Era quase um palco de teatro, como um faz de conta. Entre aquelas paredes, durante todo o tempo em que tinham sido prisioneiras, gente normal levara suas vidas normais. Subiram ao piso superior. Nicole abriu um armário e Josée começou a chorar ao ver todas aquelas roupas. Pegaram vestidos, saias e blusas. Mena espalhou os trajes sobre a cama, dizendo:

— Este é perfeito para Hélène. E o verde vai combinar com os olhos de Nicole...

Zinka encontrara o grande banheiro azulejado. Imediatamente, ela e Guigui começaram a encher a banheira e a brincar de jogar água uma na outra. Havia uma barra de sabonete perfumado. Todas se revezaram no banho e depois vestiram roupas limpas. Jogaram os trapos velhos num canto e juraram queimá-los.

— Vamos fazer uma bela fogueira para você, Mena — prometeu Josée.

— Só quero guardar o meu casaco — disse Mena, tirando-o da pilha e aconchegando-o ao corpo.

Procuraram, sem encontrar, alguma coisa para comer na cozinha, razão pela qual ficaram felizes quando, mais tarde, os soldados voltaram.

— Achamos que vocês gostariam de mastigar alguma coisa. Estão com fome?

Quando Hélène traduziu, as mulheres riram; lá vinha de novo aquela pergunta. Os soldados as escoltaram até a cantina militar, que fora montada num restaurante local. Uma refeição quente lhes foi servida. Mas havia muito mais comida do que lhes era possível consumir. Todas ficaram nervosas, pois não conseguiam imaginar deixar comida no prato.

Aos três soldados conhecidos juntaram-se outros, e logo havia um pelotão ao redor, enchendo-as de perguntas. Ira fez contato visual com Hélène e viu que ela estava esgotada.

— Deixem que elas respirem — ordenou.

— Estamos muito cansadas — explicou Hélène, agradecida pela ajuda de Ira. O dia comprido cobrava seu preço. Hélène pediu a Ira e aos dois outros soldados para escoltá-las de volta ao novo lar. Naquela noite, os três soldados prometeram montar guarda à porta da casa, e as nove dormiram juntas numa enorme cama de penas macias.

---

É difícil saber o quanto os soldados norte-americanos em Colditz compreendiam as agruras vividas pelas mulheres. Na primavera de 1945, soldados norte-americanos de diferentes unidades tinham visto e liberado vários campos. Conforme avançavam pela Alemanha, eles descobriam os cadáveres de vítimas das marchas da morte ao longo das estradas.

A percepção da magnitude da matança nazista crescia. Quase um ano antes, em julho de 1944, os soviéticos haviam sido os primeiros a liberar um campo: Majdanek, próximo a Lublin, na Polônia. Foi, porém, com a liberação soviética de Auschwitz em janeiro de 1945, que a escala da matança sistemática se tornou evidente. Embora o campo de Auschwitz estivesse quase vazio, os soviéticos encontraram seis mil prisioneiros emaciados e ampla evidência de genocídio. Mais de oitocentos mil trajes femininos e sete mil quilos de cabelo humano foram achados ali.

Os dois soldados que encontraram as mulheres na estrada para Colditz pertenciam à 2ª Divisão de Infantaria. Haviam desembarcado na Praia de Omaha na Normandia e aberto caminho até a Bélgica. Tinham tenazmente defendido sua posição na Batalha de Bulge, impedindo que os alemães retomassem a Bélgica. Em abril eles tomaram conhecimento do massacre Leipzig-Thekla. Exatamente como os britânicos fariam em Bergen-Belsen, onde eles forçaram os guardas da SS cavarem túmulos e enterrarem os mortos, o exército norte-americano ordenou que o prefeito de Leipzig providenciasse caixões, coroas de flores e equipes de operários para abrirem as covas. Cem cidadãos importantes de Leipzig foram obrigados a comparecer aos enterros.

Mesmo soldados calejados que enfrentaram batalhas nas praias da Normandia e lutaram na Batalha do Bulge se mostraram chocados ante a descoberta dos campos. O Sétimo Exército Norte-americano liberou Dachau em 29 de abril. O Coronel William W. Quinn escreveu mais tarde: "Ali, nossos soldados se viram diante de imagens, sons e cheiros inacreditavelmente pavorosos, crueldades tais a ponto de serem incompreensíveis para a mente normal."[1]

Pilhas de corpos foram encontradas nos campos. Alguns prisioneiros mal conseguiam andar; outros rastejavam, de quatro. Em Buchenwald, um homem foi salvo pelo pequeno movimento do seu dedo mindinho. O corpo fazia parte de uma pilha numa carroça de cadáveres a serem jogados numa cova coletiva, quando um soldado norte-americano viu seu dedo se mexer.

Os soldados se chocaram com o silêncio. Embora houvesse milhares de pessoas morrendo à volta, praticamente não se ouvia som algum. Eles descreveram o terrível odor fétido da morte, que piorava à medida que se penetrava mais no campo e nos barracões escuros. Muitos prisioneiros estavam semi ou totalmente nus e se assemelhavam a esqueletos. Todos se locomoviam lentamente, como zumbis. A palavra mais repetida nas descrições dos soldados era "inacreditável".

Os prisioneiros tentavam abraçar e beijar os soldados. Choravam. Agradeciam a eles em sussurros. Os soldados lhes davam toda a comida de que dispunham, mas como o sistema digestivo dos prisioneiros não conseguia lidar com comida nutritiva, às vezes o seu consumo resultava em morte. Como os prisioneiros se achavam cobertos de piolhos e o tifo matava milhares por dia, o corpo médico do exército precisou raspar suas cabeças de novo e submetê-los a chuveiradas. Isso podia novamente traumatizá-los. Mesmo depois de liberados, os ex-prisioneiros continuaram a esconder comida; as enfermeiras costumavam achar pão debaixo de seus travesseiros.

Muitos ex-prisioneiros morreram nos primeiros dias após a liberação. Só em Bergen-Belsen, foram 15 mil. Alguns haviam se agarrado à vida o bastante para se verem livres e então desistiram. Existem relatos de famílias que correram para um hospital de campanha, chegando apenas a tempo de dizer adeus ao parente sobrevivente.

A logística era desanimadora. A epidemia de tifo impunha que os ex-prisioneiros ficassem em quarentena e recebessem tratamento. E a enorme tarefa administrativa de repatriação precisou começar. Ademais, os Aliados, percebendo o escopo dos crimes alemães contra a humanidade, precisavam colher provas e capturar os membros fugitivos da SS para levá-los a julgamento. Tudo isso ocorria enquanto a guerra prosseguia.

⁂

O relato da fuga feito por Zaza termina com os soldados norte-americanos encontrando as mulheres na estrada para Colditz em 21 de abril. Em sua última frase, ela declara que eram "nove que não queriam morrer e que lutaram juntas para voltar à VIDA"[2]. Mas voltar à vida seria mais complicado do que imaginavam as mulheres.

Durante uma semana, elas permaneceram na casa requisitada em Colditz, fazendo refeições quentes na cantina do exército norte-americano e recebendo roupas limpas. Hélène me contou que os soldados visitavam a casa com frequência, demasiada frequência, aliás, para o seu gosto, sempre levando uma garrafa de champanhe debaixo do braço, bebida da qual, aparentemente, tinham um estoque infindável. Ela e Zaza se refugiavam nos quartos de cima. Minha tia era muito rígida quanto ao que era apropriado. E imagino que houvesse alguma discórdia em relação às atitudes das mulheres que gostavam e as que não gostavam das atenções dos soldados. Lon, por exemplo, conservou por toda a vida uma profunda admiração por norte-americanos de uniforme que fumavam, que sem dúvida a recordavam de seus libertadores. Sentia-se profundamente agradecida aos soldados e protegida por eles.

As mulheres souberam que a Cruz Vermelha estava providenciando um trem para levar os deportados de volta a Paris. Teriam de esperar algumas semanas para a viabilização do projeto, mas, nesse ínterim, se quisessem embarcar no trem, precisavam morar no campo de refugiados da Cruz Vermelha próximo a Grimma.

---

Enquanto isso, nos últimos dias de abril de 1945, o controle nazista de Ravensbrück se desmantelava. A maior parte da história desse campo foi esquecida após a guerra, perdida por trás da Cortina de Ferro e remodelada pela narrativa soviética. O início da liberação do campo se deu em 21 de abril, o mesmo dia em que as nove mulheres atravessaram o Mulde. Uma mensagem foi enviada por Himmler para Folke Bernadotte da Cruz Vermelha sueca concordando em libertar as mulheres remanescentes em Ravensbrück.

Diplomata suíço e vice-presidente da Cruz Vermelha sueca, além de sobrinho do Rei Gustavo V da Suécia, Bernadotte vinha negociando o resgate de prisioneiros de vários campos. A princípio, as operações se limitavam aos escandinavos, mas aos poucos se expandiram. Nos últimos meses da guerra, de março a maio de 1945, os resgates mais dramáticos se deram em operações que ficaram conhecidas como Ônibus Brancos[3]. Essas missões de resgate envolviam uma enorme operação logística, abrangendo cerca de trezentos participantes, uma equipe médica de vinte pessoas, ônibus hospitalares, caminhões, carros de passeio, motocicletas, uma cozinha de campanha e suprimentos para toda a viagem, inclusive comida e combustível, já que nada disso podia ser obtido na Alemanha.

Os ônibus, porém, podiam transportar apenas mil prisioneiros de cada vez. Quando Himmler disse a Bernadotte que ele podia levar todas as mulheres de Ravensbrück, totalizando cerca de 15 mil, houve um rebuliço para arranjar ônibus e enviá-los a Ravenbrück o mais rápido possível.

Himmler estava desesperado. Sua última esperança era poder negociar uma paz em separado com os Aliados pelas costas de Hitler. Esperava que ao excluir a União Soviética pudesse se aproveitar da crença de longa data entre as nações ocidentais de que o comunismo representava uma ameaça maior que o fascismo. Pediu a Bernadotte para entregar sua mensagem ao governo sueco para ser endereçada ao general norte-americano Dwight Eisenhower. Himmler também pediu que os resgates das prisioneiras não fossem revelados à imprensa, pois se Hitler, isolado e cada vez mais paranoico, ficasse sabendo, ordenaria sua suspensão.

Quando a ordem de Himmler chegou ao comandante de Ravensbrück, Fritz Suhren, a princípio ele se recusou a cumpri-la. Mesmo com a rápida aproximação dos soviéticos dos portões do campo, Suhren seguia as ordens anteriores de Hitler, no sentido de manter as prisioneiras no campo e, ante a aproximação de soldados inimigos, liquidá-las todas[4]. Suhren continuava a promover execuções e extermínios sistemáticos por gás.

Enquanto isso, a SS estava ocupada escondendo seus crimes nos campos. Eles queimavam corpos, queimavam todos os registros dos campos, limpavam as ruas e removiam as pilhas de cadáveres, mas sem parar de executar os doentes e aqueles prisioneiros que estavam marcados com as letras NN, indicando que eram *Nacht und Nabel*.

A Cruz Vermelha sueca conseguiu resgatar sete mil mulheres de Ravensbrück.Mas os Aliados não se comprometeram a garantir à Cruz Vermelha sueca a travessia da zona de guerra. Dois comboios vindos de Ravensbrück foram bombardeados, e cerca de 25 prisioneiras e um motorista morreram; o número exato de vítimas é desconhecido. No último transporte, houve quase uma rebelião entre as mulheres que tentavam um lugar no ônibus.

Mesmo enquanto a Cruz Vermelha libertava caminhões de prisioneiras, Suhren ordenava o assassinato de outras por pelotões de fuzilamento, veneno e nas câmaras de gás temporárias.

Os membros remanescentes da SS saquearam o *Effektenkammer* que guardava todas as joias e bens das prisioneiras desde a sua chegada ao campo. Acomodaram o máximo possível dos bens preciosos em carrinhos de mão e carroças, vestiram roupas civis, e nos últimos dias de abril fugiram, deixando para trás milhares de prisioneiras gravemente enfermas.

Em 30 de abril, o primeiro soldado russo entrou em Ravensbrück, seguido de uma unidade precursora do Exército Vermelho.

As mulheres receberam os libertadores com lágrimas e de joelhos. O Coronel Michail Stakhanov descreveu a cena que encontrou ao chegar de tanque:

"Passamos por cima de arame farpado com nossos tanques e derrubamos os portões do campo. Então paramos. Era impossível prosseguir enquanto a massa humana cercava os tanques; mulheres entraram embaixo e em cima deles. Tinham uma aparência horrível, usavam macacões e eram esqueléticas; não pareciam seres humanos. Havia três mil enfermas, tão debilitadas que foi impossível retirá-las, tamanha a sua fraqueza."[5]

Após o entusiasmo inicial com a chegada do Exército Vermelho, as coisas logo sofreram uma guinada sombria. Os soldados perderam o controle, estuprando as mulheres — mesmo as doentes e as moribundas, mesmos as que tinham acabado de dar à luz, mesmo as mulheres que pesavam não mais que trinta quilos. A narrativa da Segunda Guerra Mundial foi diferente para os historiadores da União Soviética. Como Ravensbrück acabaria atrás da Cortina de Ferro como parte da Alemanha Oriental, boa parte dessa história jamais foi contada. Prisioneiras comunistas de destaque e mulheres do Exército Vermelho não falavam disso. Existem, contudo, múltiplos relatos de testemunhas. Sobreviventes francesas disseram ter argumentado, suplicando, que estavam demasiadamente exaustas, mas de nada adiantou.

Mais tarde, Yevgenia Lazarevna Klemm, a brilhante líder do Exército Vermelho, contaria como implorara aos soldados para deixarem as mulheres em paz: "Somos soldados do Exército Vermelho, estivemos no front em Stalingrado, Leningrado e na Crimeia. Ficamos num campo de concentração durante dois anos."[6]

As mulheres alemãs foram as que mais sofreram a sistemática violência sexual soviética. Quando atravessou a fronteira alemã, o Exército Vermelho queimou, saqueou e estuprou de forma vingativa. O jornalista soviético Vasily Grossman viajou com o exército soviético a partir de Stalingrado. "Coisas horríveis estão acontecendo com as mulheres alemãs", escreveu. "Um alemão instruído está explicando em russo rudimentar que a esposa já foi estuprada por dez homens hoje." Uma mulher que amamentava contou ter sido estuprada num celeiro. "Seus parentes pediram aos agressores para lhe dar uma folga, porque o bebê faminto não parava de chorar."[7]

Um livro de memórias anônimo, *Uma Mulher em Berlim*, descreve o estupro sistemático de mulheres na cidade; segundo algumas estimativas, cem mil mulheres foram estupradas pelos ocupantes soviéticos[8]. O livro foi veementemente condenado por conspurcar a honra das mulheres alemãs ao ser publicado em 1959. O autor se recusou a permitir que fosse reeditado antes da sua morte. Quando o relançaram em 2003, o livro se tornou um best-seller. Os russos até hoje sustentam que a história dos estupros soviéticos é uma invenção ocidental e que o grande sacrifício do Exército Vermelho para derrotar os nazistas não deveria ser maculado. No final da guerra, os russos haviam perdido 26 milhões e seiscentos mil cidadãos, ou 13,7% da população nacional.

Ainda que de forma alguma na mesma escala, até hoje se considera também um tabu falar de como os soldados norte-americanos estupraram mulheres civis. Eles se depararam com uma França erotizada pela propaganda. Muitos deles acreditavam que as francesas eram promíscuas e fáceis. A revista *Life* divulgou que a crença disseminada entre os GIs era de que a França não passava de "um tremendo bordel habitado por quarenta milhões de hedonistas cujo passatempo era comer, beber, fazer amor e, de forma geral, se divertirem à beça". Alguns soldados desembarcados na Normandia aparentemente achavam que as mulheres francesas eram seus merecidos despojos de guerra. No final do verão de 1944, centenas de mulheres na Normandia relataram terem sido estupradas pelos ianques. Em 1945, após a guerra, enquanto os soldados se achavam reunidos no porto de Havre aguardando navios para voltar para casa, um morador escreveu: "Este é um regime de terror, imposto por bandidos uniformizados."[9] Um residente de Cherbourg escreveu: "Com os alemães, os homens precisavam se camuflar, mas com os norte-americanos, tivemos de esconder as mulheres."[10]

Assim como é difícil obter uma estimativa de quantas prisioneiras recém-libertadas em Ravensbrück foram estupradas pelo Exército Vermelho ou de quantas mulheres alemãs foram estupradas pelos soviéticos, o número de soldados norte-americanos estupradores também é incerto e, sem dúvida, amplamente sub-reportado. O exército norte-americano lidou com os alarmantes relatórios de estupro pondo a culpa em soldados negros: 130 de 153 soldados punidos por estupro pelo exército eram afro-americanos, embora estes representassem apenas 10% do total de militares. As forças armadas norte-americanas executaram 29 soldados condenados por estupro, sendo 25 afro-americanos. Os soldados executados, em sua maioria negros, foram enforcados, como num linchamento, e isso criou um problema na terra da guilhotina. Um carrasco especialista em forca foi importado do Texas para cumprir a tarefa.

Algumas prisioneiras políticas que retornaram à França relataram que com frequência a primeira pergunta que lhes faziam era se tinham sido estupradas. E caso não tivessem sido, quase se sentiam culpadas, como se não tivessem sofrido de verdade. Marceline Loridan-Ivens contou que ao retornar de Auschwitz uma das primeiras perguntas que lhe fez a mãe num sussurro foi se ela continuava pura e ainda podia se casar. "Ela não entendia. Não éramos mulheres e não éramos homens lá. Éramos judeus imundos, coisas, animais fedorentos. Nos obrigavam a ficar nus apenas para determinar quando nos matar."[11]

Talvez precisemos refletir sobre a nossa tendência a hierarquizar o sofrimento, sobretudo quando tal hierarquia se baseia num conceito de pureza feminina. Um cálculo mais realista reconheceria que as mulheres tiveram de suportar o peso da guerra de forma bem mais intensa do que se imagina.

A narradora de *Uma Mulher em Berlim* observa ironicamente que, durante a guerra, quando os homens voltavam a Berlim de licença, ela os enchia de mimos, ainda que o soldado tivesse feito posto em Paris ou em algum lugar relativamente seguro. Enquanto isso, as mulheres em território alemão "viviam sob bombardeios constantes", lutando para obter comida e água para alimentar os filhos. Suas dificuldades não eram mencionadas. Ela diz que os homens podem contar suas histórias de guerra, mas as mulheres "terão de ficar educadamente caladas; cada uma de nós terá de agir como se tivesse sido poupada. Do contrário, homem algum jamais haverá de querer nos tocar de novo"[12].

⁂

A guerra caminhava rapidamente para o final. Em 28 de abril, Mussolini foi capturado e morto por resistentes italianos. Hitler se matou em 30 de abril. As nove ouviriam as notícias logo depois.

Em 1º de maio, o grupo se mudou para o campo da Cruz Vermelha em Grimma, a 15 quilômetros de Colditz. Ao lado, havia um acampamento militar americano, mas as mulheres foram para o campo de refugiados, ex-prisioneiros e indivíduos desalojados. O campo de refugiados era árido e poeirento, cheio de fantasmas esqueléticos e debilitado e cercado por guardas e cercas. O choque e a decepção foram terríveis. Uma vez lá, recebeu-as uma conhecida, Line. Tinham passado nove meses com Line em Leipzig, mas agora, apenas um punhado de semanas depois, ela estava totalmente transformada. Cortara o cabelo como o de um homem, para poder trafegar incógnita. Ganhara peso. Cumpria o papel de administradora severa, tratando-as de maneira similar à dos alemães. Rosnou para as nove, exigindo que preenchessem os formulários com seus nomes e números. As nove receberam cupons de racionamento. Ouviram que a comida era boa, mas descobriram ser horrível em comparação às refeições norte-americanas que vinham consumindo na última semana em Colditz[13].

Foram levadas a um aposento grande e escuro onde havia uma estranha combinação de móveis e uma pilha de feno no chão, num dos cantos. Completavam a decoração uma mesa redonda, uma mesa de sinuca e um piano. Elas não se importavam de dormir no chão sobre a palha, se isso significasse voltar em breve para casa. Mas se importavam de ser, de certa forma, novamente prisioneiras.

Sentindo-se desesperadas, perambularam pelo local para avaliar a nova situação. O tempo estava ameno, e alguém tocava um acordeão. Mas se tratava de um som melancólico, solitário, que só as fez se sentirem mais desalentadas. Um soldado em Colditz tocara piano na casa requisitada, e outros se juntaram com uma gaita e um violão. Depois de ouvir Josée cantar, outro surgira com um gramofone e tocara músicas norte-americanas para ela. Toda noite, a casa se enchia de música alegre. Ali, agora, o acordeão solitário soava como um canto fúnebre.

O campo de refugiados em Grimma parecia quase tão sombrio como Leipzig, povoado majoritariamente por homens: poloneses, russos e poucos franceses. Após seus anos nos campos, os rostos dos homens eram encovados e desprovidos de expressão. Muitos tinham perdido parcialmente o juízo e faziam comentários lascivos e ofensivos às mulheres, bem como gestos de igual teor. As poucas mulheres que as nove conheceram eram igualmente perturbadoras, o que as fez se perguntarem se também não causavam a mesma impressão. Teriam todos se transformado em gente sem vida, bruta e desesperada? Voltaram para o próprio alojamento. Josée, Guigui, Lon e Mena foram dormir extremamente tristes. Guigui tentou consolar Josée, que chorou até pegar no sono.

Zinka, Hélène e Jacky se sentavam do lado de fora, nos degraus da entrada do prédio, encarando a vista ao redor e se sentindo péssimas. Hélène e Jacky discutiram sobre como conseguiriam consertar aquela situação. Se conseguissem um trabalho na administração, talvez conquistassem alguma autonomia.

Passada uma semana de libertação, elas não poderiam ser tão passivas. Zinka pensava na possibilidade de arrumar trabalho, já que era enfermeira. Pelo menos se sentiria útil se conseguisse.

Nicole e Zaza passaram cerca de uma hora conversando com os guardas norte-americanos apenas para terem o prazer de falar inglês e interagir com homens saudáveis e otimistas em lugar de refugiados desesperados.

No meio da noite, um grupo de homens abriu à força a porta trancada do quarto das nove e o invadiram. Depois de tudo por que haviam passado, foi demais. Hélène em russo e Zinka em francês despejaram a força total da raiva e da frustração que sentiam sobre os homens, agredindo-os com insultos até fazê-los sair com o rabo entre as pernas.

Na manhã seguinte, Nicole foi atrás do café da manhã. Voltou com um horrível pão embolorado que atirou nas mulheres que dormiam sobre o feno, dizendo com amargura:

— Quem quer café da manhã? Isso é o que estão nos servindo.

Haviam se habituado aos ótimos cafés que lhes serviam em Colditz, que incluíam ovos, pão fresco e geleia. Nessas manhãs, todas conversavam e riam preguiçosamente, comentando as visitas noturnas dos soldados e os sonhos da véspera.

Alguns dos amigos norte-americanos de Colditz as encontraram em seus novos e estranhos alojamentos. As mulheres viram as expressões chocadas em seus rostos enquanto eles olhavam à volta. Aquela foi a gota d'água; as nove começaram novamente a falar em fugir. Um dos soldados se ofereceu:

— Estamos de guarda entre três da madrugada e oito da manhã.

— Então vamos tentar fugir — disse Lon.

— Mas para onde? — indagou Guigui.

— Não importa! Não fugimos antes sem ter a menor ideia de que direção tomar?

Antes, porém, houvera uma meta: encontrar os norte-americanos. O que fariam agora? Simplesmente caminhar até Paris?

Jacky voltou uma hora depois com um outro soldado a reboque. Ele prometeu retornar à noite com comida e bebida boas e talvez alguns de seus amigos.

— Mas precisamos descansar antes de fugir — retorquiu Zaza, exasperada. — Não podemos receber visitas esta noite.

— Fugir? — perguntou Jacky com uma gargalhada. — Para onde?

Jacky prosseguiu, dizendo que acabara de fazer exames médicos. Logo após chegar a Colditz, fora mandada à enfermaria militar, onde recebeu o diagnóstico de difteria. O médico do exército lhe prescrevera antitoxinas e antibióticos e, passada uma semana, ela já se sentia melhor. Não acreditava como estivera perto de desistir. Agora, como contou às outras, o resultado dos exames havia sido bom.

— Tomei umas injeções — acrescentou, estalando a língua. — Logo vou estar novinha em folha.

E tinha notícias. O responsável por aquele campo da Cruz Vermelha era um ex-médico do Hospital Norte-americano em Paris, o dr. Newman.

— A secretária dele é uma completa idiota que não fala uma palavra de inglês. É uma inútil e ele está sobrecarregado e precisa da nossa ajuda.

— Podemos ser úteis — assentiu Hélène. Ela e Jacky haviam conversado sobre isso na véspera. — O que você acha, Lon? Tentamos falar com o capitão?

Hélène sabia que Lon tendia para a ideia da fuga. Sentia-se bem na estrada, onde entendia seu papel e sua importância. Mas Hélène sabia também que fugir não fazia sentido. Não lhes permitiriam andar livremente. Mais importante ainda: a despeito das injeções de Jacky, nem ela nem qualquer uma das outras estava em condições suficientemente boas para fazer a pé o caminho até Paris. Consultara um mapa e estava ciente agora de que pouco haviam progredido durante os nove dias de viagem, ainda que tivessem exigido o máximo de si mesmas. Por isso, queria a participação de Lon nessa outra opção.

Naquela tarde, Hélène e Lon saíram do campo, embora isso fosse estritamente proibido; conseguiram, com seus cinco idiomas, negociar a escapada apesar dos guardas. Duas horas depois, voltaram no carro com motorista do dr. Newman.

Haviam, com efeito, encontrado o capitão Day, chefe do governo militar daquela área.

— Um homem muito agradável — disse Lon, nitidamente satisfeita consigo mesma e feliz por levar às mulheres que a cercaram uma notícia importante. — Ele prometeu achar uma casa decente para nós em até dois dias.

— Mas vamos morar fora do campo de refugiados. Não teremos ninguém para nos proteger. Ficaremos na condição de civis por conta própria — explicou Hélène. Quis acrescentar que deveriam evitar visitantes do sexo masculino, mas mordeu a língua e ficou calada.

— É exatamente isso que queremos! — exclamou Nicole. — Não quero mais ser vigiada!

— Podemos cuidar de nós mesmas — concordou Zinka.

— Enquanto falávamos com o capitão, o dr. Newman chegou — prosseguiu Hélène. — O capitão disse a Newman: "Aqui estão duas fugitivas do seu campo."

Lon interveio:

— Aí o dr. Newman falou: "Ah, terei de castigar vocês. Vou lhes dar chocolates."

As mulheres riram e concordaram que os norte-americanos sempre lhes davam comida melhor, sempre ofereciam chocolate. Era tão mais fácil o lado norte-americano das coisas...

Hélène explicou que Newman perguntara que tipo de trabalho o grupo de nove mulheres podia fazer.

— Dissemos que Guigui, Lon e eu podemos traduzir cinco idiomas e que Zinka é uma enfermeira experiente. Nicole e Zaza falam inglês e são boas datilógrafas.

— Eu também disse que várias de nós sabemos dirigir — acrescentou Lon.

Newman ficara encantado e disse precisar mesmo de ajuda. As duas se ofereceram para morar fora do campo e comparecer para trabalhar diariamente às seis da manhã na administração. O capitão Day lhes daria um salvo-conduto para se locomoverem livremente. Hélène, então, observou que vira esse salvo-conduto:

— "Favor deixar esta moça sair", com uma data e a assinatura do capitão. Tudo facílimo de falsificar.

Todas decidiram não fugir de imediato. Esperariam para ver.

Naquela noite, o grupo recebeu novamente a visita de soldados norte-americanos, seis deles da 69.ª Divisão de Infantaria. Jacky, Mena e algumas das outras gostavam de conversar com eles, mas Zaza ficava impaciente e entediada com tais visitas. Sentia que esses soldados não eram nem de longe cavalheiros como os da 2ª Divisão que elas haviam conhecido; nitidamente, os novos conhecidos achavam que as "garotas francesas" eram liberais com seus corpos. Zaza não gostava da reputação que vinham adquirindo.

Os dias seguintes foram frios e nublados. A mesma monótona sopa de arroz e cevada era servida em todas as refeições. E por mais esperançosas que estivessem depois do encontro inicial de Lon e Hélène com o capitão, os dias se passavam com pouca ou nenhuma atividade e progressos nessa seara. Quase o tempo todo, as mulheres simplesmente aguardavam que algo acontecesse ou tentavam barrar as múltiplas visitas de soldados desgarrados. Tinham conseguido pegar algumas cadeiras de um outro aposento vazio e um punhado de tigelas de lata, que também usavam como assento.

À noite, foram novamente visitadas por soldados norte-americanos barulhentos. Logo, porém, um deles se deu conta de que recebera uma informação equivocada. "Elas podem ser francesas, mas não daquele tipo", disse, já bêbado, aos companheiros, e todos foram embora.

Frustrada por esse assédio constante, Hélène disse a Lon:

— Será que não há uma maneira de fazer com que entendam que não queremos dormir com eles? Dizer que somos lésbicas, por exemplo.

— Eu diria — respondeu Lon —, mas não sei a palavra em inglês.

Na manhã do dia 6 de maio, Hélène foi informada de que o capitão Day queria vê-la. As outras ficaram sentadas ao redor da mesa, comendo, fumando, escrevendo ou preenchendo formulários que lhes haviam sido dados por se tratar de prisioneiras políticas. A ansiedade e o mau humor eram gerais. A reunião parecia não ter fim.

— Hélène jamais vai conseguir aquela maldita casa — disse Lon, que voltara a falar em fuga. Conhecera um soldado norte-americano que se dispusera a ajudá-las. As outras sabiam que Lon se aborrecera por ter sido excluída da reunião com o capitão. Hélène havia sido chamada cedinho e Lon dormia. Hélène, sabendo que Lon levaria séculos para se aprontar, saiu sem ela.

— Mas o que Hélène andará fazendo? Saiu já faz três horas — comentou Jacky, exasperada.

— Aposto que já começou a trabalhar. Deve estar traduzindo uma conversa entre um russo, um inglês, um inglês e um alemão — disse Mena.

— Não — interveio Guigui, calmamente. — Acredito mais que esteja visitando a casa com o capitão. Eles estão procurando um lugar para nós.

Guigui acertara. Ao meio-dia, Hélène voltou, radiante com a boa notícia.

— Temos uma casa enorme, o refeitório dos oficiais em Grimma fica a um passo de lá. Só tem um problema: — disse Hélène — não estaremos sozinhas. Vamos precisar dividir. Mas como chegaremos primeiro, podemos escolher os quartos que quisermos.

— Com quem vamos dividi-la? — indagou Lon.

— A casa está sendo transformada em alojamento para prisioneiras políticas francesas. Seremos responsáveis por administrá-la de forma adequada. Eu me comprometi a fazer isso. Mas é um lugar maravilhoso. Façam as malas. Temos de partir daqui a meia hora. Depois disso, a guarda vai ser trocada e foram os guardas atuais que receberam instrução para deixar que saíssemos juntas.

As mulheres correram para recolher seus pertences e fazer suas velhas trouxas. Já haviam começado a adquirir mais coisas. Com as roupas novas, as nove pareciam um grupo respeitável de jovens prestes a sair de férias.

> "Todas nós estávamos vestidas de maneira clássica", descreveu Zaza, "menos Mena, como sempre ridícula e encantadora, muito linda, não muito educada, com seu avantajado casaco de viagem, uma enorme maleta e, pregado na altura do coração, um buquê de miosótis".

As mulheres ficaram eufóricas com a casa nova. Havia uma sala de jantar do tamanho de um transatlântico e uma vasta cozinha, além de um número infindável de pequenos corredores e escadas, arcos dividindo os cômodos com portas de correr contendo botões misteriosos, e um terraço com vista para um jardim. Era arejada e clara, em nada recordando o cômodo úmido do qual vinham.

O capitão Day precisava que Hélène lhe servisse de intérprete naquela tarde. Ao sair, ela instruiu as demais para na sua ausência organizarem o apartamento que ocupariam, que, felizmente, não fazia parte do restante da casa. As oito passaram a tarde escolhendo os móveis que seriam transportados para os quatro quartos. Zaza optou por um minúsculo quarto para partilhar com Hélène; o quartinho havia sido um escritório. Mena, Jacky e Josée ficaram com um quarto ensolarado e sedutor que encheram com sofás macios, almofadas e um espelho grande. Lon, Zinka e Nicole escolheram um quarto em estilo colonial com camas de ferro batido e uma imponente mesa de mogno. Guigui, por sua vez, preferiu uma cela monástica com um sofá bem duro, uma mesa e um guarda-roupa básico. Mas o quarto era tranquilo e ela estava em busca de solidão e privacidade. Naquela noite ao voltar, Hélène encontrou as amigas ainda arrumando os móveis.

Passara a tarde com o capitão Day, recolhendo refugiadas que perambulavam pelo interior, do outro lado do Mulde. Ela lhes disse que um grande grupo de mulheres, a maioria das quais as nove conheciam de Leipzig, mudaram-se para seus antigos aposentos no campo de refugiados; estavam em condições muito piores, sujas e infestadas de piolhos. Precisariam arrumar a casa para elas tão rápido quanto possível.

Em pouco tempo ficou decidido como organizar o restante da casa e elaborou-se uma lista das providências mais urgentes para o dia seguinte. Com um propósito a cumprir, todas se encheram de energia. Repartiram as responsabilidades com a habitual camaradagem e esbanjando bom humor. Hélène era a chefe e, naturalmente, encarregada de todas as relações externas em todos os idiomas. A Zaza coube a supervisão geral. Nicole se incumbiria dos reparos e da manutenção dos equipamentos em geral. Essas tarefas evoluíram com o tempo. Guigui, que no primeiro dia assumiu a missão de localizar as chaves (aproximadamente 190) e as portas correspondentes, no segundo dia se tornou coadministradora com Zaza.

Zinka inspecionou as refugiadas espalhadas pelo campo e se assegurou de que as doentes fossem levadas para a enfermaria. Pouco tempo depois, ela já havia assumido também os cuidados com os bebês. Providenciou uma maneira de alimentá-los via mamadeira e foi tentar conseguir leite. Jacky recrutou um cozinheiro e dois ajudantes de cozinha do acampamento militar para implementar uma cozinha que produzisse refeições muito melhores.

O dr. Newman, administrador do campo e necessitado de ajuda, estava agora irritado com a iniciativa das nove. Seu dinamismo não se comparava ao delas. Não adiantou o fato de que Hélène estivesse trabalhando diariamente com o seu superior, o capitão Day, que as mulheres chamavam de "Jimmy".

Soldados norte-americanos do campo de Jimmy levaram cobertores, bacias e comida. As nove conseguiram acolher 55 mulheres no espaço que haviam arrumado e organizado em apenas dois dias. Mena decorou os quartos com flores colhidas no jardim mal cuidado da casa.

A essa altura, ela fizera amizade com vários oficiais, e o grupo não era mais incomodado pelas visitas a esmo dos soldados de patente inferior ou de refugiados tentando a sorte como galãs. Dispunham até mesmo de um carro próprio, um Opel conversível com bancos de couro vermelho e um motorista francês para servi-las, um mimo de um capitão francês chamado Drevon, aparentemente encarregado de repatriar prisioneiros políticos. Zaza percebeu que seus recursos eram diminutos, mas mesmo assim o oficial conseguia lhes fornecer todo tipo de coisas interessantes. Ele as visitava sempre que podia. Gostava da tranquilidade do lugar. Os arranjos de flores de Mena o tornavam mais humano e menos militar, e as nove mulheres loucas e alegres que ali moravam o seduziam. Era forçado a bater várias vezes à porta e aguardar pacientemente, porque as moradoras talvez estivessem ocupadas pensando em como transformar o tecido de um guarda-chuva numa saia, ou três delas se encontrassem dentro de uma banheira juntas, esfregando as costas umas das outras com algum sabonete recém-obtido.

No entanto, por mais energia que tivessem, as mulheres também estavam fracas. Zaza teve um episódio de artrite reumatoide que a pôs de cama durante dois dias. Nicole teve uma crise de vesícula no meio de uma noite, e Zinka precisou correr para pedir ajuda, levando até em casa um encantador médico italiano de pijamas, robe e chinelos de couro vermelho para dar a Nicole um sedativo.

Refugiados de campos de concentração chegavam aos magotes ao acampamento da Cruz Vermelha. Às vezes, as nove encontravam velhas amigas de Leipzig ou de Ravenbrück, que eram crivadas de perguntas. Por acaso sabiam o paradeiro das outras? Quem conseguira sobreviver? Nicole vivia desesperada por notícias das companheiras que haviam deixado para trás no *Revier* em Leipzig. Sua amiga Renée estava viva? Lon buscava informações sobre o irmão, Eric, entre os homens. Zaza e Zinka faziam o mesmo, à procura dos respectivos maridos. No mar de gente que parecia ter sido atirado como seixos numa praia, a ideia de encontrar entes queridos soava quase impossível. Mas reencontros estranhos ocorreram. Um jovem belga procurava a mãe, sem muita esperança de achá-la. Perguntou a Zinka se ela reconhecia seu nome. Zinka não soube dizer com certeza, mas levou-o para ver a lista pendurada do lado de fora do consultório do dr. Newman. Ao correr o dedo pela relação de nomes, Zinka ouviu um grito de felicidade às suas costas. Virou-se para assistir à cena de mãe e filho se abraçando. Era, possível, pensou ela, que Louis Francis estivesse vivo. A qualquer momento, em qualquer lugar, ela poderia esbarrar nele.

Às 14h45 do dia 7 de maio, a notícia da rendição incondicional dos alemães foi datilografada e exibida num quadro de avisos para todos os refugiados lerem. Ironicamente, no mesmo quadro, abaixo do pedaço de papel, haviam sido gravadas as palavras NUNCA MAIS 1918. VITÓRIA. O entalhe provavelmente fora feito no início da guerra à guisa de propaganda, a fim de recordar aos alemães locais que dessa vez era preciso vencer[14].

Ninguém pulou de alegria. Registraram a notícia sombriamente. Mena se apoiou em Guigui, que segurava a mão de Lon. Nicole e Josée tinham os braços em torno uma da outra. Zaza e Zinka se abraçaram; pensavam nos maridos. Todas sentiram um vazio estranho, ou talvez uma sensação tão profunda que não sabiam como expressar. Pensavam em todos que não estavam ali, que haviam sido deixados para trás nos trens de gado, nas prisões, nos campos, em camas do *Revier*. Esperavam agora que as engrenagens da administração fossem postas em movimento, que o prometido transporte para a França não tardasse e se indagavam sobre o que encontrariam lá.

⁂

Enquanto aguardavam, as refugiadas organizaram uma festa. Mais uma vez as incrivelmente talentosas deportadas da alta-costura puseram suas habilidades em ação, confeccionando vestidos com as cortinas encontradas nos prédios de escritórios destruídos por bombardeios perto do campo. Os soldados norte-americanos foram comemorar com elas, levando garrafas de champanhe e distribuindo maços de cigarros. As que tinham condições dançaram e beberam. Alguém mudara o piano de seu antigo lugar e tocava músicas animadas. As refugiadas formalmente agradeceram aos soldados por lhes salvarem a vida. Conforme progredia a noite, cantaram as velhas canções: "Madelon", "Le Chant des Marais", "La Marseillaise". Depois, começaram a recitar poemas dos campos de prisioneiras. Uma após a outra ficou de pé para, em voz emocionada, declamar as poesias que haviam escrito e partilhado em pequenas tiras de papel roubado, até mesmo clandestinamente, com prisioneiras de outros campos. Depois de repetir os poemas em tantas noites nos barracões escuros, agora os sabiam de cor. Algumas das autoras estavam mortas, e as mulheres recordaram as que haviam partido, enquanto recitavam seus poemas. Ninguém conseguia conter as lágrimas.

# CAPÍTULO XI

## Achando o caminho de volta

MULHERES AGUARDANDO A REPATRIAÇÃO

O TREM QUE AS TRANSPORTARIA ATÉ PARIS ficou pronto no dia 16 de maio. As sete mulheres deram um adeus lacrimoso a Jacky e Hélène. Jacky, que durante toda a fuga não parava de repetir o refrão "Me levem de volta a Paris", decidira ficar em Grimma para administrar a clínica de convalescença que elas haviam criado. As sobreviventes do campo fracas demais para viajar podiam repousar e se recuperar ali. Por ocasião da chegada das refugiadas, Jacky viu os rostos desesperados das doentes graves, sabendo precisamente como elas se sentiam. Administraria esse abrigo especial até seu fechamento, no final de setembro.

Hélène também decidira ficar para trabalhar com o exército norte-americano. Usava um uniforme de oficial norte-americana e comia na cantina dos oficiais. Trabalhava como intérprete durante os interrogatórios de soldados alemães suspeitos de crimes de guerra. Reunia informações sobre a localização dos deportados — russos, poloneses e franceses — espalhados por todo o interior da Alemanha. Para desenvolver sua função, recebeu um Chrysler enorme, sem dúvida requisitado a um alemão abastado, pintado de verde-cáqui com uma grande estrela branca no capô. Tinha um *laisser-passer* válido para transitar em toda a zona ocupada pelos norte-americanos, bem como gasolina provida por qualquer unidade militar sempre que precisasse.

Hélène era baixinha e continuava bem magra, motivo pelo qual devia parecer minúscula atrás do volante daquele potente carro norte-americano. Mas se fazia impor pela postura. Atravessava a caótica zona ocupada, onde refugiados e prisioneiros de guerra perambulavam em busca de abrigo, comida, água e um jeito de voltar para casa. Com frequência esbarrava em grupos de mulheres sobreviventes dos campos e das marchas da morte, e as orientava em direção ao campo de refugiados em Grimma.

Acenando em despedida, as sete mulheres embarcaram num dos cinquenta caminhões que levou os refugiados aptos a viajar até uma estação ferroviária em Leipzig-Plagwitz, atravessando a cidade de Leipzig, que ficara em ruínas após os bombardeios. Alemães faziam filas no meio dos destroços do lado de fora das poucas lojas remanescentes e contemplavam com expressão sombria o comboio de caminhões. Os refugiados retribuíam seus olhares.

O trem se assemelhava aos vagões de gado no quais tinham sido enviadas para a Alemanha como prisioneiras, com a diferença de que agora o chão era coberto de palha nova. As sete, Zaza, Zinka, Guigui, Mena, Nicole, Josée e Lon ocuparam um vagão apenas para elas. As portas foram mantidas abertas. Os vagões haviam sido enfeitados com ramos e botões de flores primaveris. A Cruz de Lorena e o V da vitória se destacavam em giz nas portas. A bandeira tricolor francesa fora estendida sobre todos os vagões. Era um imenso comboio, levando 1.500 refugiados em uma comprida fila de vagões.

Foram precisos seis dias para cobrir os cerca de quinhentos quilômetros até a fronteira francesa. O trem só podia progredir muito lentamente, pois os trilhos em muitos trechos haviam sido destruídos e as pontes, explodidas. O maquinista e sua equipe eram obrigados a parar a toda hora para consertar o trilho à frente e, sempre que o faziam, todos desciam dos vagões para os campos no entorno. Acendiam pequenas lareiras na grama à margem dos trilhos e ferviam água. Algumas prisioneiras tinham ganhado um novo pó dos soldados norte-americanos, chamado Nescafé. Preparavam café umas para as outras.

Moradores das aldeias apareciam para saudar os passageiros do trem, levando-lhes comida e vinho. Havia música e cantoria em cada parada. Velhas canções de antes da guerra eram entoadas, e nesse momento ninguém pensava muito no que estava por vir.

O maquinista descobriu que quando o trem ficava pronto para seguir em frente era preciso acionar o apito várias vezes para que todos embarcassem. Enquanto os vagões se moviam a passo de cágado, os passageiros corriam e pulavam para dentro, rindo quando os amigos os seguram pelos braços para puxá-los. Em todas as estações, mais refugiados embarcavam. Encontravam velhos amigos e colocavam o assunto em dia. Misturados aos sobreviventes, havia prisioneiros de guerra que nada sabiam a respeito dos campos e não entendiam como os homens podiam estar em condições tão deploráveis nem o que mulheres faziam ali. Mal tinham conhecimento da Resistência. Como esses sobreviventes haviam ficado tão depauperados e desnutridos? Por isso, os sobreviventes contaram aos prisioneiros de guerra o que tinha acontecido. Cada um tinha a sua história. Descreveram as diferentes redes da Resistência. Falaram das denúncias e de como haviam sido tratados pela polícia francesa e pela *Milice*. Relataram a tortura dos quase afogamentos, os tiros e as execuções sumárias que ouviam de dentro dos muros da prisão na França. Contaram dos trens, das deportações forçadas para a Alemanha e de suas descobertas no mundo dos campos de concentração. Entre eles, alguns foram capazes de falar dos extermínios em massa, trens inteiros de gente mandada diretamente para o crematório. Algumas prisioneiras de Ravensbrück que tinham trabalhado no *Revier* explicaram o que eram as "coelhas". Os prisioneiros de guerra ouviam atônitos, afirmando não fazerem ideia de nada disso.

Atravessando a Alemanha, o trem passava por cidades inteiras em ruínas. A princípio, fazia bem ver como o país havia sido destroçado, mas depois todos se viram acachapados pelas imagens de desolação e aridez. Quando passaram por Frankfurt, fez-se silêncio diante da completa destruição da cidade.

Chegando a Saarbrücken, a cidade fronteiriça por onde haviam entrado na Alemanha como deportados, todo o trem com seus múltiplos vagões começou espontaneamente a cantar "La Marseillaise", com o grito de "Vive la France" no final.

Ao cruzarem a fronteira, todos os passageiros se abraçaram.

※

Segundo o relato de Lon, quando o trem parou de novo, sua paciência se esgotou de vez. Ela não queria ir para Paris. Queria voltar para casa na Holanda, encontrar o irmão, Eric. Conforme conta, as sete tiveram uma briga, e ela desceu do trem para voltar a pé para casa.

O trem viajou algumas horas mais em território francês antes de parar num enorme acampamento próximo a Longuyon, onde uma instalação militar fora erguida num vasto terreno plano. Por todo lado viam-se tendas brancas e militares de uniforme cáqui. Todos foram obrigados a descer do trem a fim de cumprir formalidades administrativas. Sobreviventes de campos de concentração, prisioneiros de guerra, trabalhadores voluntários e forçados foram divididos em grupos. As seis mulheres remanescentes se sentaram juntas no chão para esperar sua vez. Felizmente, o tempo continuava maravilhoso. Elas foram registradas, entrevistadas e passaram por exames médicos, antes de serem cobertas com DDT (pesticida para matar os piolhos) fotografadas e finalmente receberem documentos temporários de identidade e um cartão de repatriação de deportados. Os que precisavam recebiam roupas, uma passagem de trem para a Gare de l'Est em Paris e mil francos velhos, o equivalente, aproximadamente, a 15 euros ou 20 dólares de hoje. Se quisessem, podiam dispor de uma tenda para passar aquela noite, mas as seis preferiram dormir sob as estrelas. "Pode ser a última noite da nossa excursão de camping", disse Mena, apertando a mão de Guigui. A ideia da separação era aterradora. As seis remanescentes se comprometeram a ficar juntas até Paris.

No dia seguinte, as mulheres embarcaram no vagão de terceira classe de um trem normal de passageiros com assentos de madeira e janelas barulhentas impossíveis de abrir. Viajaram a noite toda e, às vezes, quando o trem parava numa estação, ouviam os gritos de alegria quando as famílias reencontravam seus parentes repatriados. Todas as estações ao longo do caminho, até mesmo as menores, estavam decoradas com cartazes de boas-vindas. Operários da ferrovia acenavam em saudação. Havia uma espécie de excitação nos corredores do trem e na plataforma, onde as pessoas chamavam umas as outras.

— Escrevo para você assim que me instalar.
— Boa sorte!
— Você tem meu endereço?

VOLTA AO LAR

Conforme o trem se aproximava de Paris, fez-se silêncio. As seis se entreolharam e depois desviaram o olhar para o lado de fora da janela. A euforia da volta se esvaíra. Sentiam um aperto no peito. Toda a força de vontade se destinara a sobreviver para aquele momento.

Nos arredores de Pais, a multidão postada à margem dos trilhos acenava e atirava flores. O trem reduziu a marcha ao chegar mais perto da cidade e parou na grandiosa Gare de l'Est. Para a maioria, esse era o mesmo local em que haviam sido empurradas, aterrorizadas por guardas da SS aos gritos, para dentro dos vagões. Era o mesmo local em que cidadãos franceses calados haviam testemunhado a deportação. Agora, o lugar se achava decorado com estandartes tricolores, como no feriado de Quatorze de Julho e contava com uma guarda militar uniformizada.

Quando saltaram para a plataforma, uma multidão de civis surgiu, engolfando-as. Entregavam-lhes flores, mas também portavam fotos. Procuravam seus parentes.

— De onde vocês estão vindo?
— Vocês são de Ravensbrück?
— Viram esta moça?
— Sabem que é a Senhorita...

A multidão balançava fotos freneticamente, tentando com empurrões e cotoveladas, fazer com que as recém-chegadas olhassem a *sua* foto, uma foto da mãe ou da irmã ou da tia. Mas as mulheres naquelas fotos eram bonitas. Tratava-se de fotografias de casamento ou de mocinhas vibrantes em piqueniques. Eram fotos de mães segurando bebês gorduchos e saudáveis no colo. As recém-chegadas não tinham visto mulher alguma como aquelas das fotografias. Não reconheciam qualquer uma delas. E a multidão tentava reconhecer os rostos emaciados, amedrontados e desgastados das mulheres que no passado alguém ali conhecera.

Era como retornar a um outro mundo, um mundo estranho. Ou como se elas próprias estivessem chegando de um mundo estranho. De todo jeito, a alienação era total. As mulheres não sabiam o que fazer. Era como se a decepção fosse culpa delas. De algum jeito, eram culpadas por terem sobrevivido. Por que estavam aqui no lugar daquelas pessoas bonitas das fotografias? Por que haviam sobrevivido ao contrário dos entes queridos? Quem seriam essas pessoas estranhas, esqueléticas, desfiguradas e debilitadas, impostores se passando por aquelas que há tanto tempo esperavam?

As repatriadas tentavam incutir alguma esperança.

— Não sei — disse Zaza a uma tia histérica que sacudia a foto da sobrinha de nove anos com um enorme laço de fita na cabeça. — Tem mais gente voltando da Alemanha. Talvez ela ainda chegue.

Mas Zaza sabia, como sabia Zinka a seu lado, que sem dúvida uma menina tão novinha devia ter sido selecionada imediatamente para o extermínio.

Aos poucos, o grupo de deportadas abriu caminho na multidão. Foram levadas a uma sala de recepção, de onde as encaminharam para ônibus especiais que aguardavam do lado de fora. Os ônibus atravessaram Paris — passando pela

Opéra, pela Place de la Concorde e pelo Louvre, cruzando a ponte para a outra margem do Sena — até chegarem ao Hôtel Lutetia. Paris estava linda, reluzente à luz da manhã. Depois de tudo, parecia curiosamente surreal. Era como se elas não estivessem de fato ali, mas se tratasse de apenas um vislumbre do mundo ao qual, num passado muito distante, tivessem pertencido.

※

De início, as autoridades não estavam preparadas para o estado dos sobreviventes, ainda que tivessem ouvido falar de Auschwitz e dos demais campos. Imaginaram que os repatriados pudessem simplesmente retomar suas vidas de antes. Mas muitos se encontravam péssimos de saúde, sem lares, sem famílias, sem emprego e sem dinheiro. De Gaulle escolheu o Hôtel Lutetia como centro de repatriação dos sobreviventes de campos de concentração ao se dar conta de que suas necessidades não seriam iguais às dos prisioneiros de guerra comuns.

Um estabelecimento luxuoso situado no Boulevard Raspail, na margem esquerda do Sena, o hotel foi construído em 1910, combinando os estilos Art Nouveau e o novo e ousado Art Déco. O saguão ostentava sofás de veludo grosso, janelas abauladas com molduras ornamentadas, candelabros de vidro colorido, abajures sustentados por ninfas e um assoalho de parquê preto e branco. No bar havia um grande afresco retratando uma bucólica cena campestre. Seus sete andares abrigavam 350 quartos.

Antes da guerra, o Lutetia havia sido um ponto de encontro privilegiado por artistas. Reza a lenda que James Joyce escreveu uma parte de *Ulisses* lá; Picasso, Josephine Baker, Samuel Beckett e Peggy Guggenheim eram alguns dos muitos ícones culturais que frequentavam o hotel. O próprio De Gaulle foi hóspede do Lutetia em sua lua de mel. No início da guerra, o Lutetia abrigou vários artistas e músicos refugiados da Alemanha e da Europa oriental. Com a ocupação, os alemães requisitaram o hotel para o serviço militar de inteligência, o Abwehr. Enquanto o restante de Paris lutava para encontrar comida sob o severo sistema de racionamento, banquetes decadentes contavam com a presença de colaboracionistas, membros do mercado clandestino e alemães que ocupavam a cidade.

Para muitos sobreviventes, o Lutetia seria o lugar onde começariam sua vida de novo. "Por que o Lutetia foi importante na nossa história? Porque, na verdade, a nossa segunda vida teve início nesse local. Quando chegamos, éramos números; saímos de lá renascidos como cidadãos", escreveu Gisèle Guillemot[1]. Era importante prover um lugar confortável. Como escreveu um sobrevivente: "Nada era bonito demais, nada era bom demais, nada era limpo demais, nada era saboroso demais nem luxuoso demais, nem caro demais. Nada era perfeito demais para aqueles que tinham sido arrancados de suas famílias por terem batalhado pela vitória e que haviam sido privados de comida durante todos aqueles meses e, no caso de alguns, durante anos. Pela primeira vez na vida, vi na administração pública algo semelhante a amor."[2]

Entre meados de abril e setembro, vinte mil repatriados se registraram no Lutetia. Quando as seis mulheres chegaram, em 21 de maio, o centro estava recebendo, em média, quinhentos sobreviventes por dia. Dos 166 mil deportados para o leste, 76 mil eram judeus, inclusive 11 mil crianças; apenas três mil judeus franceses retornaram. Noventa mil deportados eram prisioneiros políticos e combatentes da Resistência; aproximadamente 48 mil retornaram.

Em maio, os corredores do Lutetia já tinham sido transformados. Havia painéis pendurados ao longo do comprido corredor que ligava a entrada ao restaurante, nos quais a gerência colava avisos e fotos de pessoas desaparecidas, com detalhes sobre como contatar as famílias que as procuravam. E era possível acessar uma lista atualizada de indivíduos sabidamente vivos ou mortos. Cabines e mesas para as diferentes redes da Resistência se alinhavam junto às paredes. Os sobreviventes podiam parar ali para ver se algum outro membro da sua própria rede havia retornado. Ao lado desses, voluntários da Cruz Vermelha, dos Quakers e do Exército da Salvação ocupavam mesas com a mesma finalidade. Os Escoteiros Católicos, os Éclaireurs Protestantes e organizações judaicas providenciavam voluntários para acompanhar sobreviventes oriundos dos campos em todo o nordeste da Alemanha. Diariamente, novos grupos chegavam à estação ferroviária ou ao aeroporto e eram levados ao hotel, para depois seguirem para casa ou para seu destino seguinte. Havia mesas com telefones para os sobreviventes que precisassem contatar suas famílias; caso as famílias não tivessem telefone, eles podiam ligar para a prefeitura de suas cidades natais.

Cada andar do hotel contava com uma enfermeira e um médico de plantão durante 24 horas. Os escoteiros ajudavam os sobreviventes a trafegar pelos corredores e às vezes carregavam pessoas em macas ou chamavam ambulâncias para as levarem para o hospital. Assistentes sociais ajudavam com documentos. Algumas famílias iam diariamente ao hotel atrás de notícias e para dar boas-vindas aos recém-chegados, na esperança de encontrar quem procuravam. Alguns sobreviventes voltavam diariamente para saber quem mais retornara. Os recém-chegados estavam desnutridos e tinham o olhar vago, perambulando pelo corredor cheio de fotos como se fossem fantasmas. Alguns dos que vinham de outras partes da Europa ainda usavam os uniformes listrado de cinza e azul dos campos. Tinham a cabeça raspada e a pele tão transparente que mais parecia um pano amarrado sobre os ossos. Vez por outra, ouviam-se pequenas comoções, um clamor, gritos de alegria, choro e aplausos: um reencontro. A imprensa enchia os corredores, ávida por fotografias desses encontros, até que os repórteres foram expulsos pelos funcionários.

Nos primeiros dias, a situação foi caótica. "Três ou quatro ônibus lotados chegaram ao mesmo tempo. Tínhamos de fazer o máximo para evitar fazê-los esperar. Eu ia para casa às quatro da manhã e entrava na banheira, tentando tirar os piolhos do corpo com uma bucha. Os primeiros deportados voltaram extremamente contagiosos e houve algumas mortes entre os funcionários", escreveu André Weil[3]. Matemático brilhante e combatente da Resistência, Weil foi encarregado por De Gaulle da equipe de recepção. Convocou enfermeiras voluntárias e conseguiu três vezes o número necessário. De Gaulle providenciou cinco carros para levar as enfermeiras dos hospitais após o encerramento de seus turnos para os segundos plantões no Lutetia.

O primeiro andar do hotel foi reservado para a gerência. No segundo, ficava a enfermaria; o terceiro abrigava apenas mulheres. Ainda que a gerência tentasse ser sensível à fragilidade dos sobreviventes, o processo de chegada era difícil e quase sempre traumático. Era preciso fazê-los passar por um exame médico e um banho de chuveiro e mais uma vez eles eram cobertos com DDT. Depois de comerem, tinham de enfrentar uma entrevista militar para verificar se não estavam se passando por deportados, algo que ocorria com frequência. Antigos colaboradores da Gestapo, membros de milícias francesas, torturadores da polícia, criminosos do mercado clandestino e trabalhadores voluntários franceses tentavam se fingir de sobreviventes de campos para conseguir o valioso cartão de deportado que dava direito a rações extras e privilégios; o cartão também servia como lavagem de seus possíveis crimes. Tais entrevistas eram minuciosas. As autoridades checavam se os homens não possuíam a tatuagem do tipo sanguíneo, própria da SS, junto à axila esquerda ou se havia alguma evidência de que essa marca tivesse de alguma forma sido removida. Perguntava-se aos sobreviventes: "Quando você entrou para a Resistência? Em que rede? Quem pode depor a seu favor? Que prova há de que você não atuou para os alemães, já que sobreviveu e tantos morreram? Quando você foi preso? Onde foi preso?" Os entrevistadores exigiam datas e nomes específicos.

Com frequência, os farsantes conseguiam obter um bocado de detalhes específicos em conversas com os repatriados, enquanto, por outro lado, a noção espacial e a memória de curto prazo dos verdadeiros deportados muitas vezes acabaram comprometidas pelo trauma. E as perguntas mergulhavam os sobreviventes de novo no pesadelo dos meses e anos anteriores. "Era terrível precisar responder, como se fôssemos nós os acusados... Vários deportados se rebelaram", escreveu Odette Rosenstock, recordando sua chegada ao Lutetia. Muitos consideravam as entrevistas um derradeiro insulto, mais um trauma.

Diariamente, porém, as autoridades flagravam farsantes. Às vezes eram os sobreviventes que reconheciam alguém que tentava se infiltrar em suas fileiras. E no final de cada dia, um carro de polícia ia ao hotel recolher os quatro ou cinco impostores detidos para levá-los para a cadeia.

A maioria dos deportados pesava entre trinta e quarenta quilos. Todos precisavam descansar e ganhar peso. Sabine "Yanka" Zlatin, também conhecida como La Dame d'Izieu, encarregava-se da cozinha. Judia polonesa e enfermeira, ela e o marido haviam criado uma "casa de férias" para esconder crianças judias em Izieu, cidade próxima à Suíça e ocupada pelos italianos que, até a capitulação para os alemães, não perseguiam ativamente os judeus. Quando, porém, os alemães assumiram a área, as tensões antissemitas começaram a crescer. Uma boa quantidade de denúncias deixou Sabine em alerta e ela achou que seria recomendável dispersar as crianças e botá-las em esconderijos melhores. Enquanto se encontrava em viagem a Montpellier tentando obter ajuda, Sabine recebeu notícias por telegrama: "Família doente, doença contagiosa." A Gestapo havia prendido e deportado as 44 crianças junto com os sete cuidadores adultos para Auschwitz-Birkenau, onde foram todos assassinados.

Ela dedicou o restante da vida à memória dessas crianças e testemunhou no julgamento de Klaus Barbie em 1987.

Outro notável herói da Resistência entre os funcionários do Lutetia foi o dr. Toussaint Gallet. Ginecologista e obstetra, Gallet se juntou à Resistência no inverno de 1942, fornecendo informações essenciais aos britânicos. Foi preso e torturado pela Gestapo em maio de 1944 e encarcerado em Fresnes. Rotulado de *Nacht und Nebel*, foi deportado para Buchenwald no último comboio, em 15 de agosto. No campo, os demais companheiros o admiravam pela calma, pela solidariedade humana e pela habilidade de infundir ânimo para que resistissem. Em Buchenwald, Gallet continuou, na medida do possível, a praticar a medicina e a prover ajuda e consolo, embora não dispusesse de suprimentos médicos. Um sobrevivente famoso, Frédéric-Henri Manhès, recordou-se de Gallett como "le docteur aux mains nues" — o médico de mãos nuas.

Na liberação, Gallett pediu à Cruz Vermelha para avisar seus pais. Escreveu: "Fui obrigado a abandonar a minha vocação e serei finalmente usado como médico. Façam o possível para me repatriarem rapidamente. Ficarei feliz de abraçá-los e depois voltar ao trabalho". Ele foi em transporte aéreo para Paris em 18 de abril. No dia 19, apresentou-se ao governo francês como apto para o trabalho e no dia 20 foi encarregado do programa médico no Lutetia. Os sobreviventes confiavam em Gallet, que era um deles. Sob sua orientação, passaram a aceitar que o governo precisasse extirpar os que tentavam se infiltrar em suas fileiras e escapar das punições pelos crimes de guerra cometidos.

---

Quando entraram no saguão do Lutetia, as seis mulheres foram abordadas de todos os lados por pessoas portando fotos e tentando achar rostos conhecidos. Quase imediatamente foram separadas, puxadas em direções diferentes. Zaza viu a mesa do Auberge de Jeunesse e correu até lá para saber se havia alguma notícia de René. Sentou-se, nervosa, enquanto a voluntária, uma jovem de rosto corado, lentamente verificava a lista de nomes. Então, encarando Zaza, a moça balançou a cabeça em negativa.

— Como? O que significa isso? Ele morreu? — Sua vontade foi de sacudir a mocinha.

— Não. Significa que não há notícias. O nome dele não está na lista. Não existe confirmação de que esteja vivo ou morto. Você sabe em que campo ele estava?

— Não — soluçou Zaza —, não sei de nada.

Sentiu-se tonta, e a moça correu para pegar uma xícara de chá. Angustiada, Zaza foi até a mesa dos telefones e ligou para a família. A voz da mãe, depois de todo esse tempo, lhe pareceu fraca e distante. Ela queria que Zaza fosse imediatamente para casa, mas Zaza respondeu que esperaria em Paris, no seu antigo apartamento, notícias de René. Caso ele voltasse, ela queria está lá.

※

Josée perdera as amigas no saguão enquanto preenchia formulários. Depois do registro, recebeu um quarto para pernoitar uma noite no hotel e uma passagem de trem para partir para Cannes pela manhã. Não tinha certeza de quem encontraria lá. Não queria ficar com os pais, que eram estranhos para ela. Mas tinha vontade de sentir o cheiro do mar. Disse a si mesma que contava com bons amigos no sul. Decerto Germaine e Alban Fort, que tocavam o orfanato, a acolheriam de volta. Verificaria se alguma das famílias que ela havia ajudado com suprimentos sobrevivera. No entanto, quando pensou em bons amigos, só lhe vieram à cabeça as oito mulheres. Ela não conseguira se despedir. Para onde tinham ido todas tão de repente? Naquela primeira noite, Josée se viu sozinha num quarto no terceiro andar do Lutetia. Perguntou-se onde e como começaria de novo. Por que sobrevivera, se não conseguia se alegrar agora que finalmente estava ali?

※

Nicole também se viu sozinha, depois de preencher os formulários e ser entrevistada. As amigas haviam se dispersado. Sentiu-se abandonada. Não fazia ideia de onde estaria sua família. A última notícia dera conta de que a mãe e o irmão se encontravam em Lyon; o pai, em algum outro lugar, talvez na Savoie. De repente, ela viu um rosto conhecido: Claudine, com o marido Gilles. Gilles havia improvisado um rádio para que pudessem ouvir diariamente os nomes dos recém-repatriados. Esperavam ouvir o nome da irmã de Claudine, Yvette, que fora mandada para Auschwitz e depois para Ravensbrück, quando ouviram o de Nicole. Correram para o Hôtel Lutetia, onde a procuraram durante um bom tempo. Finalmente, do outro lado do saguão, eles a viram. Ela mudara, mas aqueles olhos verdes penetrantes e os cachos negros eram inconfundíveis.

Para Nicole, foi um enorme alívio finalmente encontrar um rosto conhecido. Claudine quis saber se Nicole vira Yvette. Nicole gostaria de ter notícias, mas não dispunha de informação alguma. Claudine indagou:

— Por que você não vem para a nossa casa hoje?

— Não, eu preciso muito encontrar minha família — insistiu com veemência Nicole.

— Já está muito tarde. Os metrôs fecharam. Você pode procurá-los de manhã. Podemos dar uns telefonemas. Mas fique conosco esta noite. Minha mãe adoraria ver você.

Nicole queria procurar a família imediatamente. Precisava avisar a eles que estava viva, mas Claudine a convenceu a acompanhá-los até o pequeno apartamento de três cômodos no 16.º *arrondissement*. Ao chegarem, a mãe de Claudine perguntou a Nicole se ela vira sua filha. E perguntou sobre a deportação; como tinha sido?

Sem pensar, Nicole começou a descrever: os horrores do comboio, o campo, as seleções. Falava sem parar. As palavras saíam aos borbotões, uma torrente de sofrimento. Queria desesperadamente ser compreendida. Não raciocinava. Precisava apenas contar o que acontecera. A mãe de Yvette ouviu calada, impassível, com educação, mas aos poucos foi empalidecendo com o choque. Ao fim do relato, perguntou a Nicole:

— E Yvette, você acha que ela vai voltar?

Cinquenta anos depois, enquanto contava esse incidente numa entrevista em vídeo, Nicole começou a chorar, recordando a própria angústia. "Eu respondi: 'Claro que ela vai voltar para casa.' Porque achei que voltaria. De repente, porém, percebi o que tinha feito. Eu explicara todos os horrores para aquela mãe e ainda não sabíamos se Yvette voltaria ou não. É uma lembrança intolerável."[4]

Guigui e Mena foram submetidas a exames médicos e separadas durante o interrogatório. Guigui abordou um grupo de sobreviventes holandeses reunidos à volta de uma pequena mesa no canto do saguão. Ela se sentiu eufórica por falar holandês novamente com seus compatriotas, que a fizeram rir. Deu alguns telefonemas, e logo seu primo James estava a caminho para pegá-la. Havia velhos amigos no grupo, que fizeram perguntas sobre os ausentes. Terá Guigui indagado sobre Timen, o homem com quem se encontrara rapidamente por ocasião da prisão de ambos um ano antes? Depois ela saiu do hotel e caminhou pela rua, de braço dado com o primo James. Só então percebeu que se esquecera de dar adeus a Mena.

Durante os três meses excitantes após o fim da guerra na Europa, comemorações frequentes ocorreram em Paris e nos arredores. Tudo estava começando do zero. Mena e Guigui foram a várias festas juntas. Estavam decididas a se divertir, a deixar para trás o terrível passado. Um companheiro holandês da resistência, Albert Starink, viu Mena e Guigui juntas[5]. Em seu curto relato, ele menciona que uma noite os três saíram para dançar e beber numa boate. Lembrou-se de ter dançado com as duas até as quatro da manhã. Ao saber que ele iria para Rotterdam, Mena quis que Starink a levasse a uma base militar em Reims, que ficava mais ou menos em seu caminho. Ela conhecera alguém e pretendia fazer uma surpresa a esse homem. Starink se lembrou da imensa quantidade de tendas brancas na base militar em Reims, onde deixou Mena para que ela achasse o próprio caminho na bruma matutina.

Segundo o neto de Mena, Guillaume, logo depois da guerra, a avó partiu de navio para o Senegal a fim de encontrar-se com o namorado, um arquiteto que trabalhava na colônia. Seria ele o soldado norte-americano que ela fora procurar em Reims? Um francês? Como e quando ela conhecera esse namorado? Essas são perguntas sem respostas.

Mena, que amava tanto se apaixonar, talvez tivesse exagerado os próprios sentimentos. Era tão impulsiva quanto era generosa. E embora talvez achasse que as cartas do arquiteto não expressavam nem de longe o ardor esperado, não se importou com isso e mergulhou nessa história. Mena era corajosa em assuntos do coração.

No navio para a África do Norte, ela conheceu um homem chamado William Lucien Dupont, que flertou agressivamente com ela. Imagino-a debruçada no convés contemplando o mar ao dizer a Dupont que os dois haviam sido feitos um para o outro. Ela contou que estava a caminho do Senegal para se casar com o namorado. Talvez Lucien tenha rido e retorquido que ela não passava de uma mocinha tola, que nada entendia de dificuldades, que era apenas uma garota frívola de Paris e que jamais conseguiria morar na África, pois não desfrutaria dos luxos a que estava habituada.

Mena nada disse. Não lhe contou que era uma sobrevivente. Já aprendera a não falar disso. Na primeira noite em casa, quando começou a contar histórias, a mãe balançou a cabeça e fez um sinal que a calou.

— Isso ficou no passado — disse a mãe. — A vida continua. Não fique remoendo.

Mena entendera que ninguém queria ouvi-la falar do que acontecera. Na verdade, ela também não queria falar sobre isso. Preferia dançar e rir e sentir novamente o despertar da paixão no corpo.

No navio, Lucien tornou a avisá-la de que ela não sabia o que estava fazendo. Mena disse a si mesma que aceitaria o que o destino lhe desse. Mas, por alguma razão, isso não funcionou. Imagino que o rapaz no Senegal, o namorado, não fosse do jeito que ela guardara na lembrança, que o tivesse fantasiado mentalmente em seus sonhos. Talvez ele tenha confessado que não a amava, ou, quem sabe, já estivesse com outra e não lhe contara porque a viagem dela para o Senegal fora tão súbita que não lhe dera tempo para escrever. Provavelmente Mena se perguntou o que Zinka ou Jacky teriam dito a ele. Ambas achariam palavras suficientemente ríspidas para responder. Também desejou ter Guigui a seu lado.

No navio de volta para a França, Mena tornou a encontrar Lucien. Talvez fosse esse o seu destino. Ela se mostrou inconsolável e humilhada. Queria estar perto de alguém, sentir-se acolhida e segura. Mena, com as oito amigas, resgatara a si mesma, salvando ferozmente a própria vida, mas talvez depois de todo esse esforço, quisesse ser cuidada por alguém. Deve ter sido tentadora aquela sensação de rendição após uma longa luta. Talvez estivesse exausta. Talvez estivesse grávida.

No final das contas, casou-se com ele. Mena, a romântica, que vivia para amar, casou-se com um homem que não era romântico. Talvez ele a amasse, mas também sentia ciúmes do seu passado, do seu charme e da forma como ela era sedutora. O marido de Mena, Lucien, era muito controlador e, às vezes, quando Guigui ia visitá-la, ele não permitia sua entrada. A filha de Guigui, Laurence, lembrou-se de Lucien: "Minha mãe e Mena eram muito ligadas e Lucien não aprovava. Raramente ele a deixava sair."[6]

O genro de Mena, Jean-Louis Leplâtre, lembrou-se: "Quando estava longe do marido, ela era alegre. Tinha grande senso de humor, algo que não mostrava na presença do marido."[7] Sempre que se hospedava com a família da filha, Mena tomava uma taça de vinho com Jean-Louis no jantar e então se abria. Segundo ele, era como se nessas ocasiões descobrisse a verdadeira Mena. Doía pensar nisso.

MENA COM A FILHA, EDITH, NA BRETANHA

Mena com frequência ia à Bretanha ver a mãe, que se aposentara e se mudara depois da morte do marido. A casa modesta da família era típica da região: originalmente construída para pescadores, uma *Maison longère*, bem perto da areia. Guillaume, o neto de Mena, reiterou o que dissera o pai, explicando que Mena e a filha, Edith, haviam sido extremamente próximas em seu mundo particular. Costumavam fazer um jogo: as duas tomavam chá na Galeries Lafayette, uma loja de departamentos. Com sotaques forjados, fingiam ser inglesas. Aparentemente, Mena vivia uma realidade imaginária, não com o homem rude com quem se casara.

Depois da guerra, quando Mena conheceu a pintora Mena Loopuyt e lhe contou que usara seu nome como *nom de guerre*, a artista não gostou e disse: "Você se dá conta de que me pôs em perigo?"

Mena nem sequer havia se dado conta do perigo que ela própria corria quando seguiu o rapaz que amava e se juntou à Resistência. Mas escolhera aquele nome porque admirava a artista. Talvez também ansiasse por ter uma carreira artística independente. A filha, Edith, nitidamente esbanjava criatividade. E o genro contou que Mena era fantástica no manejo de agulha e linha. Podia criar, sem molde, qualquer vestido que visse numa vitrine. Era elegante, charmosa e tinha um estilo próprio.

※

Bem depois de retornarem à França, os sobreviventes ainda lutavam para se sentirem em casa. Havia as consequências físicas das condições extremas a que tinham se exposto. A falta de comida, de higiene apropriada e de descanso resultara em doenças como anemia, infecções de pele, cicatrizes musculares e ósseas; a tuberculose e as epidemias largamente disseminadas de tifo causavam efeitos duradouros, inclusive perda auditiva, falências de rins e de outros órgãos, bem como danos neurológicos.

Havia, ainda as consequências psicológicas, de tratamento muito mais difícil e que, de fato, não foram reconhecidas de imediato. Durante o encarceramento nos campos, os deportados lutaram bravamente para sobreviver. O índice de suicídio era surpreendentemente baixo. Eles lutavam com todas as forças, protegendo-se de tudo que os enfraquecesse, com frequência bloqueando a lembrança das perdas de parentes e amigos. O choque sobreveio quando voltaram para casa, quando pensaram estar seguros e baixaram a guarda, afinal.

Alguns deportados relataram que ao chegar foram rejeitados pelas famílias. Gisèle Guillemot escreveu ter ouvido da mãe: "Você me fez sofrer com a sua Resistência e tudo aquilo... Vou precisar de muito esforço para perdoá-la. E veja o estado lastimável em que você está."[9]

Casamentos foram cancelados, porque seria vergonhoso para uma família aceitar uma mulher que estivera nos campos, já que não era mais considerada pura. Algumas sobreviventes, com as cabeças raspadas e corpos desnutridos, eram confundidas com *les tondues*, mulheres que, como punição pela "colaboração horizontal" — dormir com os soldados alemães —, haviam tido a cabeça publicamente raspada.

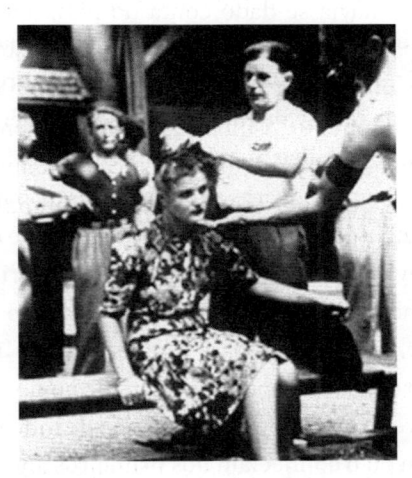

UMA MULHER PUNIDA COMO "COLABORACIONISTA HORIZONTAL"

*Les tondues* eram obrigadas a desfilar pelas ruas enquanto os espectadores lhes gritavam insultos. Às vezes as despiam por inteiro ou parcialmente e pintavam suásticas em suas testas. Um suposto colaboracionismo de uma moça podia ter sido uma relação afetiva ou sexual com um soldado alemão, mas as acusações quase sempre se baseavam em pouca coisa, além de meras prestações de serviços, como fazer comida para soldados, algo que uma jovem não tinha como recusar durante a ocupação. Com frequência, eram mulheres em dificuldades, isoladas, marginalizadas, solteiras ou viúvas, sem recursos, que lavavam roupa ou preparavam refeições para os alemães. Aproximadamente vinte mil mulheres, em quase todas as regiões da França, tiveram a cabeça publicamente raspada pela multidão frenética. A humilhação da França, o crime de colaboracionismo de Vichy, recaiu nos ombros das mulheres, da mesma forma como Pétain pusera a culpa pela chocante derrota rápida para a Alemanha na moralidade decadente da população feminina. *Les tondues* foram expulsas de suas cidades e casas. Crianças nascidas de mãe francesa e pai alemão carregaram essa vergonha ao longo de toda a vida. Ao contrário, quase todos os homens colaboracionistas, que enriqueceram no mercado clandestino, ou coisa pior, conseguiram viver impunemente.

Voltando a esse mundo, sentindo-se incompreendidos, os sobreviventes não conseguiam se encaixar. Paris fora liberada em agosto, quase um ano antes. A população em geral seguira em frente. Não adiantava falar nos campos. Ninguém queria ouvir. Podia soar incômodo para os que tinham ficado longe da Resistência e talvez, até mesmo por necessidade, colaborado com o inimigo. Era uma linha tênue, e os sobreviventes, um lembrete inconveniente do passado — sobretudo as relativamente poucas sobreviventes judias. Muitas ao retornar descobriram ser o único membro sobrevivente da família toda. Um sobrevivente de 11 anos — um dos raros sobreviventes da batida de Vel' d'Hiv, um episódio em que 13 mil judeus parisienses foram presos e deportados — contou numa entrevista televisiva que ao voltar a Paris descobriu que o apartamento da família fora totalmente saqueado. Estava vazio, salvo por uma única fotografia da mãe na parede, onde, de resto, só havia suásticas. Judeus sobreviventes se viram em situação econômica precária. Um termo novo, "genocídio", foi inventado para descrever o extermínio sistemático de todo um grupo de pessoas, mas poucos o usavam ou o conheciam nos primeiros anos após a guerra.

Os sobreviventes sofriam de depressão crônica, pesadelos, insônia, ansiedade e sintomas psicossomáticos, como problemas cardíacos e digestivos. Tornaram-se pessoas nervosas, facilmente irritáveis e hiper-alertas a perigos potenciais, apresentando tendência a esperar o pior. Nutriam recorrentes lembranças obsessivas do passado, que confundiam com o presente. Em 1953, pela primeira vez, tais problemas psicológicos foram reconhecidos como ferimentos de guerra pela Organização Mundial de Saúde e ganharam um nome: "síndrome do campo de concentração".

O sofrimento resultava do fato de ficar guardado. A solidariedade nos campos tinha sido um baluarte contra essa solidão. Em casa com suas famílias, os sobreviventes sucumbiam a ela. Como reação, sobreviventes de cada campo criaram redes com os antigos companheiros de cativeiro. As mulheres foram as primeiras a montar esses grupos de apoio, lembrando da importância de suas amizades para a sobrevivência. Para homenagear esses laços profundos, criaram a *Association des Déportées et Internées de la Résistance* — Associação das deportadas e prisioneiras da Resistência — (ADIR). Geneviéve de Gaulle-Anthonioz, Germaine Tillion, Denise Jacob-Vernay (irmã de Simone Veil) e Nicole faziam parte da ADIR. Sua missão era dupla: prover ajuda e apoio umas às outras e honrar a memória das que não haviam sobrevivido. Conseguiam moradia, comida, roupas e empregos uma para as outras. Descobriram que podiam conversar entre si sobre coisas que mais ninguém queria ouvir. Organizavam estadias em centros de convalescença e ajudavam com o processo burocrático necessário para obter indenizações e ajuda do governo. Lutaram para obrigar o governo alemão a manter como memoriais os locais que haviam sido prisões e a pagar indenizações às "coelhas" sobreviventes.

O boletim informativo da ADIR, *Voix et Visages*, teve papel chave como testemunha quando, no final da década de 1980, negacionistas do Holocausto, como Robert Faurisson, publicaram artigos com afirmações do tipo "eles apenas exterminaram os piolhos com gás", o que provocou um grito coletivo de indignação. As sobreviventes sentiram a necessidade urgente de se manifestarem. Testemunhas oculares vinham morrendo, e a verdade da experiência vivida estava sendo sequestrada. O *Voix et Visages* encorajou os sobreviventes a escrever e publicar seus relatos pessoais e corrigir o registro histórico quando necessário.

Sobreviventes descobriram que se davam melhor casando com outros sobreviventes. Laurence, a filha de Guigui, lembrou-se do que a avó lhe dissera: "Com outros que também estiveram nos campos, talvez possam conviver, porque ninguém mais tem condições de se casar com elas. Não conseguem viver como nós e nós não conseguimos entendê-las."[10] No entanto, indivíduos com traumas demasiado profundos que tentam criar uma família às vezes dão origem ao sofrimento dos filhos.

Seis das nove mulheres se casaram com outros sobreviventes. Não está claro quantos maridos e mulheres partilharam suas experiências de guerra, pois, para o mundo exterior, todos aparentavam genuinamente querer esquecer o passado.

Depois da estadia no Hôtel Lutetia, o grupo se dispersou; todas tentaram tocar suas vidas. Poucas se mantiveram próximas. Perderam contato com Josée. A maioria só voltou a ter contato entre si mais tarde, quando as poucas remanescentes e suas famílias se reuniram e finalmente falaram da fuga.

# CAPÍTULO XII

## É só um até breve

HÉLÈNE E DANNY EM ÍSCHIA

A ficha militar de René Maudet, o marido de Zaza, declara que ele estava em Neuengamme, embora provavelmente Maudet tenha passado a maior parte do próprio encarceramento em um dos 85 subcampos *Kommando* de Neuengamme. Quando as tropas britânicas se aproximaram, a SS evacuou os nove mil prisioneiros de Neuengamme, inclusive René, para Lübeck, no Mar Báltico. Os prisioneiros foram embarcados em quatro navios, nos porões dos quais passaram vários dias sem comida nem água. Imaginando que os navios levassem oficiais nazistas fugitivos para a Noruega, a Royal Air Force britânica os atacou durante um bombardeio ao cais em 3 de maio. Sobreviventes que pularam na água foram atingidos por projéteis desses bombardeiros ou mortos pelos oficiais nazistas. Apenas cerca de seiscentos prisioneiros sobreviveram. Após quase um mês esperando ansiosamente, Zaza descobriu que René sobrevivera. Ele chegou ao Hôtel Lutetia em 12 de junho de 1945.

Quando Zaza o viu, ele estava pesando menos de 35 quilos e ostentava as cicatrizes do tifo. Andava, mas era uma sombra da pessoa que havia sido. Zaza se encheu de alegria por descobri-lo vivo. Mudaram-se para Nantes e logo Zaza engravidou do primeiro dos quatro filhos. Naquele primeiro mês depois da sua volta, ela escreveu a história da fuga, intitulando-a de *Sans haine mais sans oubli* (sem ódio, mas sem esquecer), e, na verdade, seu relato é marcado por uma impressionante falta de rancor. O tom é otimista e bem-humorado. Zaza escreve apenas sobre a fuga. Não descreve o seu trabalho na Resistência nem sua prisão, assim como também não fala das condições pavorosas e dos acontecimentos que testemunhou durante sua deportação e encarceramento, embora aluda a isso de passagem, com sutileza. Está lá todo o horror, espreitando atrás das cortinas.

Em 1961, ela enviou o manuscrito aos editores da *Marie Claire*, uma revista feminina, escrevendo: "Estou lhes enviando uma história que pode ser do seu interesse: a fuga de nove mulheres que foram deportadas e que cruzaram as linhas do front... se o texto for destituído de valor literário ou de interesse, por favor me digam francamente."[1] Aparentemente, os editores o recusaram. O manuscrito permaneceu do conhecimento exclusivo de um círculo íntimo de amigos e parentes.

Dez anos depois da sua morte em 2004, o manuscrito foi finalmente publicado. No prefácio do livro de Zaza, o primo diz que lamenta não lhe ter pedido mais detalhes sobre a guerra. Mais tarde, quando entrevistei o sobrinho de Zaza, Pierre Sauvanet, ouvi que quando perguntou a Zaza a respeito da guerra, ela lhe respondeu: "Se você quer saber o que aconteceu, leia sobre a minha fuga." Foi apenas isso que ela disse sobre o assunto[2].

Eu também lamento a minha falta de curiosidade. Tenho tão mais perguntas agora... Gostaria de ter feito ao meu avô mais perguntas sobre a sua fuga da Alemanha nazista e como era a sensação de ser um judeu sem cidadania casado com uma francesa no início da guerra. Gostaria de ter feito mais perguntas ao meu tio sobre a sua atuação na Resistência. Gostaria de ter feito mais perguntas à minha avó sobre os anos da guerra. Gostaria de ter entrevistado Hélène um punhado de vezes mais. E de ter começado a minha pesquisa mais cedo, antes que as nove mulheres morressem. Com a minha família, só me lembro de uma vaga ideia de ser impróprio trazer à luz o passado, forçá-los a falar de lembranças tão dolorosas. Mas me indago agora se não teriam recebido de bom grado as minhas perguntas. Talvez pensassem que não queríamos ouvir falar do assunto.

O texto que Zaza escreveu aos 24 anos, logo após os acontecimentos, foi finalmente publicado depois da sua morte, meio século mais tarde. O sobrinho Pierre Sauvanet teve um papel vital na publicação do livro. O editor trocou o título e Pierre acrescentou datas e corrigiu a grafia das palavras alemãs. Tem certeza de que a tia ficaria satisfeita.

PIERRE SAUVANET, O SOBRINHO DE ZAZA, MOSTRANDO SUA NOVA MÁQUINA DE ESCREVER A ZAZA E RENÉ MAUDET, EM AGOSTO DE 1985

No início da adolescência, Pierre se interessou pelo passado da tia, tendo ouvido da mãe sobre a existência de um manuscrito. Ele explicou: "Acho que foi porque eu tinha uma máquina de escrever elétrica... Minha máquina foi o pretexto para datilografar seu manuscrito. Então, mais tarde, em 1992, eu o digitei num computador... Suzanne ficou feliz de ver o texto, sem dúvida. Queria que fosse publicado."

O livro de Zaza foi essencial para que eu abrisse essa história: sem ele, eu jamais saberia por onde começar. Minha filha Sophie e eu fomos de carro a La Rochelle conhecer Pierre e a esposa, Anne-Flo. Na minha imaginação, a alegre Zaza reencontrava René e os dois viviam felizes para sempre.

Sentado conosco em seu apartamento encantador em La Rochelle, Pierre disse que René jamais falou sobre o que enfrentara, trancando tais lembranças em seu íntimo: como havia sido trabalhar nos esquadrões de descarte de bombas, função extremamente mortal, como conseguira se manter vivo e outras muitas perguntas jamais foram respondidas.

Perguntei a Pierre sobre os filhos do casal e ele soltou um longo suspiro. "Essa foi a parte triste da história", respondeu-me, explicando que os pais nunca contaram aos filhos o que lhes acontecera na guerra. Os quatro nasceram um em seguida ao outro. Depois da guerra, Zaza e René ficaram felizes de se reencontrar e ainda se amavam muito, mas o retorno à vida normal não foi fácil. Ambos sofreram. Afastaram-se. Zaza talvez quisesse mais da vida do que ser uma dona de casa. René se enterrou no trabalho, ausentando-se com frequência e deixando-a sozinha com quatro crianças pequenas para criar.

Um derrame em 1963 a deixou com o lado esquerdo paralisado 18 anos após ser libertada. Pierre já conheceu a tia numa cadeira de rodas. Quando era menino, a família a visitava sempre que ia de férias para a casa que possuía em Saint-Gilles-Croix-de-Vie, uma cidadezinha na costa atlântica. Zaza sempre os recebia com satisfação, bem como René, embora de forma diferente. Muito alto e barbudo, fumante inveterado, René era muito reservado. Zaza se mostrava mais extrovertida, mas depois do derrame passou a ter dificuldade para falar, preferindo escrever.

Por volta da época em que Zaza ficou fisicamente comprometida, o casamento melhorou. René cuidou dela de forma incansável. Pierre conhece apenas esse período do casamento, quando o casal era feliz e muito apaixonado. Os filhos, porém, viveram uma experiência distinta. A mãe de Pierre, irmã de Zaza, disse que durante os primeiros anos o casamento foi infeliz e as crianças sofreram. Zaza morreu em 1994, aos 73 anos, e René faleceu um ano depois.

Três dos quatro filhos lutaram contra doenças mentais. Um cometeu suicídio, outro morreu num hospital psiquiátrico e a mais nova tentou se matar.

Essa tentativa a deixou aleijada, numa cadeira de rodas como a mãe e permanentemente internada numa clínica.

Chocados com esse relato trágico, tanto Pierre como eu ficamos com os olhos marejados. Perguntei-lhe que tipo de explicação ele daria para o sofrimento dos primos. Para ele, os motivos eram dois: "Por um lado, toda criança pergunta 'por que eu nasci?' Filhos de sobreviventes dos campos decerto sabem que sua mera existência esteve por um fio. Tanta coisa dependeu do acaso que talvez eles tenham achado que não devessem ter nascido. Em segundo lugar, vagamente, sem conseguir entender por que, deviam sentir que por mais que fizessem com a própria vida jamais seriam tão fortes quanto os pais. Pode ser até que carregassem uma vaga culpa pelo simples fato de existirem."

M. Gerard Fromm, que estuda e escreve a respeito da transmissão de traumas ao longo de gerações, comenta: "O que os seres humanos não são capazes de conter de suas experiências — o que foi traumaticamente acachapante, insuportável, impensável — escapa ao discurso social, indo com frequência parar na geração seguinte como uma sensibilidade afetiva ou uma urgência caótica."[3] A área dos estudos da transmissão assume sua força total na década de 1970, quando a segunda geração dos sobreviventes do Holocausto começou a mostrar os efeitos dos traumas dos pais em suas próprias vidas. "Os filhos são impelidos a lidar com a vergonha, a raiva, a impotência e a culpa que os pais não conseguiram superar", observa Fromm[4].

Após anos de observação clínica e tratamento de filhos e até mesmo de netos de sobreviventes, uma miríade de sintomas começou a aparecer. Pacientes explicavam que seu principal problema era lidar com o "segredo" não contado, nunca mencionado. Famílias de sobreviventes sentiam uma imensa tristeza que jamais podiam abordar ou expressar. Havia uma permanente sensação de temor que resultava em tentativas de evitar todo tipo de risco, bem como gerava uma desconfiança e insegurança generalizadas, sobretudo com relação ao governo. Não raro, esses descendentes escolhiam cursar medicina e trabalhar em situações de vida ou morte, como médicos dos serviços de emergência ou cardiologistas. Paralelamente a esse desejo de salvar vidas, lidavam com a incapacidade de se conectar de fato com outras pessoas. Era comum nutrirem paranoia de perseguição e uma ambivalência dirigida aos pais ou avós. Além disso, sofriam de depressão e tristeza crônicas, uma sensação de luto impossível de sanar, que não passava de um sentimento difuso de perda.

De forma quase geral, as famílias das nove mulheres com as quais falei disseram que elas praticamente jamais abordavam suas experiências durante a guerra, mas, apesar disso, era nítido que tais experiências as acompanhavam dia e noite. A filha de Hélène, Martine, me disse que embora a mãe nunca quisesse falar sobre a guerra, a primeira canção que lhe ensinou, canção que as duas entoavam sempre que andavam de carro juntas, foi "Le Chant des Marais", conhecida como a canção dos campos de concentração, ou "Le Chant des Déportés". Versões da letra foram compostas clandestinamente e passadas de campo em campo. O refrão contém os seguintes versos:

*Ô terre de détresse*
*Où nous devons sans cesse*
*Piocher, piocher*

Oh, terra de aflição
Onde devemos sem cessar
Cavar, cavar, cavar

Por meio dessa canção e de outras formas sutis, a mãe de Martine lhe transmitiu a lembrança dos campos. Martine se lembrou de um pesadelo em que, dentro de um carro, era perseguida pelos alemães. Finalmente, os alemães a detinham e a botavam num aposento, no centro do qual havia um buraco profundo e a jogavam dentro dele, fazendo-a cair em cima de uma pilha de corpos vivos e mortos. "Acordei do pesadelo, mas acho que herdei o terror da minha mãe. Por exemplo, sempre preciso saber onde fica a saída de um lugar onde estou. Tenho horror a ficar trancada... Talvez se ela conversasse comigo, eu tivesse tido filhos. Não quero transmitir o trauma. Acho que alguma parte dela morreu nos campos. Sempre que falo da minha mãe, eu choro. Tivemos um relacionamento super complicado."[5]

No filme documentário, quando Lon e Hélène se reencontram, Hélène pergunta a Lon se ela costuma contar a história do grupo, e ambas dizem que jamais abordam o assunto com suas famílias. Dori Laub, pesquisadora da área de estudos da transmissão, escreveu: "Com frequência, os sobreviventes enfatizam que vivem, na verdade, em dois mundos apartados, o das lembranças traumáticas (que são reservadas, constantes e sempre presentes) e o mundo do dia a dia. Quase sempre eles não têm vontade, ou são inteiramente incapazes, de compatibilizar esses dois mundos diferentes."[6]

O relato escrito por Zaza tem um tom surpreendente. Ela se alegra por estar com as amigas quando a Marcha da Morte começa. Fica encantada com o aroma da grama primaveril quando o grupo se abriga numa vala enquanto as bombas dos aliados caem do céu. Ela escreve alegremente, euforicamente. Há senso de humor e uma leveza que soa quase chocante quando o leitor está ciente do porquê da fuga. Essa dissonância entre suas lembranças e a realidade das experiências vividas deve ser em parte um mecanismo de defesa, uma forma de resiliência. Depois da guerra, seu luto e sofrimento passaram, em boa parte, despercebidos. Ela, em conjunto com as outras oito e todas as demais jovens que atuaram com a Resistência e foram presas, faziam parte da categoria de sobreviventes que acabou sendo publicamente ignorada. De certa forma, não lhes restou escolha senão fingir que estava tudo bem.

Pierre e a esposa, Anne-Flo, concordavam com a ideia de que embora uma das filhas de Zaza tivesse lido o manuscrito e, por isso, conhecesse um pouco da história da mãe, mesmo assim faltou comunicação direta entre ambas a respeito disso. Talvez ela tenha experimentado a estranha sensação ambígua de ao mesmo tempo saber e desconhecer. "Por outro lado, como um pai ou mãe pode falar sobre uma coisa dessas?", indagou Pierre. "Seria impossível para René." Como escreveu Howard Stein: "O que foi conscientemente banido volta como um fantasma, em geral na forma de uma encenação. Os que não conseguem admitir seu luto descobrem que a perda passou a possuí-los."[7]

René não suavizou suas arestas. Tinha suas esquisitices. Por exemplo, Anne-Flo nos contou que René observava os outros comerem, mas jamais comia diante de alguém. Acordava no meio da noite e "às quatro da madrugada, fazia batatas fritas e tomava uísque". A violência que os filhos de Zaza e René cometeram contra si mesmos me pareceu a declaração mais perturbadora a respeito do trauma intergeracional de guerra.

Pierre explicou que ele e Anne-Flo gostavam de estar com René e Zaza. "Passamos alguns Réveillons maravilhosos com os dois. Éramos muito próximos no final... Não carregávamos o fardo, como os filhos do casal, de tempos mais difíceis."

Próximo ao final, Zaza não saía mais da cama, e Pierre ia a seu quarto para conversar todas as tardes. O quarto era cheio de objetos exóticos que o casal trazia de viagens. Depois do derrame, quando René se aposentou, os dois compraram um trailer e viajaram o mundo todo com o cachorro que tinham, inclusive para a Jordânia, a Síria e outros países do Oriente Médio. Zaza nutria uma enorme alegria de viver, e essas viagens uniram o casal. "Eles encontraram um ao outro no final de suas vidas", disse Pierre. "Une belle retraite" — uma bela aposentadoria.

Nos anos derradeiros, Zaza passava o dia contemplando os pássaros em seu quintal. Anne-Flo se recordou de lhe levar vinte quilos de sementes de girassol e nozes. "Era o jeito dela de viajar", disse Anne-Flo. "Havia nuvens de pássaros do lado de fora da sua janela."

※

Quando pulou do trem, deixando para trás as seis amigas, Lon concluiu que tudo que precisava fazer era seguir o sol e encontrar o caminho para casa, na Holanda. O tempo estava maravilhoso naquele final de primavera. Era estimulante ficar finalmente sozinha, na estrada, cuidando do próprio destino. Às vezes à noite na floresta, o medo a assaltava, mas havia passado por tanta coisa que não se intimidava facilmente. Por onde quer que caminhasse, via ruínas e destruição, bem como outros refugiados voltando para casa. As margens da estrada se achavam lotadas de carros quebrados, malas descartadas e rodas de bicicleta entortadas. À noite, os grupos acendiam fogueiras e assavam batatas. A comida era escassa. Ela se deslocava num mar gigantesco de pessoas desalojadas.

Em algum ponto do caminho, Lon desabou, exausta. Acordou num hospital de campanha norte-americano. Não estava doente; simplesmente precisava de repouso e comida. Permaneceu ali por uma semana. Uma enfermeira norte-americana, Ruth, lhe deu um novo conjunto de roupas: uma saia e uma blusa cáqui e um par de sapatos confortáveis. Os norte-americanos haviam montado um sistema de serviço postal. Lon pôde escrever aos parentes: "Não sei quanto tempo vai levar, mas estou voltando para casa."[8] A carta efetivamente chegou a Leiden; os selos no envelope mostravam que viajara até lá via Nova York.

Finalmente, ela se viu diante da porta da frente da casa da sua infância, às três horas da madrugada. Tocou a campainha e ouviu o cachorro que tanto amava latir. Aguardou um pouco, tornou a tocar e então ouviu o som de passos do lado de dentro. O coração disparou. Foi quando a mãe abriu a porta e, após o grito inicial de choque, desmanchou-se em lágrimas. Lon a abraçou.

A primeira pergunta de Lon foi:

— E o Eric?

A mãe começou novamente a chorar. Contou a Lon que Eric morrera nos campos no dia 31 de janeiro de 1945. Para Lon, essa notícia foi um imenso golpe. Ela não imaginara que o irmão pudesse estar morto. Tivera tanta certeza de que ele estaria à sua espera quando voltasse para casa...

A mãe contou que o seu namorado, Jappe, ficara noivo e listou as perdas dos vizinhos também. Todas as notícias eram péssimas. Lon ficou atônita e enjoada. Passado algum tempo, o pai desceu. Estava visivelmente envelhecido. A perda do filho havia sido um terrível golpe para ele também. Foi buscar uma garrafa de champanhe que miraculosamente conseguira guardar ao longo dos anos de guerra.

— Vamos comemorar a sua volta — disse, tentando melhorar o clima.

Juntos, lembrou-se Lon, os três se embebedaram.

Eu descobrira a respeito de Lon lendo seu livro e assistindo ao documentário *Ontsnapt*. Por isso, fiquei animadíssima quando, afinal, consegui contatar os dois cineastas, Jetske Spanjer e Ange Wieberdink, que me convidaram para encontrá-los em Amsterdã. De manhã, conversaríamos sobre o filme e sobre as nossas pesquisas e, à tarde, a filha de Lon, Patricia Wensink, e o marido, Wladimir Schreiber, nos visitariam no apartamento de Ange. Eu viajara para Amsterdã com o filho de Guigui, Mark Spijker. Depois de subir a escadaria íngreme do apartamento de Ange, nos reunimos na sua sala de estar cheia de claridade para desfrutarmos de um dia memorável. De manhã, antes da chegada de Pat, falei com Ange e Jetske, que generosamente partilharam suas pesquisas comigo. Assim como o filme deles servira de motivo para a minha viagem à Alemanha no início deste projeto, eles me disseram que a minha entrevista com Hélène tivera um papel importante em sua pesquisa. Assistimos ao filme juntos e o interrompemos em vários pontos, sempre que eu tinha perguntas. Sim, os dois haviam realmente conhecido a família de gigantes em Delmschütz. Achavam ter conhecido Annelise, mas como ela se encontrava num asilo com demência, não podiam afirmar com certeza.

Falamos do amor de Lon pelo irmão, Eric. Lon soube após a guerra que ele fora enterrado numa cova coletiva, e lhe pediram para identificar seus restos mortais. Segundo suas palavras, ela imediatamente o reconhecera pelos dentes. Na década de 1970 foi extremamente difícil providenciar o novo enterro de Eric no Campo de Honra Nacional em Loenen. Toda a renda do livro autopublicado por Lon é revertida para a fundação que faz a manutenção do túmulo de Eric.

Ange e Jetske se tornaram próximos de Lon no final da sua vida. Eles também descreveram o emocionante reencontro de Lon e Nicole que ambos testemunharam. Mas disseram que falar com ela era como falar com uma escavadeira. Lon gostava de controlar e era apegada a suas rotinas. Os cineastas mal conheciam suas filhas e não tiveram permissão para descobrir muita coisa sobre a vida particular de Lon depois da guerra. Enquanto viveu, tudo tinha de ser como ela queria. Os dois estavam tão excitados quanto eu com a possibilidade de conversar com Pat.

Pat e Wladimir chegaram com presentes, anotações e documentos cuidadosamente organizados sobre a história de Lon. Wladimir me entregou um pen-drive com fotos. Nitidamente, o casal pusera as ideias em ordem antes da reunião. Imediatamente passaram a falar de Lon. Pat queria que soubéssemos como era a sensação de ser filha de Lon. As gêmeas Pamela Wensink e Patricia Elisabeth Fréderique Wensink nasceram em Scheveningen em 1.º de abril de 1948. Lon não sabia que estava grávida de gêmeos e o parto foi bastante prematuro.

Jamais saberiam a identidade do pai biológico; "nossa mãe nunca permitiu". No entanto, Pat desconfiava de que o conhecera mais tarde. Os pais de Lon insistiram para que ela se casasse e resgatasse a honra da família; pagaram a um homem chamado Wensink para casar-se com a filha. O casamento durou apenas um ano. "Também não me permitiram conhecê-lo", disse Pat. "Carrego o seu sobrenome e nunca botei os olhos no sujeito."[9]

Lon era dedicada ao trabalho e com frequência estava fora de casa. As meninas foram criadas pela avó e por uma série de babás. Lon tinha dificuldade para demonstrar afeto, amor e, segundo a filha "até mesmo sentir amor. Éramos mantidas à distância. É como se ela quisesse filhos, mas depois não tivesse sabido o que fazer conosco". Ela sabia que a mãe se orgulhava das filhas, mas intimidade, acrescentou Pat, era algo impossível para Lon.

Pat se recorda de que a mãe tinha pesadelos horríveis e a avó lhe pedia para confortá-la, mas, com dez anos apenas, a menina não fazia ideia do problema.

Da mesma forma, ela estava com a mãe certa vez, quando Lon reparou num caminhão de Saarbrücken estacionado próximo à casa do vizinho. Saarbrücken tinha sido a primeira parada dos deportados depois de entrarem na Alemanha. Lon ficara histérica, gritando que era preciso obrigarem o caminhão a ir embora. Houve vários desses incidentes sem explicação que eram assustadores para as filhas.

Escrever o livro na década de 1990 ajudou a acalmar Lon. "Foi pena ela ter levado tanto tempo para escrevê-lo", comentou Pat. Mas quando leram o livro, tanto Pat quanto Wladimir sentiram que era como se Lon estivesse congelada no tempo, presa em 1945. Os soldados norte-americanos lhe causaram uma impressão duradoura. Quando o genro de Pat e Wladimir apareceu num jantar com seu uniforme de fuzileiro e puxou um cigarro, nada mais foi preciso para que conquistasse a aprovação irrestrita de Lon.

A irmã de Pat, Pam, fugiu para a Austrália, a fim de evitar ser obrigada a se casar com um homem que a mãe escolhera para ela.

Lon jamais voltou a se casar e teve uma série de casos amorosos, sempre com homens casados, indisponíveis. Jetske explicou a mim e a Pat que talvez um dos motivos para Lon jamais ter querido um segundo marido fosse o fato de que até 1960 na Holanda mulheres casadas eram legalmente proibidas de trabalhar. Jetske e Ange também contaram a Pat que Lon identificara o corpo de Eric pelos dentes.

— Conhecendo minha mãe — reagiu Pat, com um risinho amargo —, ela simplesmente decidiu assim, mesmo que não se tratasse de Eric. Quem sabe? Talvez lá naquele túmulo esteja um desconhecido.

Para Pat, Lon realmente jamais superou a perda do irmão. Havia fotos dele por todo lado no apartamento.

— Nenhuma foto das filhas — prosseguiu Pat. — E debaixo das fotos ela costumava pôr bilhetinhos, como se fossem cartas de amor de uma adolescente: "Amo você, sinto saudades, quando você volta?"

Pat e Wladimir contaram histórias sobre a determinação e a excentricidade de Lon. Por volta de 1985, ela começou a se preparar para morrer, mas como viveria ainda mais 32 anos, as instruções precisaram ser atualizadas várias vezes. Uma ordem de não ressuscitação foi colada numa porta do corredor, e um envelope no qual se lia "PARTICULAR. A ser cremado comigo", contendo cartas de amor, ficava na escada à vista de todos. Jetske e Ange o viram várias vezes em suas visitas.

Lon, como Jacky, Hélène e Nicole, pertenceu à primeira geração de mulheres que puderam seguir carreiras profissionais importantes. Por meio do seu trabalho, Lon participou da criação da União Europeia, e ocupou postos de primeira linha na defesa da indústria e do direito europeu. A última sobrevivente do grupo morreu aos 101 anos em 15 de novembro de 2017.

Embora cega e surda nos últimos anos de vida, nem se cogitou alojá-la em uma clínica de idosos. Pat, Wladimir, Jetske e Ange admiravam sua força de caráter, ainda que isso pudesse ser frustrante de vez em quando. "Alguns desses traços de caráter podem ter sido cruciais para a sua sobrevivência", me escreveu Wladimir mais tarde.

※

Guigui se encontrava com Lon frequentemente quando ia à Holanda visitar a família. As amigas continuaram muito próximas. Guigui também manteve contato com Mena, Nicole e até mesmo com Hélène, vez por outra. No entanto, era raro falarem diretamente sobre a guerra; só muito mais tarde ela viria a partilhar histórias com os netos.

Quando Timen, o homem que Guigui conhecera enquanto ambos aguardavam para serem interrogados pela Gestapo, voltou a Paris, ele não passava de uma sombra do que fora um dia. Estivera em Dachau durante dois meses e de lá fora mandado para o campo de concentração de Mauthausen, onde a solidariedade dos comunistas e a esperança de encontrar Guigui foram, segundo declarava, vitais para a sua sobrevivência. O complexo de Mauthausen e Gusen foi o primeiro campo de concentração de larga escala construído pelos nazistas e o último a ser liberado, em 5 de maio de 1945. Entre 1938 e 1945, cerca de 190 mil indivíduos de quarenta nações diferentes foram prisioneiros ali, e ao menos noventa mil morreram[10].

Tinen e Guigui acabaram ambos trabalhando na embaixada holandesa em Paris. Ele ajudou o governo holandês na busca de criminosos nazistas e colaboracionistas, uma tarefa complicada. Seu próprio irmão fizera parte da SS. A filha, Laurence, explicou: "Enquanto meu pai estava preso, o irmão lutava no front russo. Ele também sofreu terrivelmente. Não falou disso durante anos.

Meu pai estava trabalhando para o governo holandês, coisas secretas. Havia problemas e era complicado. Passado um tempo, ele largou o serviço secreto."

Guigui e Timen se casaram um ano após retornarem a Paris, em junho de 1946, e Laurence nasceu poucos meses depois. A jovem família morava numa casa confortável anexa ao castelo de propriedade do primo de Guigui, James, nos arredores de Paris. A enorme propriedade devia fazer Guigui se lembrar da casa onde viveu a infância em Hatten, antes que a família perdesse a fortuna. Mas o estilo de Guigui era discreto e despretensioso. Não ligava para a mobília caindo aos pedaços. Cozinhava num fogão de lenha rústico. Era um lugar bucólico para visitar, receptivo e aberto aos sobrinhos, netos e amigos. Os netos se recordam de um verão quando diariamente no almoço ela contava um episódio da fuga como se fosse um seriado de TV. Ela ajudou um neto a redigir um trabalho da escola a respeito da sua experiência. Outro neto se lembra que quando pediu um pijama de presente de aniversário, Guigui insistiu para que não fosse listrado. Ela não se importava quando os netos se remexiam dormindo quando partilhavam a cama com ela, porque, segundo lhes disse, nos campos era preciso dormir tão apertado que se alguém se mexesse, todas eram obrigadas a se mexerem também. Não admitia, porém, partilhar um banheiro. A lembrança dos banheiros coletivos ficara guardada, e ela insistia em ter privacidade.

Guigui jurou que jamais voltaria à Alemanha, mas finalmente cedeu quando Laurence foi para lá estudar. Viu o memorial diante do lago em Ravensbrück — *Die Tragende*, a escultura de uma mulher carregando o corpo de outra —, e isso a emocionou. Noutra ocasião, Guigui levou a neta à Tunísia e lá encontraram turistas alemães cantando as velhas canções que os membros da SS costumavam cantar, o que a deixou realmente nervosa. Laurence recordou a experiência: "Mas acabamos hospedando estudantes de intercâmbio, um deles alemão, e eu fiquei na casa de uma família em Frankfurt e minha mãe me levou até lá."

Olivier, o neto, acrescentou: "Ela contava que haviam roubado suas joias quando chegou a Ravensbrück, dizendo: 'Com certeza deve haver por aí alguma alemã usando minhas joias.'"

— Sim — acrescentou Laurence —, mas também foram suas amigas holandesas na casa de estudantes que pegaram tudo quando souberam que ela e Guigui tinham sido presas. Guigui contou a Laurence que quando voltou para a Holanda, viu suas coisas nas casas das colegas. "Não me atrevi a pedi-las de volta e ninguém se ofereceu para devolvê-las", disse à filha.

Com seu jeito despreocupado, Guigui não ligava muito para esses objetos, mas guardou a insígnia "Indian Head", usada no ombro pelos membros da Segunda Divisão de Infantaria do Exército Norte-americano que deve ter ganhado de um soldado em Colditz ou em Grimma.

Guigui morreu em julho de 2007 aos 87 anos.

※

Nicole voltou para Paris no mesmo dia em que um outro deportado retornava de Dachau: seu futuro marido. Ela o conhecera durante a guerra; ele fazia parte do círculo de combatentes da Resistência em Lyon. Os dois se casaram em 1946 e em 1947 tiveram uma filha. Nicole foi contratada para trabalhar na agência de fotografias Magnum. Embora o casamento não tenha durado, Nicole e o marido continuaram amigos pelo resto da vida, falando um com o outro semanalmente ao longo dos sessenta anos seguintes. A filha acha que os dois se casaram demasiado cedo. Não estavam preparados para ser um casal depois de tudo que haviam enfrentado, e Nicole com certeza não admitia ficar sem trabalhar. Com frequência dizia à filha que suas experiências de guerra lhe mostraram o quanto era forte e quantas coisas podia fazer na vida. Não era possível voltar atrás.

Nicole procurou, mas jamais encontrou, a amiga querida Renée Astier de Villatte, que relutantemente deixara para trás no início da Marcha da Morte. Nos arquivos de Odette Pilpoul, descobri que Renée fora incluída num comboio especial de evacuação médica de emergência logo após ser descoberta pelos soldados norte-americanos em Leipzig. A família mais tarde doou o vestido que ela usava no campo para o Museu da Resistência em Blois, explicando que Renée jamais quis ser reconhecida por seus atos na Resistência ou durante a deportação.

Quando teve a chance de ir para Nova York trabalhar no escritório da Magnum situado na cidade, Nicole aproveitou a oportunidade, deixando a filha de 13 anos em Paris com o pai. Fez muitos amigos e sua carreira profissional progrediu, mas sentia falta da filha e voltou à França, onde foi contratada para trabalhar na revista *Elle* diretamente sob a chefia de sua fundadora, a jornalista russa emigrada Héléne Lazareff.

Em 1964, para o aniversário da liberação, Nicole escreveu para a *Elle* um artigo sobre sua experiência em Ravensbrück e sua fuga. Uma outra sobrevivente de Ravensbrück mandou uma carta contundente para o editor reprovando Nicole pela publicação de lembranças tão dolorosas. Ninguém tinha interesse por história daquelas, argumentou a mulher. Era impróprio. "As resistentes que éramos e os cadáveres ambulantes em que nos transformamos ao voltar em 1945, e quem ainda somos vinte anos depois, não tendo conseguido esquecer, não devem ter esfregada na cara a mais ínfima sugestão de bazófia pretensiosa." Ela pede a Nicole para ser mais discreta. O nível de autocensura é chocante. O relato de Nicole é banido como *cabotinage*, uma forma teatral, excessivamente dramática de ostentação. Silenciar a experiência feminina na guerra era algo pervasivo.

De Gaulle criara o Compagnons de la Libération para prestar reconhecimento aos heróis da Resistência, mas dos 1038 indivíduos homenageados, apenas seis eram mulheres, sendo que quatro delas já estavam mortas antes do final do ano. Ele pedira que as mulheres se retirassem do foco e deixassem que os homens assumissem a glória. Os homens franceses já haviam sofrido humilhações suficientes. Ainda assim, Germaine Tillion escreveu: "A França em 1940 era inacreditável. Não restavam homens. Foram as mulheres que deram início à Resistência. As mulheres não votavam, não possuíam contas bancárias, não tinham empregos. Mesmo assim, nós, mulheres, fomos capazes de resistir."[11]

Zaza escreveu com evidente amargor que até mesmo os prisioneiros de guerra franceses e os alemães locais que haviam encontrado durante a fuga supunham que elas fossem prostitutas voluntárias que teriam ido para os campos para "prestar serviços" aos membros da SS ou aos trabalhadores "livres" que neles viviam. A noção de que, na verdade, houvessem arriscado a vida na Resistência não era considerada plausível. E ninguém conseguia imaginar os horrores por elas suportados. Por serem jovens bonitas, na faixa dos vinte anos, não as levavam a sério quando tentavam contar o que lhes acontecera.

A poetisa Adrienne Rich escreveu: "Tudo que não foi mencionado, retratado em imagens, tudo que foi omitido da biografia, censurado na coletânea de cartas, tudo que é equivocadamente chamado de outra coisa, tornado difícil de aceitar, tudo que é enterrado na memória pelo colapso de significado sob a linguagem inadequada ou mentirosa, tudo isso será não meramente silenciado, mas jamais será mencionado."[12]

Muitos amigos de Nicole dessa época não tinham ideia do quanto ela fora importante na Resistência. Alguns dos mais próximos sabiam que ela fora incapacitada na guerra e que ainda sofria com as sequelas da tortura a que fora submetida na rue da la Pompe, mas ela jamais falava desse período em sua vida. Alguns ficaram atônitos quando em 1991 ela recebeu a *rosette* de Officier de la Légion d'Honneur ao lado de Simone Veil.

Ela foi uma combatente, audaz e corajosa, o que a levou a ter uma carreira brilhante no jornalismo durante trinta anos. Era respeitada e querida por sua lucidez, bom gosto e intuição. Encerrou a carreira na *Madame Figaro* antes de se aposentar para se dedicar à pintura e à jardinagem. É lembrada por ser extremamente bondosa e leal. Permaneceu bem próxima à organização de apoio às deportadas de Ravensbrück. Nicole e outras sobreviventes se encontravam para almoçar na primeira segunda-feira de todos os meses, uma tradição que a filha mantém até hoje com um punhado de sobreviventes ainda vivas. Nicole morreu em agosto de 2007, aos 85 anos.

---

Depois de ficar para trás em Grimma para administrar a casa de repouso para sobreviventes do sexo feminino durante alguns meses, Jacky voltou para Paris e para o apartamento em que morara com Jean, no Boulevard de Batignolles. No final de 1945, seu antigo chefe, o Coronel Vedel voltou de maca do campo Elrich para Paris. Ele atestou suas credenciais de membro da Resistência: "Jovem, bonita e corajosa, ela executou exemplarmente sua difícil missão como *agent de liaison*, e sua deportação para Ravensbrück não apagou seu sorriso nem seu desejo de ser útil. *Résistante parfaite*, merecedora de reconhecimento."[13] Ela recebeu a Croix de Guerre com uma estrela de bronze.

Dezoito dias após sua volta, Vedel descobriu, por uma outra sobrevivente no Hôtel Lutetia que a esposa, Odette, estava viva em Bergen-Belsen. Mas ouviu: "Se quiser vê-la viva, apresse-se." Odette fazia parte da quarentena maciça de sobreviventes que estavam morrendo de tifo. Os britânicos não libertariam pessoa alguma, temendo a disseminação da epidemia. Vedel ativou sua antiga rede Brutus com seus contatos na polícia francesa. Encontrou um grupo de quatro homens com um carro que funcionava e combustível suficiente para atravessar a Alemanha. Viajaram para Bergen-Belsen com documentos falsos e levaram Odette de volta para Paris pesando menos de trinta quilos e padecendo de tifo e disenteria. Vedel cuidou dela, que se recuperou.

---

Decidida a ter independência financeira, Jacky se tornou editora de filmes depois da guerra. Em 1955, trabalhou como editora no filme *Les Evadés*, sobre um grupo de homens fugitivos de um campo de prisioneiros de guerra. Foi assistente de edição na versão de 1958 de *Les Misérables* e trabalhou com um casal francês de esquerda, Emma e Jean-Paul Chanois.

Durante esse período, conheceu Charles Feld, por quem se apaixonou, mas ele era casado e a esposa estava grávida. Charles Feld trabalhara na Resistência em Lyon com a jovem esposa, Nelly. Haviam criado um jornal clandestino, *Fraternité*, dedicado a lutar contra o antissemitismo e todo tipo de racismo. Ao longo de toda a guerra, Charles administrou uma gráfica secreta, sem dúvida fornecendo documentos enquanto continuava a publicar o jornal clandestino.

Seu irmão mais novo, Maurice, unira-se a um dos primeiros grupos armados da Resistência composto de jovens judeus nos primeiros dias da ocupação. O grupo levou a cabo atos de sabotagem e assassinatos, inclusive o bombardeio de um cinema que exibia o filme antissemita *Le Juif Süss*. Maurice foi preso e executado aos 18 anos em 1942 após atirar uma granada em um hotel que hospedava membros da SS. Os pais de Charles e Maurice morreram em Auschwitz.

A despeito de seus sentimentos, Jacky continuou a rechaçar as investidas de Charles. Numa ocasião, após ser novamente rejeitado, ele passou a noite toda do lado de fora do apartamento dela. Pela manhã, Jacky olhou pela janela e viu que ele continuava lá fora. Mais tarde, Jacky confidenciou ao primo Michel Lévy que foi nesse momento que a tenacidade de Charles a conquistou. Mesmo assim, ela não queria que Charles se divorciasse de Nelly, e ele nunca o fez. Os dois se casaram apenas após muitos anos, quando Nelly já tinha falecido. A filha de Nelly e Maurice, Sylvie, passava as férias na casa de Charles e Jacky. Jacky se assegurou de que Charles continuasse a fazer parte da vida de Sylvie. Jacky não teve filhos, já que um dos efeitos de longo prazo da difteria é a infertilidade. Mas tinha jeito com crianças. Michel Lévy, cujo pai e primeiro marido de Jacky eram primos próximos, conheceu Jacky na infância, e me disse que "quando crianças, nós a adorávamos, em parte porque falava conosco como se fôssemos iguais, com honestidade; nada tinha de condescendente".

Jacky trabalhou como editora de filmes até o final dos anos 1970, usando uma versão abreviada do próprio nome, Jacqueline Aubéry — tendo abandonado o De Boulley, cuja partícula "de" na sociedade francesa quase sempre denota nobreza e poderia acabar passando uma conotação elitista. Charles era um comunista devoto. Depois da guerra, trabalhou para Louis Aragon, um renomado poeta e escritor francês e membro de longa data do Partido Comunista. Jacky, porém, jamais foi membro do partido. Era esquerdista em suas crenças e simpática às lutas da classe operária, mas também era muito franca. Dizia o que pensava e, como observou Michel Lévy, "Quase sempre os partidos políticos não gostam desse tipo de postura."[14]

Charles dirigia uma conhecida editora literária, a Cercle d'Art, que publicava livros de arte com artistas importantes, como Pablo Picasso e Marc Chagall. Philippe Monsel, que assumiu o negócio quando Charles se aposentou, comentou sobre Jacky: "Ela era direta, muito direta. Uma personalidade forte. *Bien trempé*."[15] A expressão francesa se refere ao processo pelo qual o aço é temperado e mergulhado em ácido para ficar mais forte; denota um caráter forte, tenaz. "Ela podia ser meio brutal; ninguém se aproveitava dela. Jacky não tolerava idiotas."

Perguntei-lhe se algum dia ela comentara a respeito da guerra, ao que ele respondeu que descobrira essa parte da sua história apenas por intermédio do que eu lhe escrevera.

> "Costumo encontrar indivíduos desse período que realmente fizeram coisas heroicas e eles nada comentam a respeito. Hoje, as pessoas fazem qualquer coisinha e postam no Facebook! Jamais. Nunca falamos do passado. Eu conhecia o passado de Charles. Ele trabalhou numa rede judaica. O drama foi ter aconselhado o irmão a não se juntar à Resistência nem se envolver, por ser demasiado jovem. Mas o irmão não seguiu o conselho e foi preso e morto. Acho que Charles carregou esse fardo a vida toda, essa culpa em relação ao irmão mais moço."

Ele me contou a história de uma casa de férias que a família alugara próximo a Perpignan. Charles e Jacky foram convidados a passar alguns dias lá, mas a casa estava infestada de baratas.

Quando Charles e Jacky chegaram, ela ouviu as queixas da mulher de Philippe e viu as baratas, declarando enfaticamente: "Não, Philippe, você não pode ficar aqui e obrigar sua esposa a ficar! Foda-se este lugar! Vocês vão passar o resto das férias na nossa casa!"

Não houve discussão. Na manhã seguinte, o casal fez as malas e em dois carros todos rumaram para a casa de Charles e Jacky.

— Assim era Jacky! — concluiu Philippe, rindo da lembrança.

Charles e Jacky eram alucinados pelo cachorro que tinham, Hugo. "Alucinados de verdade", disse Philippe. "Quando viajávamos de carro com o casal, lá ia o cachorro, que se metia entre nós no banco traseiro. Precisávamos educadamente aceitar, porque o cachorro era a pessoa mais importante."

Michel Lévy, que continuou íntimo de Jacky e cuidou dela no final da vida, lembrou-se de que jantavam juntos todo domingo e jogavam bridge. Charles, Jacky, Michel e Flore, a sogra de Jacky do primeiro casamento, reuniam-se regularmente até a morte de Flore em 1978. "Jacky podia ser irritante, insuportável e direta, mas também era divertida e ria com facilidade", disse Michel. "Tinha uma voz grave, musical, com um charme burguês francês. Adorava ler, ir ao teatro; conhecia muitos escritores, intelectuais, artistas e, naturalmente, pintores. Picasso foi seu amigo. Charles adorava viajar para a Itália e Grécia e por isso eles faziam frequentes viagens para esses lugares. Jacky era boa conselheira e boa ouvinte. Sempre estava disponível para quem precisasse dela. Costumava dizer sobre a sobrevivência nos campos: 'Foi o apetite de viver que salvou vidas.'" Jacky faleceu em 2001.

---

Josée praticamente sumiu depois da guerra. A partir dos registros militares e do site Amis de la Fondation pour la Mémoire de la Déportation de l'Allier, descobri que ela se casou com Jacques Armynot du Châtelet em 1947. Oriundo de família aristocrata, ele foi provavelmente soldado, já que a família tinha uma longa tradição militar. Eles se divorciaram em 1956. Um ano depois, Jacques emigrou para os Estados Unidos e Josée se mudou para o sul da França, onde morreu em Cannes em junho de 2014, aos noventa anos.

FRANCE LEBON, 1946

Ao chegar ao Hôtel Lutetia com as demais, em 21 de maio de 1945, Zinka buscou saber do paradeiro de Louis Francis e foi informada de que não havia registro dele. Teria ligado para a própria família do hotel, caso esta já não estivesse no hotel procurando por ela. Na noite do dia seguinte, a irmã Claude levou a bebê France até o apartamento onde Zinka morara com Louis Francis na rue Méchain, a um quarteirão da maternidade onde, antes de ser presa, Zinka planejara dar à luz.

Acima de tudo, Zinka ansiara por duas coisas: ver o marido e segurar a filha no colo. É difícil dizer como foi o reencontro entre mãe e filha. France, com pouco mais de um ano, só vira a mãe nos primeiros dias de vida. Zinka era uma estranha para ela. Lise London escreveu sobre o difícil reencontro com os próprios filhos. Ela queria tanto abraçá-los e beijá-los! Mas as crianças choravam e tentavam escapar de seus braços, amedrontadas com a intensidade das emoções da mãe e incapazes de entender plenamente quem ela era. A separação torturante da mãe de seus filhos pequenos deixara cicatrizes.

Os irmãos de Zinka, Roger e Marthe, tinham retornado, mas não havia sinal de Louis Francis. Ela esperava por ele no apartamento, acreditando que se ficasse lá, ele a encontraria. Corriam boatos sobre os deportados desaparecidos: estavam detidos em campos soviéticos ou simplesmente demasiado fracos, mas logo apareceriam. Ela se apegava a essas histórias. Louis Francis estava a caminho de casa a pé, ou por algum motivo se demorava, mas a qualquer momento bateria à sua porta.

Meses se passaram e em novembro ficou claro: todos que estavam vivos haviam sido encontrados ou tinham retornado. Muitos jamais voltariam para casa, seus corpos jamais seriam localizados. Zinka soube por outros recém-chegados que Louis Francis tinha sido visto pela última vez em março em Bergen-Belsen. Ouviu que a devastadora epidemia de tifo no campo matara milhares, muitos deles enterrados em covas coletivas.

Em outubro de 1946, Zinka recebeu um comunicado oficial do exército dando conta de que Louis Francis estava desaparecido e presumivelmente morto. Começou a providenciar a documentação para que fosse reconhecido como membro de Resistência. Em 1948, ele foi agraciado com o status de *deporté résistant, mort pour la France,* juntamente com a promoção póstuma para segundo tenente.

---

Desde que comecei a ler o livro de Zaza, eu me perguntava o que teria acontecido com France, o bebê de Zinka nascido na prisão de Fresnes. Ainda estaria viva e eu conseguiria achá-la? Finalmente, por meio dos mais diversos contatos e com a ajuda do neto de Guigui, Olivier Clémentin, que tem uma incrível habilidade detetivesca para lidar com sites genealógicos, descobrimos que em 1948 Zinka se casara com Michel Châtenay.

CASAMENTO DE RENÉE (ZINKA) E MICHEL CHÂTENAY EM 1948

Ex-combatente da Resistência, Michel era oito anos mais moço que Zinka. Pela segunda vez, foi o pai de Zinka, Pierre Lebon, que atuou como casamenteiro. Existe uma grande possibilidade de que o pai de Zinka e o de Michel tenham trabalhado juntos na Resistência. Pierre Lebon providenciou que a filha, agora viúva de guerra, conhecesse o jovem. Michel que era filho de pai francês e mãe britânica, puxara à mãe. Muito britânico, divertido, tinha o hábito de implicar com Claude, incomumente crédula. Michel vinha de uma família militar cheia de condecorações. O pai, Victor Châtenay, fora soldado na Primeira Guerra Mundial e no início da Segunda Guerra, rapidamente se juntara à primeira rede da Resistência, Honneur et Patrie, intimamente ligada à inteligência britânica. Escapou por pouco de ser capturado pela Gestapo na Gare Saint-Lazare em Paris enquanto entregava documentos falsos a um agente da rede Jade Fitzroy, dirigida por Pierre Lebon. Victor levou um tiro no joelho, mas conseguiu fugir para o interior do metrô. O filho mais moço, Anthony, porém, que estava em sua companhia foi pego. Mesmo sendo apenas um adolescente, Anthony foi torturado e mandado para Buchenwald.

A mãe de Michel, Barbara Châtenay, era filha do general britânico Douglas Stirling. Ela se voluntariara para dirigir ambulâncias durante a Primeira Guerra Mundial e entrou para a Honneur et Patrie com o marido no início da Segunda Guerra. Foi presa quando tentava transportar mapas e desenhos arquitetônicos de uma base de submarinos alemã ao largo da costa atlântica e deportada para Ravensbrück.

O casal tinha quatro filhos e uma filha, todos ativos na guerra. Paraquedista do British Special Air Service, Michel participou da liberação da Holanda em abril de 1945. Em 1949, Zinka e Michel tiveram um filho, Gilles, que atualmente é psicanalista lacaniano em Nantes.

Enviei um e-mail para Gilles Châtenay perguntando se ele era o filho de Zinka e Michel Châtenay e, caso fosse, se conversaria comigo sobre a mãe. Ele respondeu que eu talvez quisesse falar com sua irmã France. Quando recebi esse e-mail, fiquei atônita, olhando para a tela do computador. Eu a procurava desde o início deste projeto. France morava a apenas três horas de distância da minha casa, nas belas montanhas de La Drôme.

Por e-mail, France me disse que ela e o irmão Gilles praticamente desconheciam as experiências da mãe na guerra. Eu lhes falei sobre o livro de Zaza e o filme documentário e lhes enviei outros relatos que colhera a respeito da mãe por meio de companheiras sobreviventes. Zinka havia sido bastante conhecida nos campos. Contei-lhes que o livro de Lise London continha até um desenho dela.

France, animada com todas essas novas informações, resolveu examinar os papéis da mãe guardados no sótão. Encontrou uma cópia-carbono de um texto, dezenove páginas datilografadas em espaço simples, sobre a fuga. Ela e o marido, Didier, decidiram digitar o documento no computador. Perceberam ser um diário que Zaza devia ter escrito imediatamente após a guerra, do qual provavelmente enviara uma cópia a Zinka, pedindo acréscimos. Havia correções manuscritas nas margens.

Gilles me mandou um ensaio que escrevera para uma revista de psicanálise em que discorre sobre a distância necessária e ao mesmo tempo sobre a intimidade entre paciente e analista[16]. Ele revela a lembrança traumática de ter assistido a um documentário televisivo sobre prisioneiros nos campos nazistas e descreve o pesadelo de ver fileiras de corpos vestidos com pijamas listrados e o estranho ruído do filme que não contém vozes.

Gilles justapõe esse imaginário impressionante com os poucos pequenos episódios que lhe contara a mãe na infância a respeito da época que passara no campo de concentração. "No final das contas, a gente se divertia", dissera-lhe Zinka. Também descreveu as receitas e as declamações de poemas. Retratara para o filho "uma comunidade ativa em um campo de extermínio". Gilles explica que a mãe e o pai tinham "um discreto senso de humor e pudor". Para ele, era uma espécie de estratégia que lhe permitia entender o que não era dito, caso quisesse.

Os pais mantinham alguma distância de grupos e ideologias. Zinka disse ao filho que admirava os comunistas e as Testemunhas de Jeová pela noção profunda de comunidade e solidariedade. Ela os respeitava "com um leve afastamento, uma certa distância, um pequeno alijamento".

Seu ensaio me fez pensar nas páginas finais do livro de Lon:

> "Quando visitei Zinka pela última vez — ela já estava muito doente —, de repente ela me disse, após uma longa pausa: "Sabe, *nous sommes devenues étranges* (nos tornamos estranhos). E é assim mesmo. Até mesmo permanecemos étranges — à margem —, diferentes das outras pessoas. Sem dúvida isso se aplica a mim, mas Guigui também pensa assim, até mesmo hoje em dia."[17]

Gilles foi um jovem ansioso e sempre se sentiu marginalizado, alijado dos demais jovens da sua idade. "A leve discriminação da minha mãe e do meu pai ecoava em mim como uma forma de me impedir de fazer parte e sofrer. Eu queria tocar a realidade que vive em nós, mas continuava à margem."

Ele explica que o campo de concentração não era apenas coisa do passado para a mãe, já que ficara em seu corpo e, na verdade, tratava-se de uma doença. A tuberculose prosseguiu ano após ano, a despeito da tentativa dos médicos de curá-la cirurgicamente. "Esse silêncio e essa realidade intocável foram respondidos pela imagem aterradora do filme... Vivenciei algumas dificuldades com grupos e ideais e comigo mesmo e meu corpo."

Gilles e eu almoçamos juntos, e uma das primeiras coisas que ele me contou foi que herdara uma espécie de anorexia da mãe. Seu filho, o neto de Zinka, também almoçou conosco. Tom trabalhava como chef de cozinha— "talvez", explicou, "para curar o trauma da minha família"[18].

Gilles explicou que a mãe odiava cozinhar e sempre brincava que certa vez ganhara o prêmio de "Melhor Cozinheira" numa competição no campo pela descrição de uma receita. Na verdade, ela encarava o ato de comer como uma obrigação. Devido à tuberculose seu apetite era escasso.

Depois da guerra, os sobreviventes foram informados de que seus filhos sofreriam os efeitos da subnutrição dos pais, razão pela qual seria preciso prestar especial atenção à alimentação dessas crianças. "Era tudo científico", explicou Gilles. "Um número calculado de calorias com uma quantidade específica de gorduras. E a trilha sonora das minhas refeições na infância era 'Coma! Coma!' Minha mãe odiava cozinhar e odiava comer e por isso eu odiava comer."

Gilles mais tarde também adquiriu tuberculose, embora àquela altura já existissem bons tratamentos para a doença. Apesar disso, foi mandado para um sanatório pelo médico, porque havia o temor de que Gilles não se alimentasse adequadamente. No primeiro sanatório, Gilles organizou uma greve de fome.

Ele me contou essa história enquanto saboreávamos um almoço delicioso ao ar livre, ao sol, em um dia glorioso. A comida era maravilhosa, peixe assado sobre polenta amanteigada. E, a certa altura, a história nos pareceu a todos hilariante. Ele explicou que fora uma criança da década de 1968. O verão desse ano na França foi um período de inquietação civil nacional orquestrada por estudantes. Uma greve geral travou a economia. O período foi um divisor de águas moral e cultural para os franceses. "Havia regras demais no sanatório." O que fazer? Não lhe restou alternativa senão a rebelião.

— Mas uma greve de fome? — indaguei, incrédula e rindo. — Para doentes de tuberculose?

O filho, Tom, interveio:

— Ele é igual à minha avó. Ambos são guerreiros.

— Fui expulso do sanatório e mandado para outro. Lá melhorei.

Gilles disse que aos poucos se recuperou da anorexia, mas achava estranho que depois de passar fome a mãe não se interessasse por comida.

❦

Minha filha Sophie dirigiu o carro que nos levou a atravessar a paisagem fascinante da região do Drôme para nos encontrarmos com France. Margeamos rios que corriam por entre uma série de cânions com camadas coloridas de rocha acima de nós. Na cidade de Die, onde France mora, provamos o famoso *clairette* de Die, uma espécie de espumante doce. Die provavelmente foi popular entre os hippies naturalistas de 1968 por prover uma real sensação alternativa, assim como Vermont ou o Colorado. Contamos cinco fachadas com o termo Reiki.

FRANCE LEBON CHÂTENAY DUBROEUCQ, 2019

France nos encontrou em frente ao Bureau do Turismo. Quando nos abraçamos, ela chorou e disse ter sido uma experiência muito tocante ter descoberto tudo aquilo a respeito da mãe tão tarde na vida. Eu expliquei como havia sido difícil identificar quem era Zinka, ao que ela respondeu: "Imagine para mim, ter 75 anos e só agora descobrir a minha mãe."

France confirmou que a mãe jamais falava de suas experiências na guerra. Às vezes mencionava Louis Francis, por ser seu pai, mas nunca falava de si mesma. France sabia que nascera na prisão de Fresnes. Constava na sua certidão de nascimento. "Por isso não havia como esconder. E às vezes gerava problemas. Na escola quando perguntavam onde eu tinha nascido e eu respondia "Nasci na prisão de Fresnes", a professora chamava a minha mãe para saber o que havia de errado comigo"[19], contou France rindo.

O dia estava bonito e nos sentamos do lado de fora, no jardim da casa extremamente confortável. O marido de France, Didier, geólogo aposentado, juntou-se à nossa conversa. Ambos eram obviamente ativos e atléticos. Mencionaram que com frequência faziam caminhadas nas montanhas. Moravam ali porque embora tivessem passado a maior parte da vida de casados morando no exterior, na África e na América do Sul, e embora tivessem criado os dois filhos homens no exterior, era em Die que sempre passavam as férias. Quando Didier se aposentou, resolveram se estabelecer na cidade. Didier tinha uma nítida lembrança de Zinka, já perto do fim da vida, quando ela ia a Dakar visitá-los. Haviam feito um churrasco festivo para ela na praia, com música e uma comida maravilhosa. Como convidada de honra, Zinka havia sido mimada por todos. "Foi um dia incrível", comentou Didier, "uma lembrança fantástica".

France prosseguiu:

— Ela falava do meu pai, mas não do que aconteceu com ele nos campos. Eles formavam um grupo que jamais abria a boca sobre essa época. Meu tio Tony só recentemente respondeu a perguntas da filha. Ele era adolescente em Buchenwald. Nada sabíamos disso.

France desconhecia praticamente tudo a respeito do pai. Já preso quando ela nasceu, Louis Francis provavelmente nunca viu a filha. O que ela sabia era o pouco que a mãe lhe contara: ele era engraçado, fazia Zinka rir. A mãe não era uma pessoa matutina e ele implicava com ela de manhã. France, no entanto, admitiu ter dificuldade para se recordar, pois a mãe se casara com Michel Châtenay em 1948 e os dois começaram uma vida nova.

— Michel me criou. Ele me adotou. Uma adoção simples, para que eu pudesse conservar os dois sobrenomes. — Ela achava que a mãe fizera o melhor possível para criar France com o padrasto enquanto mantinha viva a lembrança do pai. France adorava Michel. Nutria um enorme respeito pela forma como o padrasto a tratava. — Ele corrigia o meu inglês — acrescentou, rindo. O senso de humor de Michel era bastante britânico.

Zinka havia sido atlética antes da guerra: nadava no mar, jogava tênis, esquiava nos Alpes. Existem fotos dela, sorrindo, bronzeada e vibrante na casa de verão da família, próxima a Saint-Jean-Cap-Ferrat na Côte d'Azur. Voltou da guerra mudada. France nos mostrou uma foto de uma família que cuidara dela durante um ano enquanto a mãe se recuperava num sanatório para tuberculosos. Na foto, Frances aparenta uns seis anos.

— A família já tinha sete filhos, por isso um a mais não fazia diferença. Era uma família muito feliz. Tenho boas lembranças dessa época.

Perguntei-lhe:

— Você tem alguma lembrança de quando sua mãe voltou do campo?

— Não exatamente. Minhas lembranças são, na verdade, pesadelos.

Devido à doença de Zinka, France se mudava constantemente, de família para família. Sua infância deve ter sido aflitiva. A família toda sofreu durante a guerra. Zinka, Marthe, Roger, o irmão caçula de Michel, Tony, e a mãe de Michel foram todos prisioneiros em campos. Houve perdas em ambas as famílias.

France se recordou do nascimento do irmão, mas disse:

— Ele é cinco anos mais moço que eu. — Na infância essa era uma diferença grande demais para serem próximos. Mais tarde, com a maturidade, os dois se aproximaram. A mãe tinha uma saúde ruim. France foi cuidada por outros membros da família. — Eu era muito ligada à família da minha mãe. Minha tia Marthe cuidou de mim. A família dava apoio e ajudava. Meu tio Roger podia ser difícil, sobretudo quando bebia, mas era sempre generoso.

Não era bem assim com a família Lebon, a do pai de Zinka, embora esta claramente tenha se esforçado para manter contato, em prol de France, que se lembrou de uma história contada pela mãe: certa vez, Zinka percorreu a pé uma boa distância a fim de levar a menina para visitar a tia e o tio, levando o bebê no colo. E quando foi embora, eles não se ofereceram para levá-la de carro ou ajudá-la. Ela precisou fazer o mesmo caminho com France no colo, o que era difícil devido às suas condições de saúde.

A mãe foi sempre muito doente.

— Passava muito tempo no sanatório. Não era fácil para ninguém. Fez várias operações. Removeram um pulmão. E depois precisaram operar seu coração. Puseram um marca-passo. Tive de cuidar da casa e do meu irmão. Foi um período sombrio. Quando ela estava em casa, vivia cansada. Eu precisava ajudá-la, fazer o jantar. Ela se mostrava aliviada quando eu me oferecia para ajudar.

Didier, sentindo que a lembrança dolorosa perturbava a esposa, trouxe à tona novamente o churrasco em Dakar:

— Ela estava feliz nesse dia, você se lembra? Todo mundo a encheu de carinho.

France disse:

— Acho que fiquei feliz de vê-la feliz. Feliz de termos ótimos amigos e uma vida vasta e generosa.

Perguntei se ela saberia descrever a natureza da mãe, e France respondeu:

— Ela era muito forte e corajosa. Jamais reclamava, mesmo muito doente. Teve um casamento feliz com Michael. Ela adorava rir. Era uma pessoa alegre. Teve uma vida curta, mas feliz.

Didier explicou que era impossível dizer não a Zinka e contou um episódio do seu casamento com France:

— Íamos nos casar, mas para Renée (Zinka) e Michel isso era muito importante: os dois queriam um casamento apropriado. France era muito importante para ambos. Eles queriam tudo certinho. Mas eu pertencia à geração de 1968. Não me interessavam essas ideias de um casamento burguês cerimonioso. Um dia os dois disseram: "Didier, venha conosco." Me levaram a uma loja em Paris, uma daquelas que vendem esses... — Didier buscou a palavra exata e se saiu com "caudas de pinguim".

— Fraques? — sugeri.

— Isso. Eu falei que não usaria uma daquelas fantasias idiotas. E ela respondeu com toda a doçura: "Didier, me faça feliz." Falou de um jeito tão meigo que só me restou responder: "Ok." Ela era assim. — Ele repetiu: — *Didier, faites-moi plaisir*. Resultado: usei caudas de pinguim.

France achava que se alguém que tivesse sofrido fosse incapaz de falar sobre a guerra, isso devia ser respeitado.

— Tive uma infância e uma adolescência felizes. Não fiquei traumatizada. Talvez na minha infância... Como explicar? Talvez houvesse uma sensação, um medo, de que me abandonassem. Isso me acompanhou a vida toda. Fui criada por muita gente. Era perturbador para uma criança pequena. Mas não reprovo a minha mãe. O mais complicado foi mais tarde, porque ela ficou tão doente que precisei morar com famílias diferentes. Saber da sua história agora trouxe muitas emoções à luz.

Zinka morreu em 1978. No final, o coração não aguentou.

❧

Antes de voltar da guerra para a família, Hélène encheu o porta-malas do Chrysler enorme com todo tipo de comida que encontrou no refeitório norte-americano. A Alemanha estava em ruínas. As pessoas morriam de fome. As cidades caíam aos pedaços e os campos não haviam sido arados. A população masculina fora dizimada. O país estava dividido em duas zonas: oriental e ocidental. Alguns achavam que a Alemanha deixaria de existir, que se tornaria apenas uma colônia das duas potências mundiais, a União Soviética e os Estados Unidos.

Hélène tinha mais uma missão a cumprir. Com o carro abarrotado de carne enlatada, sopa, chocolate, cigarros e goma de mascar norte-americanos, ela partiu para a cidade cujo nome Fritz Stupitz escrevera no chão de terra do abrigo antiaéreo.

Ela me disse:

— Encontrei a aldeia e encontrei Fritz, que agora era prefeito, por ser um comunista de longa data. Dei-lhe toda a comida que levava. Passado o seu espanto, a emoção nos dominou.

Eles tinham sobrevivido. Eles sobreviveriam.

※

Hélène voltou para a França vários meses depois das demais. Chegando em Asnières-sur-Seine em seu cupê Chrysler, causou uma grande impressão nos vizinhos e na família. Todos foram para a praça saudá-la. Ela voltava como heroína de guerra e uniformizada.

Depois de passar um mês comendo bem, repousando e sendo cuidada pela mãe, ela recuperou as forças. Também foi a um dentista para consertar os dentes. Estava impaciente para voltar ao trabalho. Queria esquecer o passado. Reassumiu seu antigo emprego na empresa de lâmpada Mazda. Seu patrão lhe perguntou se estaria disposta a viajar para a Alemanha. Um cientista alemão alegava ter uma patente importante que interessaria à empresa. Desejava vender a patente para os franceses, mas eles precisavam de alguém que avaliasse o laboratório e as alegações.

Hélène foi mandada a Württemberg, onde trabalhou durante oito ou nove meses. Haviam requisitado um pequeno hotel para ela, que o ocupou sozinha. A cerca de 25 quilômetros do hotel, havia uma divisão de bombardeiros franceses com uma equipe de aviadores. Quando se entediava nos finais de semana, Hélène ia até lá para jogar bridge, caçar, pescar no Danúbio ou se divertir em festas com os soldados. Foi ali que ela conheceu o primeiro marido, o pai de Martine, Jacques Fourcaut.

Hélène tinha 27 anos. Martine contou que o pai, Jacques, era bonito, mas um sujeito ansioso e problemático. Piloto, ele tinha medo de voar. Segundo Martine, "minha mãe era linda. Os dois se apaixonaram. Meu pai era charmoso. Mas, na verdade, eles se apaixonaram pela ideia de amar".

Hélène me disse que foi alertada pelo superior de Jacques: "Você é louca de se casar com esse rapaz. Ele é meio maluco. Tem problemas sérios." Mas ela se casou mesmo assim.

Martine tem certeza de que foi porque a mãe estava grávida. "Nasci seis meses depois. E Hélène nascera seis meses depois que os *próprios* pais haviam se conhecido! Fica claro por que a minha família tinha esse medo paranoico de permitir que as moças chegassem perto demais de rapazes."

Martine explica que Hélène e Jacques vinham de mundos muito diversos. "Minha mãe era trotskista, seu pai era judeu e antimilitarista, um pacifista. Mas a família do meu pai era o oposto. Católica. Uma família de industriais. O pai dele fez carreira nos negócios e a mãe apoiava Pétain! Considerava o filho um traidor por ter se unido à Resistência. Dizia que o mataria com as próprias mãos."

Sendo militar, Jacques frequentemente estava fora de casa, mas quando estava por perto, flertava com as amigas de Hélène. Martine recordou que quando o avô morreu em 1957, a família mandou Martine para um acampamento nas montanhas. Ao voltar, Hélène anunciou que estava se divorciando.

❦

Conheci Hélène quando ela se casou com meu tio Danny, irmão da minha avó. Danny ocupa um espaço grande na minha imaginação por ser um herói reconhecido da Resistência e porque meu pai o adorava. Na adolescência, meu pai deixava o próprio pai, um alemão severo, na fazenda no norte do estado de Nova York e viajava para a Europa a fim de visitar a mãe francesa durante o verão, sempre que ela conseguia dinheiro para pagar a sua viagem de avião ou de navio.

Num verão que ficou na memória, Danny e Hélène haviam alugado uma casa na ilha de Íschia para todos os filhos e sobrinhos. Meu pai fala desse verão como se fosse uma visita à utopia. Quando perguntei à filha de Hélène, Martine, ela também se recordou do verão de Íschia, e disse num tom sonhador: "Oh, la, la! Eu me apaixonei pelo seu pai! Todos os meus primos estavam lá. Acho que éramos, no mínimo, dez. Comíamos todos os dias num restaurante numa mesa enorme. Eu tinha nove anos. Lembro das rosas se abrindo por todo lado. Do perfume das rosas. Que paraíso!"[20]

Ela me mostrou uma foto de Hélène e Danny na praia nesse verão. Eram bonitos e apaixonados. Haviam encontrado um ao outro. "Eles me disseram que estavam casados, mas não estavam. Casaram-se mais tarde. Não sei por que pensaram que eu me importaria!"

※

Para Martine, filha única de uma mulher bastante complicada, a entrada de Danny em sua vida foi uma bênção divina.

— Quando o vi chegar, uma mistura de Cary Grant e John Wayne... Ele jogava rugby. Falava comigo sobre a guerra. Me contava histórias que eu ouvia de olhos esbugalhados. Me ensinou a nadar. Sempre que eu tinha medo, ele me ajudava a superá-lo.

Na adolescência Martine passou maus bocados. A mãe queria que ela tocasse na orquestra sinfônica, mas Martine gostava de tocar violão e cantar folk com as amigas na praia. Corria a década de 1960. Tudo virara de cabeça para baixo. Martine tentou várias carreiras até se firmar na psicologia. Acabou virando assistente social. Trabalhou com pessoas dependentes de drogas que viviam na rua nos anos 1980, durante o auge da crise de AIDS. Dedicou-se aos oprimidos e sofredores. Hoje aposentada, dirige um abrigo para sem-tetos em Paris e considera que o trabalho que realizou na vida foi uma continuação direta da luta de sua mãe. A adoção pelas Nações Unidas da Declaração Universal dos Direitos Humanos em 1948, me explicou ela, é o princípio basilar pelo qual trabalha e foi adotada depois dos campos, depois do Holocausto. Para Martine, esse é o seu legado direto. Como muitos da segunda geração dos sobreviventes do Holocausto, ela escolheu ajudar outras pessoas. E batalhou pela própria saúde mental, contra a paranoia e a síndrome de personalidade limítrofe, sintomas comuns de traumas intergeracionais.

Conheci minha Tante Hélène na década de 1980, quando ela tinha pouco mais de sessenta anos. Nesse período, Hélène foi hospitalizada com depressão grave. Perguntei a Martine sobre a luta da mãe contra a doença.

— Começou quando ela tinha seus cinquenta anos. Três coisas foram o gatilho: ela foi demitida do emprego de forma infame, a mãe faleceu e eu me casei.

Martine reconhece que por não ser a filha perfeita — trabalhava com viciados em drogas nas ruas —, a família e até mesmo Dany a culparam pelos problemas mentais de Hélène. Diziam que a mãe estava deprimida por se preocupar com a filha. Mas talvez tenha sido a essa altura também, por conta das perdas, que a mãe começou a lamentar e examinar o próprio passado. Hélène encontrou um bom médico. Sempre rejeitara a psicanálise e ensandeceu quando Martine escolheu ser psicóloga. Havia abandonado todo o seu passado. Com a depressão, porém, e esse médico competente, Martine acha que a mãe conseguiu começar a falar sobre essas coisas. Queria falar, precisava falar.

— Quando você gravou a sua história, ela ficou encantada. — Martine me contou.

Mas isso também remexeu nas cinzas. Próximo ao final da vida, houve momentos em que nitidamente ela lutava para se reconciliar com o passado. A certa altura, ela não permitia mais que lhe dessem banho. Sua cuidadora de longa data, Ratiba, tentava colocá-la na banheira. Hélène se descontrolava e batia nela. Ratiba era dedicada a Hélène e a admirava. Quando apanhou de Hélène, em lugar de ficar zangada, perguntou-lhe se era por causa do *supplice de la baignoire*. Héléne respondeu: "Não falamos disso." Em seguida, porém, se acalmou e deixou que Ratiba lhe desse banho.

Depois da morte de Danny e conforme se aproximava da própria morte, Hélène começou a se preocupar com a forma como reagiria no final. Seu pai tinha sido um ateu militante, alguém que costumava dizer "Se Deus existe, ou é sádico ou impotente", me disse Martine. "Minha avó era católica, mas as filhas e o marido eram ateus. O medo da minha mãe no fim da vida era de se converter exclusivamente por conta do medo de morrer."

No enterro da mãe, em março de 2012, Martine cantou "Le Chant des Marais", a primeira canção que a mãe lhe ensinara. Jetske Spanjer e Ange Wieberdink, os cineastas do documentário *Ontsnapt*, me mostraram um vídeo. Sua voz grave e cheia, como se estivesse sempre empostada, repete o refrão tocante, "Piocher! Piocher!" (Cavar! Cavar!).

HÉLÈNE E LON SE REENCONTRAM 63 ANOS DEPOIS, EM 2008.

O documentário *Ontsnapt* termina com o emocionante reencontro de Lon e Hélène 63 anos depois da fuga. Jetske e Ange me explicaram ter perguntado a Hélène se ela tinha algo que quisesse dizer a Lon diante da câmera, mas Hélène respondeu que preferia falar com Lon pessoalmente. Estava disposta a viajar para encontrá-la. Hélène pegou o trem em Paris e Lon viajou para Haia, onde foi organizado o reencontro das duas amigas. Elas trocaram lembranças do passado. Hélène fez uma observação: "Éramos bonitas naquela época."

Pouco antes do falecimento de Nicole, houve um encontro de algumas delas e suas famílias. Hélène não pôde comparecer, mas Nicole estava lá, junto com Guigui e sua família, a família de Zaza, assim como Lon. Jacky, Zinka e Mena já haviam morrido. As outras tinham perdido o contato com Josée embora ela ainda estivesse viva em Cannes. Tempos depois, Nicole escreveu uma carta breve a respeito da experiência do reencontro:

"Hoje, como senhoras de idade... nesse reencontro sentimos muitas emoções. E ele confirmou por que fomos feitas umas para as outras. Alguma coisa muito forte na nossa união ainda estava presente... A lembrança das que desapareceram há muito tempo estava conosco, e nós, a despeito de tudo, permanecemos um grupo, um grupo de nove... Mais uma vez me convenci dos laços que nos unem e da nossa força compartilhada. Essa tarde é um marco, uma nova lembrança a acrescentar, como a derradeira pedra da nossa amizade especial, nascida noutro lugar, que pertence às nove. A todas vocês, *ce n'est qu'un au revoir*."

# UMA NOTA PARA OS LEITORES

> "Todo historiador da massa, dos despossuídos, dos subalternos e dos escravizados é obrigado a brigar com o poder e a autoridade do arquivo e os limites por ele imposto sobre o que pode ser divulgado, que perspectivas importam e quem é dotado da relevância e autoridade do agente histórico."
>
> **— Saidiya Hartman, Wayward Lives, Beatiful Experiments**

As nove mulheres deste livro são pessoas de verdade. Esta é a história que partilharam e faz parte de uma história maior sobre o que aconteceu com as mulheres da Resistência na Segunda Guerra Mundial na Europa. No entanto, boa parte da vida que levaram ou os motivos por que fizeram tais escolhas não são conhecidos nem passíveis de sê-lo. E não sou historiadora.

Fui preparada para ser poeta. Minha intenção era habitar e imaginar a história das mulheres, ir de encontro às limitações do que podia ser quantificado, datado, marcado em um mapa, citado por alguma fonte e verificado. No início da guerra, as nove começaram seu trabalho radical na Resistência francesa sem direito a votar. O status legal de todas era o mesmo das crianças. Em 21 de abril de 1944, em grande parte devido à contribuição feminina na Resistência, o general De Gaulle declarou que as mulheres francesas teriam direito ao voto. A essa altura, sete das nove já se encontravam presas ou haviam sido deportadas.

Quando tentei revelar esta história, percebi, examinando os arquivos, que às vezes o mais importante é precisamente o que fica de fora. Isso se mostra duplamente verdadeiro quando se trata de uma mulher, de um indivíduo pobre ou marginalizado. Minha função como escritora era explorar o entorno do que os poderosos julgavam importante recordar e registrar. Precisei compatibilizar a tensão entre a memória histórica institucional e a história pessoal vivida por essas nove mulheres.

Imediatamente após a guerra, o público francês e a maior parte do mundo não se concentraram no genocídio judeu. Imaginou-se, equivocadamente, que os judeus tinham sido liberados na mesma quantidade dos deportados políticos. O desejo era homenagear os heróis do sexo masculino da Resistência e talvez alguns quisessem esconder o colaboracionismo vergonhoso com as deportações de judeus. Na França, o tema das *résistantes* do sexo feminino e sua posterior deportação era tabu.

Após os julgamentos de Eichmann em 1961, o interesse pela verdadeira história do genocídio cresceu em todo o mundo. A ideia de que as lembranças dos sobreviventes precisavam ser preservadas e divulgadas levou à criação de museus memoriais, arquivos, entrevistas em filme e vídeo, com o objetivo subjacente de instruir o público de modo que o que acontecera não se repetisse.

Ao longo do meu trabalho nesta história, minha opinião a respeito da necessidade de memoriais e museus dos campos de concentração evoluiu. A princípio, eu sentia uma ambiguidade moral em relação a visitar locais de sofrimento e a uma indústria chamada de "turismo sombrio"[1]. Na era do turismo de massa, quando Auschwitz recebe cerca de um milhão e meio de visitantes por ano, surgem perguntas complicadas sobre o gerenciamento das multidões e a banalização da experiência. Como lidar com pessoas que tiram selfies inoportunas em locais de sofrimento e tragédia? O que significa a presença de uma lojinha de lembranças num campo de concentração? Será que o turismo sombrio tem algum papel em moldar a consciência histórica ou apenas serve ao nosso ímpeto lascivo de contemplar o horror? Será que o turismo sombrio nos dá um salvo-conduto, uma licença moral, do tipo "Fui a Auschwitz, logo não posso ser uma pessoa ruim e logo não preciso examinar o meu comportamento"?

Para complicar, há o fato de que esses locais foram usados em diversas ocasiões como propaganda. O campo memorial de Auschwitz foi inaugurado em 1947 pelos soviéticos com a clara intenção de ser usado como símbolo. Não houve menção à morte de um milhão e cem mil judeus. Na verdade, não houve menção aos judeus no memorial antes de 1989. O local era chamado de Monumento Internacional às Vítimas do Fascismo, e os soviéticos o utilizavam para contar a história de como "os nazistas capitalistas martirizaram os camaradas da Revolução".

No passado, quase sempre após a vitória, as nações erguiam monumentos comemorativos. Agora, porém, há uma nova disposição para olhar para o nosso passado violento, temos esses espaços que servem como bancos de memória. Recordar se tornou um imperativo moral. Ainda assim, enquanto eu trabalhava neste projeto, me confrontei com os problemas da memória. A memória traumática é persistente, até mesmo ao longo de gerações, e também é frágil. Quase sempre as lembranças são truncadas ou mesmo apagadas. Se a memória precisa nos salvar, o que fazer quando a memória, sobretudo a memória traumática, é tão problemática? E o que fazer quando todos aqueles capazes de recordar estão mortos?

A primeira vez que fui à Alemanha com Sophie, eu tinha apenas uma vaga ideia a respeito de onde as mulheres haviam ficado encarceradas e da rota percorrida durante a fuga. De forma equivocada, achava que o lugar fosse Buchenwald, porque Leipzig era um subcampo de Buchenwald, não de Ravensbrück. Depois de visitar o museu do Memorial dos Trabalhos Forçados Nazistas na HASAG de Leipzig, fomos a Buchenwald, o primeiro campo de concentração que conheci.

Era um dia extremamente frio de janeiro. O vento atirava neve sobre uma paisagem desoladora. Enquanto íamos de marco em marco, Sophie e eu congelávamos, mas sabíamos que não nos cabia o direito de reclamar nem de abreviar a visita torturante. Era bom sofrer. Tentei permanecer focada na vastidão doentia da operação. Não queria ficar entorpecida. Mas também refreei as lágrimas, porque isso me parecia mera atuação. No entanto, não consegui retê-las quando vi na vitrine de vidro alguns dos animaizinhos de pano que Lise London fizera para os filhos. Pensei no ursinho que Mena confeccionara para a bebezinha France e que se perdera nas águas do rio Mulde.

Durante a nossa viagem, Sophie e eu falamos sobre o que um cidadão precisa fazer neste momento no mundo. Adotei a postura da geração mais velha e educada que aconselha paciência. Mas Sophie se insurgiu. Talvez seja do seu feitio insistir mais, questionar mais. Talvez a sobrevivência do nosso planeta dependa disso. As nove jovens do grupo de Hélène foram impelidas pelo mesmo ímpeto. Quando se juntaram à Resistência, todas, como Sophie, estavam na casa dos vinte anos. Parece óbvio hoje que pertenciam ao lado certo da história, mas à época, quando foram presas pela Gestapo, receberam o rótulo de "terroristas" e era assim que muitos cidadãos franceses as viam.

Na minha terceira viagem à Alemanha eu estava mais bem preparada. Disse a mim mesma que precisava fazer apenas mais uma visita a um campo. Precisava ver Ravensbrück se quisesse entender plenamente a história das nove. Dessa vez, viajei na companhia da minha irmã Tilly. Da estação ferroviária de Fürstenberg, nós duas cobrimos a pé os três quilômetros até o campo, a mesma jornada feita a pé pelas nove, quem sabe até mesmo correndo, com os guardas e cães da SS em seu encalço.

Depois de passar horas na exposição e perambular pelos marcos históricos, entramos no terreno extenso e plano onde ficava o campo. Os limites dos blocos são definidos por monturos de terra indicando os perímetros. Agarrada ao meu mapa, tentei localizar a *Appellplatz*, em que tantas horas eram passadas sob o frio. Procurei pela enfermaria, o *Revier*. Encontramos o barracão 24, para onde eram enviadas as prisioneiras políticas francesas, e a área junto ao lago onde foram armadas tendas para abrigar a população crescente. Havia silêncio, exceto pelo ruído das ondas contra as margens do lago. Agora entendo ser importante que esses lugares permaneçam como testemunho, mas uma parte de mim torce para que a natureza reivindique esse espaço. Talvez essa seja a mesma tensão e a mesma ambivalência entre recordar e esquecer que nós, humanos, sentimos. Como nos apegarmos às verdades do passado sem deixar que o passado nos impeça de viver no presente?

Uns poucos dias após visitar Ravensbrück, minha irmã e eu alugamos um carro e nos pusemos a refazer os passos da fuga das mulheres. Encontramos Kleinragewitz, onde as nove foram tão calorosamente recebidas pelos prisioneiros de guerra iugoslavos. Encontramos Reppen, a cidade do Monóculo e do macarrão comido com garfos. Em Raitzen, procurei pela delegacia de polícia, mas ela não existia mais; havia apenas uma pequena instalação do corpo de bombeiros, obviamente construída na era soviética. Um prédio administrativo caindo aos pedaços, meio abandonado, ocupava o lugar em que imaginei que o grupo tivesse obtido o papel que esfregariam na cara das autoridades alemãs. Nos arredores de Raitzen, Tilly e eu tentamos descobrir que fazenda pertencera a Annelise e Ernst. Encontramos uma fazenda no final de uma estrada arborizada, uma bela casa com um grande celeiro, com muros de gesso branco arrematados de madeira, no estilo Tudor. Nela havia um pátio central sombreado com um poço. Gosto de pensar que foi ali que Josée cantou Schubert.

Encontramos Delmschütz, onde moravam os gigantes, e a casa empoleirada no alto do morro. Jetske e Ange, os cineastas do documentário, conheceram os descendentes dos gigantes, que continuam morando ali.

Encontrei Obersteina e o que deve ter sido o orfanato, atualmente em ruínas. Quando chegamos a Altenhof, onde os meninos-soldados brincavam com *Panzerfaust*, procurei a ponte e a floresta. Não existiam mais, mas quando nos aproximamos do Mulde, passamos brevemente por uma densa floresta. O carro desceu uma estrada minúscula cercada de árvores altas com galhos escuros retorcidos na paisagem montanhosa. Achamos a ponte reconstruída com três arcos abarcando o Mulde. Pude imaginar que o enfrentamento pelas nove daquele rio em sua cheia num dia frio de primavera devesse ter sido realmente uma experiência apavorante.

Para contar a história do grupo, tentei seguir a trilha do que se sabe sobre essas nove mulheres. Sempre que possível, me encontrei com seus parentes e amigos. Pesquisei seus relatos pessoais e relatos de outras mulheres que estiveram nos mesmos campos e prisões. Visitei arquivos e memoriais e conversei com historiadores. Depois, então, mergulhei nas sombras para comungar com fantasmas. Ralph Ellison escreveu: "O ato de escrever exige um constante mergulho na sombra do passado onde o tempo paira como um fantasma." Eu quis criar um espaço onde as nove mulheres pudessem existir.

# AGRADECIMENTOS

Este livro levou, no mínimo, cinco anos para ficar pronto ou até mais, se eu pensar que ele começou com a primeira fagulha no almoço com minha tia-avó Hélène Podliasky Bénédite em 2002. Serei para sempre grata a ela por ter me confiado a história que não contara a ninguém ou apenas a umas poucas pessoas. Também preciso agradecer à minha tia Eva Strauss, que me encorajou e me acompanhou em 2002 para a gravação da entrevista. Eva, a indômita arquivista da família, junto com o marido, Michel Paillard, fez a transcrição que mais tarde Hélène conseguiu revisar para incluir nos arquivos na Université Paris Nanterre.

Para achar a história, contei com a ajuda de muita gente.

Quero agradecer à família de Suzanne Maudet e, sobretudo, a Pierre Sauvanet e a esposa, Anne-Florence, por patrocinarem o livro de Suzanne. Eles foram anfitriões adoráveis quando os contatei e lhes pedi uma entrevista. Desejo também agradecer à editora de Suzanne na Arlea, Anne Bourguignon. Sua paixão pela história ficou clara quando a contatei, e ela reagiu prontamente, me pondo na trilha certa. Aquele livro e o filme *Ontsnapt* foram cruciais para abrir a história para mim. Sem eles, este livro não poderia existir. Tenho profunda gratidão por Jetske Spanjer e Ange Wieberdink, dois cineastas holandeses de imenso talento e generosidade.

Eu não poderia ter ido muito longe sem a generosidade evidente de tantos parentes dessas nove mulheres. Vez após vez, me senti humilde diante da sua disposição para me abrirem suas portas, seus corações e seus álbuns de fotos. A filha de Nicole me deu textos não publicados da mãe. Convidou-me para vários almoços e jantares no La Batelière em Paris e chegou mesmo a me levar com ela ao meu primeiro leilão ao vivo no Drouot. Foi quem me apresentou a Jacqueline Fleury, membro dos 57 mil e sobrevivente de Ravensbrück, uma verdadeira honra para mim.

A família de Guigui foi de grande ajuda. O neto Olivier Clémentin tornou-se um assistente informal com sua habilidade para pesquisar sites genealógicos, me ajudando a encontrar a família de Zinka e a desatar o nó dos sobrenomes duplos. Junto com a mãe, Laurence Spijker Clémentin, ele me propiciou conhecer Guigui e me levou até a família de Mena. Os netos de Guigui, Catherine, Pauline, Olivier e Etienne Clémentin e Julie e Carine Spijker, generosamente partilharam comigo as lembranças da avó. Conheci e me tornei próxima de Marc Spijker, o filho de Guigui, que sabe o papel enorme que teve nesta história e como sou agradecida a ele e aos caminhos que esta história me levou a trilhar.

O genro de Mena, Jean-Louis Leplâtre, e seu neto Guillaume Leplâtre foram magníficos contadores de histórias. Ambos me permitiram entrevistá-los durante horas por telefone. Guillaume partilhou histórias comoventes que herdou da mãe, e Jean-Louis me enviou, sem hesitar, um envelope com fotos.

Sou grata a Gilles e Tom Châtenay, o filho e o neto de Zinka, por virem ao sul da França, quando conseguimos partilhar um almoço memorável juntos. Uma das experiências mais potentes emocionalmente para mim durante todo este projeto foi conhecer a encantadora France Dubroeucq, a bebezinha que Zinka deu à luz na prisão de Fresnes. Serei eternamente grata a ela e ao marido, Didier, pela tarde que passamos conversando e pelo documento que os dois encontraram em seu sótão e partilharam comigo — uma outra chave inestimável para toda a história.

Agradeço a Philippe Monsel, amigo de Jacky. Se não tivesse falado com ele, eu não teria descoberto muito a respeito dela. Quero, também, agradecer ao herdeiro de Jacky, Michel Lévy, por falar de forma tão emocionada a seu respeito e por preencher lacunas em sua história.

As contribuições de Martine Fourcaut, a filha de Hélène, foram inestimáveis. Ela partilhou um mundo de informações sobre essa parte da nossa família. Seu humor e sua perspicácia com relação à mãe foram cruciais para que eu a compreendesse.

Quando Jetske e Ange providenciaram para que Marc Spijker e eu nos encontrássemos com eles em Amsterdã, não imaginei como aquele dia seria importante. Não só foi incrível afinal conhecer as duas pessoas que haviam inspirado a minha pesquisa, como também elas haviam organizado um encontro com a filha e o genro de Lon, Patricia Elisabeth Fredérique Wensink e Wladimir Schreiber. Pat e Wladimir foram a esse encontro munidos de documentos que partilharam, generosamente, comigo. Pat foi sincera e direta quanto às dificuldades de ser filha de uma sobrevivente. Não posso agradecer o suficiente a ambos por passarem comigo aquele domingo.

A arquivista Anne Friebel, a quem conheci no Memorial dos Trabalhos Forçados de Leipzig, talvez não saiba como foi importante a sua ajuda, mas sou profundamente grata a ela e a todos os arquivistas anônimos cuja dedicação à preservação da verdade é tão nobre. Celeste Schenck, presidente da Universidade Americana de Paris, gentilmente me convidou a consultar seus arquivos no Centro George e Irina Schaeffer para o Estudo de Genocídio, Direitos Humanos e Prevenção de Conflitos, que abriga o Arquivo Histórico Visual da Fundação USC Shoah. Ali, com a ajuda da arquivista-chefe, Constance Pâris de Bollardière, consegui consultar horas de entrevista em vídeo com Nicole Clarence, outro momento crucial deste projeto.

Mais um passo vital na minha aprendizagem sobre o sistema de campos de concentração nazistas veio dos dedicados membros da Association Française Buchenwald, Dora et Kommandos. Meu agradecimento especial aos guias maravilhosos Jean-Claude Gourdin e Christophe Rabineau, na segunda viagem que fiz à Alemanha, bem como aos meus companheiros nessa viagem, em sua maioria parentes dos deportados. Essa comunidade de grupos memoriais, inicialmente composta por sobreviventes e agora por famílias dos deportados executa incansavelmente a missão de manter uma vigilância atenta da memória e da história. Essa história vive sob ameaça constante dos neofascistas, antissemitas e outros negacionistas do Holocausto. Quero igualmente agradecer a Dominique Durand, presidente do Comitê Internacional de Buchenwald, Dora e Kommandos, e à conselheira histórica Agnès Treibel, secrecretária-geral. Agradeço a Dominique por sugerir que eu trabalhasse com Agnès, que leu um esboço do manuscrito e redigiu notas copiosas, meticulosas e esclarecedoras, bem como correções, uma contribuição inestimável para mim. Ela foi uma fonte de grande importância, sempre generosa com seu tempo e conhecimentos.

Durante dois invernos, em licença do emprego que ocupo, me deram um espaço para escrever. Quero agradecer a Paulina Nourissier por seu apartamento em Paris, onde escrevi o primeiro esboço deste livro, e ao Vermont Studio Center por sua generosa acolhida um ano depois. O Callicoon Center Writers Retreat gentilmente me ofereceu um local, e embora eu não tenha podido utilizá-lo, agradeço a Laurie Fendrich e Pater Plagens pelo apoio irrestrito.

Quero agradecer ao meu agente, Andy Ross, pela ajuda e pelo encorajamento incansáveis. Agradeço a Judith Karfiol, a quem muito admiro pela tenacidade. E sou profundamente grata a toda a equipe da St. Martin's Press, sobretudo à minha editora, Elisabeth Dyssegaard, mas também aos muitos outros envolvidos na produção deste livro: Alex Brown, Jennifer Fernandez, Michael Storrings e Sue Warga.

Com um projeto tão longo, acaba-se falando dele com demasiada frequência e intensidade com os amigos e parentes. Quero agradecer a todos por ouvirem com paciência e por me estimularem a prosseguir. Ella Hickson foi uma aliada incrível; sem ela, eu talvez jamais chegasse tão longe. Os primeiros leitores e apoiadores perenes das minhas tentativas como escritora incluem Martha Stark, Janet Nichols e Karine Cariou. Muitos colegas escritores me fizeram companhia ao longo dos anos de gestação deste projeto. Mas quatro se destacam como companheiros incansáveis: Dorothy Spears, Maxine Swann, Cleb Peniman e Sylvia Peck.

Como esta história é em parte a história da minha família, sou profundamente grata aos seus membros pelo apoio incessante. Meu pai, Julian Strauss e minha madrasta, Betsy Strauss, são amantes da história e também escritores. Desejo agradecer a meus irmãos Willy, Annie, Suzannah e Tilly, pela curiosidade e pelo humor. Tilly, minha primeira amiga, minha primeira companheira na vida, esteve comigo em Ravensbrück na minha última viagem à Alemanha. Annie me ajudou com a matemática. Minha mãe, Katie Nichols, é minha leitora número um. Seu talento para contar histórias é o motivo para eu me tornar escritora. Emmanuelle Charlier foi minha assistente de pesquisa; localizou a família de Guigui, o que abriu toda uma nova história. George Bauer, meu companheiro, jamais deixou de acreditar em mim. Finalmente, meus três filhos que precisaram aguentar a mãe que em geral está ocupada demais escrevendo. Lamento, Noah e Eliza, que vocês também pegaram essa doença. Sophie me acompanhou em muitas viagens de descobertas para este livro; suas percepções brilhantes e sua ajuda manejando o gravador são parte integral desta história.

# LISTA DE ILUSTRAÇÕES

**P. 10** • Mapa da rota de fuga (© Michael Gellatly)

**P. 10** • Mapa da Europa (© Michael Gellatly)

**P. 11** • Hélène Podliasky (cortesia de Martine Fourcaut)

**P. 26** • Mulheres em grupos de cinco (© Yad Vashem, The World Holocaust Remembrance Center)

**P. 35** • Suzanne Maudet (Zaza) (cortesia da família)

**P. 65** • Foto clandestina de prisioneiros marchando para Dachau (© United States Holocaust Memorial Museum)

**P. 73** • Nicole Clarence (*Droits réservés*)

**P. 80** • Prisioneiras em Ravensbruck com a letra X pintada para indicar terem sido selecionadas para o transporte (cortesia da Cruz Vermelha sueca)

**P. 106** • Madelon Verstijnen (Lon) (cortesia de Patricia Elisabeth Frédérique Wensink e Wladimir Schreiber)

**P. 106** • Guillemette Daendels (Guigui) (cortesia de Olivier Clémentin)

**P. 122** • Guigui aos 13 anos, num tempo em que sua família se desintegrava (cortesia de Olivier Clémentin)

**P. 125** • Guigui (na ponta direita) com seu time de hóquei de campo (cortesia de Marc Spijker)

**P. 131** • Renée Lebon (Zinka) (cortesia de France Lebon Châtenay Dubroeucq)

**P. 141** • Lise London (cortesia de Françoise Daix-London, Gérard London, e Michel London)

**P. 145** • Zinka e Louis Francis, verão de 1942 (cortesia de France Lebon Châtenay Dubroeucq)

**P. 154** • Fotografia clandestina tirada em Ravensbrück de uma das *Kaninchen*, mostrando seus ferimentos (© United States Holocaust Memorial Museum, cortesia de Anna Hassa Jarosky e Peter Hassa)

**P. 156** • Joséphine Bordanava (Josée) (cortesia da sua família e de Amis de la Fondation pour la Mémoire de la Déportation de l'Allier)

**P. 170** • Jacqueline Aubéry (Jacky) (cortesia de Michel Lévy)

**P. 174** • O Caderno de receitas de Nicole em Leipzig (*Droits réservés*)

**P. 188** • Yvonne Le Guillou (Mena) (cortesia de Jean-Louis Leplâtre)

**P. 230** • Soldados norte-americanos cruzando a ponte de Colditz, em 12 de abril de 1945 (tirada por um soldado do exército norte-americano, domínio público)

**P. 250** • Mulheres aguardando a repatriação (© Tage Christensen /Scanpix)

**P. 254** • Volta ao lar (© Mémorial de la Shoah)

**P. 265** • Mena com a filha, Edith, na Bretanha (cortesia de Jean-Louis Leplâtre)

**P. 267** • Uma mulher é punida como "colaboracionista horizontal" (US National Archives and Records Administration, Smith, fotógrafo, NARA registro 5046417)

**P. 270** • Hélène e Danny em Íschia (cortesia de Martine Fourcaut)

**P. 272** • Pierre Sauvanet, sobrinho de Zaza, mostrando sua nova máquina de escrever a Zaza e René Maudet, em agosto de 1985 (cortesia de Pierre Sauvanet)

**P. 289** • France Lebon, 1946 (cortesia de France Lebon Châtenay Dubroeucq)

**P. 291** • Casamento de Renée (Zinka) e Michel Châtenay, 1948 (cortesia de France Lebon Châtenay Dubroeucq)

**P. 295** • France Lebon Châtenay Dubroeucq, 2019 (cortesia de France Lebon Châtenay Dubroeucq)

**P. 303** • Hélène e Lon se reencontram 63 anos depois, em 2008 (cortesia de Jetske Spanjer e Ange Wieberdink)

# NOTAS

**CAPÍTULO I: HÉLÈNE**

1. Boa parte das informações sobre Hélène deriva da entrevista que gravei com ela em 2002.

2. Consultei vários arquivos online sobre Valentin Abeille. Eu sabia que Hélène havia recebido um agente importante em seu campo de recepção favorito próximo a Tours por volta dessa data — alguém que chegou com uma mala cheia de dinheiro, segundo ela. Os registros mostram que Fantassin entrou de volta na França por um local próximo a Tours, e Hélène foi objeto de menção em seus registros militares por ter recebido e ajudado Fantassin. Vide "Valentin Abeille, un exemplepour les jeunes générations," *La Dépèche du Midi*, 27 de fevereiro de 1999,
https://www.ladepeche.fr/article/1999/02/27/208084-valentin-abeille-un--exemple-pour-les-jeunes-generations.html.

3. Suzanne Maudet, *Neuf filles jeunes qui ne voulaient pas mourir* (Paris: Arléa, 2004). Devo muito à descrição de Zaza das nove mulheres e a seu livro — foi esse relato mais detalhado da fuga que me permitiu dar início à minha pesquisa. Boa parte dos detalhes da fuga vem do livro, que recomendo fortemente aos leitores de francês.

4. Nicole Clarence, "Le journal de Nicole vingt ans après," *Elle* no. 962, 29 de maio de 1964; Nicole Clarence, memorial website criado pela filha e amigos, http://nicoleclarence.com/-Francais-Home.

5. Jetske Spanjer e Ange Wieberdink, *Ontsnapt* (Fuga), filme documentário, Wieberdink Productions e Armadillo Film, 2010.

6. Da minha entrevista com a filha de Hélène Martine Fourcaut em 3 de fevereiro de 2018.

7. Para os fins deste livro vou chamá-la de Hélène, embora ela fosse conhecida pelas outras como Christine. E nos registros nazistas ela é listada apenas como Christine.

8. Alan Bessmann e Insa Eschebach, eds., *The Ravensbrück Women's Concentration Camp: History and Memory*, catálogo da exposição (Berlim: Metropol, 2013).

9. Sarah Helm, *Ravensbrück: Life and Death in Hitler's Concentration Camp for Women* (Nova York: Nan A. Talese/Doubleday, 2015), 651.

10. Germaine Tillion, *Ravensbrück* (Paris: Éditions du Seuil, 1988), 492.

11. Helm, *Ravensbrück*, 279.

12. Lise London, *La mégère de la rue Daguerre* (Paris: Seuil-Mémoire, 1995), 315.
13. Da transcrição da entrevista de Hélène comigo.
14. Madelon L. Verstijnen, *Mijn Oorlogskroniek* (Voorburg: Verstijnen, 1991), 10 (tradução de Lon).
15. Margaret Collins-Weitz, *Sisters in the Resistance: How Women Fought to Free France 1940—1945* (Nova York: John Wiley & Sons, 1995), 92—93.
16. Hélène descreveu esse incidente para mim.

## CAPÍTULO II: ZAZA

1. Madelon L. Verstijnen, *Mijn Oorlogskroniek* (Voorburg: Verstijnen, 1991), 30 (tradução de Lon).
2. Sarah Helm, *Ravensbrück: Life and Death in Hitler's Concentration Camp for Women* (Nova York: Nan A. Talese/Doubleday, 2015), 284.
3. Helm, *Ravensbrück*, 11.
4. O sistema nazista de campos de concentração era guiado pelos princípios defendidos pelo Partido Nazista. Como resumiu o historiador Nikolaus Wachsmann, tais princípios eram "a criação de uma comunidade nacional uniforme através da remoção de quaisquer forasteiros raciais, políticos ou sociais; o sacrifício do indivíduo para obtenção da pureza racial; a utilização de trabalho escravo na construção da pátria; domínio da Europa e escravização das nações estrangeiras de modo a possibilitar a colonização pelos arianos dos espaços habitáveis; e extermínio em massa de raças e povos indesejáveis, sobretudos os judeus". Nikolaus Wachsmann, *KL: A History of the Nazi Concentration Camp System* (Londres: Little, Brown, 2015).
5. Germaine Tillion, *Ravensbrück* (Paris: Éditions du Seuil, 1988), 214ff. Em agosto de 1944, Tillion calculou que houvesse 58 mil mulheres registradas em Ravensbrück, das quais 18 mil estavam morrendo. Calculando que quarenta mil operários eram alugados por 2,5 marcos e meio diários (ela deduziu 1,5 marcos para custear a comida, etc.), o lucro estimado era de 100 mil marcos diários, ou 35 milhões de marcos anuais.
6. Helm, *Ravensbrück*, 285.
7. Alan Bessmann e Insa Eschebach, eds., *The Ravensbrück Women's Concentration Camp: History and Memory*, catálogo da exposição (Berlim: Metropol, 2013), 190.
8. Helm, *Ravensbrück*, 378.

9. Lise London, *La mégère de la rue Daguerre* (Paris: Seuil-Mémoire, 1995), 327—328.

10. Sangnier foi um homem notável. Era francês e católico romano, pensador e político, e em 1894 fundou um movimento socialista católico. Fundou também um jornal, *La Démocratie*, que defendia a igualdade das mulheres e representação proporcional nas eleições.

11. Juliette Bes, *Une jeune fille qui a dit: non* (Perpignan: Cap Bear Éditions, 2011), 10.

12. Do site do Leipzig Nazi Forced Labour Memorial, Gedenkstätte für Zwangsarbeit Leipzig, https://www.zwangsarbeit-in-leipzig.de/en/nazi-forced-labour-in-leipzig/ns-forced-labour-in-leipzig.

13. Wolfgang Plaul era o comandante da HASAG Leipzig Schönefeld e tinha Paul Budin como seu superior, sendo gerente geral. Plaul desapareceu no final da guerra e jamais foi encontrado nem julgado pelos crimes de guerra que cometeu. Supõe-se que Budin tenha cometido suicídio com a esposa em abril de 1945, quando explodiu o prédio que era a sede da empresa em Leipzig. Nenhum funcionário da HASAG foi julgado no Tribunal Militar Internacional em Nuremberg.

14. London, *La mégère*, 330.

15. Felicja Karay, *HASAG-Leipzig Slave Labour Camp: The Struggle for Survival-Told by the Women and Their Poetry*, tradução de Sara Kitai (Portland, OR: Vallentine Mitchell, 2002), 156.

16. Karay, *HASAG-Leipzig*.

17. Karay, *HASAG-Leipzig*, 93.

18. Guillaume Leplâtre, e-mail para a autora, 10 de dezembro de 2018.

19. A descrição de como Hélène sabotava as fornalhas e sua amizade com Fritz Stupitz vieram da minha entrevista com ela.

20. Verstijnen, *Mijn Oorlogskroniek*, 28.

21. Guillaume Leplâtre, e-mail para a autora.

22. London, *La mégère*, 359—362.

23. Daniel Blatman, *The Nazi Death Marches, 1944—1945*, Online Encyclopedia of Mass Violence, 28 de agosto de 2015, acessado em 27 de abril de 2020, http://bo-k2s.sciences-po.fr/mass-violence-war-massacre-resistance/en/document/nazi-death-marches-1944-1945, ISSN 1961-9898.

24. Amicales et associations des camps, *Les évasions des marches de la mort, janvier—février et avril—mai 1945*, Conférence débats, Hôtel de ville de Paris, 12 de janeiro de 2012, 14.

25. Jorge Semprun, *Exercices de survie* (Paris: Éditions Gallimard, 2012), 118.

26. Do diário não publicado de Zaza, que foi dado pela filha de Zinka, France.

27. Suzanne Maudet, *Neuf filles jeunes qui ne voulaient pas mourir* (Paris: Arléa, 2004), 26.

28. Maudet, *Neuf filles*, 21.

29. Nicole Clarence, entrevistada por Raphaël Enthoven, *À voix nue*, France-Culture, 2005 (tradução da autora).

30. Verstijnen, *Mijn Oorlogskroniek*, 60.

## CAPÍTULO III: NICOLE

1. Felicja Karay, *HASAG-Leipzig Slave Labour Camp: The Struggle for Survival Told by the Women and Their Poetry*, tradução de Sara Kitai (Portland, OR: Vallentine Mitchell, 2002), 220.

2. Suzanne Maudet, *Neuf filles jeunes qui ne voulaient pas mourir* (Paris: Arléa, 2004).

3. Nicole Clarence, Visual History Archive, USC Shoah Foundation, 1999, entrevistada por Hélène Lévy-Wand Polak em 16 de fevereiro de 1996, acessado na American University em Paris no dia 15 de abril de 2019.

4. Nicole Clarence, escritos particulares, não publicados, partilhados comigo pela filha.

5. Sou profundamente grata à filha de Nicole por me mostrar os escritos não publicados da mãe sobre a própria infância e sobre a época em que atuou na Resistência. A seção seguinte se baseia em grande parte nesses documentos escritos por Nicole, bem como no vídeo da sua entrevista no George and Irina Schaeffer Center for the Study of Genocide, Human Rights and Conflict Prevention, USC Shoah Foundation's Visual History Archive, American University of Paris, France, e no site memorial criado pela filha após a morte de Nicole, http://nicoleclarence.com/Francais-Home, acessado por último em janeiro de 2020.

6. Depois da guerra, Marie-Madeleine Fourcade assumiu a missão de assegurar que os 431 agentes que morreram sob seu comando não fossem esquecidos. Passou anos cuidando dos sobreviventes e suas famílias. Publicou um livro de memórias intitulado *L'arche de Noé, réseau Alliance 1940–1945* (Paris: Plon, 1989).

7. O primeiro diretor da Sicherheitsdienst foi Reinhard Heydrich, o homem cujo assassinato levaria às experiências com as mulheres em Ravensbrück, as *lapins*. Sarah Helm, *Ravensbrück: Life and Death in Hitler's Concentration Camp for Women* (Nova/ York: Nan A. Talese/Doubleday, 2015), 210.

8. Denise trabalhava na Resistência enquanto os pais e as irmãs mais novas moravam em Nice. Foram alvo de uma blitz e os pais foram mortos em Auschwitz. As irmãs, igualmente presas, sobreviveram. Denise foi mais tarde capturada e torturada pela Gestapo, e encarcerada em in Ravensbrück e Mauthausen.

9. Escritos particulares de Nicole, partilhados com a autora pela sua filha.

10. Helm, *Ravensbrück*, 403.

11. Clarence, Visual History Archive.

12. Maudet, *Neuf filles*, 56.

## CAPÍTULO IV: LON E GUIGUI

1. Do diário não publicado de Zaza.

2. Nicole Clarence, do seu diário não publicado, "Le journal de Nicole version complète," que me foi dado por Marc Spijker, 7 (tradução da autora).

3. Madelon L. Verstijnen, *Mijn Oorlogskroniek* (Voorburg: Verstijnen, 1991), 65 (tradução de Lon).

4. Verstijnen, *Mijn Oorlogskroniek*, 66.

5. Algumas informações sobre Joanna Szumańska vieram do livro de Lon, mas também de Felicja Karay, *HASAG-Leipzig Slave Labour Camp: The Struggle for Survival Told by the Women and Their Poetry*, tradução Sara Kitai (Portland, OR: Vallentine Mitchell, 2002), 50 – 51, 112 – 113.

6. Verstijnen, *Mijn Oorlogskroniek*, 66 – 68.

7. Amicale de Ravensbrück, *Les françaises à Ravensbrück* (Paris: Éditions Gallimard, 1965), 158.

8. Sarah Helm, *Ravensbrück: Life and Death in Hitler's Concentration Camp for Women* (Nova York: Nan A. Talese/Doubleday, 2015), 90.

9. Juliette Bes, *Une jeune fille qui a dit: non* (Perpignan: Cap Bear Éditions, 2011), 14.

10. Amicale de Ravensbrück, *Les françaises à Ravensbrück*, 217.

11. Amicale de Ravensbrück, *Les françaises à Ravensbrück*, 185.

12. Margarete Buber-Neumann, *Milena*, tradução Ralph Manheim (Londres: Collins Harvill, 1989), 3.

13. Verstijnen, *Mijn Oorlogskroniek*, 96.

14. Verstijnen, *Mijn Oorlogskroniek*, 54.

15. Sou grata à família de Guigui pelas informações detalhadas sobre seu caráter e sua infância. Tive conversas com Olivier Clémentin e sua mãe, Laurence Spijker Clémentin, em 18 de novembro de 2018, além de troca de e-mails e cartas. Também

tive várias conversas e troca de e-mails com Marc Spijker, além de me corresponder com os netos de Guigui's.

16. Bes, *Une jeune fille*, 13.
17. Helm, *Ravensbrück*, 367.
18. Verstijnen, *Mijn Oorlogskroniek*, 20.
19. Verstijnen, *Mijn Oorlogskroniek*, 24.
20. Verstijnen, *Mijn Oorlogskroniek*, 24.
21. Bes, *Une jeune fille*, 61.

## CAPÍTULO V: ZINKA

1. Lise London, *La mégère de la rue Daguerre* (Paris: Seuil-Mémoire, 1995), 361. London fala de "Zimka" confeccionando uma cigarreira para o marido usando uma tira do próprio colchão.
2. Madelon L. Verstijnen, *Mijn Oorlogskroniek* (Voorburg: Verstijnen, 1991), 79 (tradução de Lon).
3. Verstijnen, *Mijn Oorlogskroniek*, 78.
4. Verstijnen, *Mijn Oorlogskroniek*, 80.
5. A maior parte das informações sobre Odette Pilpoul foi obtida junto aos Archives Nationales, Pierrefitte-sur-Seine, dossier 72AJ/2172.
6. London, *La mégère*, 159.
7. London, *La mégère*, 293.
8. London, *La mégère*, 307.
9. London, *La mégère*, 308.
10. Musée de le Résistance et de la deportation du Cher, Archives départementales du Cher, témoignages audiovisuels portant sur la Seconde Guerre mondiale, Cote: 8NUM, Guette, Renée, 8NUM/53, 2004, 2 CDs.
11. Verstijnen, *Mijn Oorlogskroniek*, 95.
12. Essa história me foi contada por Gilles Châtenay durante uma entrevista, 21 de julho de 2019.
13. Imaginei essa cena. Com as datas, creio que existe uma boa chance de que Zinka estivesse nesse comboio que foi bombardeado próximo a Château-Thierry, mas não posso ter certeza.
14. Sarah Helm, *Ravensbrück: Life and Death in Hitler's Concentration Camp for Women* (Nova York: Nan A. Talese/Doubleday, 2015), 210 – 235.

## CAPÍTULO VI: JOSÉE

1. Informações sobre esse acontecimento derivam de várias fontes, mas sobretudo do site https://www.zwangsarbeit-in-leipzig.de/en/nazi-forced-labour-in-leipzig.
2. Suzanne Maudet, *Neuf filles jeunes qui ne voulaient pas mourir* (Paris: Arléa, 2004), 77.
3. Maudet, *Neuf filles*, 78.
4. Amis de la Fondation pour la Mémoire de la Déportation de l'Allier, página da web page sobre Joséphine Bordanava, http://www.afmd-allier.com/PBCPPlayer.asp?ID=1532755.
5. A maior parte das informações sobre Moussa Abadi e Odette Rosenstock foi obtida em Fred Coleman, *The Marcel Network* (Dulles, VA: Potomac Books, 2013).
6. Coleman, *The Marcel Network*, 11.
7. Coleman, *The Marcel Network*, 12.
8. O trabalho dos Forts com a rede Marcel foi homenageado após a guerra quando eles receberam a designação de "Righteous Among Nations" do Estado de Israel no memorial Yad Vashem em Jerusalém.
9. Amis de la Fondation pour la Mémoire de la Déportation de l'Allier, página da web sobre Joséphine Bordanava.
10. 425 rue de Paradis era o local infame usado pelo terrível Ernst Dunker, um brutamontes de baixo nível que se tornou proeminente na Gestapo por seu uso eficiente de tortura brutal a fim de dizimar a Resistência em Marselha. Ele participou da prisão de Jean Moulin e da execução ou deportação de centenas de combatentes da Resistência. Conhecido como "Lenda Negra de Marselha", foi condenado à morte e executado em 1950.

## CAPÍTULO VII: JACKY

1. As informações sobre livros de receitas foram obtidas com Anne Georget, jornalista e cineasta de documentários. Seu filme *Festins imaginaires* (Planète+, 2015) aborda o tema de livros de receitas produzidos em todo tipo de campos de prisioneiros e condições extremas. Ela também escreveu um livro com Elsie Herberstein, *Les carnets de Minna* (Paris: Seuil, 2008).
2. Suzanne Maudet, *Neuf filles jeunes qui ne voulaient pas mourir* (Paris: Arléa, 2004), 91.

## CAPÍTULO VIII: MENA

1. Jean-Pierre Leplâtre, entrevista por telefone em 8 de dezembro de 2018.
2. Guillaume Leplâtre, e-mail para a autora, 11 de dezembro de 2018.
3. Albert Starink, "Mémoires pour ses enfants Casper, Dorin et Reiner", escrito em holandês em abril de 1995 e enviado a Guigui em junho de 1995, traduzido para o francês em outubro de 2019 por Marc Spijker.
4. Marceline Loridan-Ivens, *Et tu n'es pas revenue* (Paris: Éditions Grasset, 2015), 63.
5. Lise London, *La mégère de la rue Daguerre* (Paris: Seuil-Mémoire, 1995), 349.
6. London, *La mégère*, 350.
7. Amicale de Ravensbrück, *Les françaises à Ravensbrück* (Paris: Éditions Gallimard, 1965), 203.
8. Sarah Helm, *Ravensbrück: Life and Death in Hitler's Concentration Camp for Women* (Nova York: Nan A. Talese/Doubleday, 2015), 418.
9. Helm, *Ravensbrück*, 420. Isso foi relatado a Sarah Helm by Marie-Jo Chombart de Lauwe numa entrevista. Em *Kinderzimmer* (Arles: Actes Sud, 2015) de Valentine Goby, ela confirma que dos 31 bebês que sobreviveram até a liberação, três eram franceses: Sylvie Aymler (nascida em março de 1945), Jean-Claude Passerat (nascido em novembro de 1944), e Guy Poirot (nascido em março de 1945).
10. "Children at the Bergen-Belsen Concentration Camp", exposição itinerante do Memorial Bergen-Belsen, Diana Gring, curadora. Visitada no Memorial Ravensbrück em fevereiro de 2019, http://kinder-in-bergen-belsen.de/en/home#stations.

## CAPÍTULO X: DE VOLTA À VIDA

1. William W. Quinn, *Dachau* (São Francisco: Normandy Press, 2015).
2. Suzanne Maudet, *Neuf filles jeunes qui ne voulaient pas mourir* (Paris: Arléa, 2004), 136.
3. Os números exatos variam muito — alguns relatos dizem que 30 mil foram salvos, mas 15 mil é a estimativa da Cruz Vermelha sueca a partir de um relatório publicado em 2000, https://www.redcross.se/contentassets /4b0c5a-08761c417498ddb988be6dd262/the-white-buses.pdf.
4. Sarah Helm, *Ravensbrück: Life and Death in Hitler's Concentration Camp for Women* (Nova York: Nan A. Talese/Doubleday, 2015), 594.
5. Helm, *Ravensbrück*, 622.
6. Helm, *Ravensbrück*, 625.
7. Helm, *Ravensbrück*, 611.

8. Anônimo, *A Woman in Berlin: Diary 20 April 1945 to 22 June 1945*, tradução Philip Boehm (Londres: Virago, 2006). O livro de memórias foi orignalmente publicado de forma anônima, mas depois da guerra revelou-se que a autora era Marta Hillers. Ela colaborara com os nazistas e talvez seja esse o motivo de ter optado por permanecer anônima.

9. Joe Weston, "The GIs in Le Havre," *Life*, 10 de dezembro de 1945.

10. Mary Louise Roberts, *What Soldiers Do* (Chicago: University of Chicago Press, 2013), 210.

11. Marceline Loridan-Ivens, *Et tu n'es pas revenue* (Paris: Éditions Grasset, 2015), 35.

12. Anônimo, *A Woman in Berlin*, 176.

13. A maior parte das informações sobre essas poucas semanas após o encontro dos soldados norte-americanos vem do diário não publicado de Suzanne Maudet, partilhado comigo por France Dubroeucq.

14. Amicale de Ravensbrück, *Les françaises à Ravensbrück*, 285.

## CAPÍTULO XI: ENCONTRANDO O CAMINHO DE CASA

1. Amis de la Fondation pour la Mémoire de la Déportation (AFMD), *Lutetia, 1945, Le retour des déportés*, catálogo da exposição, 2015, 17.

2. AFMD, *Lutetia, 1945, Le retour des déportés*, 17.

3. AFMD, *Lutetia, 1945, Le retour des déportés*, 19.

4. Nicole Clarence, Visual History Archive, USC Shoah Foundation, 1999, entrevistada por Hélène Lévy-Wand Polak em 16 de fevereiro de 1996, acessado na American University in Paris, em 15 de abril de 2019.

5. Albert Starink, "Mémoires pour ses enfants Casper, Dorin et Reiner", escrito em holandês em abril de 1995 e enviado a Gugui em junho de 1995, traduzido para o francês em outubro de 2019 por Marc Spijker.

6. De uma entrevista com a filha de Guigui, Laurence Spijker Clémentin, em 18 de novembro de 2018, em Paris.

7. Da entrevista com o genro de Mena Jean-Louis Leplâtre, em 7 de dezembro de 2018.

8. De uma entrevista via telefone com o neto de Mena, Guillaume Leplâtre, em 19 de dezembro, 2018.

9. AFMD, *Lutetia, 1945, Le retour des déportés*, 47.

10. Da entrevista com Laurence Spijker Clémentin, em 18 de novembro de 2018, em Paris.

## CAPÍTULO XII: É SÓ UM ATÉ BREVE

1. Suzanne Maudet, *Neuf filles jeunes qui ne voulaient pas mourir* (Paris: Arléa, 2004), 10.

2. Da entrevista com o sobrinho de Zaza, Pierre Sauvanet, com Sophie Strauss Jenkins e Anne-Florence Sauvanet, em 10 de novembro de 2018, em La Rochelle.

3. M. Gerard Fromm, ed., *Lost in Transmission: Studies of Trauma Across Generations* (Londres: Karnac, 2012), xvi.

4. Ilany Kogan, "The Second Generation in the Shadow of Terror," em *Lost in Transmission: Studies of Trauma Across Generations*, ed. M. Gerard Fromm (Londres: Karnac, 2012), 7.

5. Da entrevista com Martine Fourcaut, em 3 de fevereiro de 2018, em Paris.

6. Dori Laub, "Traumatic Shutdown of Narrative and Symbolization: A Death Instinct Derivative?," em *Lost in Transmission: Studies of Trauma Across Generations*, ed. M. Gerard Fromm (Londres: Karnac, 2012), 37.

7. Howard F. Stein, "A Mosaic of Transmissions After Trauma," em *Lost in Transmission: Studies of Trauma Across Generations*, ed. M. Gerard Fromm (Londres: Karnac, 2012), 175.

8. A maior parte da descrição dessa jornada está no documentário *Ontsnapt*, a entrevista filmada de Lon, e no livro de Lon.

9. Da entrevista com a filha de Lon, Patricia Elisabeth Frédérique Wensink, e Wladimir Schreiber, genro de Lon, em 23 de fevereiro de 2020. Eles partilharam comigo documentos e fotos particulares, e depois trocamos e-mails.

10. "The Mauthausen Concentration Camp 1938—1945" Mauthausen Memorial, https://www.mauthausen-memorial.org/en/History/The-Mauthausen-Concentration-Camp-19381945.

11. Anne Sebba, *Les Parisiennes: Résistance, Collaboration, and the Women of Paris Under Nazi Occupation* (Nova York: St. Martin's Press, 2016), 387.

12. Adrienne Rich, *On Lies, Secrets and Silence: Selected Prose 1966—78* (Nova York: W. W. Norton, 1985), 199; inicialmente publicado como ensaio, "It Is the Lesbian in Us" in *Sinister Wisdom* 3, primavera de 1977.

13. Dos registros militares de Jacky's military records, Service historique de la Défense, Centre historique des archives, Vincennes, dossier GR 16 P 471442.

14. Da entrevista por telefone com o herdeiro de Jacky, Michel Lévy, em 6 de maio de 2020.

15. Da entrevista por telefone com o amigo de Jacky Philippe Monsel, em 6 de dezembro de 2018.

16. Gilles Châtenay, "La Psychanalyse, étrange et singulière" dissertação apresentada na conferência "Comment on devient analyste au XXI e siècle," Journées de l'École de la Cause freudienne, novembro de 2009.

17. Madelon L. Verstijnen, *Mijn Oorlogskroniek* (Voorburg: Verstijnen, 1991), 95 (tradução de Lon).

18. Da conversa com Gilles e Tom Châtenay em 28 de agosto de 2019, em Ménerbes.

19. Da conversa com a filha de Zinka, France Lebon Châtenay Dubroeucq, com seu marido, Didier Dubroeucq, e Sophie Strauss Jenkins em 3 de março de 2019, em Die.

20. Da entrevista com Martine Fourcaut, filha de Hélène, em 3 de fevereiro de 2019, em Paris.

## NOTA AOS LEITORES

1. O termo "turismo sombrio" foi cunhado em 1996 por J. John Lennon e Malcolm Foley, dois membros do Department of Hospitality, Tourism, and Leisure Management na Glasgow Caledonian University. Turismo sombrio consiste em visitar lugares historicamente associados a morte, sofrimento e tragédia.

# BIBLIOGRAFIA

## LIVROS, ARTIGOS, BOLETINS INFORMATIVOS E SITES DA REDE

Alexievich, Svetlana. *Last Witnesses: An Oral History of the Children of World War II*. Richard Pevear and Larissa Volokhonsky, tradutores. Nova York: Penguin Random House, 2019.

Alexievich, Svetlana. *The Unwomanly Face of War: An Oral History of Women in World War II*. Richard Pevear and Larissa Volokhonsky, tradutores. Nova York: Random House, 2017.

Amicale de Ravensbrück et Association des déportées et internés de la Résistance. *Les françaises à Ravensbrück*. Paris: Éditions Gallimard, 1965.

Amicales et associations des camps d'Auschwitz (UDA et Cercle d'étude de la déportation et de la Shoah), Bergen-Belsen, Buchenwald-Dora, Dachau, Langenstein, Mauthausen, Neuengamme, Ravensbrück, Sachsenhausen. *Les évasions des marches de la mort janvier–février et avril–mai 1945*. Conférence débats, Hôtel de ville de Paris, 12 de janeiro de 2012.

Amis de la Fondation pour la Mémoire de la Déportation. *Lutetia, 1945, le retour des déportés*. Catálogo da exposição no 70.º aniversário da liberação dos campos, 2015.

Amis de la Fondation pour la Mémoire de la Déportation de l'Allier. "Bordonava, Joséphine, parfois orthographié Bordanava." http://www.afmd-allier.com/PB-CPPlayer.asp?ID=1532755. Anônimo. *A Woman in Berlin, Diary 20 April 1945 to 22 June 1945*.

Philip Boehm, tradutor. Londres: Virago Press, 2006. (Publicado pela primeira vez em 1954.)

Assouline, Pierre. *Lutetia*. Paris: Éditions Gallimard, 2005.

Berr, Hélène. *Journal 1942–1944*. Paris: Éditions Tallandier, 2008.

Bes, Juliette. *Une jeune fille qui a dit: non*. Perpignan: Cap Bear Éditions, 2011.

Bessmann, Alan, e Insa Eschebach, editores. *The Ravensbrück Women's Concentration Camp, History and Memory*. Catálogo de exposição. Berlim: Metropol, 2013.

Boivin, Yves. *Les condamnées des Sections spéciales incarcérées à la Maison centrale de Rennes, déportées les 5 avril, 2 mai et 16 mai 1944*. Monografia, janeiro de 2004, http://www.cndp.fr/crdp-rennes/crdp/crdp_dossiers/dossiers/condamneesRennes/comdamnes.pdf.

Bouju, Marie-Cecile. *Notice FELD Charles, Léon, Salomon.* Versão postada online em 8 de março de 2009, http://maitron-en-ligne.univ-paris1.fr/spip.php?article24892, atualizado por último em 30 de abril de 2015.

Buber-Neumann, Margarete. *Milena.* Ralph Manheim, tradutor. Londres: Collins Karvill, 1989.

Castelloe, Molly S. "How Trauma Is Carried Across Generations." *Psychology Today*, Maio de 2012, https://www.psychologytoday.com/us/blog/the-me-in-we/201205/how-trauma-is-carried-across-generations.

Châtenay, Gilles. "La Psychanalyse, étrange et singulière." Dissertação apresentada na conferência "Comment on devient analyste au XXIe siècle," Journées de l'École de la Cause freudienne, novembro de 2009.

Chevrillon, Claire. *Une Résistance ordinaire.* Paris: Éditions du Félin, 1999.

Clarence, Nicole. Interview 9722, Visual History Archive, USC Shoah Foundation, 1999, acessado no George and Irina Schaeffer Center for the Study of Genocide, Human Rights and Conflict Prevention, at the American University of Paris, França, em 26 de agosto de 2019.

Clarence, Nicole. "Le journal de Nicole vingt ans après." *Elle*, no. 962, 29 de maio de 1964.

Clarence, Nicole. Site memorial criado pela filha e por amigos, acessado em janeiro de 2020, indisponível desde setembro de 2020 http://nicoleclarence.com/-Francais-Home.

Cognet, Christophe. *Eclats: Prises de vue clandestines des camps nazis.* Paris: Éditions du Seuil, 2019.

Coleman, Fred. *The Marcel Network: How One French Couple Saved 527 Children from the Holocaust.* Dulles, VA: Potomac Books, 2013. Collection Résistance Liberté-Mémoire. *Femmes dans la guerre, 1940–1945.* Paris: Éditions du Félin, 2003.

Delbo, Charlotte. *Aucun de nous ne reviendra.* Paris: Les Éditions de Minuit, 1970.

Delbo, Charlotte. *Le convoi du 24 janvier.* Paris: Les Éditions de Minuit, 1965.

Desnos, Robert. *Destinée arbitraire.* Paris: Éditions Gallimard, 1975.

Durand, Pierre. *La chienne de Buchenwald.* Paris: Messidor/Temps Actuels, 1982.

Eger, Edith Eva. *The Choice.* Nova York: Scribner, 2017.

Fallada, Hans. *Every Man Dies Alone.* Brooklyn, NY: Melville House, 2009.

*Femmes résistantes.* Senado da França. Entrevistas gravadas com sobreviventes. Jacqueline Fleury é uma das *résistantes* entrevistadas. http://www.senat.fr/evenement/colloque/femmesresistantes/webdoc/fleury.html. Fleury, Jacqueline.

"Témoinage de Jacqueline Fleury, née Marié." http://lesamitiesdelaresistance.fr/lien17-fleury.pdf.

Fleury-Marié, Jacqueline. *Une famille du refus mais toujours l'espérance, recueils et récits 1914—1918 et 1939—1945*. Versailles: Jacqueline Fleury-Marié, 2013.

Fromm, M. Gerard, editor. *Lost in Transmission: Studies of Trauma Across Generations*. Londres: Karnac, 2012.

de Gaulle-Anthonioz, Geneviève. *La traversée de la nuit*. Paris: Seuil, 1998.

de Gaulle-Anthonioz, Geneviève, and Germaine Tillion. *Dialogues*. Paris: Éditions Plon, 2015.

Gildea, Robert. *Fighters in the Shadows*. Londres: Faber and Faber, 2015.

Hannah, Kristin. *The Nightingale*. Nova York: St. Martin's Griffin, 2015.

Helm, Sarah. *Ravensbrück: Life and Death in Hitler's Concentration Camp for Women*. Nova York: Nan A. Talese/Doubleday, 2015.

Herberstein, Elsie, e Anne Georget. *Les carnets de Minna*. Paris: Seuil, 2008.

Humbert, Agnès. *Notre guerre, journal de Résistance 1940—1945*. Paris: Éditions Tallandier, 2004.

Hunter, Georgia. *We Were the Lucky Ones*. Nova York: Penguin Books, 2017.

Karay, Felicja. *HASAG-Leipzig Slave Labour Camp for Women: The Struggle for Survival Told by the Women and Their Poetry*. Sara Kitai, tradutora. Portland, OR: Vallentine Mitchell, 2002.

Koreman, Megan. *The Escape Line: How the Ordinary Heroes of Dutch Paris Resisted the Nazi Occupation of Western Europe*. Nova York: Oxford University Press, 2018.

Lasnet de Lanty, Henriette. *Sous la schlague*. Paris: Éditions du Félin, 2018.

Levi, Primo. *The Drowned and the Saved*. Nova York: Vintage International, 1989.

Levi, Primo. *Si c'est un homme*. Paris: Julliard, 1987.

London, Lise. *La mégère de la rue Daguerre*. Paris: Éditions du Seuil, 1995.

Loridan-Ivens, Marceline. *Et tu n'es pas revenu*. Paris: Éditions Grasset, 2015.

Mason, Bobbie Ann. *The Girl in the Blue Beret*. Nova York: Random House, 2012.

Maudet, Suzanne. *Neuf filles jeunes qui ne voulaient pas mourir*. Paris: Arléa, 2004.

*Mémoires de la guerre*. "Noël 1943, ils étaient huit enfants enfermés avec leurs mamans, courageuses patriotes, dans la sombre Centrale de Rennes." http://memoiredeguerre.free.fr/biogr/fournier/fournier-lalet.htm#deb.

Mendelsohn, Daniel. *The Lost: A Search for Six of Six Million*. Nova York: HarperPerennial, 2007.

Moorehead, Caroline. *A House in the Mountains: The Women Who Liberated Italy from Fascism*. Nova York: Penguin Random House, 2019.

Moorehead, Caroline. *A Train in Winter: An Extraordinary Story of Women, Friendship, and Resistance in Occupied France*. Nova York: HarperPerennial, 2012.

Morris, Heather. *The Tattooist of Auschwitz*. Londres: Zaffre, 2018.

Olsen, Lynne. *Madame Fourcade's Secret War: The Daring Young Woman Who Led France's Largest Spy Network*. Nova York: Penguin Random House, 2019.

Núñez Targa, Mercedes. *El valor de la memoria, de la cárcel de Ventas al campo de Ravensbrück*. Sevilha: Renacimiento, 2016.

Pagniez, Yvonne. *Évasion 44, suivi de souvenirs inédits de la Grande Guerre*. Paris: Éditions du Félin, 2010.

Pavillard, Anne-Marie."ADIR: S'entraider et témoigner." *Varia, matériaux pour l'histoire de notre temps*, no. 127 – 128, 2018.

Quinn, William W. *Dachau*. São Francisco: Normandy Press, 2015.

*Rayon de Soleil de Cannes*. Website. http://www.rayondesoleilcannes.com.

Rich, Adrienne. *On Lies, Secrets and Silence: Selected Prose 1966—78*. Nova York: W. W. Norton, 1985.

Roberts, Mary Louise. *What Soldiers Do*. Chicago: University of Chicago Press, 2013.

Sands, Philippe. *East West Street: On the Origins of "Genocide" and "Crimes Against Humanity."* Nova York: Vintage, 2017.

Sebald, W. G. *Austerlitz*. Nova York: Modern Library, 2011.

Sebba, Anne. *Les Parisiennes: Résistance, Collaboration, and the Women of Paris Under Nazi Occupation*. Nova York: St. Martin's Press, 2016.

Semprun, Jorge. *Exercices de survie*. Paris: Éditions Gallimard, 2012.

de Silva, Cara, editor. *In Memory's Kitchen: A Legacy from the Women of Terezin*. Bianca Steiner Brown, tradutora. Lanham, MD: Rowman and Littlefield, 2006.

Sodaro, Amy. *Exhibiting Atrocity: Memorial Museums and the Politics of Past Violence*. New Brunswick, NJ: Rutgers University Press, 2018.

Thalmann, Rita. "L'oubli des femmes dans l'historiographie de la Résistance." *Clio: Femmes, Genre, Histoire*, January 1995, http://journals.openedition.org/clio/513;DOI:10 .4000/clio.513.

Tillion, Germaine. *Ravensbrück*. Paris: Éditions du Seuil, 1988.

Tillon, Raymonde. *J'écris ton nom, Liberté*. Paris: Éditions du Félin, 2002.

Verstijnen, Madelon L. *Mijn Oorlogskroniek*. Voorburg: Verstijnen, 1991.

Virgili, Fabrice. "Les 'tondues' à la Libération: Le corps des femmes, enjeu d'une réaproppriation." *Clio: Femmes, Genre, Histoire*, January 1995, http://journals.openedition.org/clio/518;DOI:10.4000/clio.518.

Wachsmann, Nikolaus. *KL: A History of the Nazi Concentration Camps*. Londres: Little, Brown, 2015.
Weitz, Margaret Collins. *Sisters in the Résistance: How Women Fought to Free France 1940—1945*. Nova York: John Wiley & Sons, 1995.
Weston, Joe. "The GIs in Le Havre." *Life*, December 10, 1945.

## FILMES E DOCUMENTÁRIOS

Basty, Françoise. *Résistant mort en deportation*. Françoise Basty, 2015.
Bosche, Rose. *La rafle*. Legend, 2010.
Georget, Anne. *Festins imaginaires*. October Productions, 2014.
Lanzmann, Claude. *Shoah*. Aleph/Historia Films, 1985.
Loridan-Ivens, Marceline. *La petite prairie aux bouleaux*. Studio Canal, 2004.
Resnais, Alain. *Nuit et brouillard*. Nouveaux Pictures, 1955.
Spanjer, Jetske, e Ange Wieberdink. *Ontsnapt*. Wieberdink Productions e Armadillo Film, 2010.
Wechsler, Maia. *Résistance Women*. Women Make Movies Release, 2000.

## ENTREVISTAS

Cineastas Jetske Spanjer e Ange Wieberdink, em 23 de fevereiro de 2020, em Amsterdã.
Filha de Nicole, em 19 e 21 de novembro de 2018, em La Batelière em Paris, seguida de telefonemas e troca de e-mails. Ela também partilhou comigo escritos não publicados da mãe.
France Lebon Châtenay Dubroeucq, filha de Zinka, com o marido, Didier Dubroeucq, e Sophie Strauss Jenkins em 3 de março de 2019, em Die, seguida de e-mails.
Gilles Châtenay, filho de Zinka, com o filho, Thomas Châtenay, em 21 de julho de 2019, em Ménerbes, seguida de e-mails.
Guillaume Leplatre, neto de Mena, por e-mail em 11 de dezembro de 2018, e entrevista por telefone em 19 de dezembro de 2018.
Hélène Bénédite, com Eva Paillard, em 8 de julho de 2002, em Paris.
Jean-Louis Leplâtre, genro de Mena, entrevista por telefone em 7 de dezembro de 2018.
Marc Spijker, filho de Guigui, e-mail e conversas a partir de setembro de 2019. Marc partilhou a tradução da própria Lon do seu livro comigo, bem como

outros textos holandeses traduzidos por ele sobre as redes de resistência franco-holandesas.

Martine Fourcaut, filha de Hélène, em 3 de fevereiro de 2019, em Paris.

Michel Lévy, primo de Jacky do primeiro casamento e seu herdeiro, entrevista por telefone em 6 de maio de 2020.

Olivier Clémentin, neto de Guigui e sua mãe (filha de Guigui Laurence Spijker Clémentin, em 18 de novembro de 2018, seguida de troca de e-mails e cartas.

Patricia Elisabeth Frédérique Wensink, filha de Lon e o marido, Wladimir Schreiber, em 23 de fevereiro de 2020, em Amsterdã, seguida de troca de e-mails. Pierre Sauvanet, sobrinho de Zaza, com Sophie Strauss Jenkins e Anne-Florence Sauvanet, em 10 de novembro de 2018, em La Rochelle, seguida de troca de e-mails e cartas.

Philippe Monsel, amigo de Jacky, entrevista por telefone em 6 de dezembro de 2018.

## ARQUIVOS

Archiv Mahn-und Gedenkstätte Ravensbrück.

Archives Nationales, Pierrefitte-sur-Seine.

Department "Collections" of the Mauthausen Memorial, KZ-Gedenkstätte Mauthausen.

Leipzig Nazi Forced Labour Memorial, Gedenkstätte für Zwangsarbeit Leipzig.

Musée de la Résistance et de la Déportation du Cher, Archives départementales du Cher, Témoignages audiovisuels portant sur la Seconde Guerre mondiale.

Service historique de la Défense, le centre historique des archives, Vincennes Université Paris Nanterre, Archives de Denise Vernay.

The George and Irina Schaeffer Center for the Study of Genocide, Human Rights and Conflict Prevention, USC Shoah Foundation's.

United States Holocaust Memorial Museum, Washington, DC.

Visual History Archive, American University of Paris, France International Tracing Service, Bad Arolsen.

DIREÇÃO EDITORIAL
Daniele Cajueiro

EDITORA RESPONSÁVEL
Ana Carla Sousa

PRODUÇÃO EDITORIAL
Adriana Torres
Júlia Ribeiro
Mariana Lucena

REVISÃO DE TRADUÇÃO
Rodrigo Austregésilo

REVISÃO
Kamila Wozniak

CAPA E PROJETO GRÁFICO DE MIOLO E DIAGRAMAÇÃO
Sérgio Campante

Este livro foi impresso em 2022
para a Nova Fronteira.